国家出版基金项目
NATIONAL PLBLICATION FOUNDATION

国家出版基金项目
“十四五”时期国家重点出版物出版专项规划项目

高速铁路基础研究与技术创新丛书

工程施工与组织系列

深埋高速铁路地下车站施工关键技术

本丛书编委会　总主编
杨新安　马明杰　李路恒　罗　驰　编　著
黄宏伟　主　审

中国铁道出版社有限公司

2023年·北　京

内容简介

本书为“高速铁路基础研究与技术创新丛书”之分册，基于世界上规模最大的深埋高铁地下车站等复杂地下洞室群工程相关科研成果与实践，系统论述了深埋高速铁路地下车站施工关键技术。全书共分6章，第1章论述了高铁深埋地下车站的基本概况；第2章论述了车站的重点工程，包括三洞分离段、三连拱段、进出站通道和通风竖井的施工方案；第3章论述了大跨过渡段超大断面隧道的施工技术；第4章论述了三洞分离段小净距隧道控制爆破技术；第5章论述了车站施工通风与降尘技术；第6章论述了预应力锚固技术在深埋地下车站中的应用。本书涵盖了超大断面隧道与多种类型洞室开挖支护、小间距隧道与邻近施工爆破、超大变截面隧道二次衬砌施作、多阶段施工通风等施工关键技术，多项技术为国内首创，具有内容新颖性、系统性和技术先进性的特点。

本书适合隧道与地下工程施工技术人员学习，也可供交通运输工程、土木工程、隧道工程、岩土工程等专业高校师生参考。

图书在版编目(CIP)数据

深埋高速铁路地下车站施工关键技术/杨新安等编著．—北京：中国铁道出版社有限公司，2023.5
(高速铁路基础研究与技术创新丛书．工程施工与组织系列)
“十四五”时期国家重点出版物出版专项规划项目
ISBN 978-7-113-30001-2

Ⅰ.①深…　Ⅱ.①杨…　Ⅲ.①高速铁路-地下车站-建筑施工
Ⅳ.①U291.1

中国国家版本馆CIP数据核字(2023)第035208号

书　　名：深埋高速铁路地下车站施工关键技术
作　　者：杨新安　马明杰　李路恒　罗　驰

策　　划：时　博
责任编辑：时　博　　**编辑部电话：**(010)51873162　　**电子邮箱：**crph@163.com
封面设计：高博越　刘　莎　　**丛书标识设计：**崔丽芳
责任校对：苗　丹
责任印制：高春晓

出版发行：中国铁道出版社有限公司(100054，北京市西城区右安门西街8号)
网　　址：http://www.tdpress.com
印　　刷：北京联兴盛业印刷股份有限公司
版　　次：2023年5月第1版　2023年5月第1次印刷
开　　本：787 mm×1 092 mm 1/16　**印张：**18.75　**字数：**403千
书　　号：ISBN 978-7-113-30001-2
定　　价：120.00元

高速铁路基础研究与技术创新丛书

编 辑 组

序

我国高速铁路起步晚、发展快、后劲足，经过几代人的不懈努力，通过原始创新、集成创新、引进消化吸收再创新，成功地走出了一条符合中国国情路情、具有中国特色的自主创新之路。我国已系统掌握各种复杂地质和气候条件下高速铁路建造成套技术；在工务工程、列车运行控制、牵引供电、动车组等高速铁路核心技术方面实现自主化；形成了复杂路网条件下处理跨线运行的运营管理成套技术，构建了人防、物防、技防三位一体的主动安全保障机制。我国已成为全球高速铁路运营里程最长、在建规模最大、运营速度最快、技术体系最全、运营和管理经验最丰富的国家。我国高速铁路技术已走在世界前列，成为推动世界高速铁路发展的重要力量。

为贯彻落实中共中央、国务院《交通强国建设纲要》，推进国铁集团《新时代交通强国铁路先行规划纲要》的落地，系统总结、梳理我国高速铁路各领域前沿理论和技术，向我国乃至世界高速铁路科研工作者和工程技术人员提供一套前沿性的参考书，中国国家铁路集团有限公司铁道出版社公司特组织编著出版“高速铁路基础研究与技术创新丛书”。

丛书以习近平新时代中国特色社会主义思想为指导，以国家自然科学基金课题、国家基金委-国铁集团高铁联合基金课题、国家“973”课题、国家重点研发计划课题等科研成果为支撑，从高速铁路前沿研究、补短板技术、核心技术、技术发展趋势等方向组织选题，涵盖动车组、供电、通信与信号、列控与检测、工程勘察与设计、智能建造、运营与管理、现代信息技术、安全和维护等领域，规模为100册，是全面系统论述我国高速铁路基础研究与技术创新成就的大型系列原创性科技著作。

丛书力求突出制高点、原创性、权威性、全覆盖特色。丛书各册内容以作者团队长期从事高速铁路科学研究的成果为依托，多数成果居于国内领先水平甚至世界先进水平，多种成果荣获国家科学技术奖一等奖、二等奖，国家技术发明奖一等奖、二等奖，茅以升科学技术奖，詹天佑铁道科学技术奖，铁道科技进步奖等奖项，丛书内容体现了我国当今最新、最前沿以及展现未来发展趋势的高速铁路相关研究成果和应用技术。丛书包括动车组、供电、工程施工与组织等十个系列，基本实现高速铁路各领域全覆盖。

丛书由编委会总负责。编委会阵容强大，认真负责。编委会各成员都是长期从事我国高速铁路科研、技术、生产和管理的一流专家学者，是所从事领域的翘楚，其中包括高速铁路及其相关领域的四位院士。编委会多次开会商讨丛书的体系、内容特色、作者条件及质量保障机制；分工负责，精心审订和修改各册编写提纲；多次遴选选题，先从150多个选题意向中遴选出100个选题，后又剔除了内容特色不太鲜明的8个选题，还对10多个选题提出了较大的改进意见，补充了8个关键技术和弥补技术空白的选题；最后邀请专人对各册内容进行审定，从而保证了各册内容的正确性和先进性。

2021年年底，国家新闻出版署经过严格评审，"高速铁路基础研究与技术创新丛书"(100册)成功入选"'十四五'时期国家重点出版物出版专项规划——重大出版工程"。这是对本丛书项目的认可，也是对编委会、作者和编辑等人员前期工作的认可，更是一种鞭策。我们相信，本丛书的出版，将助力于《交通强国建设纲要》的贯彻落实，推动我国乃至世界高速铁路事业的发展，也将为铁路领域的科研工作者、工程技术人员、管理人员，以及高校相关专业师生提供一套高水平、原创性、权威性、全覆盖的大型高铁科技精品著作。

中国工程院院士

"高速铁路基础研究与技术创新丛书"编委会主任 卢春房

2022年2月

前　言

本书为“高速铁路基础研究与技术创新丛书”之分册。按丛书要求，力图体现深埋高速铁路地下车站施工技术的前沿性、原创性等特点。

本书基于京张高铁八达岭长城站这一世界上规模最大的深埋高速铁路地下车站的复杂地下洞室群工程相关科研成果与实践，系统论述了深埋高速铁路地下车站施工关键技术。京张高铁是国家规划实施的重点建设项目，对于保障 2022 年北京冬奥会的成功举办具有重要意义。京张高铁新八达岭隧道下穿八达岭长城，全长 12.01 km，在其中设置沿隧道纵向长 470 m 的地下暗挖高铁车站，即八达岭长城站。

京张高铁八达岭长城站位于北京市延庆区，是目前世界上规模最大、埋深最大的高铁地下车站。车站地下建筑面积 3.6 万 m^2，最大埋深 102 m，断面型式 88 种，建筑结构极为复杂。该站自下而上由站台层、设备层和进站层构成，三层全部为地下结构，同时还设有 8 条辅助应急通道，是目前世界上建筑结构最复杂的地下车站。八达岭长城站两端各为 163 m 长的大跨过渡段，车站通过过渡段与正线隧道连通。过渡段采用单洞隧道暗挖设计，最小断面宽 19.0 m、高 13.9 m，最大断面宽 32.7 m、高 19.5 m，开挖面积 494.4 m^2，是目前世界上开挖跨度最大、开挖断面面积最大的交通隧道。车站围岩级别主要为Ⅲ、Ⅳ级，局部为Ⅴ级，主要发育花岗岩杂岩，各类花岗杂岩中存在差异风化带以及岩脉接触带、岩体软弱带、节理发育密集带、蚀变带和风化深槽，地质条件较差。在这种稳定性较差的围岩中修建超大型隧道洞室群工程，对支护结构设计、施工工艺、施工机械设备、施工组织和施工安全，都是巨大的挑战。车站施工过程中，最多时共二十余个工作面同时施工，通风通道拐点多，线路长。洞室间重叠交错，断面繁多，施工时相互干扰严重。因此，八达岭长城站的施工难度之大，安全风险之高，是令人难以想象的。

本书分 6 章论述了深埋高速铁路地下车站的关键施工技术。第 1 章论述了八达岭长城站工程的基本概况；第 2 章论述了车站的重点工程，包括三洞分离段、三连拱段、进出站通道和通风竖井的施工方案；第 3 章论述了大跨过渡段超大断面隧道的施工技术；第 4 章论述了三洞分离段小净距隧道控制爆破技术；第 5 章论述了车站施工通风与降尘技术；第 6 章论述了预应力锚固技术在深埋地下车站中的应用。

本书具有内容新颖、系统和技术先进的特点，涵盖了深埋高速铁路地下车站总体施工方案、超大断面隧道与多种类型洞室开挖支护、小间距隧道与邻近施工爆破、超大变截面隧道二次衬砌施作、多阶段施工通风等关键施工技术，多项施工技术为国内首创，达到世界先进水平。

对参与本书相关科研工作的中铁五局及同济大学的蒋思、周海华、肖承倚、罗都颢、刘臻武、王斌、王浩、梁志辉等同志表示感谢。

由于水平有限，书中难免有疏漏和不足之处，敬请读者批评指正。

编著者

2023 年 4 月

目　　录

第1章 绪　论

1.1 国内外典型深埋地下车站

京张高铁八达岭长城站是我国首个修建于山岭之中的高速铁路车站，在世界上也属先例。国际上采用明挖法修建的车站的埋深一般小于 10 m，采用暗挖法修建的车站的埋深个别达到 20 m 以上，除朝鲜平壤地铁车站的埋深有超过 100 m 的实例外，其他国家尚没有埋深达 100 m 的车站。

近年来，国内外有许多典型的地下车站的工程案例值得设计者们去参考。瑞士圣哥达铁路隧道位于瑞士阿尔卑斯山内，为两条单线铁路双线隧道，全长 57 km，最深处达 2 300 m，堪称是工程学上的“大师级作品”。隧道内设置赛德龙和法伊多两个多功能车站，车站除了用于列车紧急停车外，还设计了功率强大的通风系统，用以排出烟尘，输入新鲜空气。隧道采用 TBM 法施工，施工过程中共使用 4 台单撑靴硬岩隧道掘进机进行开挖。圣哥达山底隧道围岩非常复杂，山岳整体坚硬，岩层主要为易于破碎的叶绿泥石片麻岩岩层，岩体非常松散，且有多条岩溶破碎断层带，断层往往呈波动起伏状，延续几百米。就是这样一条隧道，历时 17 年才修建完成，开通之后实现了列车在 20 min 内穿越阿尔卑斯山的奇迹，周边国家的旅客还能以更快捷、舒适的方式抵达位于瑞士南部的提契诺州或瑞士以北地区。

除了国外的车站置于山岭隧道之中，我国也有许多相似的工程案例。我国自 1966 年以来，就有了在隧道内修建车站的工程实例。关村坝站位于四川省乐山市金口河区，是成昆线上的一个五等站，同时也是我国第一个在隧道内修建的车站。关村坝站毗邻大渡河，北距成都站 263 km，南离昆明站 837 km，风景非常秀丽，许多游客都慕名而来。野三坡站位于河北省保定市，建于 1970 年，到发线横穿下庄三号隧道，是京原铁路上仅有的一个修建在隧道中的车站。野三坡站海拔 274 m，上行距北京站 101 km，下行距原平站 332 km。野三坡站地处野三坡风景区，车站的修建可以方便游客前往野三坡风景区观光和游玩。

城市内除了地铁车站会设置于地下，有一些铁路车站也会选择设置于地下。深圳福田站是中国第一座深埋于城市中心的地下铁路车站，同时也是亚洲最大的地下火车站，面积仅次于美国的纽约中央火车站。福田站总建筑面积 15.150 4 万 m^2，车站总长度 1 023 m，平均深度 32 m，可同时容纳 3 000 名旅客，设计最高旅客发送量每小时 6 000 人次。福田站地下层共有三层，自上而下分别为转换层、候车层和站台层。福田站采用明挖法，纵向分5个施工段进行施工，施工方法为明挖顺作法和盖挖逆作法。福田站的地层构造主要为人工堆积土、淤泥质黏土和砂土，地质条件较差，施工过程中存在着较大的施工难度。福田站设计新颖、技术标准高，是连接香港、服务内地的控制性节点工程，也是我国铁路地下大型火车站建设的示范性工程。福田站建成通车后，香港可融入国家高速铁路网，对促进内地与港澳地区的经贸文化交流具有重要意义，旅客从福田站乘坐高速列车至香港西九龙站只需14 min。

国内外虽然没有类似八达岭长城站这种深埋多层大跨铁路车站建造于地下，但在工程规模、工程体量、开挖面积、结构埋深等方面仍有许多和八达岭地下车站类似的工程，因此可以借鉴这些类似案例，用以分析八达岭地下车站围岩力学性能以及优化支护结构参数。

综上所述，八达岭长城站无论是在建设规模、结构复杂程度还是修建难度上都远高于国内外既有的地下铁路车站。因此，结合八达岭长城站的工程建设实践，总结其关键技术是非常必要的，可以对未来的同类工程提供丰富的经验和指导。

1.2 八达岭长城站工程特点

京张高铁起自北京北站，沿途设八达岭长城、沙城、宣化等车站，终至张家口南站，线路全长174 km，如图1-1所示。京张高铁设计行车速度结合实际情况因地制宜，涵盖了120～350 km/h的全系列标准。

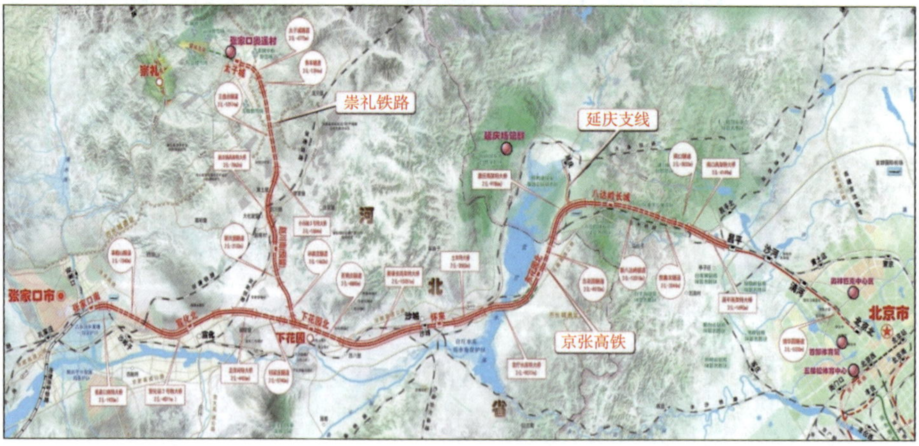

图1-1　京张高铁线路图

八达岭长城站是我国采用钻爆法修建的第一座地下高铁车站。车站位于我国著名的八达岭长城旅游风景区内，与詹天佑大师设计的京张铁路的人字线路遥相呼应。因此，研究京张高铁八达岭地下车站施工关键技术，对于解决技术难题、提升理论水平、纪念百年京张具有非常重要的意义。

新八达岭隧道是京张高铁最长的隧道，全长 12.01 km。八达岭长城站设于新八达岭隧道内，位于八达岭景区滚天沟停车场下方，毗邻八达岭长城。京张高铁成为游客前往八达岭长城的主要交通方式，而八达岭长城站也已成为展示中华文化的重要窗口。

八达岭长城站车站总长度 470 m，地下建筑面积约 36 000 m^2。八达岭长城站为三层地下结构，自下而上分别为站台层、进站层和出站层，加上车站两侧救援疏散通道，站台层共有 5 条平行的隧道。车站内修建各类大小洞室 78 个，断面型式 88 种，洞室间交叉节点密集，最小水平间距 2.27 m，最小竖向间距 4.45 m，建筑结构极为复杂，是目前世界上建筑结构最复杂的地下车站，如图 1-2 所示。

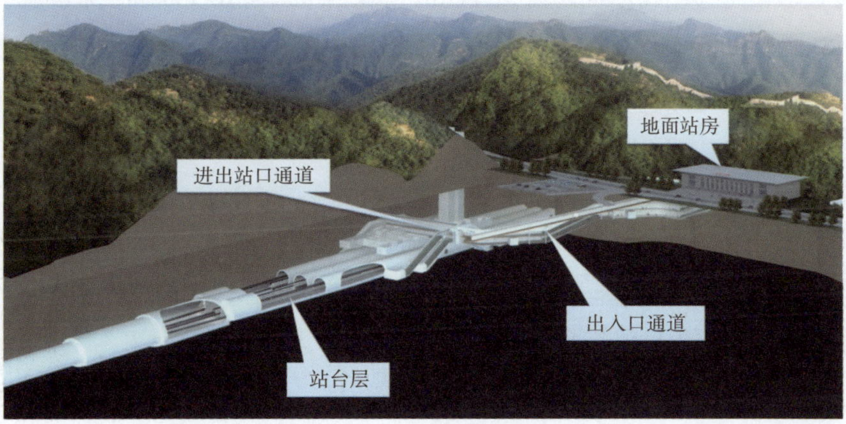

图 1-2 八达岭长城站透视图

八达岭长城站两端各为 163 m 长的大跨过渡段，车站通过过渡段与正线隧道连通，如图 1-3 所示。过渡段采用单洞隧道暗挖设计，最小断面宽 19.0 m、高 13.9 m，最大断面宽 32.7 m、高 19.5 m，开挖面积 494.4 m^2，是目前世界上开挖跨度最大、开挖断面面积最大的交通隧道。围岩级别主要为Ⅲ、Ⅳ级，局部为Ⅴ级，在这种稳定性较差的围岩中，修建断面面积如此巨大的隧道，对支护结构设计、施工工艺、施工机械设备、施工组织和施工安全，都形成了巨大的挑战。

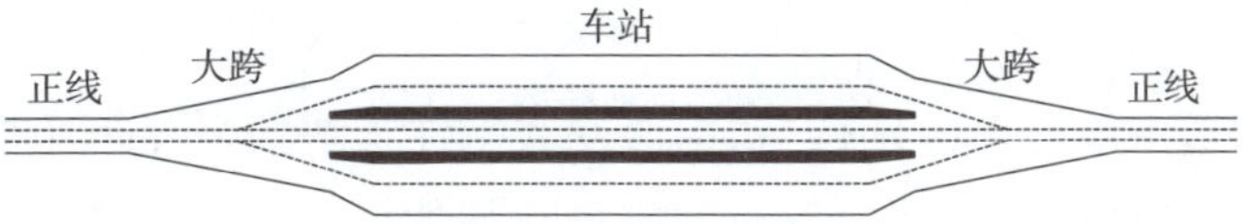

图 1-3 八达岭长城站线路型式

综合车站结构特征、埋深和围岩级别，八达岭长城站主要有以下特点：

1. 车站埋深大

八达岭长城站修建在山脉之中，车站最大埋深约 110 m，在我国尚属首次，世界少有，基本上没有可供参考的工程案例及相应技术规程。

2. 群洞布局，洞室间重叠交错，断面繁多，相互干扰严重

车站为三层三纵群洞布局，各类洞室达 78 个，断面型式多达 88 种，重叠交错，交叉节点密集，结构复杂。平行洞室最小水平间距仅 2.27 m，最小竖向间距仅 4.55 m，施工期间的相互干扰严重，尤其是爆破对中夹岩体的削弱显著，易造成群洞结构破坏。

3. 开挖跨度大，地质多变，结构设计及施工困难

八达岭长城站主体结构断面跨度达 44 m，高度为 22 m，开挖断面面积约 900 m^2，车站的跨度、高度、开挖断面面积在国内外各类地下工程中屈指可数。车站两端过渡段最大开挖跨度达 32.7 m，而且其大里程端受 F2 断层影响显著，围岩变化频繁，差异大，保障结构稳定与施工安全难度大。

4. 多掌子面同时开挖，通道拐角多，通风困难

八达岭长城站施工高峰期共有 13 个掌子面需要通风，通过 2 号斜井的两个通道进风，再通过 8 条分通道将风流输送至掌子面，各进风通道重叠交叉，风筒在送风至掌子面的过程中经过多个拐点，传统的压入式通风已经无法满足施工环境的要求。

5. 超大断面隧道衬砌混凝土浇筑、养护困难

大跨过渡段分多个断面过渡，若各断面单独设计台车，将会造成大量的资源浪费，因此大跨过渡段台车设计成断面可调节形式，结构复杂。针对超大断面隧道衬砌施工工艺与混凝土性能不匹配的问题，八达岭长城站混凝土结构使用寿命可超过 300 年。

1.3 八达岭地区工程地质状况和稳定性

1.3.1 工程地质概况

1. 地质构造及地层岩性

站址区大的构造主要是燕山期构造，由于受太平洋板块的强烈挤压作用，使得我国东部地区发生南北方向逆时针扭动，从而形成左旋为特征的燕山区北东和北北方向的构造体系。该构造体系可分为三个褶皱幕和六个变形构造变形时代。站址区主要受燕山期第五世代(D5)影响，表现为伸展裂陷构造作用形成的岔道火山盆地。地壳伸展期，盆地断陷形成，发育有大量火山物质喷发和喷溢，而在收缩期则表现为岩浆侵入。

车站范围主要发育花岗岩杂岩，属于八达岭中型岩株，分布于岔道村—青龙桥地区，岩体出露面积约 25 km²。岩体北侧分别与髫髻山组和东岭台组火山岩接触，东侧主要与鹰窝梁流纹斑岩、上花园石英闪长岩接触，南侧与西侧分别与东老峪花岗岩、四桥子花岗岩和中生代火山岩相接触。

岩体形态大致呈不规则的等轴状，北接触面产状大致为向北倾斜，倾角为 50°，东北部岩体接触面产状为 60 °∠54°，东部与上花园岩体接触面产状倾向北东东、倾角为 78°。南部与东老峪花岗岩接触面产状为 190°∠83°，西南部与火山岩接触面产状为 360°∠67°。综上所述，岩体南接触面陡直，北接触面围岩呈 50°～60°倾斜，东接触面向东倾斜，呈一略微由北向南上侵的中型岩株。车站位置位于该岩体的西北部，岩体分布及车站的位置如图 1-4 所示。

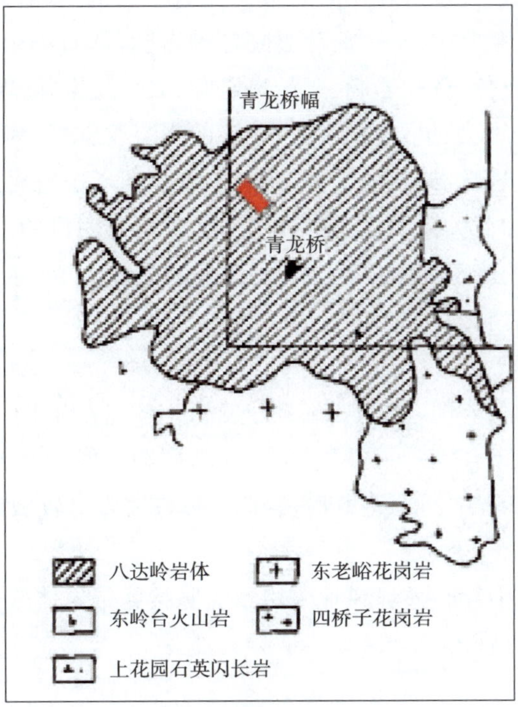

图 1-4 八达岭岩体宏观分布特征

(1)断裂构造

受到燕山期侵入岩的影响，区内断裂构造较为发育，以平行八达岭箱型背斜轴向的北东向断裂为骨干，伴有与之近于直交的北西向横张断裂，同时还发育有近东西向和近南北向扭裂面形成的正断层以及北北西向扭性断裂带。站址区内的侵入岩受构造作用影响明显。

根据区域资料，站址范围内四桥子中细粒花岗岩和八达岭斑状二长花岗岩等花岗杂岩均受到四桥子-白羊城北北东向断裂的控制，同时还受到八达岭箱型背斜及居庸关断隆区内部边缘的深层断裂控制，具体侵位在居庸关断块与北西侧岔道火山断陷盆地交界部位的盆地一侧。同时，这些深层断裂带由于受到侵入岩的影响，断裂带在表层显示并不明显。

综合物探资料、区域资料、地质资料及调绘资料，站址区洞身穿越 1 条实测断层，断层的主要特征如下：F2 实测断裂与隧道主洞身相交于 DK68＋260～＋300，与线路相交角度 35°，断裂产状为 236°∠80°，为一张扭性断裂，上盘为花岗岩，下盘为斑状二长花岗岩，断层带内为断层角砾，断层带宽度 2 m 左右，影响宽度约为 15 m。

(2)岩脉

深层断裂产生的表层北北西向张扭裂隙带直接控制了大量岩脉的填充。因酸性和偏碱性多次脉动交替侵入，八达岭侵入岩体岩脉极为发育。岩脉走向多为北北西，多数东倾，倾角一般 60°～70°，一般宽度 2～5 m。发育形成各种岩脉，如石英斑岩、流纹斑岩脉、花岗斑岩脉、闪长玢岩脉、辉绿岩脉、辉长岩脉、正长斑岩脉、二长斑岩脉、煌斑岩以及霏细岩等。其中正长斑岩和花岗斑岩形成最早、规模最大，稍晚的为流纹斑岩，其插入前二者中，更晚的为煌斑岩，它切断一切浅色岩脉，最晚的为辉绿岩脉，它切断了煌斑岩。

岩体的侵入、穿插、捕掳关系明显，界线清楚，大多具有明显的冷凝边，岩石结构均匀，各期侵入体具有不同程度的接触变质、矽卡岩化和特有的围岩蚀变及热液矿化。八达岭长城站站址主要发育闪长玢岩脉及花岗斑岩脉。

(3)结构面

岩体主要发育 3～4 组节理，J1 为 0°～90°∠30°～85°，J2 为 200°～345°∠20°～88°，J3 为 110°～175°∠35°～84°，J4 为 102°～195°∠30°～85°，间距一般为 0.1～0.5 m，部分段落间距大于 0.5 m，均为密闭节理，中间无充填物，岩体总体较完整—较破碎，节理发育密集带岩体破碎。

同时，各类花岗杂岩中存在差异风化带以及岩脉接触带岩体软弱带、节理发育密集带和蚀变带，风化深槽岩体较破碎。

2. 水文地质

地下水类型为基岩裂隙水，主要受大气降水补给。勘察期间，地下水稳定水位埋深 6.5～28.6 m，随地形起伏较大。由于该区域岩体各类裂隙较发育，连通性相对较好，地下水类型主要表现潜水型基岩裂隙水。

(1)水文地质参数

勘察期间选取 Z-4、Z-7 及 Z-8 孔 3 孔做抽水试验，根据抽水试验结合地区经验，地下水的渗透系数取 0.014～0.43 m/d。

(2)涌水量计算

结合水文地质测绘、物探资料和区域资料综合分析，涌水量计算采用大气降水入渗法及古德曼经验公式计算，最后综合汇总分析预测隧道整体涌水量。结合现场实际情况，综合两种方法预测：DK67＋825～＋875 段采用大气降水入渗法计算涌水量；DK67＋875～DK68＋275 段采用古德曼经验公式法计算涌水量。综合预测隧道正常涌水量 2 392 m^3/d，最大涌水量为 6 971 m^3/d。

(3)地下水综合评价

根据区域地质资料、工程地质测绘、钻探、物探、水文测井、抽水试验及水文计算综合分析，地下车站址位于强富水区。地下水类型主要为基岩裂隙水，其补给来源主要是大气降水。受构造运动的影响，岩体中岩脉、断裂构造带发育，岩体较为破碎，均使得地表水容易下渗。由于岩石的风化差异及岩脉的作用，地下水的运动及赋存不具规律性。

3. 地应力评价

(1)地应力测试结论

根据新八达岭隧道附近钻孔 D1ZS-2 勘探孔深度 75.7～122.7 m 的 3 个测段地应力测量结果和现有勘探资料，地应力测试结论如下：

新八达岭隧道(地下车站)勘探区实测最大水平主应力值为 4.48(76.70 m)～4.99(121.7 m)MPa，最小水平主应力值为 3.82(76.7 m)～4.74(121.7 m)MPa。测区地应力值与燕山地区地应力测试统计结果比较，属中等应力水平。

实测最大水平主应力方向(即破裂方位)为 NE31°，即 NEE 向。最大主应力方向和地下站走向夹角为 48°。

水压致裂地应力测量结果表明，新八达岭隧道(地下车站)勘探区地应力大小明显受地形、岩石完整程度和局部构造的影响而差异较大。同一孔内，在完整孔段，地应力值较高；节理、裂隙发育孔段，地应力值较低。尽管在破碎地带地应力有所降低，但仍然处于稍偏高水平。

根据有关文献，结合实测应力结果，当开挖体形状能使得顶板处和侧帮处的压应力值基本相等时，该开挖体形状就是该应力场下的最佳形状。目前能给出均匀压应力分布的开挖体形状通常是链环形或椭圆形，其长短轴之比等于原岩在洞室截面上的两个主应力之比。对整个工程区来说，最大水平主应力与铅直主应力比值在 1.15 左右，基本上趋于稳定。

(2)场区初始应力状况评价

场区岩性主要为斑状二长花岗岩、花岗岩，单轴饱和抗压强度 R_c＝39～60 MPa，实测最大水平主应力 σ_{max}＝4.99 MPa，工程岩体强度应力比 R_c/σ_{max}＝7.82～12.02。从宏观上看，八达岭地区岩体经过多次构造运动，岩体完整性较差，节理、裂隙较发育，应力基本释放，发生岩爆的可能性不大，但因岩体较破碎，洞顶和洞壁岩体会有塌落和掉块现象发生。

4. 隧道围岩评价和分级

(1)隧道工程地质条件分段评价

①站台层、站厅层、站厅至站台楼扶梯通道

洞身主要穿越强—弱风化花岗岩、斑状二长花岗岩、岩脉以及岩性接触带。由于燕山期酸性和偏碱性多次脉动交替侵入,八达岭侵入岩体岩脉极为发育,岩脉走向多为北北西,多数东倾,倾角一般 60°～70°,宽度 2～5 m。发育形成各种岩脉,如石英斑岩、流纹斑岩脉、花岗斑岩脉、闪长玢岩脉、辉绿岩脉、辉长岩脉、正长斑岩脉、二长斑岩脉、煌斑岩以及霏细等岩脉。斑状二长花岗岩和花岗岩岩质坚硬,呈块状构造,岩脉主要发育 3～4 组节理,岩体总体上较完整—较破碎,但岩脉接触带、局部节理密集带、差异风化带、蚀变带的节理裂隙发育,以及断层破碎带及其影响带岩体破碎,围岩稳定性差,地下水较发育,因此,需要加强超前预支护和超前地质预报。尤其需要注意在 DK67＋890～＋950 处以埋深 50～56 m 的隧道穿越长城景区滚天沟停车场,为确保景区正常营业,设计及施工中均应考虑施工过程对景区造成的影响,并做好变形监测工作。

②电梯井

电梯井穿越强风化—弱风化斑状二长花岗岩,岩体节理、裂隙发育,地下水较发育,需要加强超前预支护和超前地质预报,并做好变形监测工作。

③小里程风井

小里程风井穿越强风化—弱风化斑状二长花岗岩,岩体主要发育 3～4 组节理,岩体总体较完整—较破碎。洞口位于强风化层,围岩稳定性差,地下水较发育,需要加强超前预支护和超前地质预报,并做好变形监测工作。

④大里程风井

大里程风井穿越断层破碎带、强风化—弱风化斑状二长花岗岩,岩体主要发育 3～4 组节理,岩体总体较完整—较破碎,断层及其影响带岩体破碎,洞口围岩稳定性差,地下水较发育,需要加强超前预支护和超前地质预报,并做好变形监测工作。

⑤出站主通道、斜行电梯通道及斜行电梯检修通道

通道主要穿越全风化—弱风化斑状二长花岗岩、岩脉以及岩性接触带。斑状二长花岗岩岩质坚硬,块状构造,岩脉主要发育 3～4 组节理,岩体总体上为较完整～较破碎,但岩脉接触带、局部节理密集带、差异风化带、蚀变带的节理裂隙发育,岩体破碎,围岩稳定性差,地下水较发育。尤其需注意在 TDDK0＋070 至通道出口处,以埋深为 6～45 m 的隧道穿越长城景区滚天沟停车场,为确保景区正常营业,设计及施工中均应考虑对景区的影响,并做好变形监测工作。洞口浅埋段易塌方,需要加强超前预支护和超前地质预报。同时做好边仰坡防护工作及洞口挡水设计,雨季防止淹井,边坡坡率为 1∶1～1∶1.25。

(2)围岩分级

各分段围岩分级见表 1-1～表 1-6。

表 1-1　站台层围岩分级

序号	里　程	围岩级别	围岩长度/m
1	DK67＋825～＋900	Ⅲ	75
2	DK67＋900～DK68＋000	Ⅴ	100
3	DK68＋000～＋200	Ⅲ	200
4	DK68＋200～＋285	Ⅴ	75

表 1-2　站厅层围岩分级

序号	里　程	围岩级别	围岩长度/m
1	DK67＋875～＋900	Ⅲ	25
2	DK67＋900～DK68＋000	Ⅴ	100
3	DK68＋000～＋200	Ⅲ	200
4	DK68＋200～＋225	Ⅴ	25

表 1-3　出站主通道围岩分级

序号	里　程	围岩级别	围岩长度/m
1	ZTDDK0＋000～＋080	Ⅲ	80
2	ZTDDK0＋080～＋135	Ⅳ	55
3	ZTDDK0＋135～＋210	Ⅴ	75
4	ZTDDK0＋210～＋275	Ⅳ	65
5	ZTDDK0＋275～＋384.86	Ⅴ	109.86

表 1-4　斜行电梯通道围岩分级

序号	里　程	围岩级别	围岩长度/m
1	ZTDDK0＋000～＋080	Ⅲ	80
2	ZTDDK0＋080～＋130	Ⅳ	50
3	ZTDDK0＋130～＋195	Ⅴ	65
4	ZTDDK0＋195～＋235	Ⅳ	40
5	ZTDDK0＋235～＋361.69	Ⅴ	126.69

表 1-5　电梯井、小里程风井、大里程风井围岩分级

序号	里　程	围岩级别	围岩长度/m	备　注
1	DTJ0＋000～＋052	Ⅴ	52	电梯井
2	XLFJ0＋000～＋20	Ⅴ	20	小里程风井
3	XLFJ0＋20～＋61	Ⅲ	41	小里程风井
4	DLFJ0＋0～＋76	Ⅴ	76	大里程风井

表 1-6 站台层各级围岩所占比例统计

围岩级别	长度/m	隧道总长/m	围岩级别占隧道总长的百分比/%
Ⅴ	175	450	39
Ⅲ	275		61

1.3.2 花岗杂岩稳定性

通过对前期勘察及隧道开挖过程中进行的一系列地质工作所获得资料的整理和分析，研究人员深入理清了研究区基础地质条件。在对结构面统计分析的基础上，确定洞室开挖后可能出现的结构体的形状、大小和位置，并评价其稳定性。运用地质分析法确定研究区的地应力场分布规律，并采用多种方法进行岩体质量评价。

在获得研究区基础资料后，充分利用施工开挖过程进行各岩性物理力学特性(矿物成分、质量密度、抗压强度等)进行试验和分析，并查明接触关系，划分花岗杂岩的空间分布。

在地面调查及开挖地质素描的基础上，对各洞室区结构面(主要是节理)进行统计，分析其工程地质特性，理清结构面组合关系，研究结构面与开挖临空面能否切割围岩形成结构体，并评价其稳定性。

1. 物理力学特征

对开挖区岩石取样进行物理力学试验，岩石三轴试验 3 组，抗压强度试验 32 组，获得岩石物理力学参数。

(1)单轴抗压强度试验成果及试样破坏情况见表 1-7 和表 1-8。

表 1-7 新八达岭隧道长城站岩石力学指标(第一部分)

取样位置	里　程	单轴抗压强度/MPa	弹性模量 E/GPa	泊松比
2 号斜井 1 号分通道	2X1DK0+050	51.4	57.97	0.192
2 号斜井 1 号分通道	2X1DK0+050	41.8	65.49	0.210
大跨上导洞	DK68+460	47.6	24.35	0.231
大跨上导洞	DK68+460	39.1	26.68	0.267
2 号斜井主通道	2XJDK0+750	31.3	16.31	0.289
2 号斜井 1 号分通道	2X1DK0+250	92.6	32.72	0.199

表 1-8 新八达岭隧道长城站岩石力学指标(第二部分)

钻孔编号	取样洞室	里　程	单轴抗压强度/MPa	天然密度/(g·cm^{-3})	弹性模量/(×10^4 MPa)
1	2 号斜井大跨中导洞	DK68+399	70.28	2.52	0.023
2	2 号斜井主通道	DK0+417	61.43	2.62	—
3	5 号救援转到发线小里程	DK68+187	67.20	2.51	—

续上表

钻孔编号	取样洞室	里 程	单轴抗压强度/MPa	天然密度/(g·cm^{-3})	弹性模量/($\times10^4$ MPa)
4	2 号斜井平行导洞(进口)	DK68+445	81.44	2.53	0.021
5	2 号斜井到发线(进口)	DK68+334.8	69.19	2.60	0.015
6	2 号斜井中导洞	DK68+319	56.74	2.63	0.021
7	5 号救援转到发线小里程	DK68+156	90.52	2.51	—
8	2 号斜井主通道	DK0+301	69.83	2.65	—
9	2 号斜井 4 号救援通道	DK0+000	42.73	2.64	—
10	5 号救援转到发线小里程	DK68+138	20.53	2.41	—
11	5 号救援转到发线大里程	DK68+259	40.66	2.61	—
12	5 号救援转到发线横洞	DK0+020	73.78	2.57	—
13	平行导坑转正洞小里程进中导洞	DK68+411	44.65	2.48	0.009
14	平行导坑转正洞大里程	DK68+534	77.37	2.49	—

(2)三轴抗压强度试验成果及试样破坏情况见表 1-9～表 1-12 及图 1-5～图 1-7。

表 1-9 第 1 组岩样三轴压缩试验结果

试样编号		状态	高度/mm	直径/mm	围压 σ_3/MPa	竖向压力 σ_1/MPa	备 注
第 1 组	1-1	自然干燥	98.33	48.07	1	140.12	
	1-2	自然干燥	98.33	47.91	2	80.09	
	1-3	自然干燥	99.31	48.00	3	161.30	数据异常,不参加分析
	1-4	自然干燥	98.31	47.94	4	178.80	
	1-5	自然干燥	94.21	48.15	5	186.24	
抗剪强度指标		c=18.31 MPa,φ=54.05°					

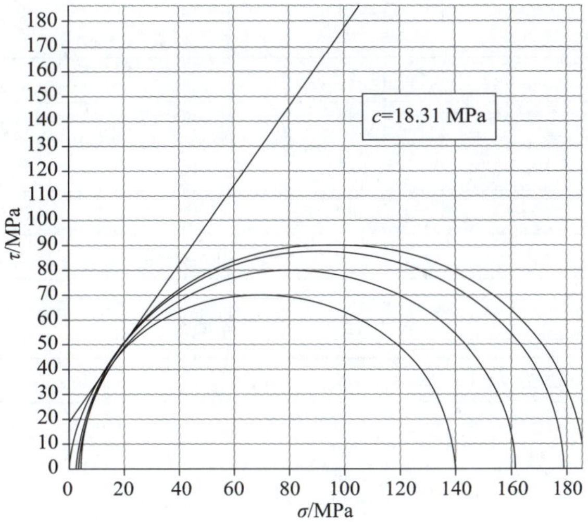

图 1-5 第 1 组摩尔参数曲线

表 1-10 第 2 组岩样三轴压缩试验结果

试样编号		状态	高度/mm	直径/mm	围压 σ_3/MPa	竖向压力 σ_1/MPa	备注
第 2 组	2-1	自然干燥	98.08	48.09	15	91.07	
	2-2	自然干燥	91.48	47.75	5	44.07	
	2-3	自然干燥	93.71	47.81	10	65.95	
	2-4	自然干燥	100.15	48.05	20	130.0	
抗剪强度指标		c=2.53 MPa,φ=44.39°					

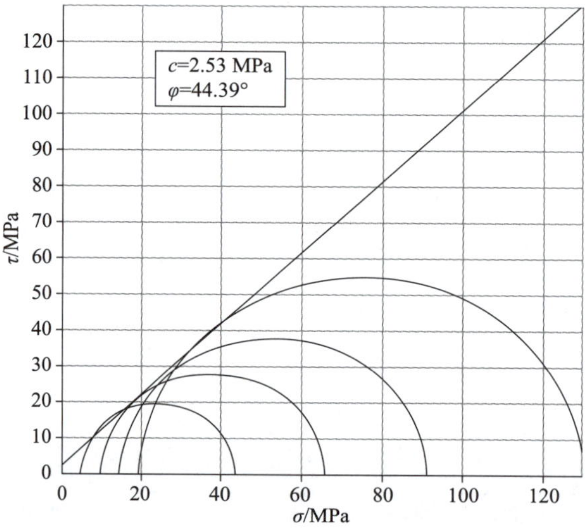

图 1-6 第 2 组摩尔参数曲线

表 1-11 第 3 组岩样三轴压缩试验结果

试样编号		状态	高度/mm	直径/mm	围压 σ_3/MPa	竖向压力 σ_1/MPa	备注
第 3 组	3-1	自然干燥	96.29	48.61	10	27.85	数据异常，不参加分析
	3-2	自然干燥	98.52	48.73	1	96.62	
	3-3	自然干燥	98.71	48.73	5	110.67	
	3-4	自然干燥	98.00	48.71	10	151.18	
	3-5	自然干燥	98.40	48.69	15	185.26	
抗剪强度指标		c=16.56 MPa,φ=47.35°					

表 1-12 综合试样成果

岩样分组	试样编号	状态	内摩擦角 φ/(°)	黏聚力 c/MPa
第 1 组	1-1～1-5	自然干燥	54.05	18.31
第 2 组	2-1～2-4	自然干燥	44.39	2.53
第 3 组	3-1～3-5	自然干燥	47.35	16.56

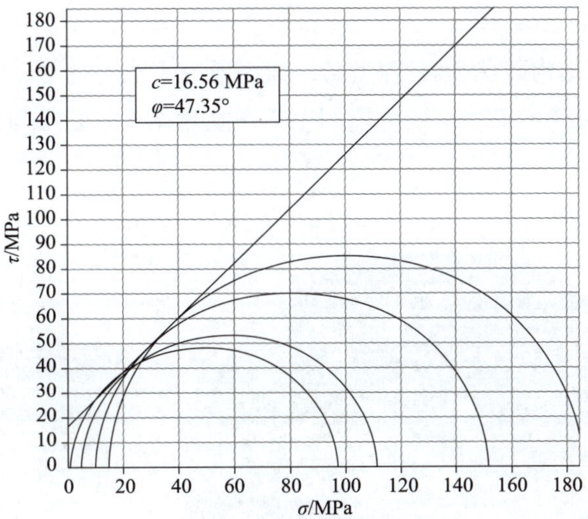

图 1-7 第 3 组摩尔参数曲线

八达岭花岗杂岩弱风化层岩质一般较坚硬，岩石饱和抗压强度在 39～60 MPa 之间，属于硬质岩类。

2. 结构面调查及统计分析

通过大量的地质素描工作，综合各洞室地质素描资料，统计分析其结构面情况，具体情况如下：

(1)断层型结构面

节理内充填泥质、含有破碎带、张开型结构面，统称断层型结构面。通过实地测量，获得断层型结构面 42 条，其结构面优势产状：260°∠80°、80°∠90°、60°∠20°。以陡倾角为主，走向与线路夹角多为 40°～50°，如图 1-8 所示。

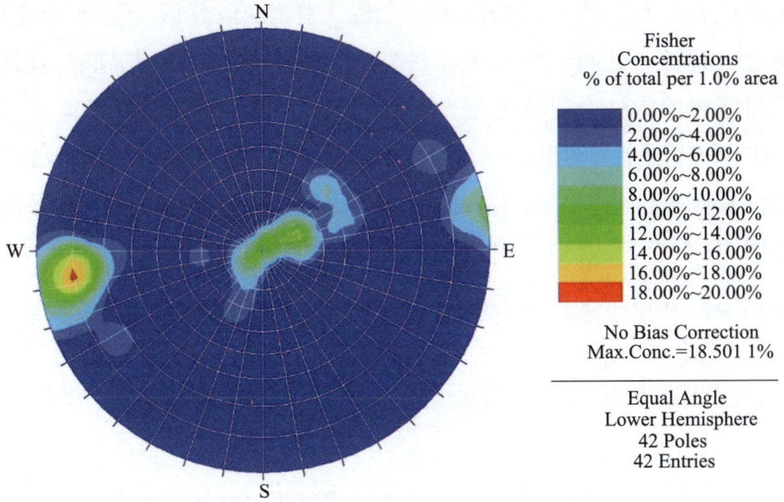

图 1-8 断层型结构面极点等密图

(2)裂隙型结构面

节理密闭、无充填结构面，统称裂隙型结构面。通过实地测量，获得断层型结构面 441 条，其结构面优势产状：245°∠55°、65°∠50°。以中等倾角为主，走向与线路夹角分别为 20°、60°，如图 1-9 所示。

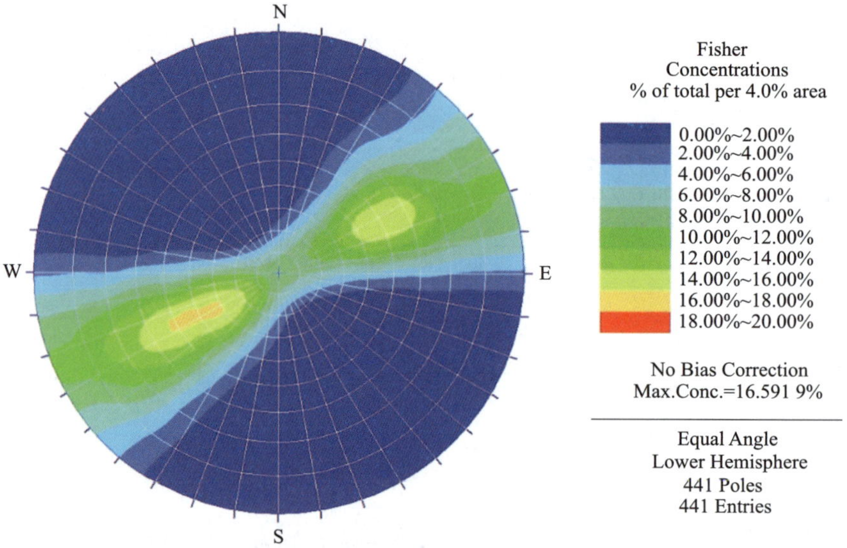

图 1-9 裂隙型结构面极点等密图

3. 区域地质构造分析

八达岭花岗杂岩是指出露于北京以北、八达岭至长园(怀柔)一带的花岗杂岩，长约 90 km，宽 10～20 km，出露面积约 540 km²，总体呈北东向带状展布，是燕山期多期次岩浆侵入活动的典型代表。八达岭花岗岩由 121 个侵入体组成，并区分为 8 个超单元。八达岭花岗杂岩主要是由辉长岩、闪长岩、石英二长岩、二长闪长岩、二长花岗岩、花岗岩、碱性花岗岩和石英正长岩等组成的一个复式岩基，出露地层主要为中、上元古界地层，零星分布太古界、下古生界、中生界、新生界地层。八达岭杂岩带主体形成于燕山晚期(140～110 Ma 之间)，岩性以酸性及偏碱性花岗岩类侵入体为主，侵入活动常形成大、中型岩株，最大岩株为对(锥)臼峪岩体，分布面积 75 km²，中型岩株如铁炉子岩体、八达岭岩体。

针对本区域地质资料做了大量的收集分析，结合前期勘探及现在开挖地质情况分析，形成结论如下：

(1)在燕山晚期，受构造局限，由北向南侵入斑状二长花岗岩岩株，形成了八达岭侵入岩体雏形。

(2)岩体具有似斑状结构，斑晶大小及发育程度变化大，在青龙桥车站东侧地区斑晶较少及变小，构成少斑、小斑二长花岗岩。

(3)燕山晚期第一次花岗岩活动期，在八达岭岩体内形成岩脉群，尤其以岩体东部最为发育。岩体东部(龙潭沟—山神庙，1号斜井向小里程)含脉率高达60%，岩脉走向北北西，一般东倾，倾角60°～80°。在岩体西部岔道村东北800 m宽度内，含脉率达20%，岩脉走向北北西，倾角直立，岩脉主要岩性为：花岗斑岩、石英长石斑岩，少量流纹斑岩、细晶岩，岩脉一般宽度数米至十余米。

(4)在地下站大跨及导洞开挖工程中，含脉率小于10%，岩脉体走向北北西(340°)，倾向东，倾角大于80°，规模较小，宽度小于1 m 。

4. 地下站区围岩施工主要风险

根据以上资料分析，获得地下站区围岩施工主要风险表，见表1-13。

表1-13 新八达岭隧道长城站各级围岩状态及施工风险

围岩级别	围岩描述	不利情况	隧道施工风险
Ⅱ	硬质岩，基本不存在软弱结构面；掌子面大部分被结构面分割，呈0.5 m×0.5 m及以上大块状，结构面大部分无充填；线状出水(呈中雨状)或局部存在股状涌水，基本贴掌子面流出	无	掉块、长时间暴露，小坍塌
		存在倾角≤75°的软弱结构面	掉块、塌方(位于拱顶时危险程度高)
		存在有压水时，水流离开掌子面一定距离	掉块
Ⅲ	硬质岩，存在软弱结构面，但结构面倾角>75°；掌子面大部分被结构面分割，呈0.2 m×0.2 m及以上块体，结构面大部分无充填(不含软弱结构面)；点状滴水(呈小雨状)或潮湿状态	无	小坍塌、爆破振动过大坍塌
		风化严重块体存在于拱部及边墙	塌方、片帮
		软弱结构面倾角≤75°，存在不稳定块体	掉块、塌方(位于拱顶时危险程度高)
		岩体更加破碎	掉块、小塌方
		地下水增大	掉块
Ⅳ	硬质岩呈碎石状压碎结构；点状滴水(呈小雨状)或潮湿状态	无	较大坍塌，侧壁失稳
		风化严重块体存在于拱部及边墙	大塌方
		地下水增大	大塌方
Ⅴ	岩体破碎呈角砾碎石状松散结构；点状滴水(呈小雨状)或潮湿状态	无	大坍塌、侧壁小坍塌
		全风化且水量增大	初期支护变形

1.4 深埋地下车站工程关键问题与关键技术

1.4.1 关键问题

1. 超大断面隧道开挖支护及变形控制技术

(1)超大断面隧道围岩变形规律及控制标准；

(2)超大断面隧道围岩自承载支护体系设计及开挖新工法；

2. 超大断面隧道二次衬砌施工质量控制技术

(1)变断面隧道可调式衬砌台车研发;

(2)超大断面隧道大体积混凝土浇筑及养护技术研究。

3. 小间距洞室群爆破技术

(1)临近洞室爆破控制标准研究;

(2)精准微损伤控制爆破技术研究;

(3)爆破损伤检测技术研究。

4. 复杂洞室群施工通风技术

(1)复杂洞室群通风模式设计及实施组织研究;

(2)复杂洞室群环境自动监控及粉尘治理研究。

1.4.2 关键技术

通过八达岭长城站施工,发明了超大断面隧道"品"字形开挖新方法;研制了超大断面隧道变断面智能衬砌台车,实现了大断面隧道的安全快速施工;开发了高性能快速张拉锚索新技术,建立了超大断面隧道开挖施工"分步变形量和总变形量"双基准控制标准,实现了超大跨隧道变形过程动态控制;制定了临近洞室爆破振动控制标准,研发了精准微损伤控制爆破技术,建立了复杂洞室群施工通风模式和粉尘控制技术。

1. 预应力锚杆—锚索组合支护技术

预应力锚杆—锚索组合支护结构体系由四层支护组成,如图 1-10 所示。

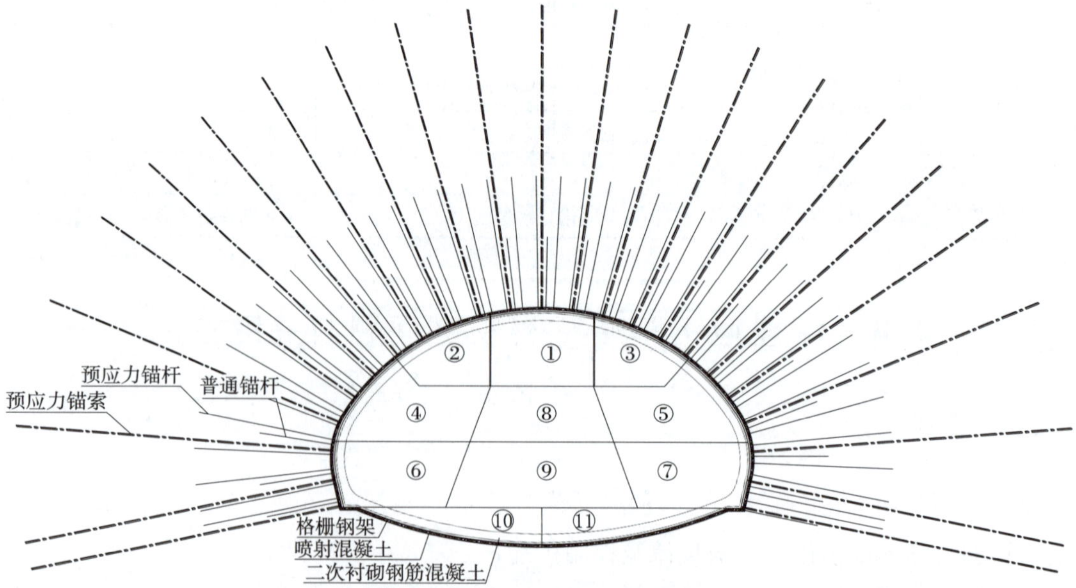

图 1-10 预应力锚杆-锚索组合支护

第一层支护：由钢架和喷射混凝土组成，厚度 35 cm，主要起到表层围岩保护作用。

第二层支护：由砂浆锚杆组成，直径 25 mm，长度 6 m，环向间距 2.4 m，一环 22 根，单根设计拉拔力 50 kN，总拉拔力 1 100 kN，主要起到浅层围岩锚固作用。

第三层支护：由预应力锚杆组成，直径 32 mm，长度 11 m，环向间距 1.2 m，一环 44 根，单根设计拉拔力 100 kN，总拉拔力 4 400 kN，主要起到中层围岩锚固作用。

第四层支护：由预应力锚索组成，锚索由 7 束钢丝形成直径 130 mm 的钢丝束，长度 25 m，环向间距 2.4 m，一环 22 根，单根设计拉拔力 1 000 kN，总拉拔力 22 000 kN，主要起到深层围岩锚固作用。

2.“品”字形开挖施工新方法

“品”字形开挖方法的设计思路为：顶洞超前、分层开挖、预留核心、重点锁定。“品”字形开挖施工新方法解决了超大跨隧道的开挖施工问题。

(1)方法简洁清晰

“品”字形开挖方法按照“横向、竖向基本均匀”原则，将大断面隧道划分为三层十一部，形如“品”字，方法简洁清晰。

(2)结构安全可靠

施工过程中，首先开挖顶洞(图 1-11 中①)，以超前探明地质并采取必要的加固措施，然后按照“预留核心、自上而下、先两边后中间”的方式进行分层、分部开挖(图 1-11 中②、③、④、⑤、⑥、⑦)，最后逐步开挖核心土及仰拱，形成封闭的支护体系(图 1-11 中⑧、⑨、⑩、⑪)。该方法支护体系由超前导管或管棚、格栅钢架、喷射混凝土、预应力锚杆及锚索组成，从而承担全部围岩荷载。施工中每开挖一部，及时完成支护，确保施工安全。

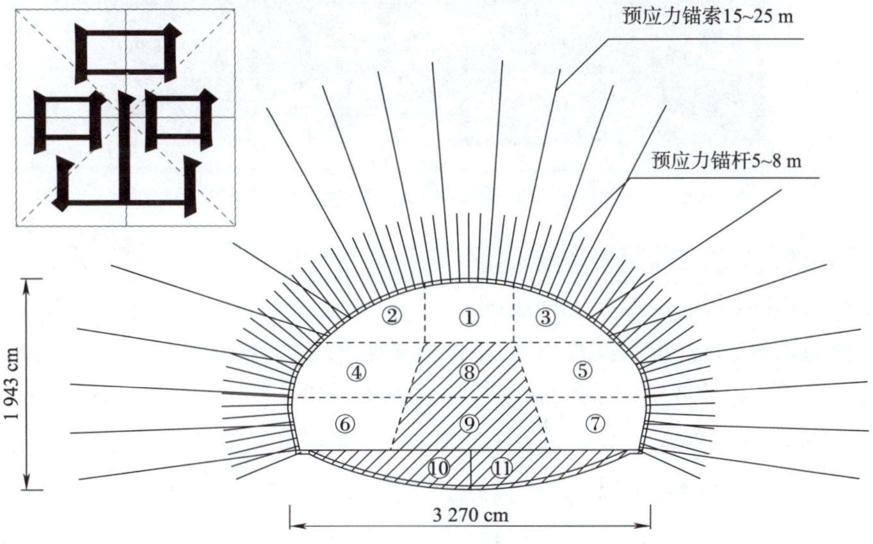

图 1-11　“品”字形开挖施工新方法

(3)机械化程度高

隧道每部开挖宽度 8～12 m、开挖高度 5～6 m，适合于大型机械设备施工。

(4)施工效率高

开挖及锚杆、锚索施工是该工程的关键，大断面开挖适合于多台设备同时作业，可以大大提高施工工效。

3. 小间距洞室群微损伤爆破技术

在洞室群隧道施工中，开挖爆破产生的振动将影响邻近洞室支护结构的稳定，同时也会对洞群的中岩墙和中岩板的围岩产生破坏作用，此外洞室群复杂的开挖轮廓线对爆破开挖边界精度的控制提出了更高的要求。

为满足八达岭长城站洞室群施工对开挖爆破的控制要求，提出了微振微损伤精准爆破技术，利用电子雷管的起爆时差，使爆破药量分散逐个起爆，减小了单次爆破的炸药量，从而降低了爆破振动，减小了围岩和支护结构损伤，精准控制了爆破边界。

4. 超大断面可变截面衬砌台车结构设计

专为八达岭长城站过渡段超大断面设计和制造的可变截面衬砌台车(图 1-12)具有以下功能：

图 1-12　超大断面可变截面衬砌台车

(1)断面可调，实现变断面衬砌施工；

(2)自动扫描断面，确定混凝土饱满度；

(3)设置应力传感器，监测泵送压力和拱顶混凝土浇筑情况。

整座台车结构使用 Q235 钢材，顶部模板最大跨度为 28.95 m，高度为 13.71 m，纵向长度为 9 m。台车拱部由 7 榀小立柱支撑，每榀小立柱间隔 1.5 m，可以一次性浇筑二次衬砌混凝土 1.0 m。门架横梁共 4 榀，每榀小立柱间隔 3 m，门架横梁由厚度 20 mm 的钢板与厚度 16 mm 的钢板围成的箱型梁，横梁高度为 1 200 mm，宽度为 384 mm。丝杆为 ϕ114-12 无缝管与 ϕ80 圆钢组焊接。

第 2 章　地下车站复杂洞室群施工总体方案与施工组织

八达岭长城站属于复杂的地下洞室群工程，由于工期紧张，需要通过辅助坑道布置多个工作面同时施工，因此辅助坑道的设置及各工作面的布设与掘进安排就成为施工方案确定时首先需要考虑的问题。其次，八达岭长城站结构复杂，存在多种特殊的结构型式，如三洞分离式隧道、三连拱式隧道、斜型隧道等，这些特殊结构的施工需要全新的工法和支护设计。其次，车站部分洞室间距较小，如何控制小间距洞室施工时的相互影响是需要考虑的重要问题。

本章论述了八达岭长城站的总体施工方案以及各工作面的布置时间和位置关系，利用 FLAC3D 软件对三洞分离段、三连拱段、进出站通道和通风竖井的工法和支护方案进行了数值模拟分析。

2.1　施工总体方案

2.1.1　辅助坑道的选择与设置

八达岭长城站位于世界文化遗产八达岭长城景区，设计为地下复杂洞室群结构，为达到快速施工和绿色施工的目的，尽可能减轻施工对该景区的影响，按照利于施工的原则，设计采用两条斜井作为辅助坑道，分别开展车站及正线工程施工，如图 2-1 所示。

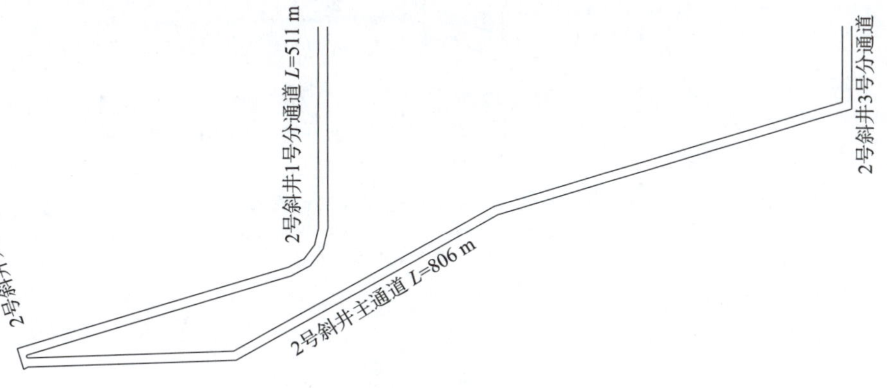

图 2-1　辅助通道施工示意

辅助坑道是指修筑长及特长隧道或洞室群时，为加快施工进度所开辟的到达正洞的隧洞，有斜井、竖井、平行导坑和横洞四种类型。选择斜井作为辅助坑道主要是由于八达岭长城站隧道长度长、埋深较大、施工工作面多，修筑两条斜井能够开辟多个新的工作面，加快隧道正线的施工和缩短工期。

2.1.2　车站结构与施工任务分解

八达岭长城站施工对象主要包括：站台层、设备层、进出通道和辅助竖井。车站站台层结构形式按四线三洞设置，车站两端 36 m 设计为三连拱结构，中间 398 m 三洞分离。站台层与站厅层上下分离设计，通过车站两侧斜行通道连接，地下车站与地面站房通过进、出站斜行通道连接。

1. 站台层

站台层结构如图 2-2 所示，主要施工对象包括：连拱段、三洞分离段、救援通道。

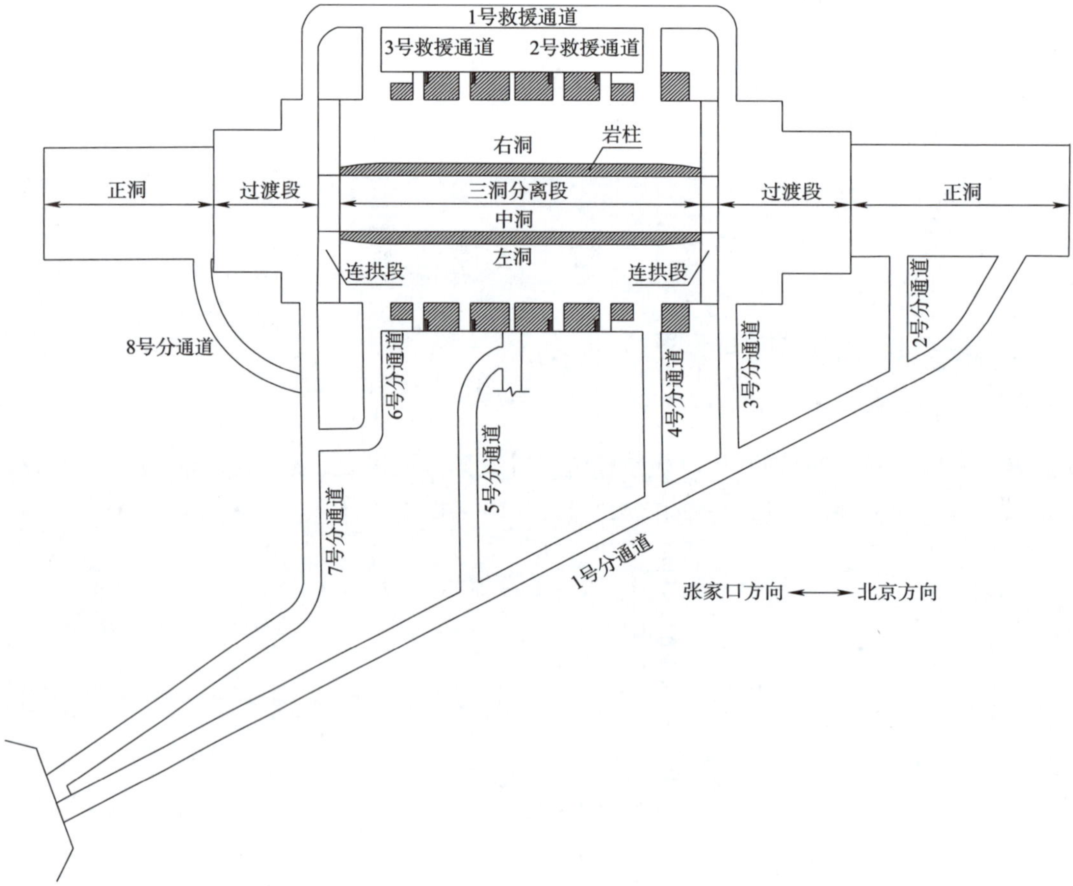

图 2-2　八达岭长城站站台层

(1)辅助通道施工

辅助坑道如图 2-1 所示,同步施工 2 号斜井 1 号分通道、2 号斜井 3 号分通道,施工至车站站台层。

(2)站台层第一阶段施工

站台层第一阶段施工如图 2-3 所示。2 号斜井 1 号分通道负责张家口端三连拱施工及三洞分离段,2 号斜井 3 号分通道负责北京侧三连拱施工。三洞分离段施工顺序为左、右线→正线。

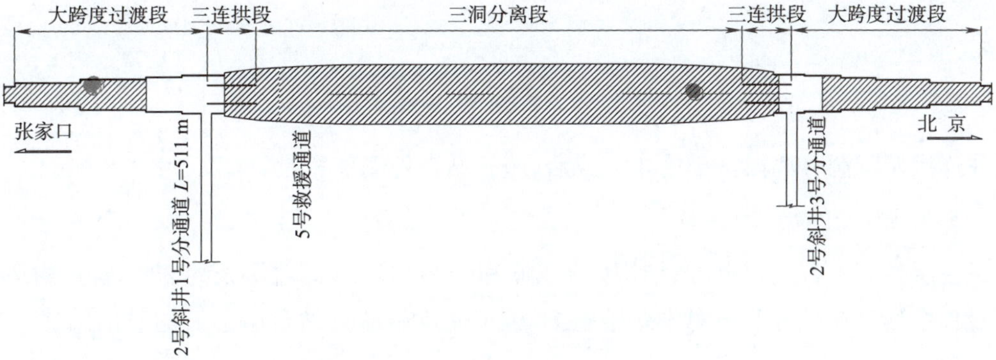

图 2-3　站台层第一阶段施工示意

(3)站台层第二阶段施工

站台层第二阶段施工如图 2-4 所示,主要施作 2 号斜井 3 号分通道三连拱及过渡段施工。

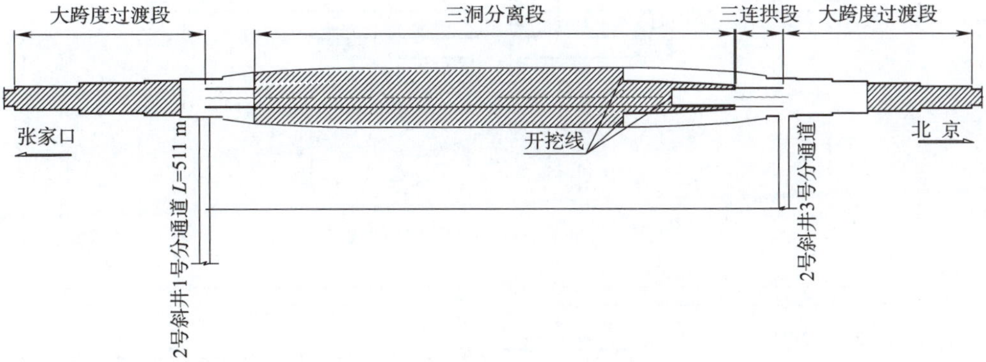

图 2-4　站台层第二阶段施工示意

(4)站台层第三阶段施工

站台层第三阶段施工如图 2-5 所示,主要施作 2 号斜井 3 号分通道三连拱及过渡段施工。

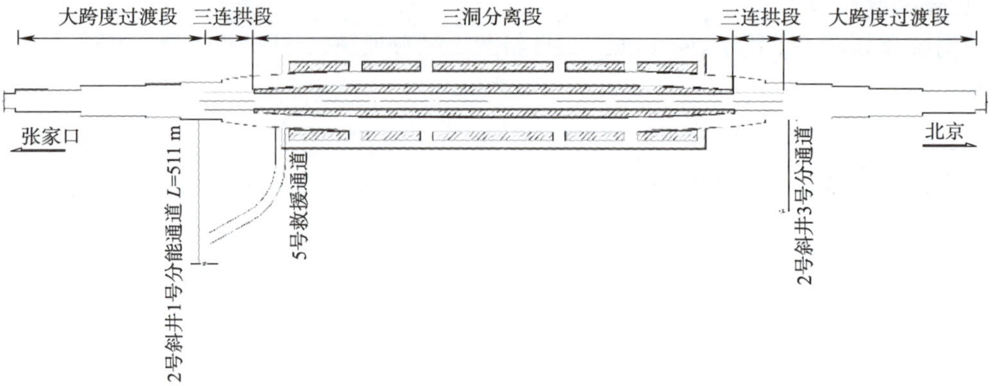

图 2-5 站台层第三阶段施工示意

三连拱及三洞分离段全部施工完成后，施工站台外侧加宽段。

2. 设备层(与站台层上部)

设备层位于站台层正上方，结构如图 2-6 和图 2-7 所示，站台层长约 230 m，宽约 71 m，施工过程中通过 5 号分通道对设备层施工，施工完成后通过站台层上方的进出站通道进入设备用房。

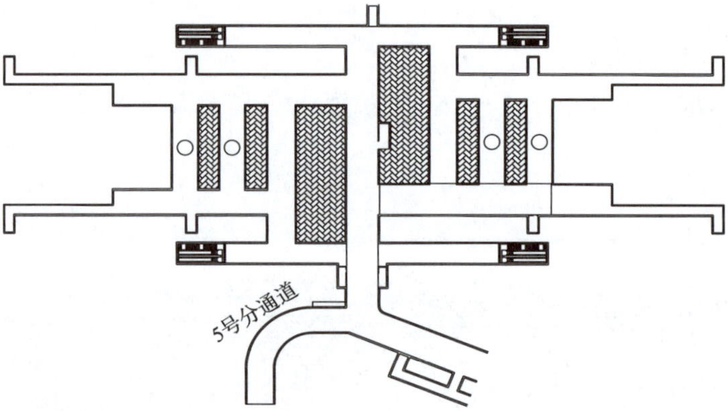

图 2-6 八达岭长城站设备层平面

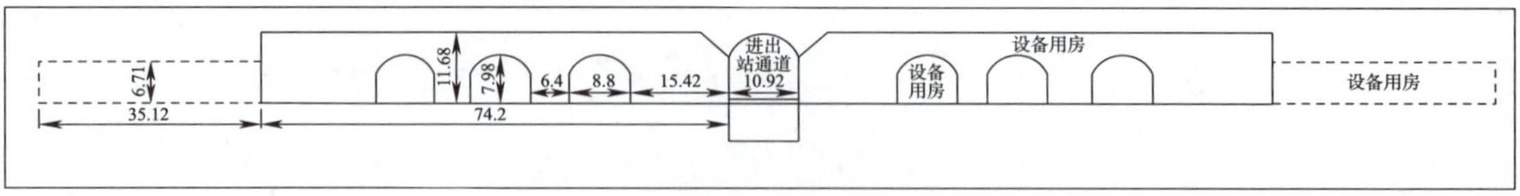

图 2-7 八达岭长城站设备层截面(单位:m)

3. 进出站通道

进出站主通道位于车站站台中心线，如图 2-8 所示。在车站中心位置设置进出站的主通道，主通道为双层拱形结构，上层为出站通道，下层为进站通道，结构尺寸为 10～15 m（内净宽），主通道至地面站房总长 216.8 m。

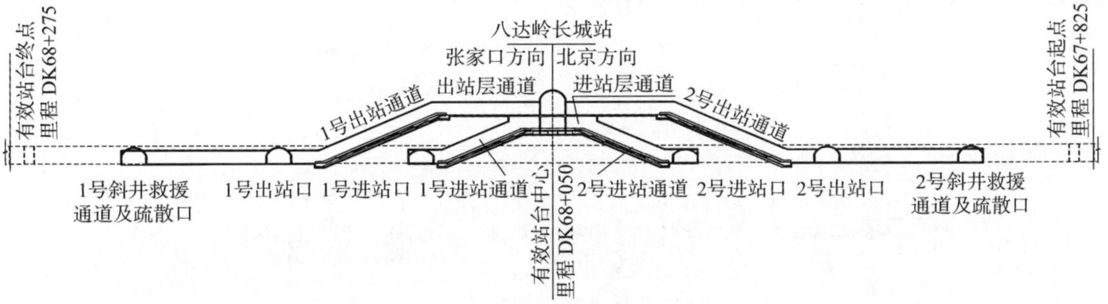

图 2-8　车站纵断面

进出站通道横跨三洞分离隧道，呈现交叉、上下分布形式，进出站通道与三洞分离标准段在站台中线位置空间正交，如图 2-9 所示，由于净距只有 4.55 m，采用三台阶法开挖。

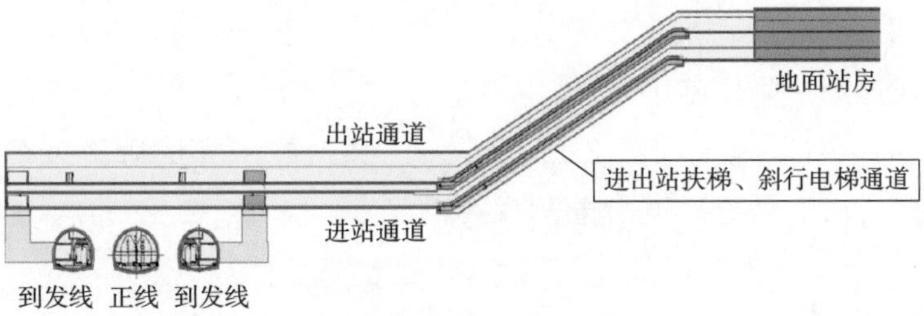

图 2-9　车站横剖面

(1)进出站通道第一阶段施工

进出站通道第一阶段施工如图 2-10 所示，施工队从 2 号斜井主通道引出 2 号分通道至车站主通道开挖。

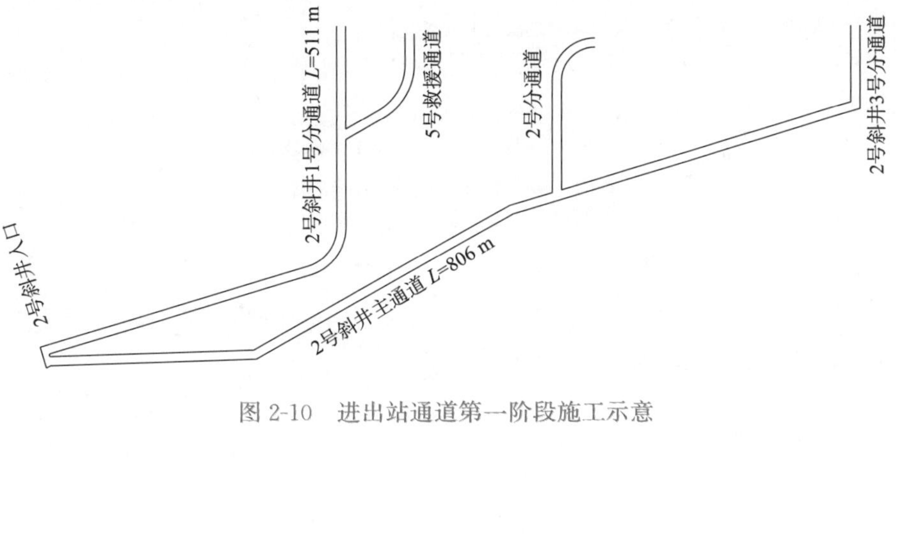

图 2-10　进出站通道第一阶段施工示意

(2)进出站通道第二阶段施工

进出站通道第二阶段施工如图 2-11 所示,施工队由 2 号分通道施工进出站通道,主通道楼梯扶梯段根据征地进度确定施工时间。

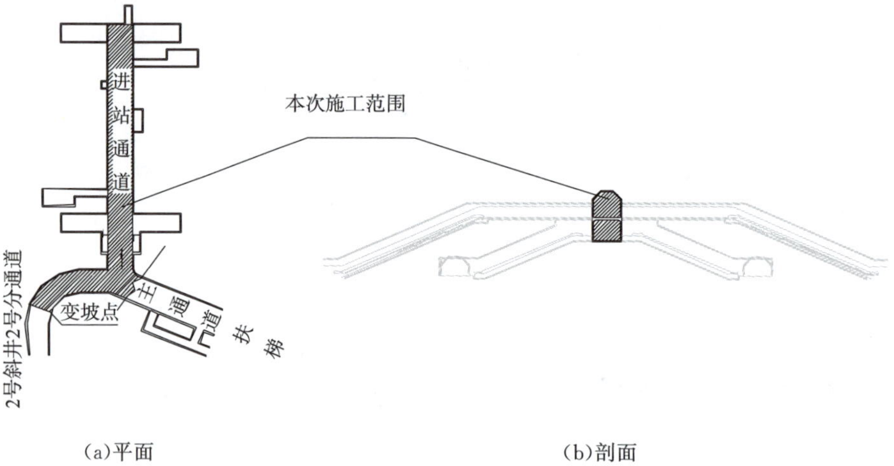

图 2-11 进出站通道第二阶段施工示意

(3)进出站通道第三阶段施工

进出站通道第三阶段施工如图 2-12 所示。主通道施工完成后施工车站进站楼梯(下层),由上往下施工,由 2 号分通道出土。

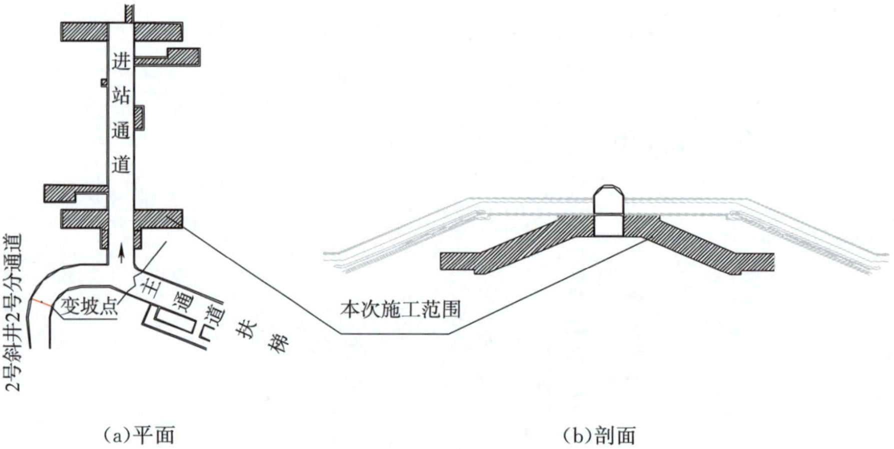

图 2-12 进出站通道第三阶段施工示意

(4)进出站通道第四阶段施工

进出站通道第四阶段施工如图 2-13 所示。进站楼梯施工完成后施工出站楼梯(上层)及设备站。

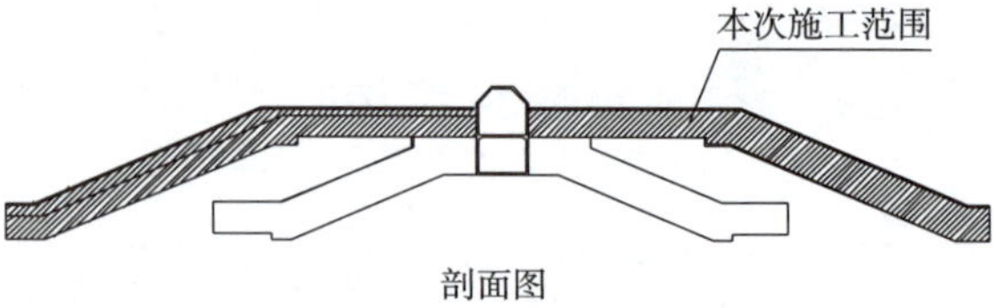

图 2-13 进出站通道第四阶段施工示意

2.1.3　施工总体部署

为保证施工安全，八达岭长城站总体按照通道形成先后顺序、重叠区由下而上的顺序施工：站台层→进站层→出站层（设备层）→辅助竖井。

2 号斜井工点按任务基本均衡的原则，先后分为八个工作面。

作业面 1：1 号分通道第一段 513 m（右洞口至 5 号分通道洞口）→第二段 226 m（5 号分通道洞口至 4 号分通道洞口）→第三段 67 m（4 号分通道洞口至 3 号分通道洞口）→第四段 332 m（3 号分通道洞口至 2 号分通道洞口）→2 号分通道往正洞北京方向 1610 m（DK65＋890～DK67＋500）。

作业面 2：7 号分通道第一段 399 m→第二段 8 号分通道 117 m→8 号分通道向正洞张家口方向 892 m（DK68＋448～DK69＋340）。

作业面 3：3 号分通道→车站小里程大跨过渡段 5 m、三连拱 36 m→车站三洞分离左线 398 m→2 号疏散通道 60 m、2 号出站通道站台层水平段 21.63 m、斜坡段 49.23 m→进站通道站台层水平段 15.86 m、斜坡段 25.82 m→站台层左侧设备洞室→1 号疏散通道 60 m、1 号出站通道站台层水平段 21.63 m、斜坡段 49.23 m→1 号进站通道站台层水平段 15.86 m、斜坡段 25.82 m。

作业面 4：4 号分通道 87 m→（接北京方向三连拱）→车站三洞分离右线 398 m→3 号疏散通道 60 m、3 号出站通道站台层水平段 21.63 m、斜坡段 49.23 m→3 号进站通道站台层水平段 15.86 m、斜坡段 25.82 m→站台层右侧设备洞室→4 号疏散通道 60 m、4 号出站通道站台层水平段 21.63 m、斜坡段 49.23 m→4 号进站通道站台层水平段 15.86 m、斜坡段 25.82 m。

作业面 5：接北京方向三连拱→车站三洞分离正线 398 m→（接进出站主通道）→1 号进站通道进站层水平段 18.44 m→2 号进站通道进站层水平段 18.44 m→进站层大里程设备洞室 25.4 m→进站层小里程设备洞室 25.4 m→出站层大里程设备洞室 270.65 m。

作业面 6（进出站层）：车站进出站主通道斜扶梯段 128.35 m、步梯通道 106.81 m→进出站主通道水平段 94.68 m→3 号进站通道进站层水平段 18.44 m→4 号进站通道进站层水平段 18.44 m→3 号出站通道出站层水平段 47.64 m→4 号出站通道出站层水平段 47.64 m→1 号出站通道出站层水平段 47.64 m→2 号出站通道出站层水平段 47.64 m→出站层小里程侧设备洞室 270.65 m。

作业面 7：站台层小里程端大跨扩大段 5 m、三连拱 36 m→车站小里程大跨过渡段 158 m、往小里程正洞 152 m→1 号救援通道 625 m→2 号救援通道 59 m→3 号救援通道 59 m。

作业面 8（挖风井）：通地面 1 号、2 号风井横洞→1 号、2 号、3 号、4 号风井→1 号、2 号电梯井→（接出站层洞室）→1 号、2 号设备井。

2.2 三洞分离段施工

2.2.1 施工顺序

站台层三洞分离段长 398 m，围岩级别以Ⅲ级围岩和Ⅴ级围岩为主，围岩级别划分如图 2-14 所示。该段保留岩体分割，其中岩体最小厚度 2.23 m，最大厚度 5.44 m，三洞截面尺寸和间距如图 2-15 所示。

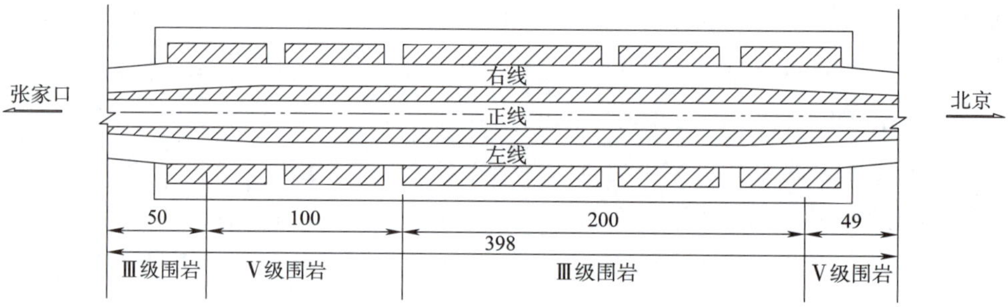

图 2-14　三洞分离段围岩级别划分(单位:m)

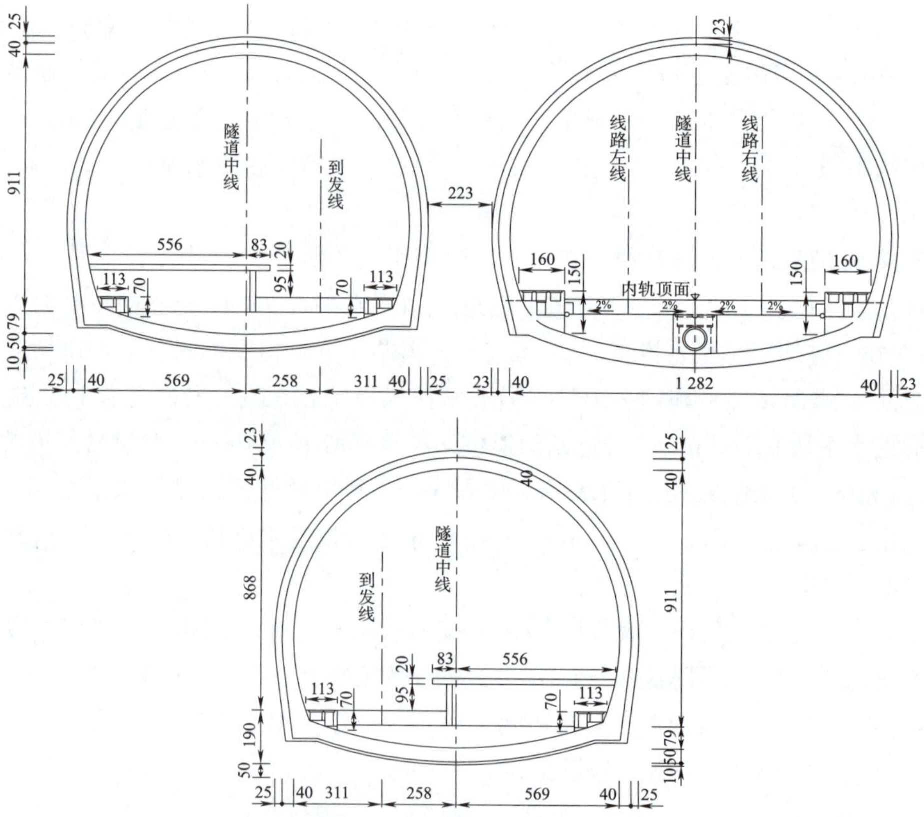

图 2-15　三洞分离段截面(单位:cm)

三洞分离段属于三线平行隧道群。在三洞施工过程中，先开挖侧洞，中洞滞后开挖。由于三条平行隧道之间岩柱的净距只有 2.23～5.44 m，间距过小，因此正线爆破会对两侧已完成初期支护和二次衬砌的左线、右线隧道结构造成振动影响甚至损伤破坏。因此，需在确定开挖方案时，考虑能够消除爆破振动对二次衬砌的影响。

在山岭隧道中，深埋暗挖三洞隧道结构形式是国内首次出现，为保证三洞结构在施工过程中能够安全、高效地完成，拟定了若干施工方案。不同的施工方案具有不同的力学效果，在不同的施工顺序下，相邻隧道之间的干扰效应也不同。

考虑到爆破会对二次衬砌产生有害振动甚至引起衬砌开裂，经反复论证，最终确定了在三洞都开挖完成后再行施作二次衬砌，也就是说，不需要考虑爆破对可能的二次衬砌影响的问题。

这样，该问题就简化为：在确定不施作二次衬砌的条件下，如何确定开挖顺序这一施工力学问题。为此，本节针对仅有的“先边后中”“先中后边”两种施工总体方案进行三洞隧道围岩应力和变形计算以及初期支护的受力特征对比分析，给出最优的施工开挖顺序。

三洞隧道分 6 步开挖完成，采用上、下台阶法开挖，根据开挖方法和围岩参数建立如图 2-16 所示的数值模型，围岩参数见表 2-1。

图 2-16　三洞分离段数值模型

表 2-1　围岩参数

围岩类型	重度/($kN \cdot m^{-3}$)	弹性模量 E/GPa	泊松比 ν	内摩擦角 φ/(°)	黏聚力/MPa
Ⅲ级	2 400	13	0.3	45	1.1

选择各开挖步骤的最大水平位移、最大垂直位移、最大水平应力、最大垂直应力作为分析对象，位移对比结果如图 2-17 所示，应力对比结果如图 2-18 所示。通过以上的对比可以看出，采用“先边后中”的开挖方式时，位移、应力均小于“先中后边”的开挖方式，且“先中后边”的开挖方式位移、应力变化幅度更大，因此，开挖顺序选择“先边后中”的方案。

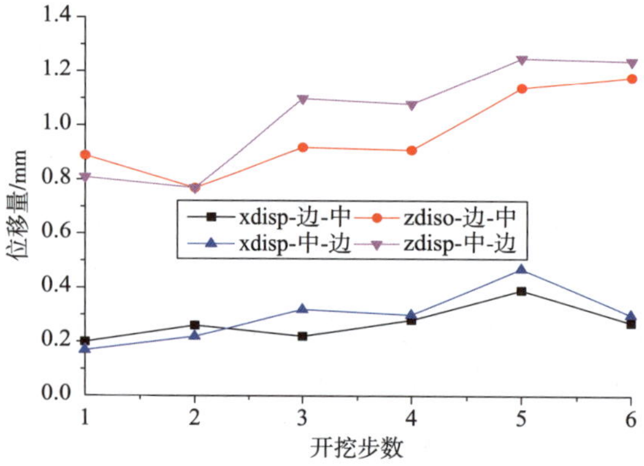

图 2-17　不同开挖方式位移对比

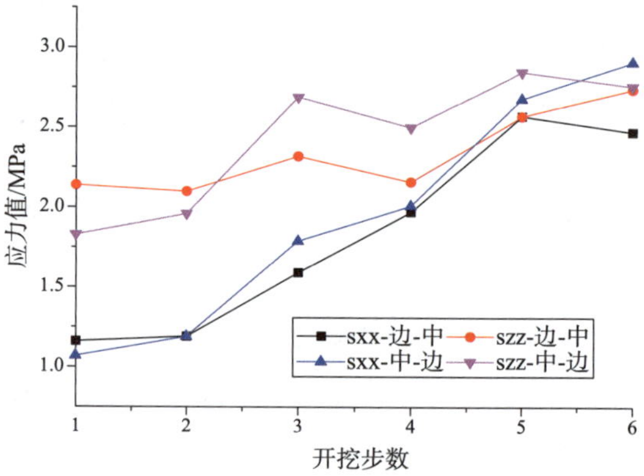

图 2-18　不同开挖方式应力对比

2.2.2　岩柱承载机理

八达岭地下车站三洞分离隧道(含 6.2 m 有效站台)为三心圆拱形断面，初期支护方式如图 2-19 所示，具体尺寸为 11.38 m(内净宽)×9.9 m(内净高)，正线采用高速铁路建筑限界，轨面以上净空有效面积为 92 m^2。

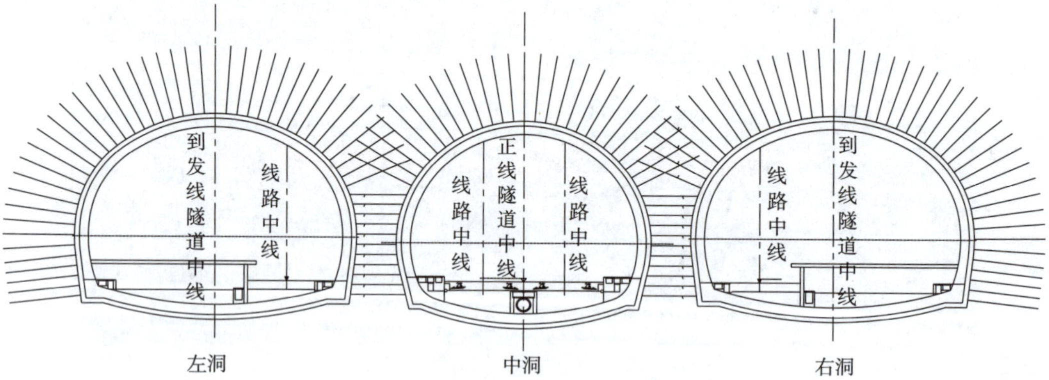

图 2-19　三洞分离段支护设计

对于深埋隧道而言，中间岩柱承受的竖向应力往往大于水平应力，因此应将三洞分离隧道的中间岩柱承受的竖向应力作为重点分析对象。依据何川、李玉文等在《公路小净距隧道》中提出的中间岩柱受力模型，对三洞隧道进行简化计算，如图 2-20 所示，假定隧道围岩介质为均匀连续的，中间岩柱最小间距的竖向应力呈均匀分布，剪应力忽略不计。

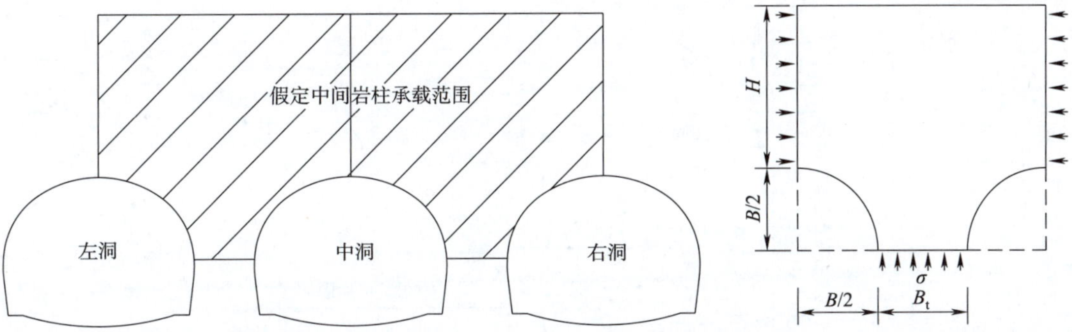

图 2-20　三洞隧道中间岩柱受力模型

由静力平衡条件可得：

$$\sigma B_t = A\gamma \tag{2-1}$$

式中　γ——岩柱承载范围内围岩重度；

σ——中间岩柱应力；

A——中间岩柱承载范围面积。

由几何关系可得中间岩柱承载范围 A 为

$$A=\frac{4-\pi}{8}B^2+\left(\frac{B}{2}+H\right)B_t+HB \tag{2-2}$$

式中，B、B_t、H 代表的意义如图 2-20 所示。

将式(2-1)代入式(2-2)中，可求得中间岩柱竖向应力 σ 为

$$\sigma=\frac{\gamma \cdot B}{B_t}\left(\frac{4-\pi}{8}B+H\right)+\gamma\left(\frac{B}{2}+H\right) \tag{2-3}$$

式(2-3)表明了中间岩柱竖向应力与隧道间距的关系，当隧道间距 $B_t \to 0, \sigma \to \infty$；$B_t \to \infty, \sigma \to \gamma(B/2+H)$。说明当隧道间距大到一定程度时，中间岩柱竖向应力逐渐趋于定值 $\gamma(B/2+H)$；当隧道间距越小时，中间岩柱应力逐渐增大。

依据上述理论，计算在Ⅴ级围岩条件下，深埋隧道有效高度为 36 m，洞径跨度 $B=15$ m，重度 $\gamma=26.0$ kN/m³，得到 σ—B_t 关系曲线，如图 2-21 所示。从曲线关系中可以看出，当隧道净距 B_t 大于 1.5 倍洞径 B 时，中间岩柱应力逐渐趋于定值，说明当隧道间距大于 22.5 m 后，净距对于中间岩柱竖向应力的影响很小。当净距大于 22.5 m 后，应力值约为 1.5～1.75 MPa，按照最大压应力强度理论，中间岩柱可以保证自稳，故可选择稍加固或不加固；当隧道净距为 7.5～22.5 m 时，中间岩柱应力值约为 1.75～3 MPa，中间岩柱应力变化平缓，可选择对岩柱略加处理或者采取合理施工措施加固，保证中间岩柱的稳定性；当隧道净距为 1～7.5 m 时，中间应力值为 3～15 MPa，对于Ⅴ级围岩而言，中间岩柱易失稳，应当采用强加固施工措施。

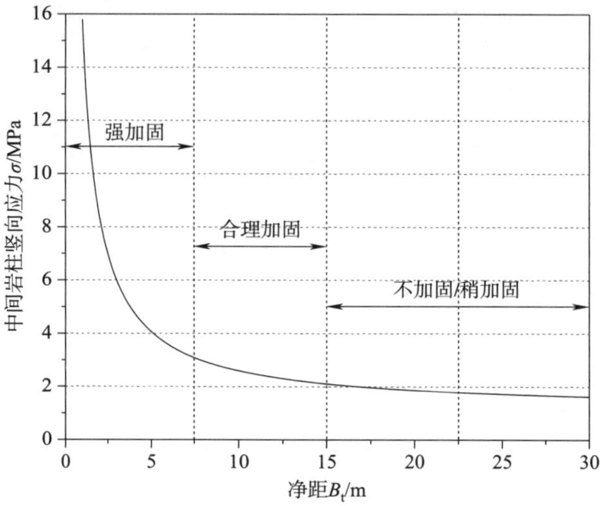

图 2-21　不同净距与中间岩柱应力 B_t—σ 关系曲线

2.2.3　预应力锚杆加固机理

预应力锚杆具有悬吊、提供内压力、促进自承拱形成和改良围岩等作用，把松动破碎的围岩锚固在深部稳定围岩上，可以防止围岩掉块。围岩通过锚杆加固后，可有效增大围岩自身的抗剪强度和屈服后的残余强度。锚杆轴力作用在隧道壁上，使隧道附近保持三轴应力状态，从而在围岩内形成承载拱，减小中间岩柱的承受荷载。

对于小间距隧道而言，预应力对拉锚杆加固中间岩柱是提高其稳定性的一种有效措施。如图 2-22 所示，中间岩柱承担竖向荷载为 σ_y，预应力锚杆从某一角度对中间岩柱的岩壁施加水平压力 σ_x，结合图中的摩尔圆可知，通过增大中间岩柱的壁压，使得中间岩柱从单向受压的状态变为双向(或三向)受压状态，从而提高中间岩柱的强度和稳定性。

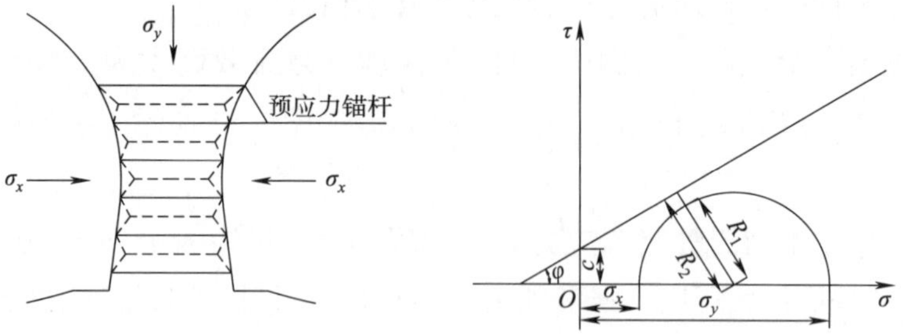

图 2-22　预应力锚杆加固机理

2.2.4 预应力锚杆加固参数分析

中间岩柱作为地下车站的主要承载结构，岩柱主要承受竖向应力。为减小岩柱所承受的竖向荷载，可通过优化预应力系统锚杆的长度、预应力、纵向间距和环向间距的参数，改善围岩参数，保证围岩的稳定性。中间岩柱塑性破坏为剪切破坏，为保证结构使用年限，采用优化对拉锚杆的预应力、纵向间距、环向间距的方法提高中间岩柱的稳定性，保证施工顺利完成。

1. 锚杆预应力对比分析

锚杆在安装过程中依靠安装机械工具主动施加在围岩上的应力，称为锚杆支护的预应力。锚杆支护的预应力是由锚杆杆体受拉并通过托盘和锚固端作用于锚固区域的岩体而形成的。一般而言，锚杆预应力大小的选择应遵循以下原则：

(1)围岩不发生明显离层、滑动；

(2)充分考虑锚杆材质，确定预应力大小为锚杆杆体屈服载荷的 30%～50%；

(3)预应力大小与锚杆直径、长度和强度相关，直径和长度越大，强度越高，预应力也就越大。

在Ⅴ级围岩条件下，对预应力锚杆中分别施加大小为 30 kN、60 kN、90 kN 和 120 kN 的预应力，分析中间岩柱的变形和塑性破坏状态，确定最优的预应力大小。最终的不同左、右中间岩柱变形、剪切应变和塑性区面积变化的计算值见表 2-2。

表 2-2　不同间距锚杆在不同预应力下的中间岩柱变形计算结果

隧道间距/m	监测项目	中间岩柱位置		预应力/kN				
				无锚杆	30	60	90	120
2.33	最大水平位移/mm	左边	中部	8.03	6.35	6.29	6.28	6.26
		右边		7.99	6.23	5.95	5.69	5.43
	最大竖向位移/mm	左边	上部	10.13	9.11	8.92	8.82	8.72
			下部	6.79	6.25	6.21	6.19	6.18
		右边	上部	10.15	9.09	8.89	8.74	8.61
			下部	6.78	6.18	6.07	5.98	5.91
	最大剪切应变	左边	上部	0.002 1	0.001 7	0.001 6	0.001 6	0.001 6
			中部	0.006 8	0.005	0.005	0.005	0.005
			下部	0.004 4	0.003 5	0.003 5	0.003 4	0.003 4
		右边	上部	0.001 9	0.001 5	0.001 3	0.001 1	0.000 9
			中部	0.006 7	0.004 9	0.004 9	0.004 8	0.004 6
			下部	0.004 2	0.003 4	0.003 3	0.003 2	0.003 2
	塑性区面积/m^2			76.92	72.87	64.72	62.89	60.53

续上表

隧道间距/m	监测项目	中间岩柱位置		预应力/kN				
				无锚杆	30	60	90	120
3.88	最大水平位移/mm	左边	中部	7.55	5.47	5.41	5.39	5.36
		右边		7.58	5.07	4.64	4.24	3.85
	最大竖向位移/mm	左边	上部	9.78	7.97	7.76	7.6	7.45
			下部	4.46	3.73	3.7	3.69	3.68
		右边	上部	9.79	7.93	7.66	7.44	7.25
			下部	4.48	3.54	3.27	3.05	2.86
	最大剪切应变	左边	上部	0.002 43	0.001 69	0.001 66	0.001 64	0.001 61
			中部	0.005 39	0.003 8	0.003 81	0.003 8	0.003 79
			下部	0.003 51	0.002 55	0.002 5	0.002 45	0.002 42
		右边	上部	0.002 45	0.001 46	0.001 23	0.001 03	0.000 873
			中部	0.005 39	0.003 56	0.003 37	0.003 16	0.002 92
			下部	0.003 45	0.002 43	0.002 38	0.002 36	0.002 34
	塑性区面积/m^2			83.37	78.14	74.3	70.36	69.4
5.44	最大水平位移/mm	左边	中部	6.83	4.82	4.75	4.69	4.66
		右边		6.86	4.3	3.68	3.07	2.59
	最大竖向位移/mm	左边	上部	8.55	6.88	6.65	6.46	6.3
			下部	3.56	2.98	2.95	2.93	2.92
		右边	上部	8.56	6.82	6.53	6.28	6.05
			下部	3.57	2.76	2.49	2.26	2.09
	最大剪切应变	左边	上部	0.002 08	0.001 6	0.001 57	0.001 55	0.001 53
			中部	0.003 92	0.002 81	0.002 78	0.002 74	0.002 7
			下部	0.002 69	0.002 01	0.002 01	0.002	0.001 99
		右边	上部	0.002 08	0.001 38	0.001 15	0.000 927	0.000 732
			中部	0.003 92	0.002 54	0.002 3	0.002 15	0.002
			下部	0.002 71	0.001 91	0.001 86	0.001 83	0.001 81
	塑性区面积/m^2			108.01	95.33	87.1	84.23	80.85

为分析预应力锚杆在不同预应力加固条件下中间岩柱的数值结果，将表 2-2 整理成曲线图，如图 2-23 所示。结果表明，施加预应力锚杆比不施作锚杆更有助于控制中间岩柱的变形，有利于中间岩柱的稳定。

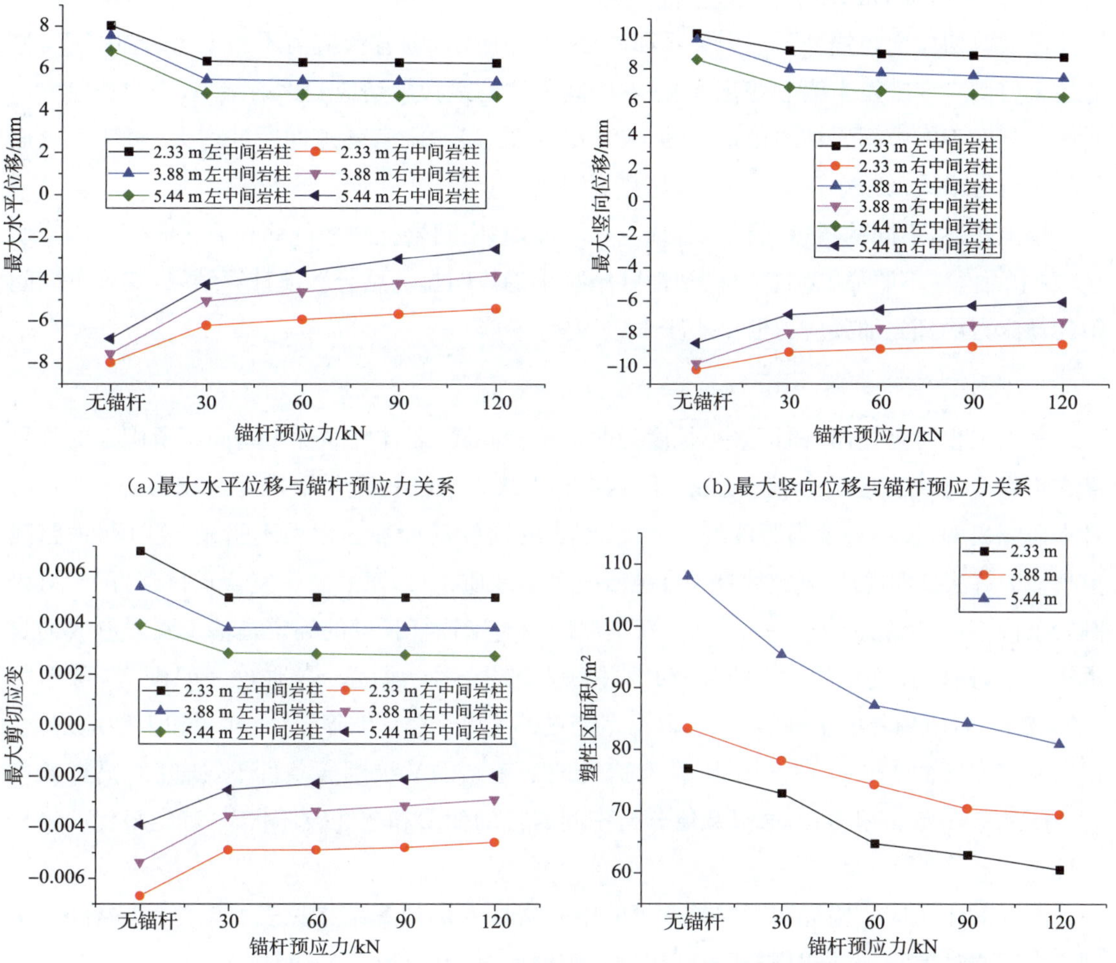

(a)最大水平位移与锚杆预应力关系

(b)最大竖向位移与锚杆预应力关系

(c)最大剪切应变与锚杆预应力关系

(d)塑性区面积与锚杆预应力关系

图 2-23　不同预应力的加固效果

注：负值代表右中间岩柱，正值代表左中间岩柱。

最大水平位移与锚杆预应力关系如图 2-23(a)所示，随着预应力的不断增大，左中间岩柱的水平位移未发生明显变化，但是右中间岩柱的水平位移逐渐减小，表明预应力不断增大有助于右中间岩柱的水平位移收敛。其中，当施加锚杆后，当隧道间距为 2.33 m 时，最大水平位移值范围为 5.43～6.35 mm；当隧道间距为 3.88 m 时，最大水平位移值范围为 3.85～5.47 mm；当隧道间距为 5.44 m 时，最大水平位移值范围为 2.59～4.82 mm。

最大竖向位移与锚杆预应力关系如图 2-23(b)所示，不施加锚杆时，不同间距的最大竖向位移为 8.56～10.15 mm。当施加锚杆后，最大竖向位移迅速变小，且左、右中间岩柱的竖向位移随预应力增大而逐渐减小。当隧道间距为 2.33 m 时，最大竖向位移值范围为 8.61～9.11 mm；当隧道间距为 3.88 m 时，最大竖向位移值范围为 7.25～7.97 mm；当隧道间距为 5.44 m 时，最大竖向位移值范围为 6.05～6.88 mm。

最大剪切应变与锚杆预应力关系如图 2-23(c)所示，随着预应力不断增大，左中间岩柱的最大剪切应变未发生明显变化，但是右中间岩柱的最大剪切应变逐渐减小，表明预应力不断增大有助于右中间岩柱的稳定。图 2-23(d)结果显示，随着隧道间距的增大，塑性区域面积随预应力增大而减小，并且减小的趋势更明显。

综上所述，不同的隧道间距随着预应力增加，右中间岩柱水平位移和剪切应变控制很明显，左中间岩柱不明显；竖向位移、塑性区域减小趋势明显。结合数值计算结果，建议不同间距的预应力锚杆施加预应力值不小于 60 kN。

2. 预应力锚杆长度对比分析

美国工程协会提出：锚杆最小长度为两倍锚杆间距、岩体断裂面平均间距所确定的临界潜在不稳定岩块宽度的 3 倍。Lang 和 Bischoff 认为锚杆长度与间排距之比为 1.2～1.5。日本研究表明，锚杆长度为跨度的 0.6 倍，更长的锚杆反而加固效果不明显。我国《铁路隧道喷锚构筑法技术规范》规定锚杆长度主要应考虑地质条件，双线隧道复合式衬砌，Ⅳ～Ⅵ级围岩条件下，长度宜为 2.5～3.5 m。新奥法理论对于锚杆长度的确定是基于围岩形成的自承拱效应，锚杆长度应穿过围岩松动圈并深入围岩一定深度。岩质较好的硬岩，可选取 1～1.2 m；岩质稍差的坚硬岩，可选取洞室跨度的 1/3～1/4；破碎岩体、软岩和土砂地层，建议为洞室宽度的 1/2～2/3。因此，在八达岭地下车站的Ⅴ级围岩条件下，研究的锚杆长度为 3 m、4.5 m、5 m 和 6 m，通过数值分析中间岩柱的变形和塑性破坏状态，确定最优的锚杆长度。

不同间距预应力锚杆在不同长度下的中间岩柱变形计算结果见表 2-3，当无锚杆时，不利于中间岩柱的稳定，同时锚杆长度超过一定值后对于变形控制不明显。

表 2-3　不同间距预应力锚杆在不同长度下的中间岩柱变形计算结果

<table>
<tr><th rowspan="2">隧道间距/m</th><th rowspan="2">监测项目</th><th rowspan="2" colspan="2">中间岩柱位置</th><th colspan="5">锚杆长度/m</th></tr>
<tr><th>无锚杆</th><th>3</th><th>4.5</th><th>5</th><th>6</th></tr>
<tr><td rowspan="9">2.33</td><td rowspan="2">最大水平位移/mm</td><td>左边</td><td rowspan="2">中部</td><td>8.03</td><td>6.31</td><td>6.29</td><td>6.29</td><td>6.27</td></tr>
<tr><td>右边</td><td>7.99</td><td>5.96</td><td>5.95</td><td>5.96</td><td>5.94</td></tr>
<tr><td rowspan="4">最大竖向位移/mm</td><td rowspan="2">左边</td><td>上部</td><td>10.13</td><td>8.98</td><td>8.92</td><td>8.94</td><td>8.95</td></tr>
<tr><td>下部</td><td>6.79</td><td>6.22</td><td>6.21</td><td>6.22</td><td>6.22</td></tr>
<tr><td rowspan="2">右边</td><td>上部</td><td>10.15</td><td>8.93</td><td>8.89</td><td>8.88</td><td>8.87</td></tr>
<tr><td>下部</td><td>6.78</td><td>6.07</td><td>6.07</td><td>6.07</td><td>6.07</td></tr>
<tr><td rowspan="2">最大剪切应变</td><td>左边</td><td>中部</td><td>0.006 8</td><td>0.005 03</td><td>0.005</td><td>0.005 04</td><td>0.005 04</td></tr>
<tr><td>右边</td><td>中部</td><td>0.006 7</td><td>0.004 9</td><td>0.004 9</td><td>0.004 91</td><td>0.004 89</td></tr>
<tr><td colspan="3">塑性区面积/m^2</td><td>76.92</td><td>65.41</td><td>64.72</td><td>65.9</td><td>66.63</td></tr>
</table>

续上表

隧道间距/m	监测项目	中间岩柱位置		锚杆长度/m				
				无锚杆	3	4.5	5	6
3.88	最大水平位移/mm	左边	中部	7.55	5.42	5.41	5.41	5.4
		右边		7.58	4.63	4.64	4.64	4.64
	最大竖向位移/mm	左边	上部	9.78	7.8	7.76	7.75	7.75
			下部	4.46	3.71	3.7	3.7	3.7
		右边	上部	9.79	7.7	7.66	7.65	7.64
			下部	4.48	3.28	3.27	3.28	3.28
	最大剪切应变	左边	中部	0.005 39	0.003 79	0.003 81	0.003 81	0.003 81
		右边	中部	0.005 39	0.003 36	0.003 37	0.003 37	0.003 36
	塑性区面积/m^2			83.37	75.53	74.3	74.18	73.9
5.44	最大水平位移/mm	左边	中部	6.83	4.72	4.75	4.75	4.75
		右边		6.86	3.64	3.68	3.68	3.68
	最大竖向位移/mm	左边	上部	8.55	6.66	6.65	6.65	6.66
			下部	3.56	2.96	2.95	2.94	2.94
		右边	上部	8.56	6.54	6.53	6.52	6.53
			下部	3.57	2.48	2.49	2.48	2.48
	最大剪切应变	左边	中部	0.003 92	0.002 74	0.002 78	0.002 77	0.002 77
		右边	中部	0.003 92	0.002 28	0.002 3	0.002 3	0.002 3
	塑性区面积/m^2			108.01	88.31	87.1	89.55	88.62

将表 2-3 的计算结果整理成曲线图，如图 2-24 所示。从曲线可清晰看出，不同间距的隧道，随着锚杆长度的增长，中间岩柱的水平位移和竖向位移的变形加固效果不明显。但是，从塑性区域来看，隧道间距为 2.33 m，锚杆长度增长到 4.5 m 以后，塑性区面积稍有增长，

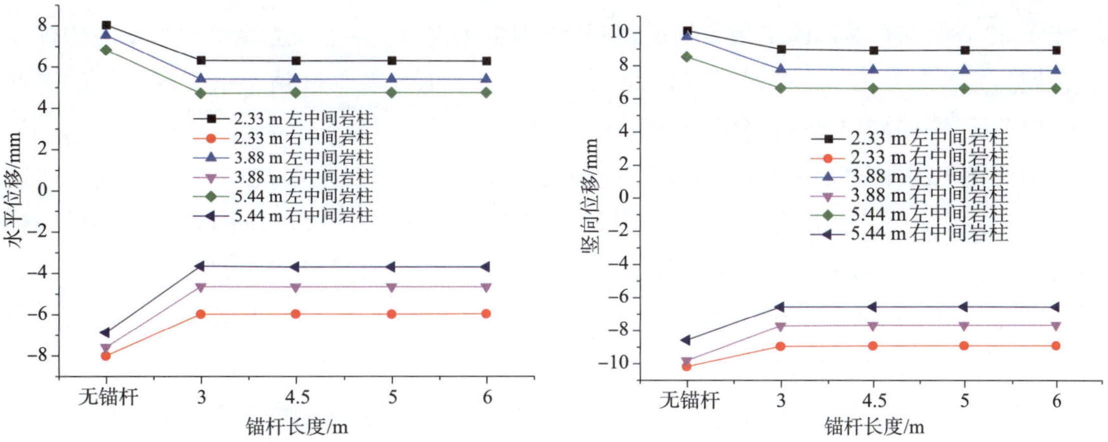

(a)最大水平位移与锚杆长度关系　　(b)最大竖向位移与锚杆长度关系

图　2-24

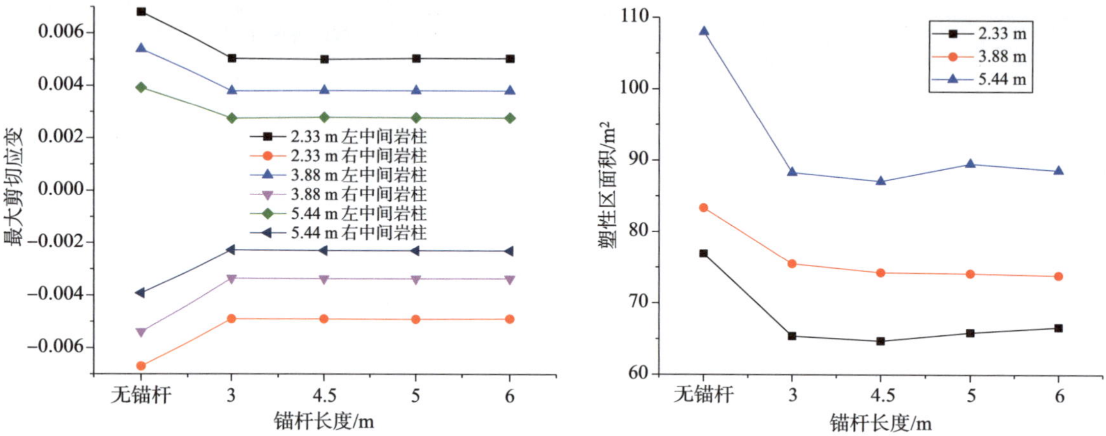

(c)最大剪切应变与锚杆长度关系　　(d)塑性区面积与锚杆长度关系

图 2-24　不同锚杆长度的加固效果

注：负值代表右中间岩柱，正值代表左中间岩柱。

但是变化不大；隧道间距为 3.88 m，塑性区面积随锚杆长度增长而减小；隧道间距为 5.44 m，从无锚杆到锚杆长度为 4.5 m 之间，塑性区面积一直减小，当锚杆长度为 4.5 m 之后，塑性区面积先增长随后又减小，但是变化不大。因此，根据施工条件及锚杆支护围岩塑性区理论，建议选择锚杆长度为 4.5 m。

3. 预应力锚杆间距对比分析

《岩土锚杆与喷射混凝土支护工程技术规范》规定：锚杆间距除受围岩稳定条件及锚杆长度制约外，还要与所采用的施工方法相适应。根据工程经验，为使一定深度的围岩形成承载拱，锚杆的间距不宜大于锚杆长度的 1/2。但是，在Ⅳ、Ⅴ级围岩中，一般被节理分割的岩石块度较小，为防止锚杆间的岩块可能因咬合和联锁不良而导致掉块或坠落，锚杆间距不得大于 1.25 m。综合考虑施工现场情况，在Ⅴ级围岩条件下，研究八达岭地下车站的锚杆环向间距为 0.6、0.8、1.0、1.2 m 和纵向间距为 0.8、1.0、1.2、1.4 m 情况下中间岩柱的变形和稳定情况，最终确定最优的锚杆间距。

为分析不同环向间距对不同中间岩柱的变形和塑性剪切破坏的规律，将不同间距隧道在不同环向锚杆间距的情况下的计算结果整理成表，见表 2-4。从表 2-4 可知，当隧道间距为 2.33 m 时，锚杆按照不同环向间距布置情况下，最大水平位移值为 5.39～6.56 mm，最大竖向位移值为 5.93～8.92 mm，最大剪切应变为 0.004 5～0.005，塑性区面积为 65.01～70.35 m^2；当隧道间距为 3.88 m 时，最大水平位移值为 4.42～5.64 mm，最大竖向位移值为 3.03～7.94 mm，最大剪切应变为 0.003 03～0.003 86，塑性区面积为 71.22～77.15 m^2；当隧道间距为 5.44 m 时，最大水平位移值为 2.94～4.92 mm，最大竖向位移值为 2.26～6.82 mm，最大剪切应变为 0.002 13～0.002 81，塑性区面积为 84.1～86.44 m^2。

表 2-4　不同环向锚杆间距下中间岩柱变形计算结果

隧道间距/m	监测项目	中间岩柱位置		锚杆间距/m				
				0.8	1.0	1.2	1.4	无锚杆
2.33	最大水平位移/mm	左边	中部	5.79	6.12	6.29	6.12	8.03
		右边		5.39	5.7	5.95	6.56	7.99
	最大竖向位移/mm	左边	上部	8.67	8.86	8.92	8.87	10.13
			下部	6.12	6.20	6.21	6.20	6.79
		右边	上部	8.61	8.81	8.89	8.81	10.15
			下部	5.93	6.05	6.07	6.06	6.78
	最大剪切应变	左边	中部	0.004 58	0.004 89	0.005	0.004 89	0.006 8
		右边	中部	0.004 5	0.004 81	0.004 9	0.004 81	0.006 7
	塑性区面积/m²			65.01	64.26	64.72	70.35	76.92
3.88	最大水平位移/mm	左边	中部	5.05	5.33	5.41	5.64	7.55
		右边		4.42	4.73	4.64	5.19	7.58
	最大竖向位移/mm	左边	上部	7.46	7.67	7.76	7.94	9.78
			下部	3.62	3.68	3.7	3.84	4.46
		右边	上部	7.36	7.57	7.66	7.86	9.79
			下部	3.03	3.19	3.27	3.41	4.48
	最大剪切应变	左边	中部	0.003 44	0.003 65	0.003 81	0.003 86	0.005 39
		右边	中部	0.003 03	0.003 28	0.003 37	0.003 54	0.005 39
	塑性区面积/m²			71.22	72.45	76.0	77.15	83.37
5.44	最大水平位移/mm	左边	中部	4.23	4.57	4.75	4.92	6.83
		右边		2.94	3.4	3.68	3.98	6.86
	最大竖向位移/mm	左边	上部	6.33	6.54	6.65	6.82	8.55
			下部	2.89	2.93	2.95	3.09	3.56
		右边	上部	6.19	6.41	6.53	6.71	8.56
			下部	2.26	2.4	2.49	2.62	3.57
	最大剪切应变	左边	中部	0.002 44	0.002 63	0.002 78	0.002 81	0.003 92
		右边	中部	0.002 13	0.002 24	0.002 3	0.002 6	0.003 92
	塑性区面积/m²			84.1	85.9	85.1	86.44	108.01

中间岩柱的力学特性与锚杆环向间距的关系曲线如图 2-25 所示。最大水平位移、最大竖向位移、最大剪切应变均随环向间距增大而增大，其中右中间岩柱受锚杆环向间距布置影响较大，当环向间距增大到 1.2 m 时，不同间距的中间岩柱的受力变形和应变变化趋于缓和，说明锚杆环向间距继续增大，锚杆加固效果不再起作用，锚杆环向间距不宜选取 1.4 m。

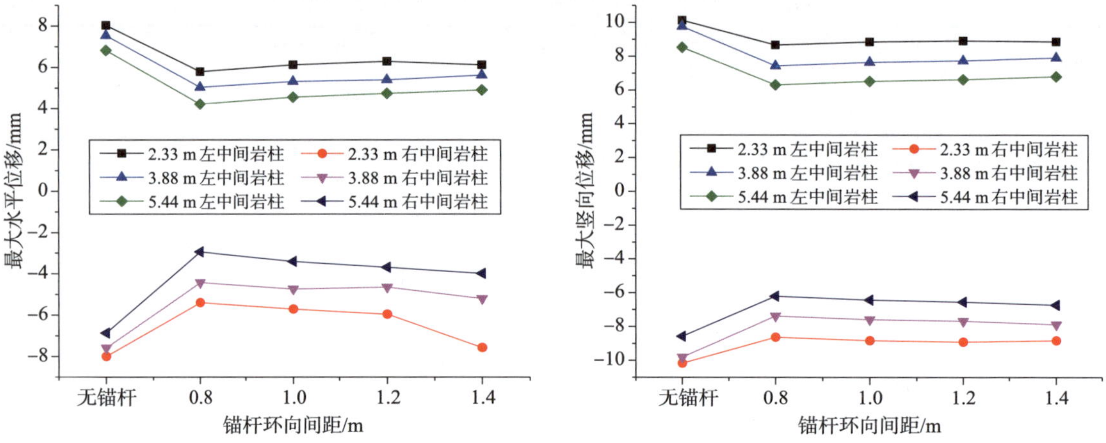

(a)最大水平位移与锚杆环向间距关系　　(b)最大竖向位移与锚杆环向间距关系

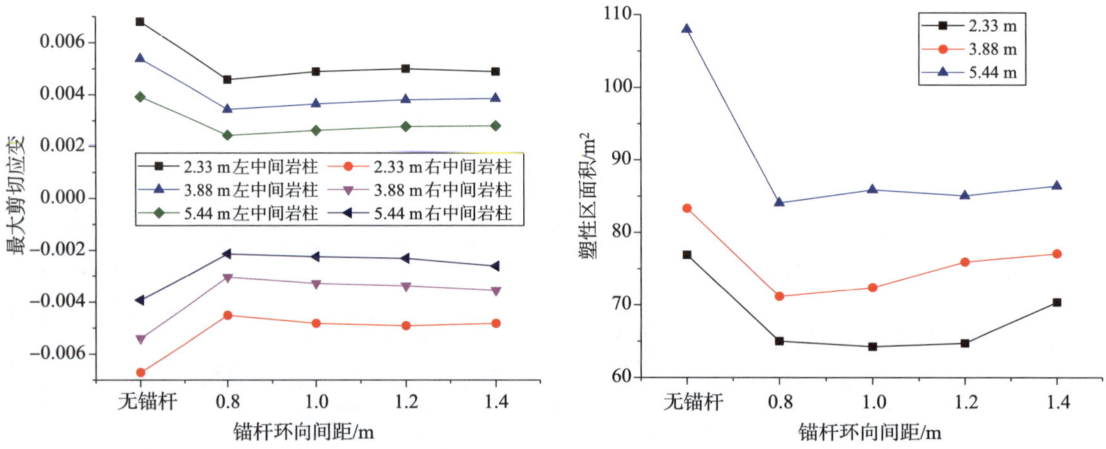

(c)最大剪切应变与锚杆环向间距关系　　(d)塑性区面积与锚杆环向间距关系

图 2-25　不同锚杆环向间距的加固效果

注：负值代表右中间岩柱，正值代表左中间岩柱。

塑性区面积分布与锚杆环向间距关系如图 2-25(d)所示，由图可知：

(1)当隧道间距为 2.33 m 时，无锚杆塑性区面积最大，环向间距为 0.8～1.2 m，塑性区面积变化不明显，但是当环向间距从 1.2 m 增大到 1.4 m 时，塑性区面积增大明显，说明锚杆的环向间距不宜过大，宜根据施工工法、围岩条件、施工设备等因素选取环向间距，由于 0.8 m 环向间距使得工程造价过高、工期延长，因此，建议预应力锚杆环向间距范围为 1.0～1.2 m。

(2)当隧道间距为 3.88 m 时，无锚杆塑性区面积最大，施加预应力锚杆后，迅速减少塑性破坏区域，有利于中间岩柱的稳定。预应力锚杆的环向间距为 0.8～1.2 m，塑性区面积逐渐增大，环向间距为 1.2～1.4 m，塑性区面积增长变缓。因此，锚杆环向间距可选 1.2 m。

(3)当隧道间距为 5.44 m 时，无锚杆与施加预应力锚杆相比，塑性区面积变化更明显，表明随着隧道间距的增大，施加预应力锚杆对加固中间岩柱效果显著。塑性区面积随着环向间距的增大，变化不明显，因而预应力锚杆的环向间距可选范围为 0.8～1.4 m。

不同隧道间距的中间岩柱在不同纵向间距下的计算结果见表 2-5。随着纵向间距的增大，左、右中间岩柱的变化趋势基本一致，中间岩柱的加固效果越来越差，当纵向间距大到一定程度时，中间岩柱的强度和稳定性也随之减低，加固效果也不再明显。

表 2-5　不同纵向锚杆间距下中间岩柱变形计算结果

隧道间距/m	监测项目	中间岩柱位置		锚杆间距/m				
				无锚杆	0.6	0.8	1.0	1.2
2.33	最大水平位移/mm	左边	中部	8.03	6.06	6.29	6.74	6.76
		右边		7.99	5.64	5.95	6.64	6.53
	最大竖向位移/mm	左边	上部	10.13	8.83	8.92	9.28	9.3
			下部	6.79	6.16	6.21	6.38	6.4
		右边	上部	10.15	8.77	8.89	9.26	9.28
			下部	6.78	6.01	6.07	6.29	6.31
	最大剪切应变	左边	中部	0.006 8	0.004 86	0.005	0.005 47	0.005 53
		右边	中部	0.006 7	0.004 67	0.004 9	0.005 47	0.005 45
	塑性区面积/m^2			76.92	63.01	64.72	69.3	72.4
3.88	最大水平位移/mm	左边	中部	7.55	5.22	5.41	5.88	5.9
		右边		7.58	4.37	4.64	5.41	5.18
	最大竖向位移/mm	左边	上部	9.78	7.67	7.76	8.15	8.16
			下部	4.46	3.65	3.7	3.89	3.92
		右边	上部	9.79	7.57	7.66	8.1	8.09
			下部	4.48	3.24	3.27	3.63	3.64
	最大剪切应变	左边	中部	0.005 39	0.003 7	0.003 81	0.004 14	0.004 18
		右边	中部	0.005 39	0.003 28	0.003 37	0.003 76	0.003 69
	塑性区面积/m^2			83.37	74.12	74.3	79.48	80.5
5.44	最大水平位移/mm	左边	中部	6.83	4.55	4.75	5.2	5.24
		右边		6.86	3.42	3.68	4.56	4.49
	最大竖向位移/mm	左边	上部	8.55	6.56	6.65	7.03	7.04
			下部	3.56	2.9	2.95	3.1	3.12
		右边	上部	8.56	6.43	6.53	6.95	6.96
			下部	3.57	2.45	2.49	2.81	2.84
	最大剪切应变	左边	中部	0.003 92	0.002 68	0.002 78	0.003 03	0.003 05
		右边	中部	0.003 92	0.002 22	0.002 3	0.002 71	0.002 71
	塑性区面积/m^2			108.01	86.95	87.1	90.17	88.46

不同间距的岩柱强度稳定性与锚杆纵向间距布置的关系如图 2-26 所示。

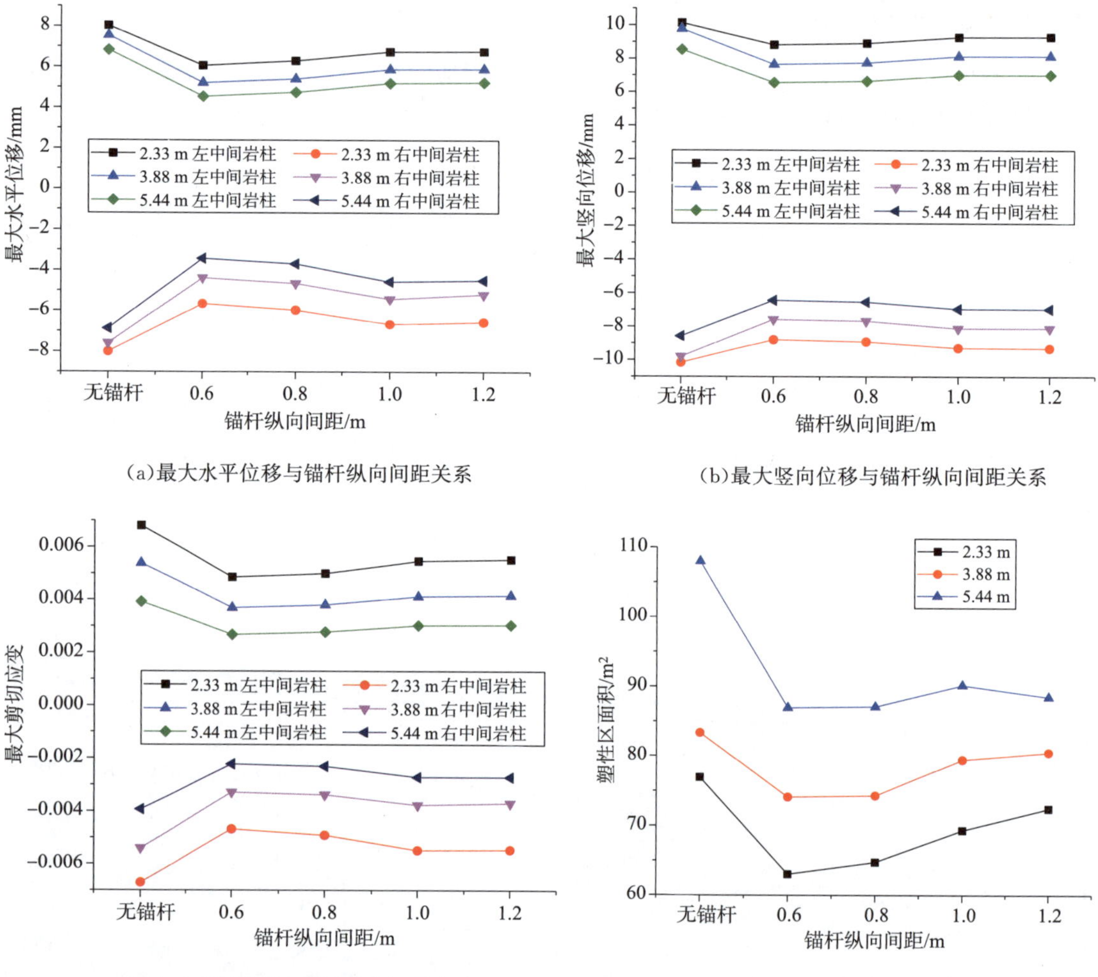

(a)最大水平位移与锚杆纵向间距关系

(b)最大竖向位移与锚杆纵向间距关系

(c)最大剪切应变与锚杆纵向间距关系

(d)塑性区面积与锚杆纵向间距关系

图 2-26　不同锚杆纵向间距的加固效果

注:负值代表右中间岩柱,正值代表左中间岩柱。

最大水平位移、最大剪切应变与锚杆纵向间距关系如图 2-26(a)(c)所示,中间岩柱最大水平位移和最大剪切应变均随着锚杆纵向间距的增大而增大。当锚杆纵向间距为 0.6～1.0 m 时,不同间距的中间岩柱的最大水平位移和最大剪切应变均匀增长,其中右中间岩柱变化更明显;当纵向间距为 1.0～1.2 m 时,不同间距的中间岩柱的最大水平位移和最大剪切应变基本不变,说明纵向间距不宜大于 1.0 m。

最大竖向位移与锚杆纵向间距关系如图 2-26(b)所示,中间岩柱最大竖向位移随着锚杆纵向间距的增大而增大。当锚杆纵向间距为 0.6～1.0 m 时,不同间距的中间岩柱的最大水平位移均匀增长,左、右中间岩柱变化基本一致;当纵向间距为 1.0～1.2 m 时,不同间距的中间岩柱的最大水竖向位移基本不变，说明纵向间距不宜大于 1.0 m。

塑性区面积与锚杆纵向间距关系如图 2-26(d)所示，不同间距中间岩柱的塑性区面积均随锚杆纵向间距的增大而增大，但是不同间距的塑性区面积在不同纵向间距条件下表现的趋势也不同。当隧道间距为 2.33 m 时，塑性区面积随着纵向间距的均匀增大而均匀增大；当隧道间距为 3.88 m，纵向间距为 0.6～0.8 m 时，塑性区面积基本不变化，当纵向间距为 0.8～1.2 m 时，塑性区面积先是较快增长然后变缓慢，纵向间距宜选 0.8 m；当隧道间距为 5.44 m，纵向间距为 0.6～0.8 m 时，塑性区面积基本不变化，当纵向间距为 0.8～1.0 m 时，塑性区面积随之增大，当纵向间距为 1.0～1.2 m 时，塑性区面积减小，纵向间距不超过 1.0 m。

依据上述不同间距中间岩柱在不同加固参数条件下的加固效果，预应力锚杆的预应力和锚杆长度对于中间岩柱变形加固参数不明显，主要因为八达岭花岗杂岩为坚硬岩层，变形不明显，但是控制剪切塑性破坏区域非常明显。预应力锚杆的环向间距和纵向间距对于中间岩柱变形和稳定影响显著，综合中间岩柱的变形和剪切塑性区域面积，得到不同间距的中间岩柱的最优加固参数，见表 2-6，不同间距中间岩柱加固参数有差异，间距越小，预应力应当越大，锚杆环向间距、纵向间距越小。

表 2-6　不同间距中间岩柱最优加固参数

隧道间距/m	预应力/kN		长度/m		环向间距/m		纵向间距/m	
	系统锚杆	对拉锚杆	系统锚杆	对拉锚杆	系统锚杆	对拉锚杆	系统锚杆	对拉锚杆
2.33	80	90	4.5	根据岩柱厚度确定	0.8	1.0	0.6	1.0
3.88	80	80	4.5		1.2	1.0	0.8	0.8
5.44	60	60	4.5		1.2	1.0	0.8	1.0

八达岭地下车站三洞分离隧道处的中间岩柱 5.44 m 按照表 2-6 最优加固参数施作系统预应力锚杆和对拉锚杆，采用 YE25-5 型号、组合式预应力锚杆(图 2-27)，直径 25 mm，环向间距为 1.0 m，纵向间距为 1.0 m，交错布置，在对拉锚杆一端固定，一端施加预应力 60 kN。注浆材料宜选用水灰比为 0.5～0.55 的纯水泥浆或灰砂比为 1∶0.5～1∶1 的水泥砂浆，水泥砂浆中砂子直径不应大于 2 mm。锚杆固定端和张拉端沿纵向间隔一排布置，

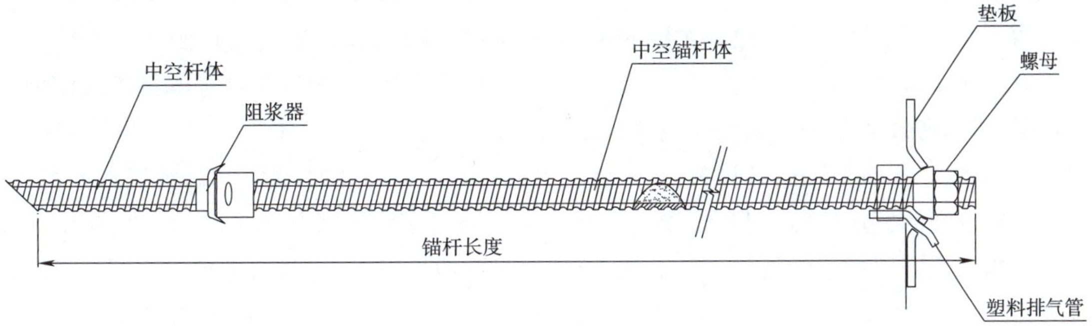

图 2-27　组合式预应力锚杆示意

在同一截面上间隔进行张拉，以避免产生局部压应力集中现象。千斤顶施加预拉力时采取边张拉、边拧紧锚具的方法，施加初始预应力的相应油压值一般为设计油压的 10%，以此作为测量钢筋伸长量的起算点。预应力锚杆的张拉一律采用双控法，油压值的误差不得超过 ±2%，伸长量的误差不得超过 ±5%。

三洞隧道中间岩柱在施加预应力锚杆后如图 2-28 所示。在施加 60 d 后，对拉锚杆轴力最大为 110.38 kN，数值计算结果中的对拉锚杆最大轴力为 120.34 kN，相差不大，说明数值计算结果可靠。另外，中间岩柱的最大水平位移为靠近中洞一侧，实测收敛最大值为 5.08 mm，数值计算结果为 4.23 mm，表明数值计算是可行的，上述中间岩柱的最优加固参数是正确的。

图 2-28　三洞隧道中间岩柱

2.2.5　三洞分离段施工监测

1. 监测方案

《铁路隧道监控量测技术规程》中将监控量测项目分为必测项目和选测项目。必测项目包括洞内外观察、拱顶下沉、拱脚下沉、拱脚位移、净空收敛、地表沉降（隧道浅埋段、下穿建筑物段）等。选测项目一般根据需要选择部分项目，包括钢架内力、围岩压力、二次衬砌内力、锚杆轴力、爆破振动等。

为了掌握三洞隧道开挖过程中的洞室相互之间的扰动机理，通过分析围岩与支护结构应力应变状态，得到八达岭杂性花岗岩的围岩应力释放规律，为中间岩柱加固技术提供理论和数据支持；通过监测分析洞周收敛和拱顶下沉位移，可对实际施工提供最直观的指导，加快了施工进度，提供了数值计算参数，保证了围岩的稳定。此方法便捷、有效、成本低，在施工中具有较强的实用价值，但其不能完全反映施工全过程中围岩与支护结构间相互作用和支护结构受力变化过程。选用部分选测项目，针对性地埋设土工仪器，对整个施工过程进行监测，获取围岩与支护结构应力应变数据，分析三洞隧道开挖力学特性，对指导设计施工具有非常重要的工程意义。

由于三洞隧道属于车站站台层，在实际施工中，考虑到爆破对相邻洞室二次衬砌的损伤，防止二次衬砌开裂，同时为保证本车站上层结构进出通道的安全可靠，未对车站三洞施作二次衬砌，直到三洞贯通后再施作二次衬砌。因此，对三洞隧道中间岩柱为 5.44 m 的 DK97＋920 里程断面，围岩等级为Ⅴ级，主要监测围岩变形、初期支护与围岩接触压力、型钢内力、初期支护喷射混凝土应力和对拉锚杆拉力。埋设仪器统计见表 2-7，监测点布置如图 2-29 所示，仪器布置如图 2-30 所示，现场仪器埋设如图 2-31 所示。在此说明，依据现场施工条件，左洞变形很小，这是因为左洞最先开挖，右洞和中洞开挖对其影响较小，可当作常规的洞室开挖，没有对左洞埋设仪器监测，只对其进行围岩变形分析。

表 2-7 测试项目与监测仪器

编号	监测项目	监测仪器	监测频率
1	围岩与初期支护间接触压力	压力盒	1～15 d:1～2 次/d 16 d～1 个月:1 次/2 d 1～3 个月:1～2 次/周 3 个月以后:1～3 次/月
2	初喷混凝土	混凝土应变计	
3	钢架内力	钢筋计	
4	对拉锚杆轴力	锚杆应力计	

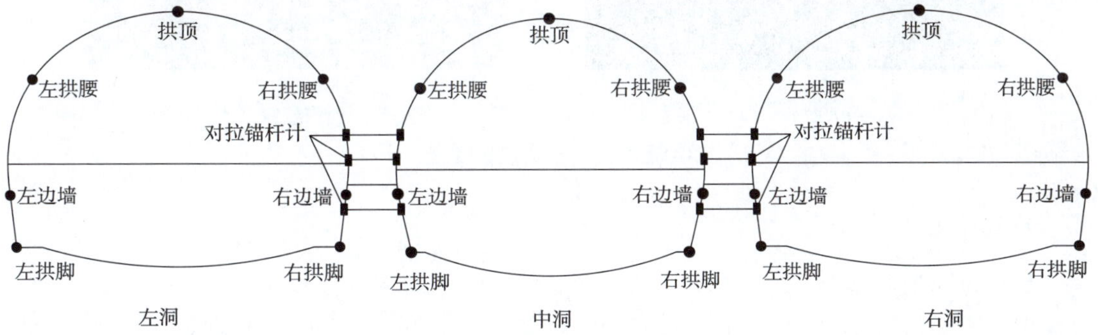

图 2-29 监测点布置示意

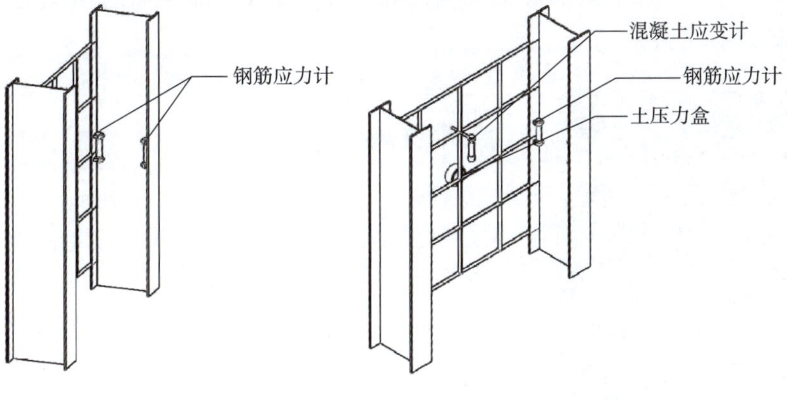

(a)左右二等轴测图 (b)等轴测图

图 2-30 初期支护结构仪器布置示意

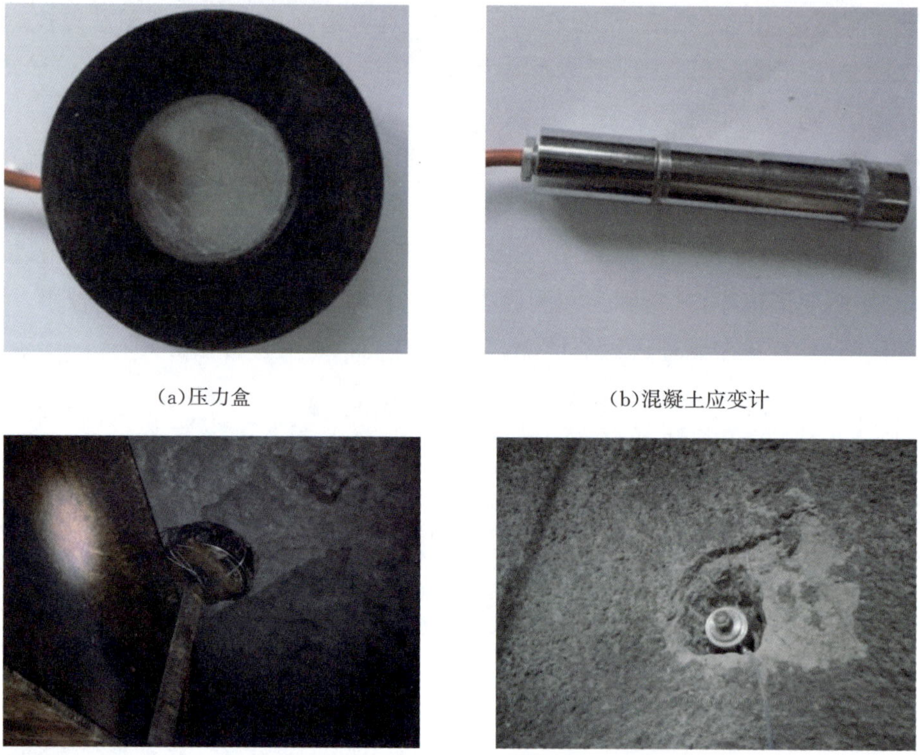

(a)压力盒　　(b)混凝土应变计

(c)压力盒埋设　　(d)对拉锚杆应力计

图 2-31　现场仪器埋设

2. 围岩变形分析

现场位移监测如图 2-32 所示，围岩等级为Ⅴ级，中间岩柱厚度为 2.33～5.44 m，现场共布置 5 个监测点，分布在拱顶、两侧拱腰、两侧边墙位置，其中拱腰监测点布置如图 2-32 所示。里程为 DK68＋236 三洞隧道掘进工作面如图 2-33 所示，从图中可以看出，三洞隧道掘进工作面结构较完整，节理裂隙为 2～3 组，轻微风化，局部花岗岩填充泥土物质，岩性较好，无渗漏水。

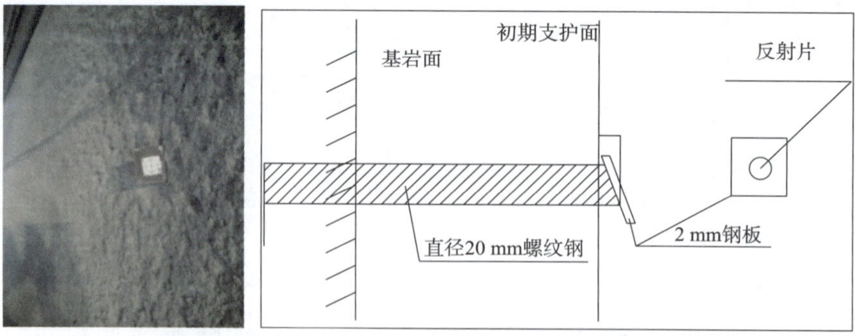

图 2-32　现场位移监测

(a)左洞隧道掘进工作面

(b)中洞隧道掘进工作面

(c)右洞隧道掘进工作面

图 2-33　不同洞室隧道掘进工作面情况

左洞开挖一年之后，围岩变形趋于稳定，统计不同断面的拱顶沉降，如图 2-34 所示。不同间距岩柱的中洞拱顶沉降均大于左洞和右洞的拱顶沉降，表明中洞开挖是整个车站站台层施工的关键，是中间岩柱稳定的决定因素。中间岩柱为 2. 33 m 时，中洞拱顶沉降范围为 8. 92～10. 24 mm，左洞拱顶沉降范围为 6. 24～8. 26 mm，右洞拱顶沉降范围为 7. 16～7. 89 mm；中间岩柱为 3. 88 m 时，中洞拱顶沉降范围为 7. 98～8. 99 mm，左洞拱顶沉降范围为 6. 31～6. 8 mm，右洞拱顶沉降范围为 5. 32～5. 98 mm；中间岩柱为 5. 44 m 时，中洞拱顶沉降范围为 5. 99～7. 65 mm(DK68＋170 值突增，原因可能是拱顶上部围岩风化严重，松散荷载较大，或者爆破振动冲击影响)，左洞拱顶沉降范围为 4. 37～5. 56 mm，右洞拱顶沉降范围为 4. 68～6. 48 mm。

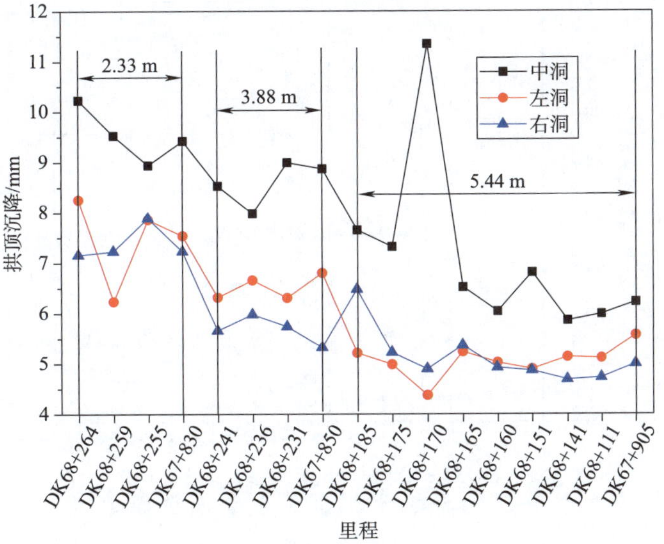

图 2-34　不同里程断面拱顶沉降

拱顶实测值与数值计算结果对比见表 2-8，当中间岩柱为 2. 33 m 时，中洞拱顶沉降平均值为 9. 53 mm，数值结果为 9. 19 mm；左洞拱顶沉降平均值为 7. 48 mm，数值结果为 7. 03 mm；右洞拱顶沉降平均值为 7. 38 mm，数值结果为 6. 55 mm。当中间岩柱为 3. 88 m 时，中洞拱顶沉降平均值为 8. 59 mm，数值结果为 8. 01 mm；左洞拱顶沉降平均值为 6. 52 mm，数值结果为 6.36 mm；右洞拱顶沉降平均值为 5.68 mm，数值结果为 6.03 mm。当中间岩柱为 5.44 m 时，中洞拱顶沉降平均值为 7.09 mm，数值结果为 7.02 mm；左洞拱顶沉降平均值为 5.06 mm，数值结果为 5.85 mm；右洞拱顶沉降平均值为 5.12 mm，数值结果为 5.95 mm。

表 2-8 拱顶实测值与数值计算结果对比

中间岩柱/m	左洞/mm		中洞/mm		右洞/mm	
	数值结果	监测结果	数值结果	监测结果	数值结果	监测结果
2.33	7.03	7.48	9.19	9.53	6.55	7.38
3.88	6.36	6.52	8.01	8.59	6.03	5.68
5.44	5.85	5.06	7.02	7.09	5.95	5.12

不同里程断面边墙收敛结果如图 2-35 所示。左洞、右洞边墙收敛随着中间岩柱增大而减小，中洞变化不明显，表明左、右洞先施工有助于中洞边墙的收敛。当中间岩柱为 2.33 m 时，中洞收敛范围为 4.32～4.6 mm，左洞收敛范围为 6.33～6.68 mm，右洞收敛范围为 5.95～6.88 mm；当中间岩柱为 3.88 m 时，中洞收敛范围为 3.75～3.99 mm，左洞收敛范围为 5.62～6.23 mm，右洞收敛范围为 5.33～6.10 mm；当中间岩柱为 5.44 m 时，中洞收敛范围为 3.35～4.33 mm，左洞收敛范围为 4.53～6.38 mm，右洞收敛范围为 3.38～5.62 mm。

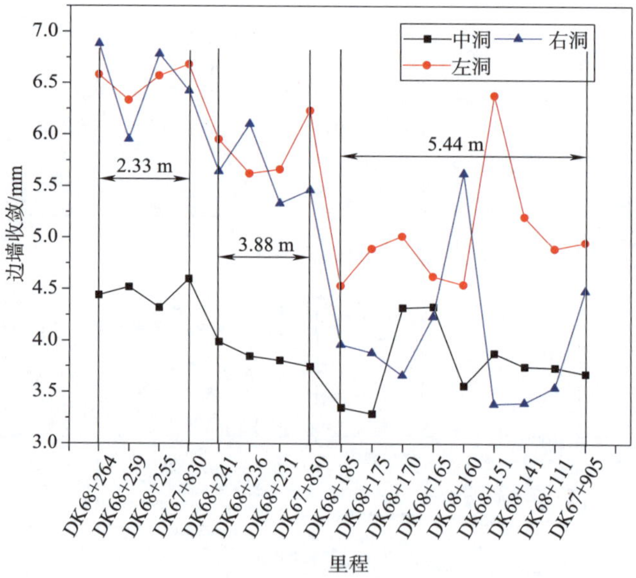

图 2-35 不同里程断面边墙收敛

边墙实测值与数值计算结果对比见表 2-9。当中间岩柱为 2.33 m 时，边墙收敛实测值与计算值最大极差为 0.67 mm；当中间岩柱为 3.88 m 时，边墙收敛实测值与计算值最大极差为 0.50 mm；当中间岩柱为 5.44 m 时，边墙收敛实测值与计算值最大极差为 0.60 mm。计算结果与实测值相差不大，因此可验证Ⅴ级围岩在不同间距下建立的数值模型的正确性。

表 2-9　边墙实测值与数值计算结果对比

中间岩柱/m	左洞/mm		中洞/mm		右洞/mm	
	数值结果	监测结果	数值结果	监测结果	数值结果	监测结果
2.33	6.56	6.54	3.80	4.47	5.95	6.51
3.88	6.36	5.86	3.67	3.85	5.50	5.63
5.44	4.75	5.00	3.26	3.86	4.50	4.02

3. 围岩与初期支护接触应力分析

根据新奥法的思想以及支护作用原理，喷射混凝土支护能提高围岩自承载能力，减少隧道结构的承担荷载，使得设计和施工的支护厚度减小，降低施工成本，提高工效，具有施工简单、机械化程度高的特点。据统计，喷射混凝土支护与模板支护现浇混凝土支护相比，支护厚度减薄 1/2～1/3，节省岩体开挖量 10%～15%，加快支护速度 2～4 倍，节省劳动力 50% 以上，降低支护成本 30%以上。因此，初喷混凝土对隧道结构的意义重大，又因为左洞先开挖对中洞、右洞开挖影响不大，故只需要对右洞和中洞的围岩压力分析即可。

右洞围岩接触压力时程曲线如图 2-36(a)所示。右洞拱腰比拱顶接触压力大，并且右洞左拱腰比右拱腰接触压力大。从增长趋势来看，在中洞未开挖前，接触压力大约在 15 d 之后趋于稳定，说明初喷充分发挥了促进围岩成拱效应的作用，但是右拱腰由于左洞先行开挖，导致右洞偏压，从而使得左拱腰受力增长速率远大于拱顶和右拱腰；当中洞开挖后，右洞各个位置围岩接触压力继续增大，在围岩自调整能力作用下最终趋于平缓，右洞拱顶接触压力为 273.2 kPa、右拱腰为 345.5 kPa，左拱腰为 457.5 kPa。从监测数据可知，左洞开挖对右洞围岩压力分布有一定影响，在实际施工过程中，中洞开挖对右洞影响更大，对于中间岩柱干扰大，需要对其加强防护。中洞应当采用精准微损伤爆破技术，减少围岩岩柱受到的爆破冲击损伤。

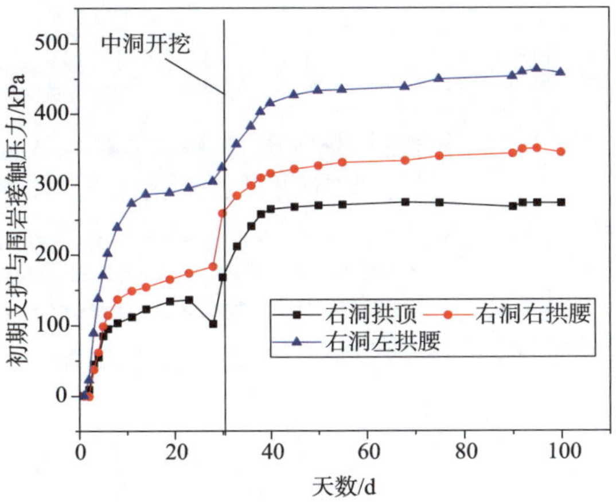

(a)右洞围岩与初期支护接触压力

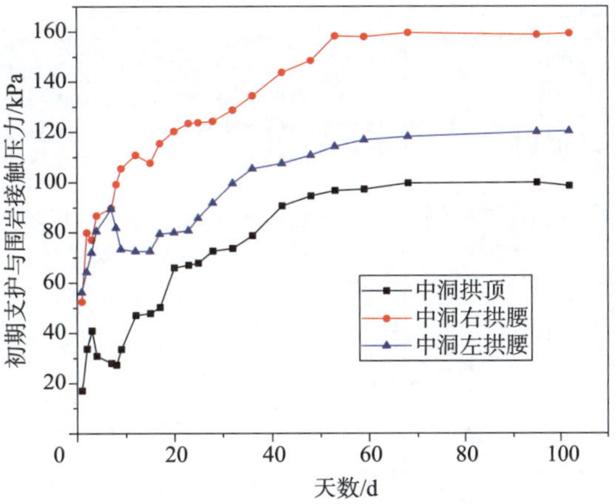

(b)中洞围岩与初期支护接触压力

图 2-36　围岩接触压力时程曲线

中洞围岩接触压力时程曲线如图 2-36(b)可知,中洞拱顶围岩最大压力值为 99.91 kPa,右拱腰最大值为 159.18 kPa,左拱腰最大值为 120.40 kPa。中洞的围岩压力值为右洞压力值 1/2 左右,说明由于左、右洞的围岩拱效应的应力调整,使得中洞开挖更易成拱,从而说明这种"左右中"的施工顺序是合理的。另外,中洞左拱腰压应力小于右拱腰,说明右洞开挖对于右中间岩柱的干扰大于中洞开挖对于左中间岩柱的干扰,说明右中间岩柱受施工干扰影响大,应当注意保护右中间岩柱。

综合图 2-36 分析可知,隧道开挖后,围岩应力在自调整过程中,拱腰稳定时间大于拱顶位置,拱腰围岩压力大于拱顶围岩压力。其中,靠近岩柱部位的围岩压力大于远离岩柱的围岩压力,中间岩柱主要受右洞和中洞的开挖干扰。

4. 初喷混凝土应力分析

当隧道开挖后,喷射混凝土在开挖后几小时内及时施作,使得喷层与岩壁密贴,可使一部分混凝土浆液渗入围岩张开的裂隙或节理中,及时填平并补强围岩,使得表层破碎的岩块层面黏结成一体,避免与缓和围岩应力集中。喷射混凝土初期强度较大,可快速发挥承载作用,改善围岩受力状态。喷射混凝土作为初期支护体系包覆结构,可传递和分配初期支护结构受力,保障初期支护体系的协同工作。

Ⅴ级围岩条件下,右洞和中洞的初喷混凝土环向应力时程变化曲线如图 2-37 所示。由图 2-37(a)可知,由于初喷混凝土在短时间内就可凝固并发挥强度作用,在 7 d 时间内初喷混凝土强度会迅速增大,随着时间的增加,强度也逐渐稳定;拱顶位置受到的环向应力大于拱腰位置,中洞开挖对于右洞初喷混凝土的影响较小。随着隧道掘进工作面的推进,初期支护受到的应力又逐渐增大,说明右洞、中洞的开挖过程也是逐渐施加荷载的过程。当右洞下台阶开挖时,可明显看到上部的初喷混凝土压力值逐渐增大,拱顶最大压应力值为 7.28 MPa,远小于规范中所规定的数值。

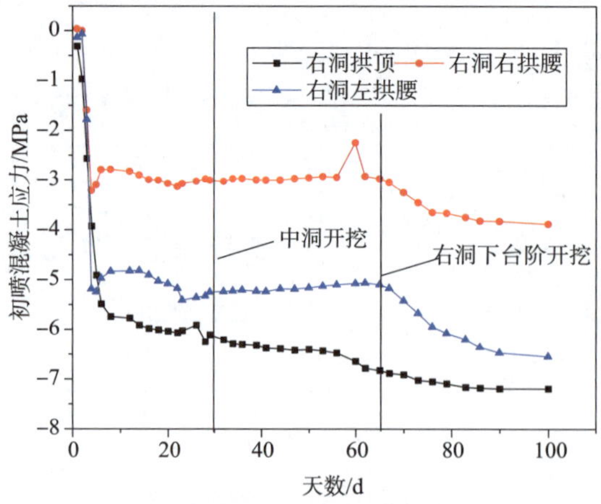

(a)右洞初喷混凝土应力曲线

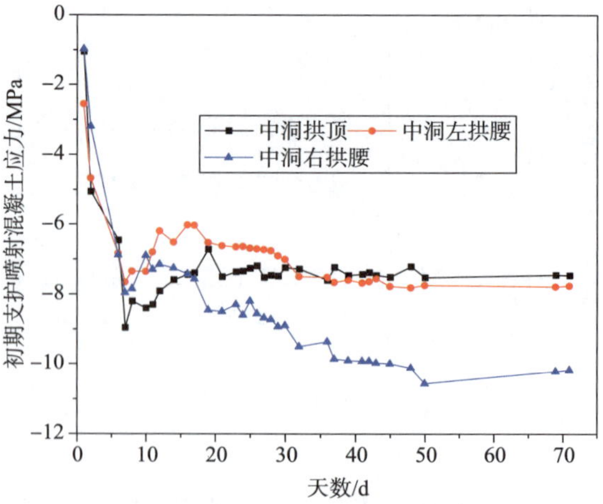

(b)中洞初喷混凝土应力曲线

图 2-37 初期支护喷射混凝土应力时程曲线

由图 2-37(b)可知，中洞拱顶、左拱腰、右拱腰这三个位置的初喷混凝土应力变化趋势在前 10 d 内大致相同，右拱腰位置的压应力大于左拱腰位置，拱顶压应力大小与左拱腰压应力相差不大。其中，中洞初期支护受到的最大压应力值大于右洞最大压应力值，表明中洞开挖对于初期支护影响大于边洞开挖影响。而且，中洞右拱腰变化在较长时间趋于稳定，说明中洞开挖形成中间岩柱的过程，围岩应力重新分布，大约 20 d 左右稳定，最大压应力值约为 10. 1 MPa。

开挖 90 d 后，监测断面中洞和右洞的初期支护喷混凝土应力值基本趋于稳定，将实测数据和数值数据标定在隧道监测位置上，如图 2-38、图 2-39 所示。实测数据和数值计算结果相差不大。中间岩柱的数值大于其余部位，容易造成应力集中。为了防止中间岩柱发生塑性的剪切破坏，应当对中间岩柱进行加固处理。

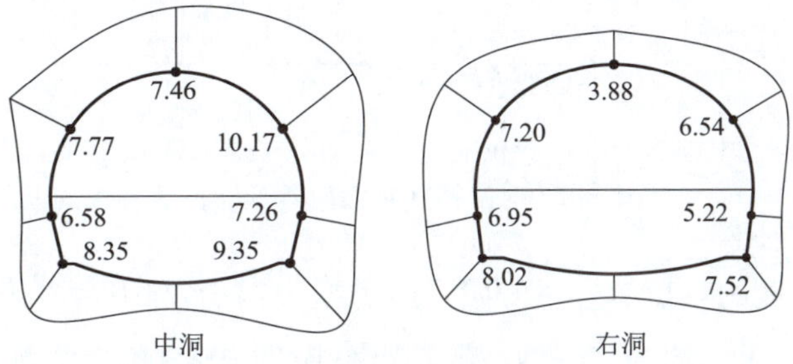

图 2-38　净间距 5. 44 m 实测初喷环向应力结果(单位:MPa)

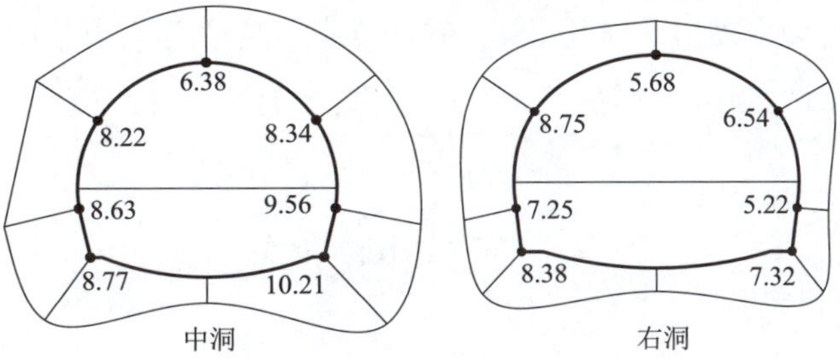

图 2-39　净间距 5. 44 m 数值计算初喷环向应力结果(单位:MPa)

5. 对拉锚杆轴力分析

对拉锚杆在中洞开挖后安设，其一端固定，一端张拉，通过给锚杆施加预应力，将岩柱锁紧，加强其强度和稳定性。通过监测对拉锚杆两端受力情况，判断对拉锚杆的加固效果，掌握对拉锚杆随着中洞隧道掘进工作面推进时的受力状态，最终确定中间岩柱的稳定状态。

对拉锚杆轴力时程变化曲线如图 2-40 所示。拱墙上部的对拉锚杆在中洞一侧的拉力小于左洞一侧的拉力，并在最初的几天内有预应力损失的现象发生，说明岩柱在拱墙上部位置较稳定。随着中洞隧道掘进工作面的推进，锚杆受到的拉力逐渐增大，并在 23 d 稳定。

当中洞开挖以后，对拉锚杆受到的轴力突然增大，岩柱进行自我调节应力分布，在 45 d 达到稳定状态，最终中洞拱墙上部的锚杆拉力小于左洞拱墙上部，表明由于中洞的开挖，岩柱有向中洞倾斜的变形，中洞拱墙上部的拉力值为 95.2 kN，左洞拱墙上部拉力值为 100.74 kN。

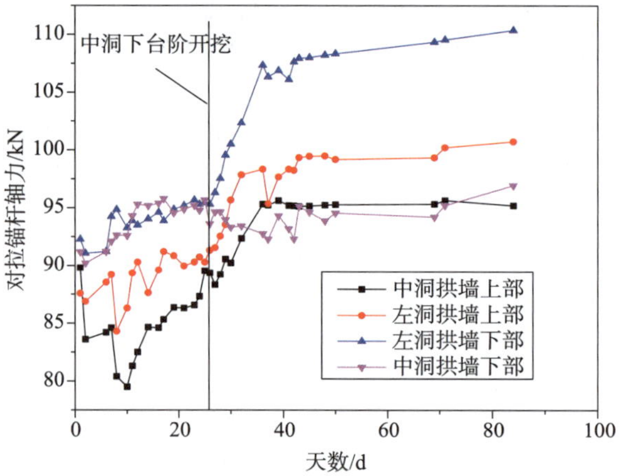

图 2-40 对拉锚杆轴力时程变化曲线

拱墙下部中洞一侧的对拉锚杆一开始预应力损失很少，与下台阶未开挖有很大关系，预应力数值逐渐均匀的增长，约为 95 kN。随着下台阶的开挖，拉力逐渐减小，说明中间岩柱仍有向中洞倾斜的趋势，最终拉力值为 96.95 kN。左洞一侧的对拉锚杆开始与中洞锚杆的变化趋势基本一致，但是随着中洞下台阶的开挖，左洞拱墙下部锚杆轴力突然增大，表明在拱墙下部处的中间岩柱出现应力集中，与数值计算中岩柱中部应力集中出现的规律一致，验证了数值计算的可靠性，最终左洞拱墙下部的最大拉力值为 110.38 kN。

2.3 三连拱段施工

2.3.1 施工顺序

三连拱段总长度 72 m，单端 36 m，里程分别为 DK67＋815～＋851、DK68＋249～＋285，具体断面跨度、围岩级别等如图 2-41 所示。

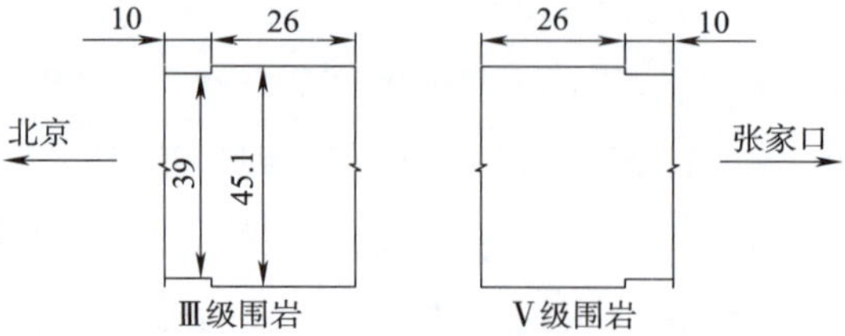

图 2-41 三连拱段（单位：m）

1. 计算模型

根据三连拱段施工和围岩条件，建立 FLAC3D 数值计算模型，模型尺寸为 200 m×30 m×200 m，包含单元体 29 850 个，节点 33 712 个，岩体选择Ⅴ级围岩，锚杆模拟选择 cable 单元，水泥喷层选择 shell 单元，二次衬砌选择实体单元，地层参数见表 2-10，计算模拟图如图 2-42 所示。

表 2-10　三连拱段地层参数

围岩类型	重度/(kN·m^{-3})	弹性模量 E/GPa	泊松比 ν	内摩擦角 φ/(°)	黏聚力/MPa
Ⅴ级	19	1.5	0.4	24	0.15

图 2-42　三连拱段计算模型

2. 开挖方式

(1)先边洞后中洞开挖

开挖步骤为：左洞台阶一→右洞台阶一→左洞台阶二→右洞台阶二→左洞台阶三→右洞台阶三→灌筑左、右洞二次衬砌→中洞台阶一→灌筑中洞拱部二次衬砌→中洞台阶二→中洞台阶三→灌筑中洞仰拱二次衬砌。

(2)先中洞后边洞开挖

开挖步骤为：中洞台阶一→中洞台阶二→中洞台阶三→灌筑中洞二次衬砌→左洞台阶

一→右洞台阶一→左洞台阶二→右洞台阶二→左洞台阶三→右洞台阶三→灌筑左、右洞二次衬砌。

3. 模拟结果对比

模拟结果见表 2-11、表 2-12。

表 2-11　先边洞后中洞开挖模拟结果

开挖步骤	垂直应力/MPa	水平应力/MPa	垂直位移/mm	水平位移/mm
左一	3.66	1.74	17.8	2.7
右一	3.69	1.75	18.8	5.5
左二	3.69	1.8	23.1	8.2
右二	3.89	2.2	23.7	8.4
左三	4.34	2.45	24.2	8.59
右三	4.37	2.56	23.8	14.7
边衬	4.49	2.57	23	15.8
中一	19.4	4.47	28	16
中二	23	5.27	28.5	17.4
中三	24.99	6.4	28.8	12.7
全衬	25	6.48	28.9	12.17

表 2-12　先中洞后边洞开挖模拟结果

开挖步骤	垂直应力/MPa	水平应力/MPa	垂直位移/mm	水平位移/mm
中一	3.77	1.79	19.7	2.56
中二	3.78	1.84	21.5	4.61
中三	3.78	1.93	22.4	9.45
中衬	3.78	1.8	22.3	10
左一	15.3	4.2	22	9.47
右一	21.37	6.7	22	9.51
左二	27.1	5.56	24.8	9.21
右二	30	5.49	24.7	8.96
左三	33.1	6.51	24.9	9.82
右三	35.7	7.51	24.9	9.96
全衬	36.2	7.4	25.87	9.93

由图 2-43 和图 2-44 可以看出，先中洞后边洞开挖方式的各步垂直应力大于先边洞后中洞开挖方式的各步垂直应力，先中洞后边洞开挖方式的水平应力大于先边洞后中洞开挖方式的水平应力，开挖后期的垂直应力远大于水平应力。开挖完成后，先中洞后边洞开挖方式的垂直位移、水平位移均比先边洞后中洞开挖方式大 2～3 mm。

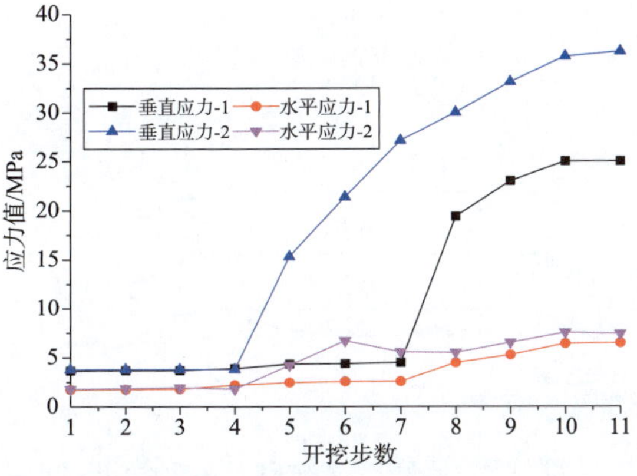

图 2-43　不同开挖方式应力对比

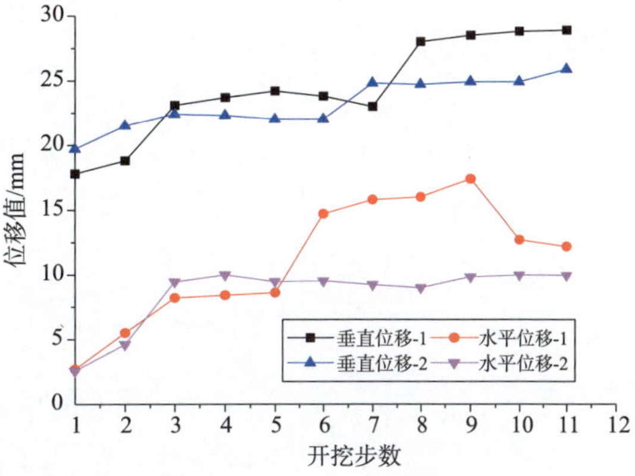

图 2-44　不同开挖方式位移对比

2.3.2　三连拱段施工技术

1. 施工方案

侧洞左洞先行，左洞全断面初期支护封闭成环后再开挖右洞，左、右洞开挖错开距离大于 15 m；左、右洞全部衬砌完成后再开挖中洞。Ⅲ级围岩左、右洞均采用三台阶法开挖，Ⅴ级围岩左、右洞均采用三台阶加临时横撑法开挖；中洞开挖前两侧设临时横撑，上半断面开挖后，先施作拱部衬砌，衬砌完成后再分部开挖下部，最后施工中洞仰拱。

2. 施工流程

第一步：施作超前支护措施，开挖左右侧洞时前后错距一个月，弱爆破分部开挖①部，分部施作①部导坑周边的初期支护，即初喷 4 cm 厚混凝土，打设系统锚杆，铺设钢筋网，架立钢架，施作锁脚锚管，复喷混凝土至设计厚度。架设临时横撑钢架，与初期支护钢架连接，上导坑初期支护封闭成环，如图 2-45 所示。

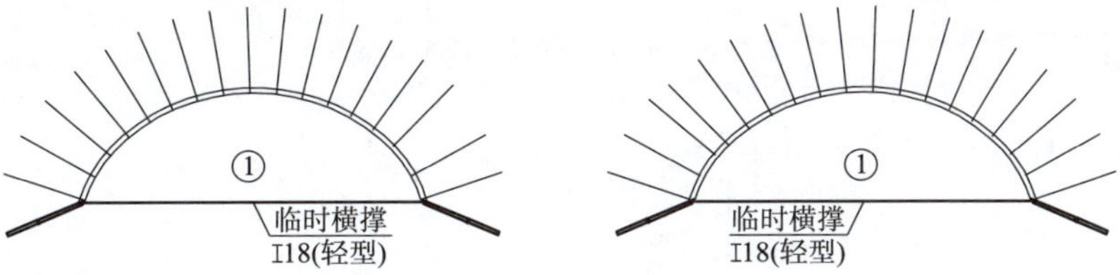

图 2-45　三连拱段隧道第一步施工

第二步：按每部滞后于上一步一段距离要求，按照②、③、④部的顺序进行弱爆破开挖，并及时进行初期支护、临时横撑、系统锚杆及锁脚锚杆等的施工，如图 2-46 所示。

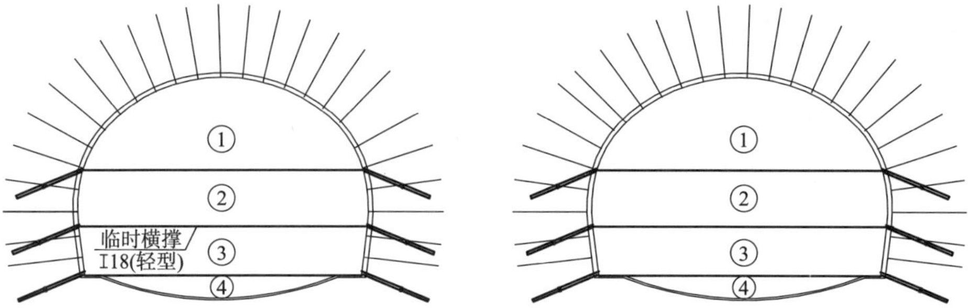

图 2-46　三连拱段隧道第二步施工

第三步:铺设墙底防水层并埋设排水管,灌筑Ⅰ部仰拱、墙底二次衬砌及隧底填充(仰拱及底板填充应分次施作),预留中洞仰拱钢筋接驳器,如图 2-47 所示。

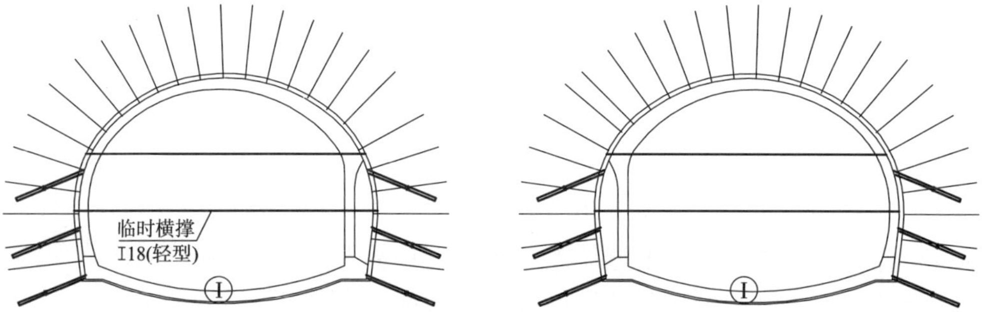

图 2-47　三连拱段隧道第三步施工

第四步:分段拆除临时横撑,铺设剩余拱墙防水层并埋设排水管,灌筑Ⅱ部拱墙二次衬砌,预留中洞拱顶钢筋接驳器,如图 2-48 所示。

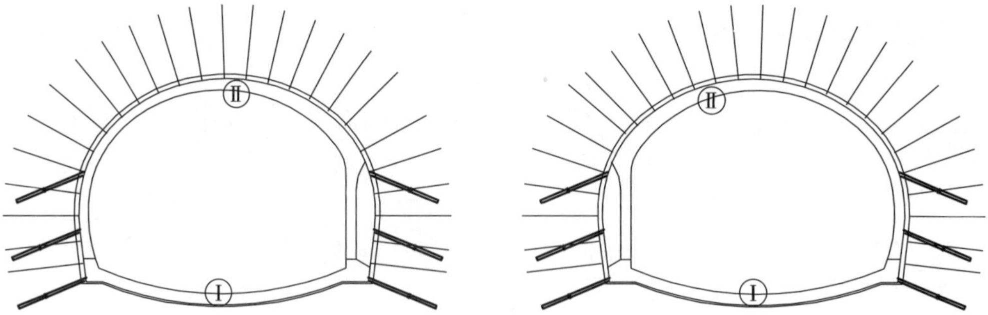

图 2-48　三连拱段隧道第四步施工

第五步:待侧洞二次衬砌全部完成后,预留核心土弱爆分部开挖⑤部,分部施作⑤部导坑周边的初期支护,并打设系统锚杆等,如图 2-49 所示。

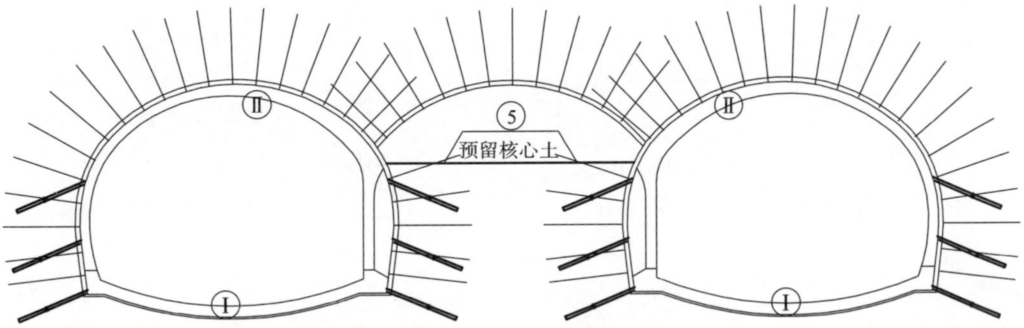

图 2-49　三连拱段隧道第五步施工

第六步：分段拆除左右侧洞临时初期支护，灌注Ⅲ部顶拱二次衬砌，三连拱顶拱封闭，一次拆除长度不大于 12 m，如图 2-50 所示。

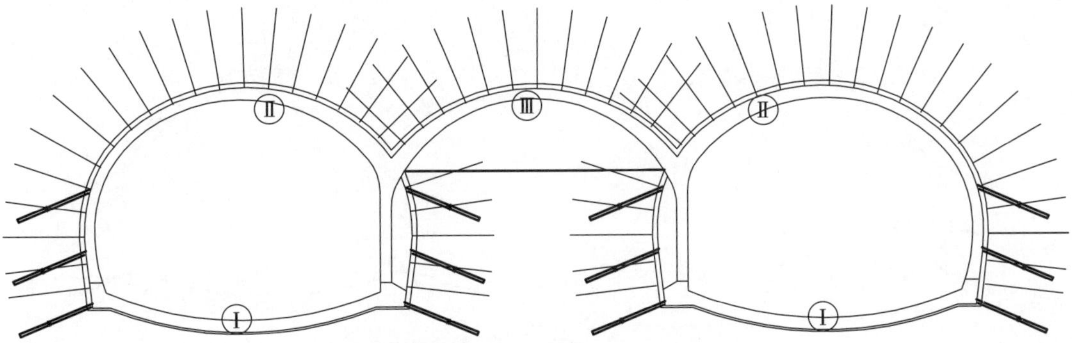

图 2-50　三连拱段隧道第六步施工

第七步：待拱顶二次衬砌强度达到设计要求后，按每部滞后于上一步一段距离要求，按照⑥、⑦、⑧部顺序进行弱爆破开挖至仰拱底，如图 2-51 所示。

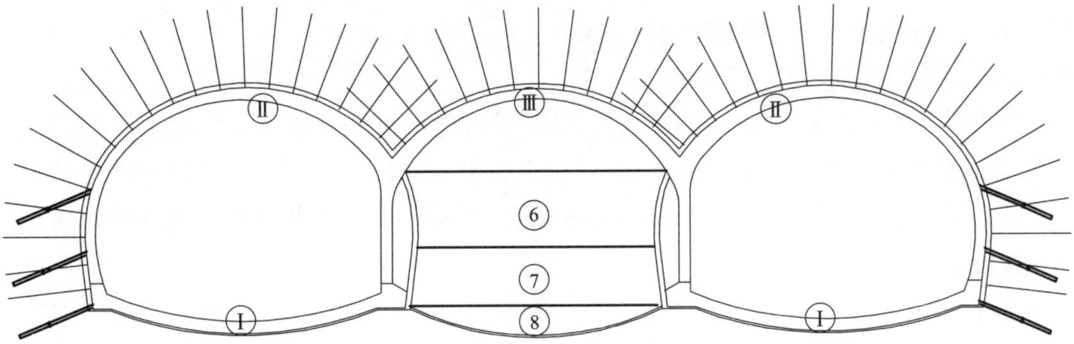

图 2-51　三连拱段隧道第七步施工

第八步：分段拆除左右侧洞墙底临时初期支护，灌筑Ⅳ部仰拱二次衬砌，二次结构施工完成，如图 2-52 所示。

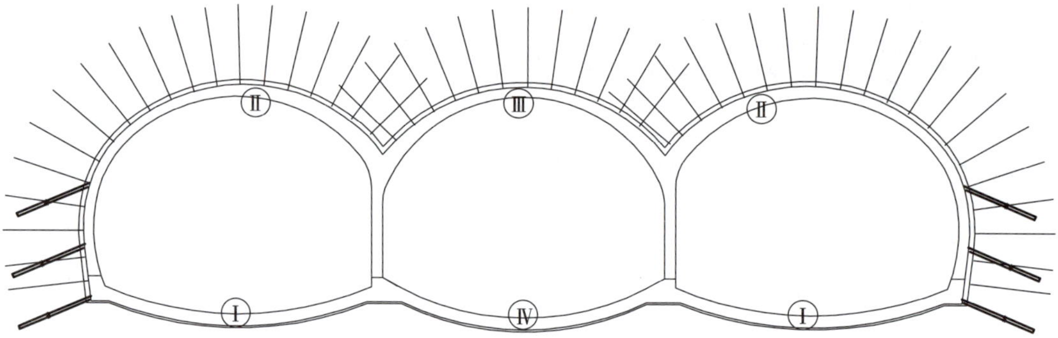

图 2-52　三连拱段隧道第八步施工

第九步:施作内部结构,如图 2-53 所示。

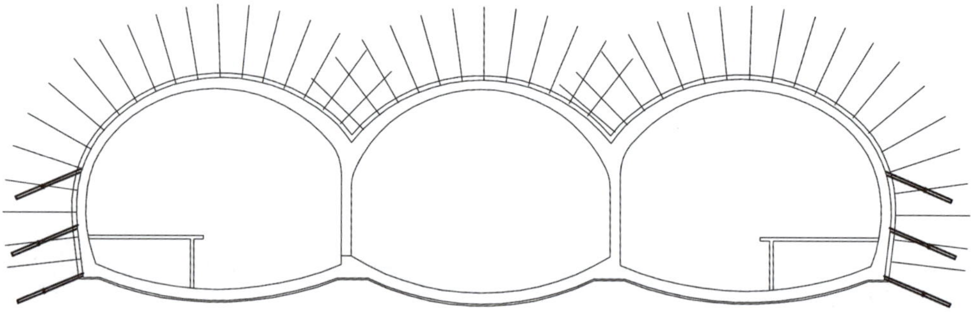

图 2-53　三连拱段隧道第九步施工

3. 超前支护施工

(1)长管棚设计参数

管棚规格:ϕ108 mm、壁厚 6 mm 的热轧无缝钢管,每环长度为 10 m 左右,每环搭接长度 3 m,每节长度 4～6 m,钢管间用丝扣连接;连接套管采用 ϕ114 mm、壁厚 6 mm 的热轧无缝钢管。超前管棚横断面布置如图 2-54 所示。

图中编号单号者采用钢花管,双号者采用钢管,施工时先打设钢花管并注浆,然后打设钢管,以便检查钢花管的注浆质量,如检查注浆不满足要求时,改用钢花管进行补充注浆。

钢花管上钻注浆孔,孔径为 10～16 mm,孔间距为 15 cm,呈梅花形布置,尾部留不钻孔的止浆段 150 cm。

管棚环向间距为 40 cm,钢管轴线与衬砌外缘夹角不大于 12°,管棚施工误差径向不大于 20 cm,环向不大于 5 cm。

长管棚注浆采用水灰比为 1∶1(质量比)的水泥浆液,注浆压力 0.5～2.0 MPa。注浆前应进行现场注浆试验,根据实际情况调整注浆参数,取得管棚注浆施工经验,注浆结束后用 M10 水泥砂浆充填钢管,以增强管棚强度。

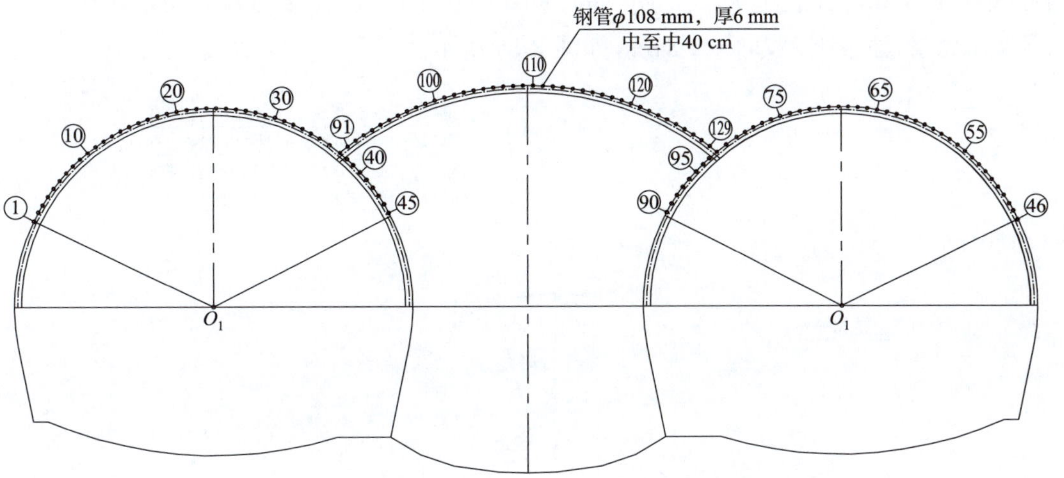

图 2-54　三连拱Ⅴ级加强地段超前管棚横断面布置

(2)超前注浆

径向注浆:地下水发育,掌子面能够自稳的不良地质地段采用 3 m 围岩径向注浆,如图 2-55 所示。

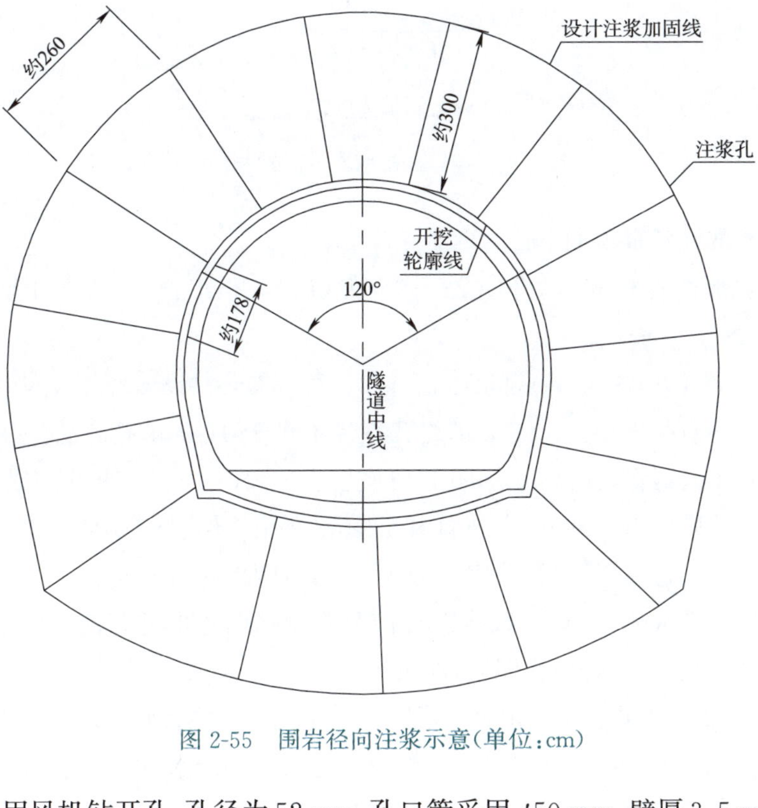

图 2-55　围岩径向注浆示意(单位:cm)

注浆孔采用风机钻开孔,孔径为 52 mm,孔口管采用 ϕ50 mm、壁厚 3.5 mm 的热轧无缝钢管，钢管长 1 m，孔口管应埋设牢固，并有良好的止浆措施，注浆材料采用水灰比为 1∶1 的普通水泥浆，注浆压力为 1～2 MPa，如图 2-56 所示。

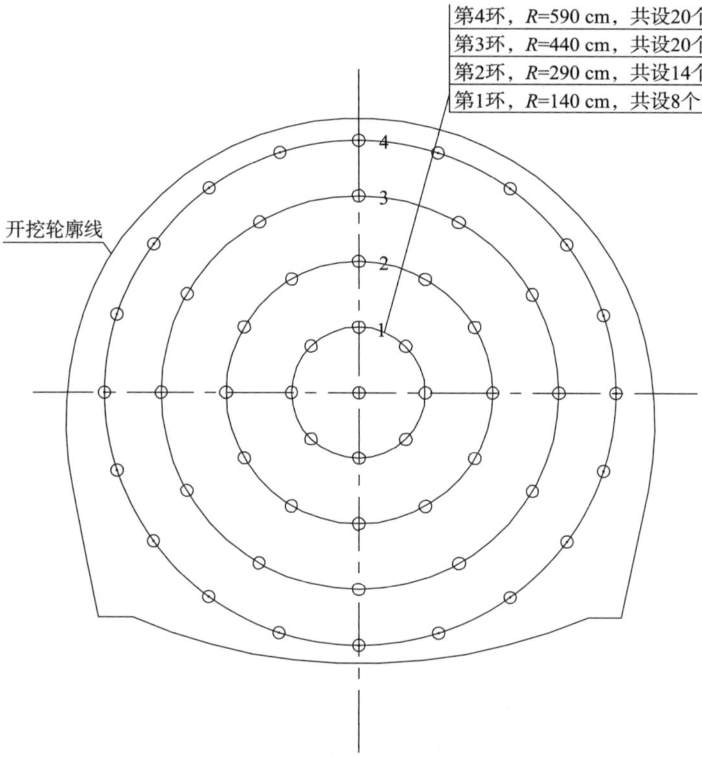

图 2-56　注浆钻孔平面布置

超前预注浆的注意事项如下：

①每一环注浆长度为 27 m，开挖 22 m，并保留 5 m 止浆岩盘，必要时考虑设置混凝土止浆墙。

②浆液扩散半径 2～3 m，孔底间距 3～4 m。每一循环共设 4 环 63 个注浆孔。

③注浆孔开孔直径不小于 110 mm，终孔直径不小于 91 mm；孔口管采用 ϕ108 mm、壁厚 5 mm 的热轧无缝钢管，管长 5 m。孔口管应埋设牢固，并有良好的止浆措施。

④钻孔和注浆顺序由上到下、由外向内、间隔跳孔施工作业。

⑤岩层破碎容易造成坍孔时，采用前进式注浆，否则采用后退式注浆。

⑥钻进过程中遇涌水或因岩层破碎造成卡钻时，应停止钻进，进行注浆扫孔后再行钻进。

⑦注浆材料采用 1∶1 普通水泥浆，注浆压力按 1～2 MPa 设定。

⑧图 2-56 中 2、3 环的注浆孔中，应选取 3～5 个孔作为检查孔，以判断注浆效果。注浆结束后，单孔涌水量小于 0.2 L/(min·m)，隧道开挖后容许渗水量应小于 2.5 L/(min·m)。当注浆完毕后如未达到设计要求，应进行补注浆。

4. 爆破施工

采用三台阶法开挖施工，侧洞先行，中洞跟进，各台阶长度 5～8 m，按上、下、中顺序爆破施工，爆破器材选用乳化炸药、塑料导爆管非电起爆系统或电子雷管铱钵控制起爆系统，毫秒微差有序起爆。周边眼采用 ϕ25 mm 小直径药卷，其他炮眼采用 ϕ32 mm 药卷。

为保证隧道光面爆破效果，周边眼间距控制在 45 cm 以内并均匀布置，周边眼采用导爆索间隔装药结构。采用斜眼掏槽，为保证掏槽效果，掏槽眼水平间距按 2～4 m 进行控制，炮眼底间距不大于 50 cm，钻眼角度见爆破设计。炮眼布置如图 2-57 所示，具体钻爆方案根据现场地质情况进行优化设计。

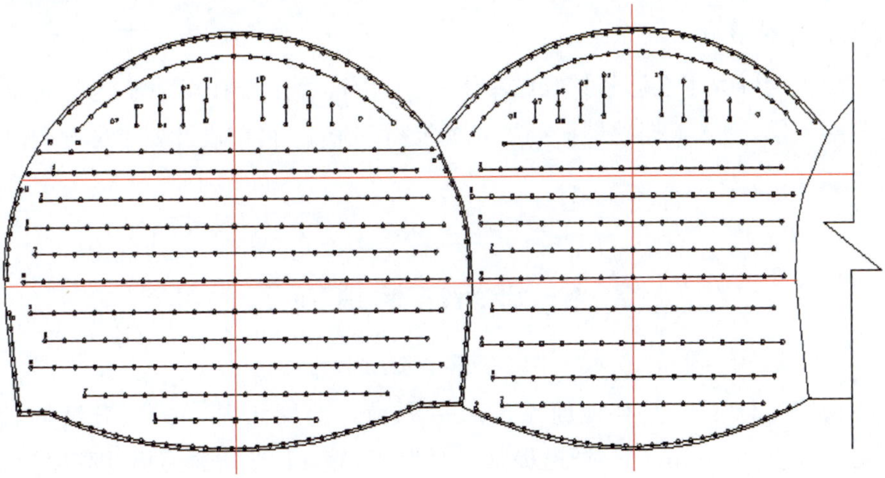

图 2-57　三连拱段炮眼布置

5. 隧道初期支护施工

(1)钢架施工

三连拱Ⅲ级围岩加强复合式衬砌采用格栅钢架加强初期支护，三连拱Ⅴ级围岩加强复合式衬砌采用型钢钢架加强初期支护。

(2)锁脚锚管

锁脚锚管采用 ϕ42、壁厚 4 mm 的无缝钢管，三连拱Ⅲ级围岩锚管长 4 m、三连拱Ⅴ级围岩锚管长 5 m，前端成锥形，尾端焊箍，管壁周围每隔 15 cm 交错钻眼，孔眼直径为 8 mm，尾端 1 m 不钻孔。采用 YT-28 风动凿岩机在拱脚位置钻孔，钻孔成型后，安装钢管，加设止浆塞，用注浆泵注水灰比为 1∶1 的水泥浆，注浆压力为 0.6～1.0 MPa，难注地段最大为 1.5 MPa。

(3)隧道喷射混凝土施工

隧道初期支护喷射混凝土采用湿喷工艺。喷射混凝土在洞外采用强制式搅拌机集中拌和，搅拌时间不应小于 1.5 min。喷射混凝土由混凝土搅拌运输车运至洞内，采用湿喷机喷射作业。在隧道开挖完成后，应及时喷射不少于 4 cm 厚的混凝土封闭岩面，然后打设锚杆、架立钢架、挂钢筋网,对初喷岩面进行清理后复喷至设计厚度。

(4)预应力锚杆施工

三连拱段设计采用 ϕ32 预应力锚杆(张拉设计值 120 kN);Ⅱ、Ⅲ级围岩采用涨壳式预应力锚杆,Ⅳ、Ⅴ级围岩采用分段式预应力锚杆,每个部位初期支护复喷完成后进行此段预应力锚杆施工。

(5)仰拱衬砌及填充

仰拱端头采用定型 L 型弧形钢模板,以确保仰拱中埋式橡胶止水带定位准确。仰拱面采用定型弧形模板模架,以确保仰拱线形顺畅。仰拱、仰拱填充分开整体浇筑,一次成型,仰拱填充混凝土应在仰拱混凝土终凝后浇筑。

6. 隧道二次衬砌施工

隧道二次衬砌混凝土在洞外拌和站集中拌制,由混凝土搅拌运输车运输混凝土。混凝土输送泵泵送入模,插入式振捣器振捣。在模筑衬砌施工时,按设计要求准确埋设各种预埋件并预留压浆孔。

2.4 进出站通道施工

八达岭长城站地下部分与地面站房通道原设计为两级阶梯式爬升结构,总长度为 136.4 m,通道宽度为 10 m,出站通道提升高度为 38.77 m,进站通道提升高度为 39.22 m。因地面站房方案调整,出地面通道长度调整为 185.73 m,通道宽度增至 12 m,出站通道提升高度增加 3.325 m,进站通道提升高度增加 0.925 m;斜梯段调整为一级爬升结构,纵坡为 57.74%。楼扶梯通道结构如图 2-58 所示。

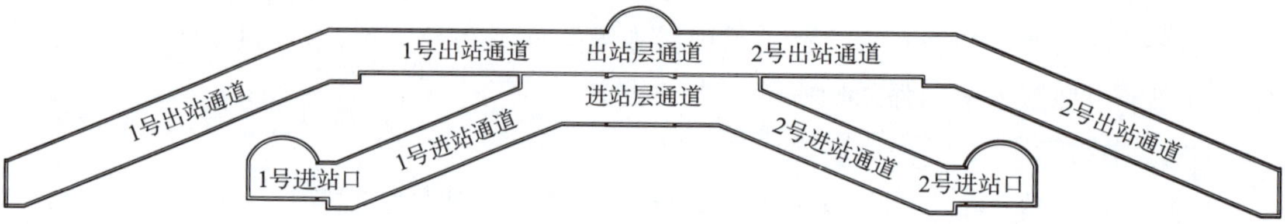

图 2-58 楼扶梯通道结构

2.4.1 上下层开挖顺序

根据楼扶梯施工和地质状况,建立相应的计算模型,模型尺寸为 30 m×189 m×50 m,网格划分如图 2-59 所示。岩体选择Ⅴ级围岩,锚杆模拟选择 cable 单元,初期支护喷层选择 shell 单元。这里方案比选以垂直位移为参考。

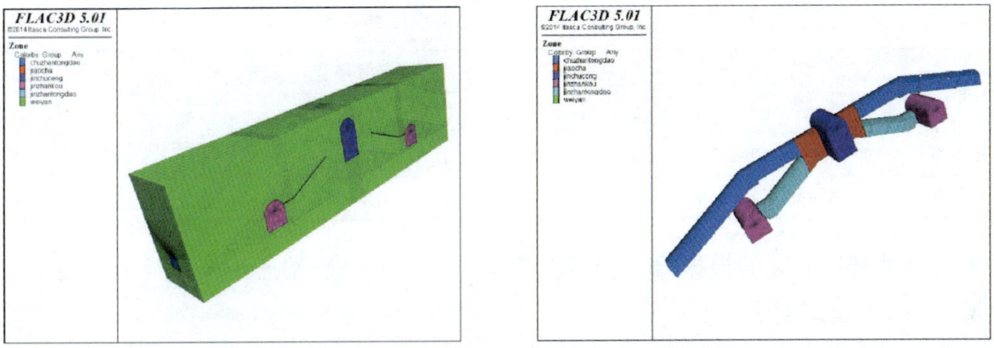

图 2-59　楼扶梯计算模型

根据施工进度，首先对进站口和进出层开挖，并施工初期支护。

根据开挖顺序，备选的方案有 2 个，依次为：1 号出站通道→2 号出站通道→1 号进站通道→2 号进站通道（开挖方式 1）；1 号进站通道→2 号进站通道→1 号出站通道→2 号出站通道（开挖方式 2）。

为了有效地说明垂直位移变化，数值模拟共布置 7 个监测点，具体布置如图 2-60 所示。位移模拟结果如图 2-61 所示，图中编号为 11、12、13、14、15、16、17 分别为不同开挖顺序下 1、2、3、4、5、6、7 点的位移，各点的最终位移见表 2-13。对比可以看出，开挖方式 2，即 1 号进站通道→2 号进站通道→1 号出站通道→2 号出站通道为最优方案，选择此方案的垂直位移为说明对象。

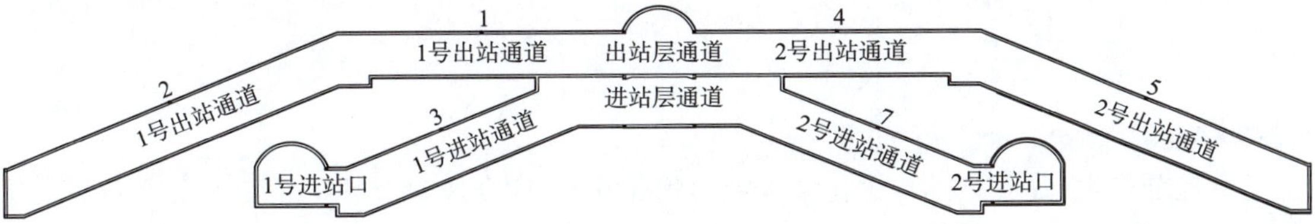

图 2-60　测点布置图

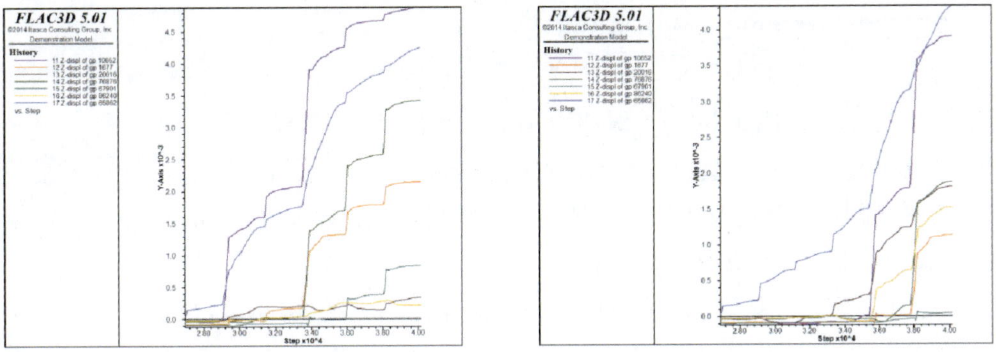

（a）开挖方式 1 各点位移记录　　（b）开挖方式 2 各点位移记录

图 2-61　位移模拟结果

表 2-13　不同开挖方案记录点最终位移/mm

开挖方案	监测点编号						
	1	2	3	4	5	6	7
开挖方案 1 位移	4.88	2.14	0.33	3.42	0.83	2.11	4.25
开挖方案 2 位移	3.9	1.13	1.8	1.87	0.04	1.52	4.33

根据四种开挖方案的模拟，最优开挖方案顺序为：1 号进站通道→2 号进站通道→1 号出站通道→2 号出站通道。

2.4.2　施工工艺

斜梯段分为明挖部分(30.37 m)及暗挖部分(37.99 m)，其中暗挖部分进出站层通道均采用上下台阶法施工，并设置中隔壁临时支撑系统，以中隔壁为界，左右侧分幅错开掘进，总体分 8 部，分层依次下挖，如图 2-62 所示，1 部、2 部开挖及支护完成后再行开挖 3 部及4 部，依次下挖。

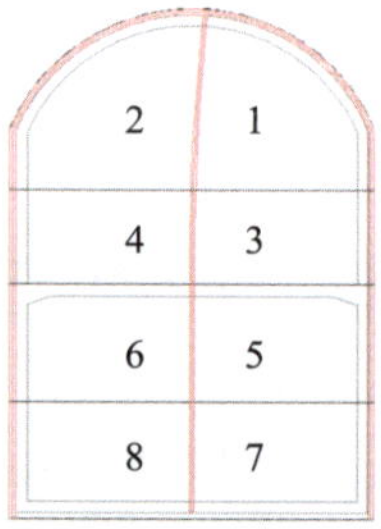

图 2-62　斜梯段开挖示意

开挖前应做好超前支护，优化结构受力状况，降低安全风险及超挖量。采用中隔壁法开挖时，同层左、右侧应沿纵向错开一定距离，以先行导洞掌子面与另一侧导洞掌子面施工间距不发生干扰为原则，错开距离不宜小于 5 m，单侧开挖宽度不宜超过 0.5 倍洞宽。

洞身采用中隔壁法开挖，施工步序如下：

(1)先行施作 1 部超前支护：开挖前先进行超前支护，打入 ϕ42 的超前小导管，超前小导管每根长 3.5 m，环向间距 30 cm，纵向 2.4 m 一环，搭接 1.1 m。

(2)1 部开挖、支护：开挖使用 8 台气腿式凿岩机钻眼，电子雷管引爆爆破，每循环进尺 0.8 m，配备侧翻式装载机及挖机配合装渣。开挖后初喷混凝土为 5 cm，再架设 I22 型钢拱架，拱架 0.8 m/榀，施作锁脚锚管及系统锚杆。

(3)安装中隔壁支撑拱架。中隔壁支撑拱架采用 I22a 型钢制作，与初期支护拱架同步设置。支撑拱架间采用 ϕ20 钢筋连接，内外交错布置，同侧间距 1.0 m。中隔壁拱架靠近围岩侧铺设 ϕ8 钢筋网片。

(4)复喷 C30 喷射混凝土，及时封闭初期支护拱架及中隔壁。

(5)待 1 部开挖掘进一段距离后(约 5 m)，按步骤(1)、(2)进行 2 部开挖及支护作业。

(6)待 1 部及 2 部开挖完成后进行 3 部开挖，初喷混凝土 5 cm 后接长初期支护拱架及中隔壁，施作锁脚锚管及系统锚杆，喷射混凝土封闭拱架及中隔壁。

(7)待 3 部施作一段距离后进行 4 部开挖及支护作业，5 部、6 部、7 部、8 部采用短台阶开挖。

(8)7 部、8 部完成后应进行清底，施作底板拱架，喷射混凝土使整个断面封闭成环，并依次拆除中隔壁拱架。

2.5　通风竖井施工

通风竖井位于车站站台上方，承担着车站通风任务，1 号、2 号、3 号、4 号通风竖井穿越断层破碎带、强风化—弱风化斑状二长花岗岩，岩体主要发育 3～4 组节理，岩体总体较完整—较破碎，断层及其影响带岩体破碎，洞口围岩稳定性差，地下水较发育，需加强超前预支护以及超前地质预报，并做好变形监测工作。

2.5.1　施工方案数值模拟

根据通风竖井施工实际情况，建立相应的计算模型，模型尺寸为 60 m×60 m×84 m，竖井直径取 6.8 m，如图 2-63 所示。

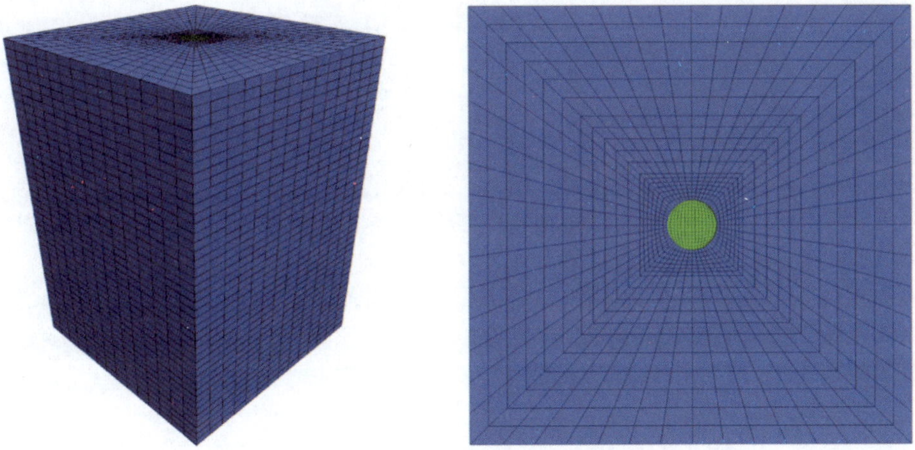

图 2-63　通风竖井计算模型

考虑最不利情况，距地表 72 m 的开挖竖井范围内的岩体按Ⅴ级围岩进行计算；竖井下方 12 m 为已开挖隧道部分，结合地质情况和隧道支护对围岩的加强效果，该部分岩体按Ⅱ级围岩进行计算。两部分地层参数见表 2-14,在模型中的分布如图 2-64 所示。

表 2-14　竖井地层参数

围岩类型	重度/(kN·m^{-3})	弹性模量 E/GPa	泊松比 ν	内摩擦角 φ/(°)	黏聚力/MPa
V级	19	1.5	0.4	24	0.15
Ⅱ级	26	26	0.225	55	1.8

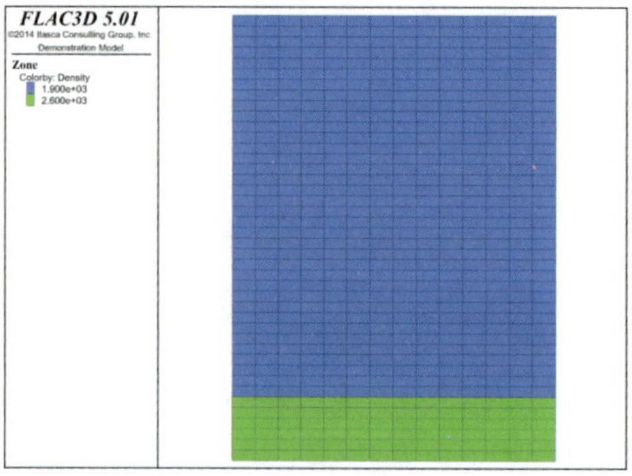

图 2-64　不同级别地层在模型中分布

初期支护参数也考虑支护最不利情况,按照设计图中Ⅲ级围岩的支护进行模拟:①喷射混凝土为 C30,厚度为 0.05 m;②预应力锚杆直径 25 mm、长 3 m,横纵向间距为 1 m×1 m,张拉设计值为 60 kN。

(1)开挖竖井下方作业环境,计算得到的竖向位移云图及塑性区域如图 2-65 所示,由于未模拟竖井下方隧道的支护,因此出现少量塑性区。

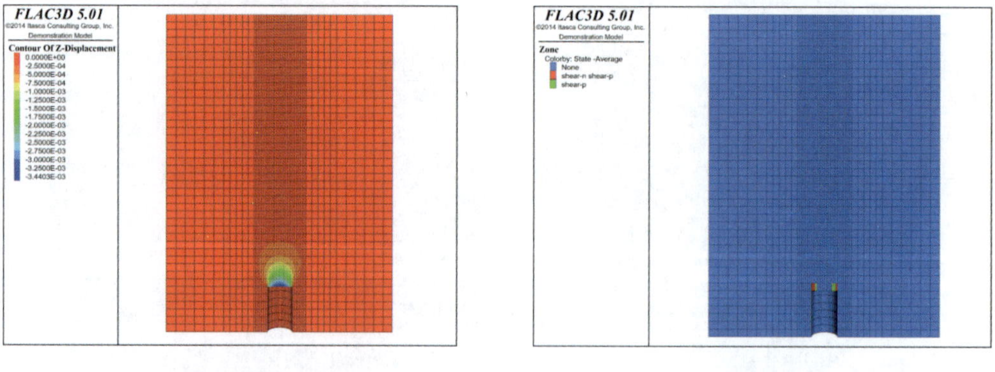

(a)竖向位移云图　　(b)塑性区域图

图 2-65　开挖竖井下方作业环境模拟结果(剖面图)

(2)按每次开挖 2 m 的进尺,从上至下逐步开挖竖井,并及时施作喷射混凝土、锚杆等初期支护,直至最终挖通约 72 m 长竖井,如图 2-66 所示,其中红色为锚杆,黑色为喷射混凝土。

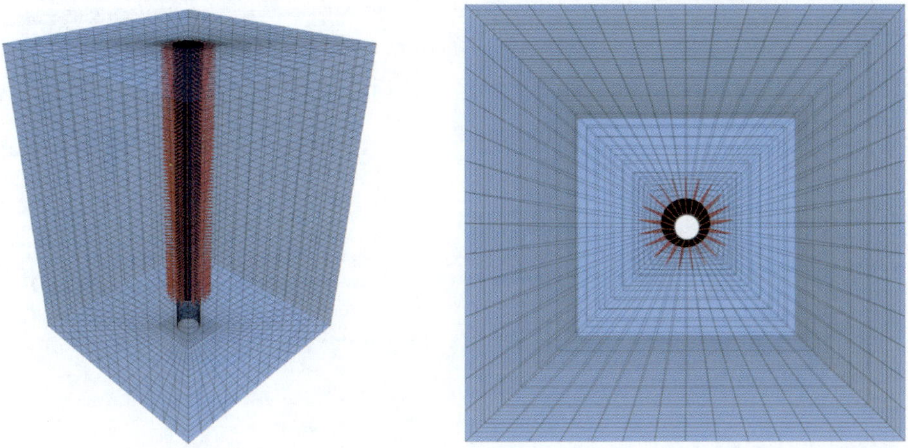

(a)轴侧图　　(b)俯视图

图 2-66　竖井挖通后模型

当竖井开挖至 40 m 处时，模型计算得到的横向位移云图与塑性区域如图 2-67 所示，竖井洞壁的最大横向位移出现在掘进面上方 5 m 的位置，最大为 0.58 mm，此时，竖井附近围岩处未出现塑性区。

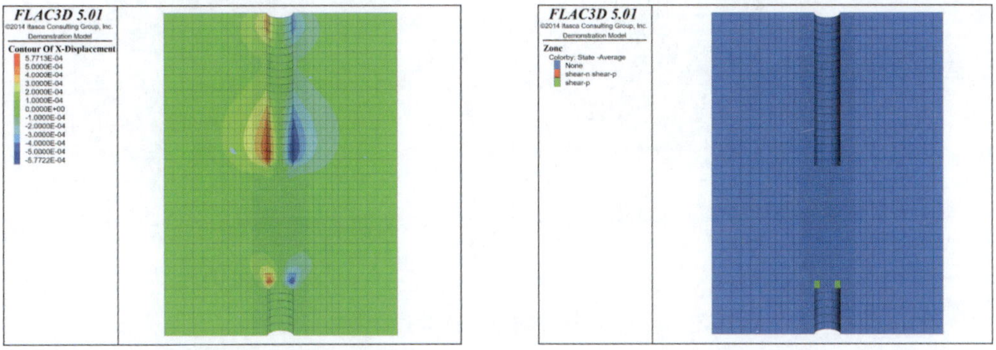

(a)横向位移云图　　(b)塑性区域图

图 2-67　竖井开挖至 40 m 时计算结果(剖面图)

当竖井开挖至 50 m 处时，模型计算得到的横向位移云图与塑性区域如图 2-68 所示，竖井洞壁的最大横向位移为 0.98 mm；竖井附近围岩开始出现塑性区，意味着此时围岩发生塑性破坏。

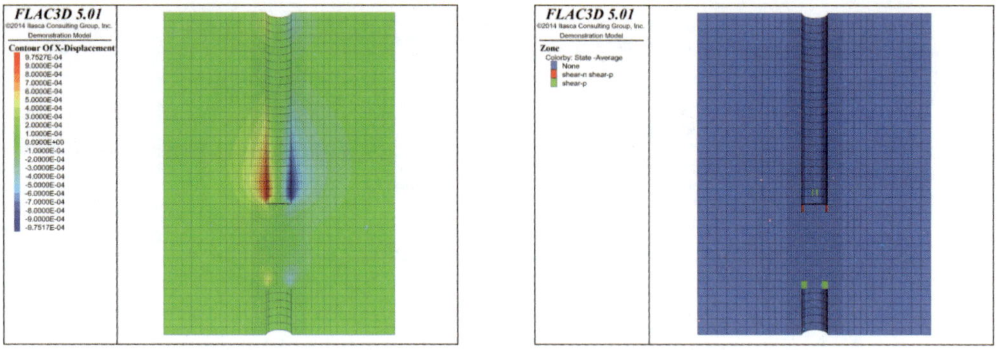

(a)横向位移云图　　(b)塑性区域图

图 2-68　竖井开挖至 50 m 时计算结果(剖面图)

(3)当竖井开挖结束时(72 m),模型计算得到的横向位移云图与塑性区域如图 2-69 所示,竖井洞壁的最大横向位移为 1.88 mm;竖井围岩从顶面以下 46 m 至 72 m 处出现大片塑性区,意味着发生塑性破坏。

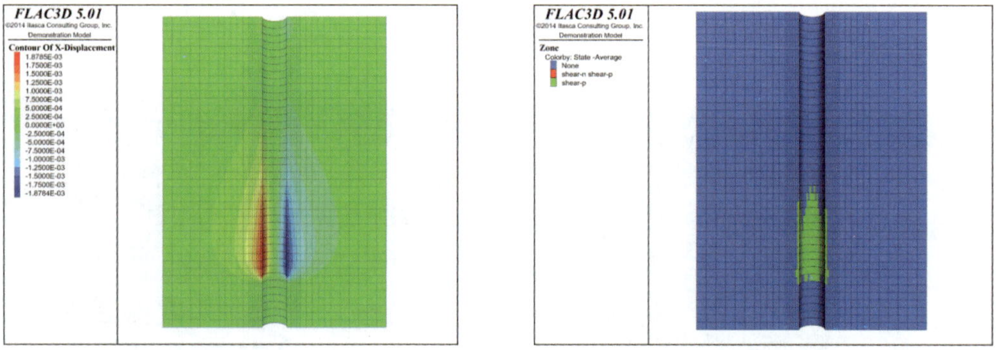

(a)横向位移云图　　(b)塑性区域图

图 2-69　竖井开挖结束时计算结果(剖面图)

考虑不施作预应力锚杆的工况,初期支护仅施作喷射混凝土,对上述竖井开挖模型进行计算,竖井开挖结束时的横向位移云图和塑性区域如图 2-70 所示,竖井洞壁的最大横向位移为 2.04 mm;竖井围岩从顶面以下 44 m 至 72 m 处出现大片塑性区,横向位移及塑性区范围较施作预应力锚杆的工况均有所增大。

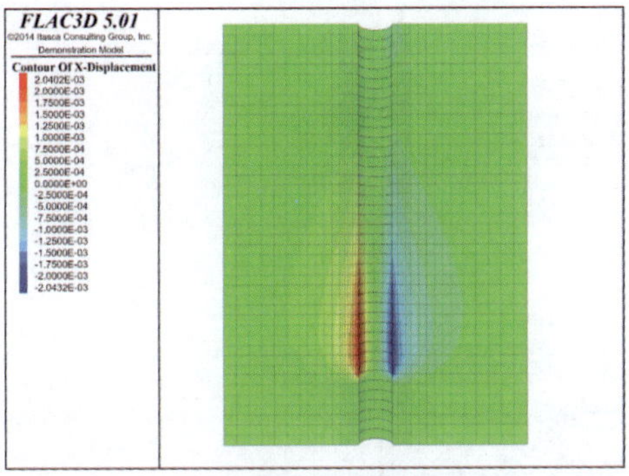

(a)横向位移云图

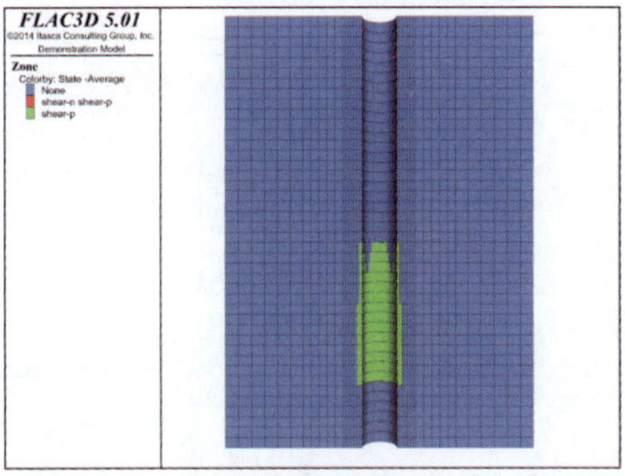

(b)塑性区域图

图 2-70　不施作预应力锚杆的竖井开挖结束时计算结果(剖面图)

2.5.2　竖井反向扩挖施工工艺

(1)首先采用反井钻机开挖一个直径 1.4 m 的小风井。先从竖井上水平面由上向下钻进 ϕ216 mm 导孔,贯通后,再在下水平面接扩孔钻头,由下向上扩孔,扩孔直径 ϕ1.4 m。

(2)反井钻机施工完成后,对风井进行分步扩挖。风井扩挖时,对于风井中土质地层采用人工直接开挖;对于砂砾层使用锹、风镐开挖。当遇到坚硬岩石时,采用浅孔爆破开挖;扩挖分 8 部进行,扩挖顺序如图 2-71 所示,每循环开挖进尺控制为 1.0～1.2 m。

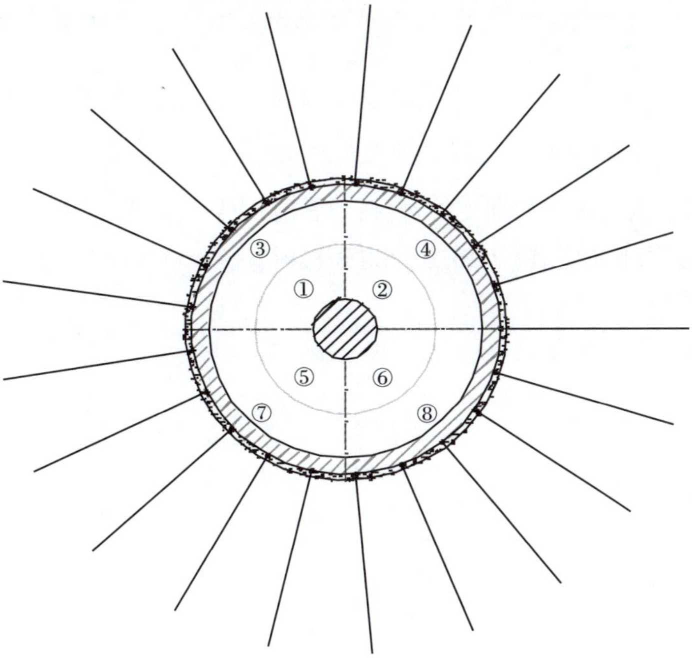

(a)风井施工平面图

图　2-71

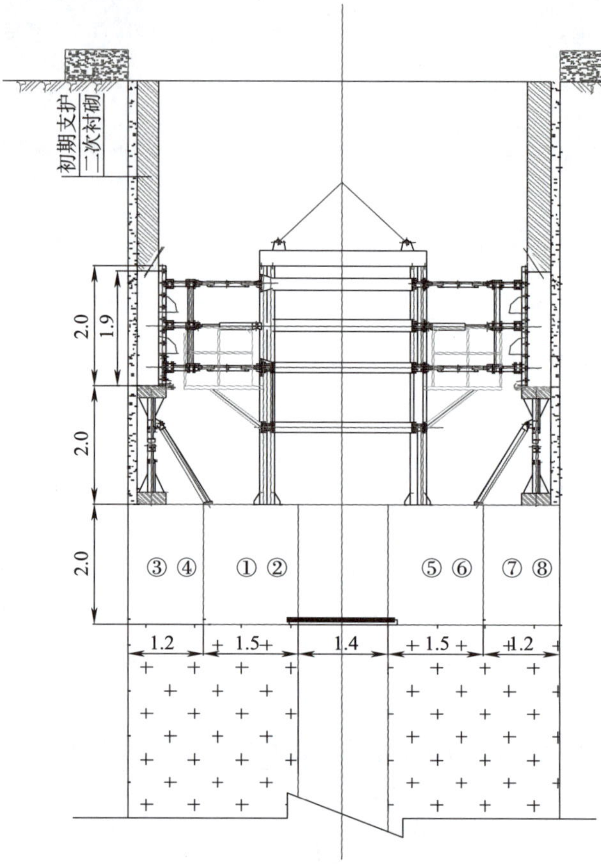

(b)风井施工立面图

图 2-71　风井施工示意(单位:m)

(3)风井完成后及时施作初期支护,包括钢筋网、喷射混凝土、锚杆等。

(4)衬砌(从上往下):安装衬砌钢筋→衬砌模板安装→衬砌混凝土浇筑→拆模→混凝土养护。

第 3 章 超大断面隧道开挖与支护技术

超大断面隧道的施工过程是一个非常复杂的动态加卸载过程，尽管目前国内外已经进行了部分类似工程的数值模拟、模型实验及现场试验，但都有一定的局限性，尤其是对于大跨度复杂洞室群，目前尚无系统深入的研究。

古典支护设计理论把支护构件作为承受荷载的构件设计，没有考虑支护构件与围岩之间的相互作用，此时荷载在浅埋条件下是按全土柱重量确定的。当埋深超过一定深度后，欧洲等国多采用太沙基公式确定，在苏联则采用普氏公式计算，即所谓的坍落拱公式，一直沿用到今天。坍落拱理论认为坍落拱的高度与跨度和地下工程跨度及围岩性质有关，其最大贡献是提出隧道围岩具有自承能力，之后的工程实践和研究证实，作用在支护构件上的荷载受到支护构件与围岩相互作用的极大影响。因此支护与围岩相互作用的研究极为盛行，特别是对如何利用围岩的自支护能力进行了有成果的研究和实践，新奥法（NATM）应运而生，并在一些国家得到广泛应用。

目前，新奥法已成为我国隧道工程设计施工的主要方法之一，其核心技术是以喷混凝土和锚杆作为初期支护，与围岩共同承受隧道开挖后的应力，形成稳定的支护结构。同时，在整个施工过程中，根据量测结果及时变更支护及施工参数，确保施工的安全性和经济性。新奥法的进一步发展之一是挪威法，它利用北欧较好的地质条件，取消新奥法中的二次衬砌，而更有效地利用了围岩的自支护能力。由此可见，从理论上、实践上研究围岩与支护的相互作用是隧道设计理论中的核心问题，必须予以重视。

如上所述，围岩与支护构件的相互作用，一定要与施工方法联系在一起。因为多数的隧道工程开挖不是一次开挖完成的，而是多次开挖完成的，由于岩石材料的非线性，其受力后的应力状态具有加载途径，因此前面的每次开挖都对后面的开挖产生影响，施工顺序、开挖步骤、支护时间、支护方式不同都有各自不同的最终力学效应，支护与围岩的相互作用也不会相同。因此，忽视施工过程中围岩与支护相互作用的方法或理论都很难准确地指导工程实践。

八达岭长城站设于八达岭隧道内，车站与隧道正洞之间的过渡段设计为单拱大跨度结构，车站及大跨过渡段平面布置如图 1-3 所示。大跨过渡段总长度 326 m，单端 163 m，最小断面宽 19.0 m、高 13.9 m，最大断面宽 32.7 m、高 19.5 m，最大开挖面积 497 m^2，过渡段设计为变截面形式，北京端有 4 种截面，张家口端有 5 种截面，具体断面跨度、围岩级别等如图 3-1 所示。

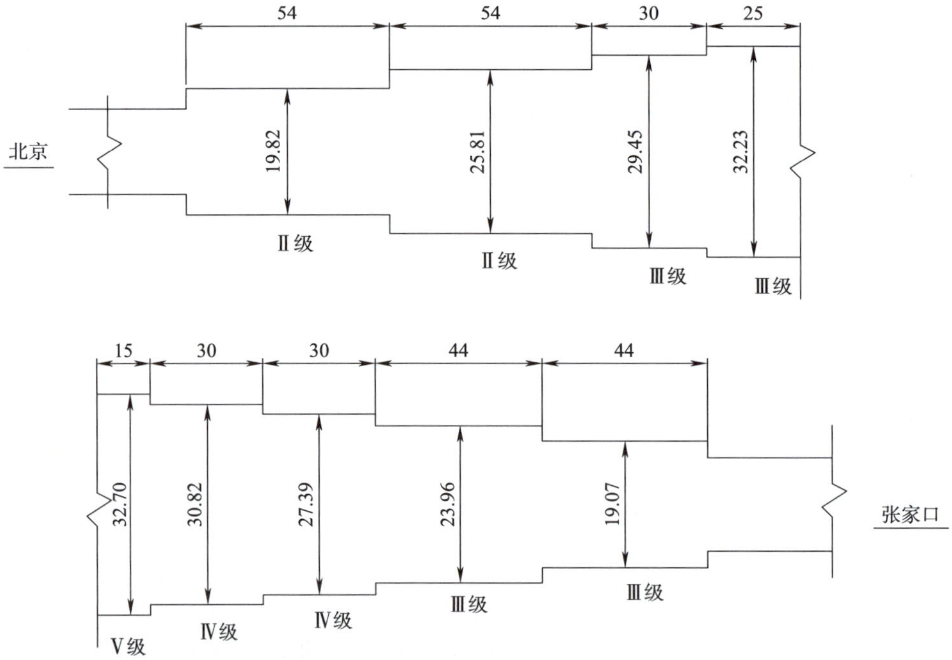

图 3-1 大跨过渡段概况(单位：m)

3.1 大跨过渡段开挖方法比选

3.1.1 超大断面隧道开挖设计工法

对于典型的大断面隧道，CD 法、CRD 法、双侧壁导坑法等比较适用，并且临时支撑能较好地控制围岩变形，但是八达岭地下车站大跨过渡段开挖断面接近 500 m^2，开挖面积大、扰动大、施工安全性低，施作临时支撑时，临时支撑过多且有效长度大，造成支撑工效低且施工工期长、工程造价高，因此需要临时支撑的施工方法并不适用。

在不施作临时支撑的条件下，必须加强初期支护的强度，与其他初期支护不同，锚杆锚索是从围岩内部发挥其支护作用，变被动支护为主动支护，施作锚杆锚索可以提高围岩的抗剪和抗拉强度，起到控制围岩变形的作用，钢拱架作为初期支护的重要组成部分，同样需要加强。在此设计思想的基础下，经过详细研究，提出预留核心土法和预留中岩柱法两种开挖方案，此外，三台阶七步法也是一种可行的开挖方法，可将其作为比选方案进行研究。

1. 预留核心土法

预留核心土法施工步序和台阶长度如图 3-2 和图 3-3 所示。

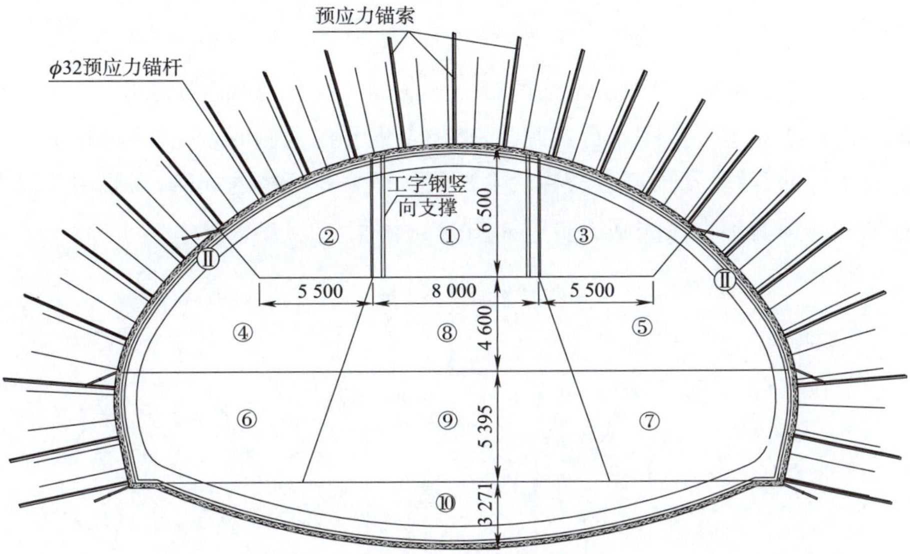

图 3-2　预留核心土法施工步序横断面(单位:mm)

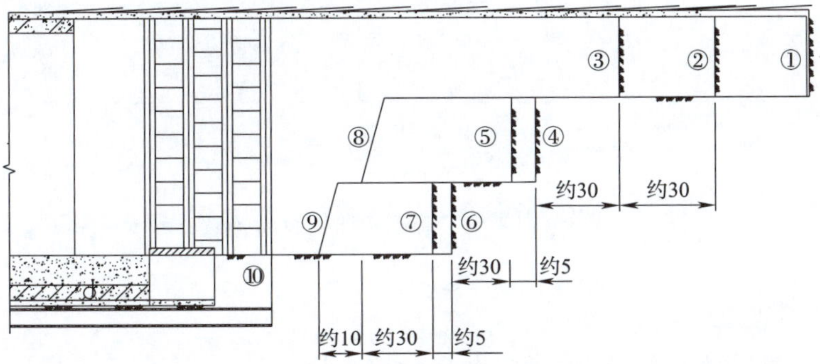

图 3-3　预留核心土法台阶长度(单位:m)

预留核心土法采用钻爆法进行开挖,将开挖分部分为 10 部分,具体施工步序如下:

(1)进行第一步顶部小导洞的开挖,开挖完成之后用钢架进行临时支护,然后在拱顶施作钢架和锚杆(索)等支护,待初期支护完成之后,拆除钢架;

(2)滞后 30 m,进行第二、三步的开挖,将第二、三步掌子面前后错开 30 m,及时支护;

(3)待第一级台阶开挖完成之后,进行第二级台阶两侧岩体的开挖,第二级台阶掌子面与第一级台阶掌子面前后错开 30 m,左右两侧的开挖部分错开 5 m,及时支护;

(4)与第二级台阶掌子面错开 30 m,进行第三台阶的开挖,与第二台阶相同,第三台阶左右错开 5 m,及时支护;

(5)待三级台阶全部开挖完毕之后,第三级台阶 30 m 进行核心土两部分岩体的开挖,核心土台阶长度为 10 m;

(6)随着核心土的开挖,仰拱部分的土体紧随其后进行开挖,及时支护。

2. 预留中岩柱法

作为比选方案,预留中岩柱法与预留核心土法的开挖分部和台阶长度上完全相同,不同的是预留中岩柱法对施工步序进行了调整,整体上先开挖两侧的岩土,后进行中岩柱的破除与仰拱部分土体的开挖,且预留中岩柱法在进行两侧岩体开挖的同时,需要用喷锚方式对中岩柱进行加固。预留中岩柱法施工步序如图 3-4 所示。

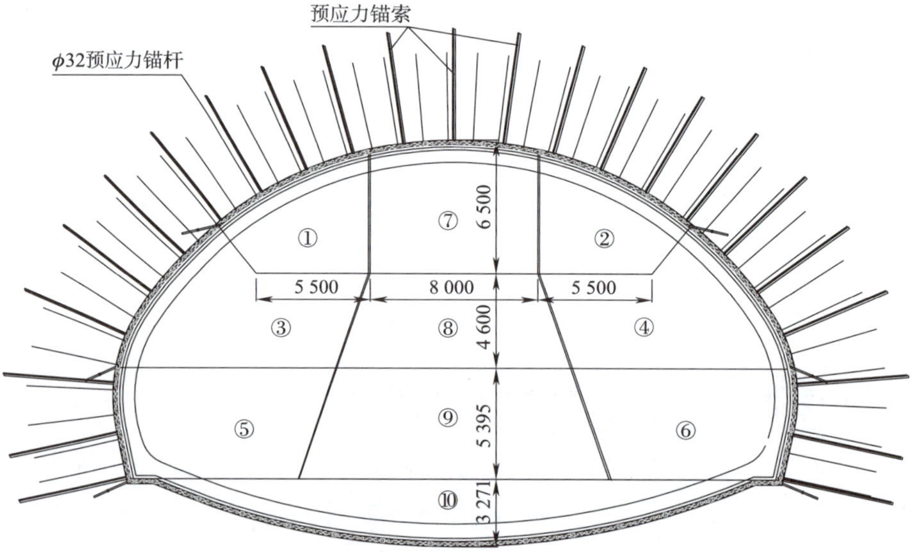

图 3-4 预留中岩柱法施工步序横断面(单位:mm)

3. 三台阶七步法

与前两种方法相比,三台阶七步法开挖分块有所不同,此方法将上台阶一次性开挖完毕,再依次开挖二、三级台阶,待两边台阶开挖完毕,分三步开挖中间核心土,其主要的施工特点如下:

(1)施工空间大,方便机械化施工,可以多作业面平行作业,部分软岩或土质地段可以采用挖掘机直接开挖,工效较高;

(2)在地质条件发生变化时,便于灵活、及时地转换施工工序,调整施工方法;

(3)适应不同跨度和多种断面形式,初期支护工序操作便捷;

(4)在台阶法开挖的基础上,预留核心土,左右错开开挖,利于开挖工作面稳定;

(5)当围岩变形较大或突变时,在保证安全和满足净空要求的前提下,可尽快调整闭合时间。

三台阶七步开挖法规避了侧壁导坑法、中隔壁法及交叉中隔壁法等需要拆除临时支护及受力转换造成的不安全因素，及时调整闭合时间，方便机械施工，利于施工工序转换。三台阶七步法具体开挖步序如图3-5所示。

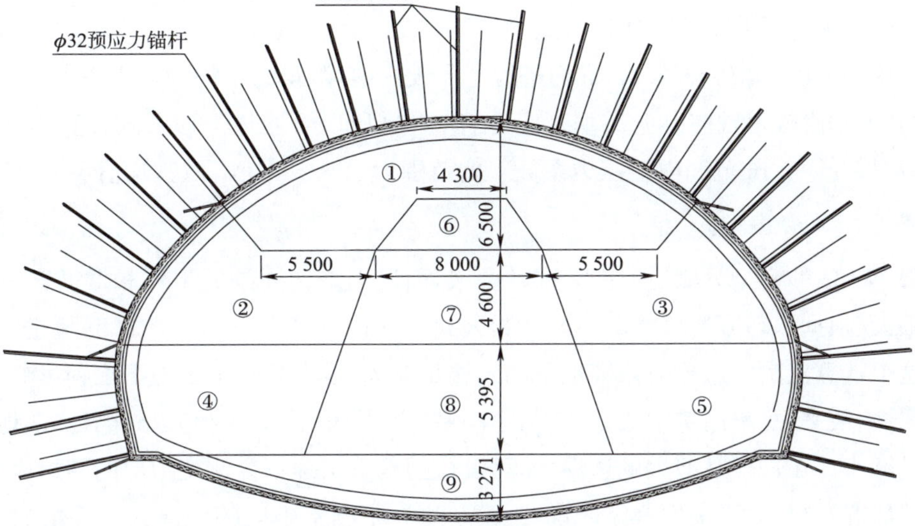

图3-5　三台阶七步法施工步序横断面(单位:mm)

3.1.2　设计工法有限元分析

1. 计算假定

八达岭隧道区地质条件复杂，如果完全按照实际情况进行模拟计算将非常困难，因此，有必要对计算模型进行相对简化的处理。在计算过程中做出如下假定：

(1)地形表面模拟成水平地面，即把实际的地形简化，但是需要考虑构造应力的影响；

(2)把岩土、支护结构等材料看成是均匀、连续且是各向同性的；

(3)从地勘报告中可知，地下水位97.65～101 m，车站埋深75 m，站高21.73 m，车站底部埋深95.73 m，因此在建模过程中，不考虑地下水渗流影响。

2. 边界条件和侧压力系数 γ

Midas GTS中对计算模型边界条件做如下规定：模型上方地表为自由边界；模型底部施加 z 方向的约束；左右边界施加 x 方向的水平约束；前后边界施加 y 方向的约束。

侧压力系数对深埋大跨度大断面隧道围岩压力的影响较大，故而需要先确定侧压力系数 γ。根据前述地质工程资料及对初始地应力场的评价，在计算中模型中需要考虑构造应力的影响。中国地质力学研究所采用水压致裂法对D1ZS.2孔进行了地应力量测工作，并根据测试结果得出了测点水平主应力最大值 S_H 和最小值 S_h 的回归方程。

$$S_H = 3.57 + 0.0118D \tag{3-1}$$

$$S_h = 2.28 + 0.0205D \tag{3-2}$$

式中 S_H——水平主应力最大值,MPa;

S_h——水平主应力最小值,MPa;

D——钻孔深度(向下为正),m。

在 D1ZS. 2 孔 75. 70～77. 70 m 内进行了印模定向,测得的平均最大水平主应力方向为北北东向,即垂直隧道轴向方向。垂直应力 $S_v = \gamma h$,所以可通过上述公式计算出八达岭地下车站位置 75～90 m 范围内侧压力系数 γ 的范围为 1. 52～2. 16,取其均值 $\gamma = 1.84$。

3. 模型尺寸

有限单元法的模型只能是空间有限的区域,而地下结构周围的岩体相对而言是无限大或半无限大(根据深埋或浅埋情况不同)的,因此必须选取某个有限的计算范固建立有限元模型。这个计算范围的边界应该离地下的结构足够远,设在几乎不受地下工程影响的地方。经验表明,一般来说,离洞室中心 3～5 倍于洞室特征尺寸(最大内径)以外的地方,地下工程的影响足够小。在这样足够远的边界上,可以认为地下工程不会改变地层的初始应力状态。根据相关研究资料,对于平面模型来说,当模型边界距洞室中线的距离大于 3 倍的洞径时,应力变化一般在 5%以下,大于 5 倍洞径时,应力变化在 1%以下。空间模型亦同上述平面模型。因此,车站模型横断面尺寸的选取应结合工程具体情况取 6～10 倍的车站跨度。同时,考虑开挖面空间效应的影响,设定可以进行一定开挖步的模型纵向长度 $L = 30$ m,整个模型尺寸为 120 m×30 m×100 m(长×宽×高)。使用 Midas GTS 建立的三维有限元计算模型如图 3-6 所示。

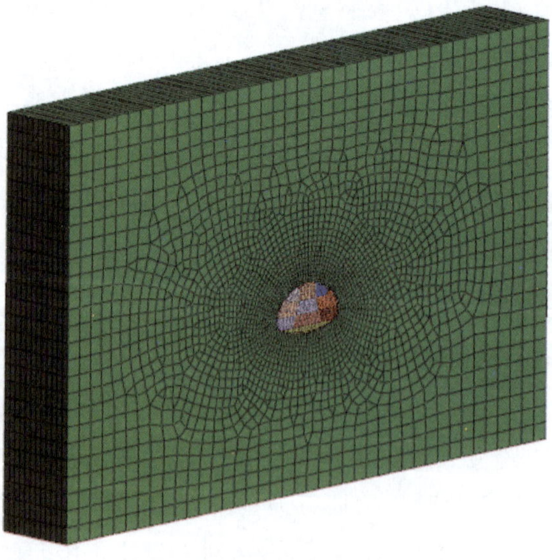

图 3-6 三维有限元计算总模型(预留核心土法)

预留核心土法开挖分部如图 3-7 所示，开挖步序见表 3-1。

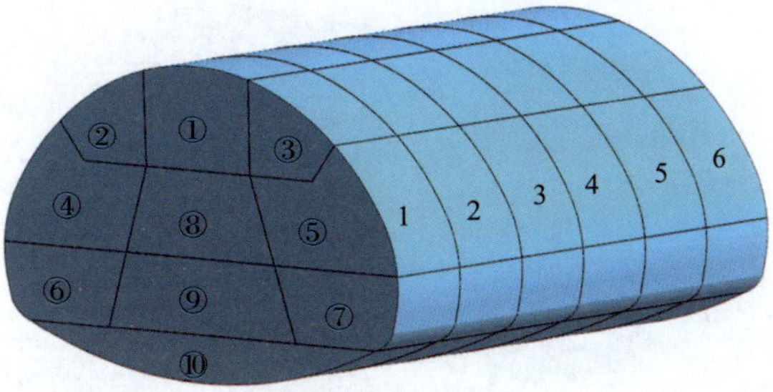

图 3-7　大跨段预留核心土法开挖分部

表 3-1　大跨段预留核心土法开挖步序

施工步	开　挖　体		施工步	开　挖　体		
1	平衡地应力		23	④—4	⑤—3	
2	①—1		24	④—5	⑤—4	
3	①—2		25	④—6	⑤—5	
4	①—3		26		⑤—6	
5	①—4		27	⑥—1		
6	①—5		28	⑥—2	⑦—1	
7	①—6		29	⑥—3	⑦—2	
8	②—1		30	⑥—4	⑦—3	
9	②—2		31	⑥—5	⑦—4	
10	②—3		32	⑥—6	⑦—5	
11	②—4		33		⑦—6	
12	②—5		34	⑧—1		
13	②—6		35	⑧—2		
14	③—1		36	⑧—3	⑨—1	
15	③—2		37	⑧—4	⑨—2	
16	③—3		38	⑧—5	⑨—3	⑩—1
17	③—4		39	⑧—6	⑨—4	⑩—2
18	③—5		40		⑨—5	⑩—3
19	③—6		41		⑨—6	⑩—4
20	④—1		42			⑩—5
21	④—2	⑤—1	43			⑩—6
22	④—3	⑤—2				

预留中岩柱法开挖顺序如图 3-8 所示，开挖步序见表 3-2。

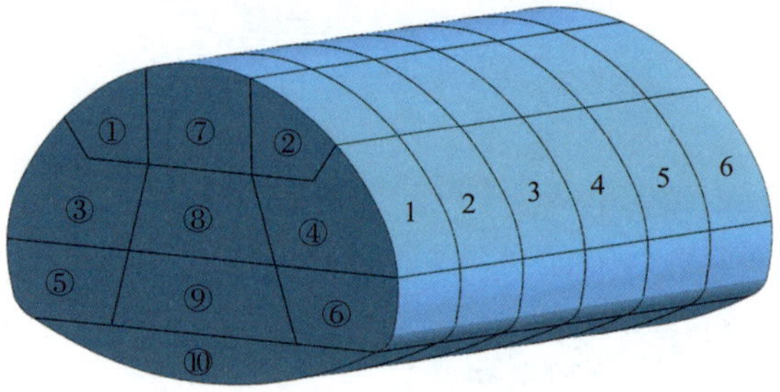

图 3-8　大跨段预留中岩柱法开挖顺序

表 3-2　大跨段预留中岩柱法开挖步序

施工步	开挖体		施工步	开挖体		
1	平衡地应力		23	⑥—3	⑦—2	
2	②—1		24	⑥—4	⑦—3	
3	②—2		25	⑥—5	⑦—4	
4	②—3		26	⑥—6	⑦—5	
5	②—4		27		⑦—6	
6	②—5		28	①—1		
7	②—6		29	①—2		
8	③—1		30	①—3		
9	③—2		31	①—4		
10	③—3		32	①—5		
11	③—4		33	①—6		
12	③—5		34	⑧—1		
13	③—6		35	⑧—2		
14	④—1		36	⑧—3	⑨—1	
15	④—2	⑤—1	37	⑧—4	⑨—2	
16	④—3	⑤—2	38	⑧—5	⑨—3	⑩—1
17	④—4	⑤—3	39	⑧—6	⑨—4	⑩—2
18	④—5	⑤—4	40		⑨—5	⑩—3
19	④—6	⑤—5	41		⑨—6	⑩—4
20		⑤—6	42			⑩—5
21	⑥—1		43			⑩—6
22	⑥—2	⑦—1				

三台阶七步法开挖顺序如图 3-9 所示，开挖步序见表 3-3。

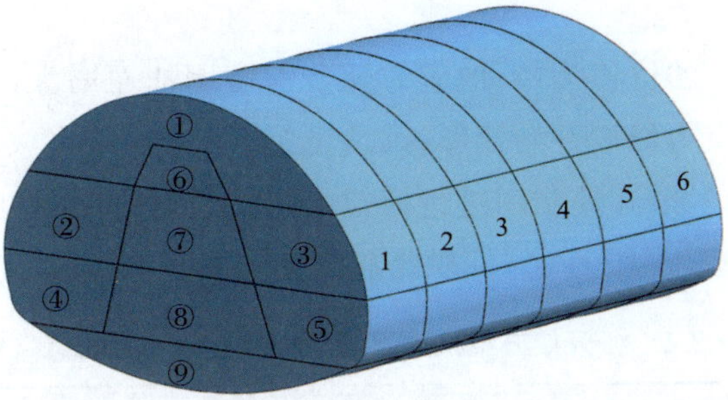

图 3-9　大跨段三台阶七步法开挖顺序

表 3-3　大跨段三台阶七步法开挖步序

施工步	开　挖　体		施工步	开　挖　体		
1	平衡地应力		19	④—5	⑤—4	
2	①—1		20	④—6	⑤—5	
3	①—2		21		⑤—6	
4	①—3		22	⑥—1		
5	①—4		23	⑥—2		
6	①—5		24	⑥—3	⑦—1	
7	①—6		25	⑥—4	⑦—2	
8	②—1		26	⑥—5	⑦—3	⑧—1
9	②—2	③—1	27	⑥—6	⑦—4	⑧—2
10	②—3	③—2	28		⑦—5	⑧—3
11	②—4	③—3	29		⑦—6	⑧—4
12	②—5	③—4	30	⑨—1		⑧—5
13	②—6	③—5	31	⑨—2		⑧—6
14		③—6	32	⑨—3		
15	④—1		33	⑨—4		
16	④—2	⑤—1	34	⑨—5		
17	④—3	⑤—2	35	⑨—6		
18	④—4	⑤—3				

确保隧道结构安全是支护的最终目的，可以从变形协调与应力分布两方面对隧道安全性进行判断：一是隧道开挖后变形的量值及其变化规律；二是隧道开挖后围岩与衬砌内部的应力分布特点及其变化规律。为此，本节将从围岩变形、围岩应力以及衬砌应力三个方面进行分析，对三种开挖方法的优劣进行判断。

4. 计算结果分析

(1)围岩位移分析

隧道开挖之前,岩体的位移为零,地应力随着深度增加而增大,称之为初始地应力。开挖之后,洞周围岩由于应力释放开始变形,拱顶下沉,两侧向内收敛,仰拱隆起,这是一般性的规律。通过对大跨段各个开挖步序进行模拟,拱顶下沉和仰拱隆起的统计结果见表 3-4,拱顶沉降最大值曲线如图 3-10 所示,仰拱隆起最大值曲线如图 3-11 所示。

表 3-4 各开挖方案拱顶下沉和仰拱隆起结果统计/mm

施工步	预留核心土法		预留中岩柱法		三台阶七步法	
	下沉	隆起	下沉	隆起	下沉	隆起
1	0.000	0.000	0.000	0.000	0.000	0.000
2	2.593	0.567	2.066	0.218	3.740	1.477
3	3.292	1.105	2.493	0.421	5.441	3.756
4	3.568	1.395	2.637	0.533	8.330	5.532
5	3.719	1.529	2.708	0.585	9.682	5.664
6	3.812	1.589	2.750	0.607	10.749	7.368
7	3.915	1.615	2.791	0.613	12.427	8.127
8	4.812	2.160	2.845	0.875	12.698	8.787
9	5.680	2.712	2.909	1.116	13.231	10.168
10	5.160	3.047	2.960	1.248	13.770	11.312
11	5.456	3.221	2.999	1.309	14.255	12.050
12	5.663	3.306	3.035	1.334	14.691	12.514
13	5.880	3.355	3.083	1.343	15.134	12.853
14	7.518	4.130	3.747	1.736	15.367	13.009
15	8.317	4.919	4.401	2.605	15.411	13.284
16	8.906	5.415	4.787	3.317	15.490	13.837
17	9.324	5.689	5.029	3.720	15.566	14.256
18	9.646	5.841	5.201	3.927	15.636	14.516
19	9.995	5.952	5.381	4.037	15.701	14.677
20	10.369	5.825	5.480	4.076	15.760	14.787
21	11.215	8.774	5.474	4.158	15.787	14.837
22	12.101	10.477	5.504	4.323	15.781	14.892
23	12.912	11.582	5.530	4.461	15.775	14.937
24	13.639	12.277	5.544	4.552	15.753	15.195
25	14.413	12.788	5.549	4.612	15.731	15.360
26	14.858	13.030	5.546	4.656	15.700	15.189

续上表

施工步	预留核心土法		预留中岩柱法		三台阶七步法	
	下沉	隆起	下沉	隆起	下沉	隆起
27	14.902	13.322	5.549	4.676	15.671	15.500
28	14.983	13.904	5.747	5.938	15.647	15.645
29	15.061	14.336	9.025	9.759	15.622	15.736
30	15.133	14.597	10.650	11.770	15.608	17.149
31	15.200	14.752	11.867	13.027	15.691	17.205
32	15.260	14.855	12.933	13.853	15.755	17.216
33	15.288	14.899	14.304	14.628	15.806	17.216
34	15.271	15.128	14.288	14.858	15.848	17.211
35	15.255	15.274	14.272	15.006	15.885	17.206
36	15.229	15.087	14.247	15.828	15.929	17.180
37	15.206	15.386	14.223	15.130		
38	15.176	15.897	14.194	15.651		
39	15.241	17.005	14.259	15.761		
40	15.294	17.058	14.313	15.815		
41	15.334	17.094	14.354	15.851		
42	15.376	17.089	14.396	15.846		
43	15.413	17.084	14.433	15.842		
44	15.457	17.058	14.477	15.816		

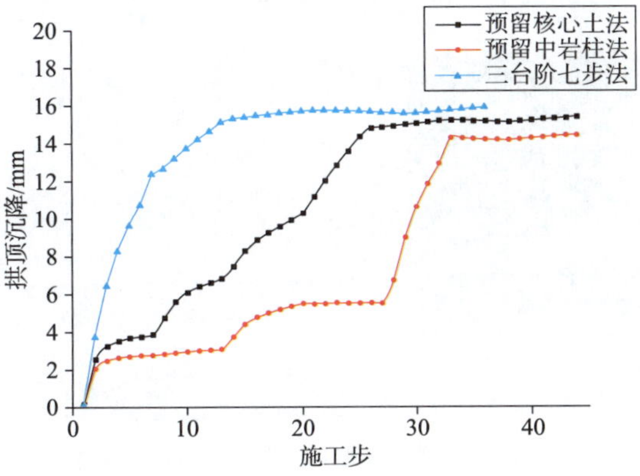

图3-10　三种方案拱顶沉降最大值曲线

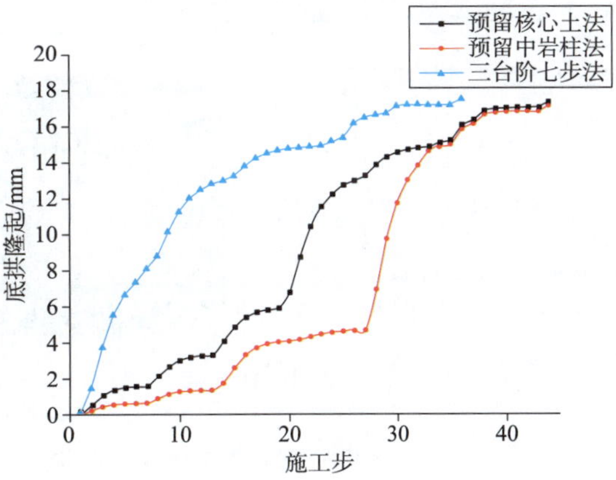

图3-11　三种方案仰拱隆起最大值曲线

由图3-10与图3-11可知，三种方案的拱顶沉降与仰拱隆起最终值几乎相同但其变化趋势却存在显著的差异性。其中，预留核心土法在整个开挖过程中，拱顶沉降与仰拱隆起的发展过程相对平缓，不存在任何的突变阶段；预留中岩柱法在破除上部岩柱时，拱顶沉降与仰拱隆起有一个迅速发展的过程，这个过程在整个开挖步序相对靠后的部分；而三台阶七步法在开挖第一台阶岩体时，也有一个拱顶沉降和仰拱隆起迅速发展的过程，之后围岩变形便趋向于稳定。

从上述分析中可以看出，在三种开挖方案最终变形量相差不大的基础上，预留核心土法的围岩变形发展全过程最为平滑，而预留中岩柱法与三台阶七步法分别在施工的后期与前期存在变形的突变。从支护协同变形的角度来看，围岩变形发展全过程越平滑就越有利于支护结构内力的合理分布，从而有效避免支护结构的应力集中导致的局部破坏。反之，若围岩变形的发展过程存在突变阶段，此时同一断面内不同部位的初期支护由于其施作顺序的不同，会产生局部的变形不协调与应力集中，从而降低隧道结构的安全性。

(2)围岩应力分析

隧道开挖之前，岩体处于原始应力状态，这是一个应力平衡的状态。开挖之后，围岩应力状态产生变化，需要通过应力释放来重新建立一个平衡状态，最终平衡状态的围岩应力分布很大程度上决定了隧道的稳定性。为此，本节将从围岩的应力分布规律的角度，对三种施工方案进行对比分析，对比结果如图 3-12 所示。

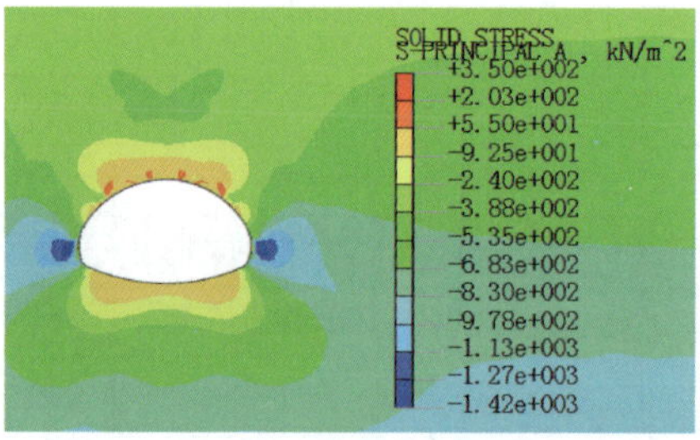

(a)预留核心土法

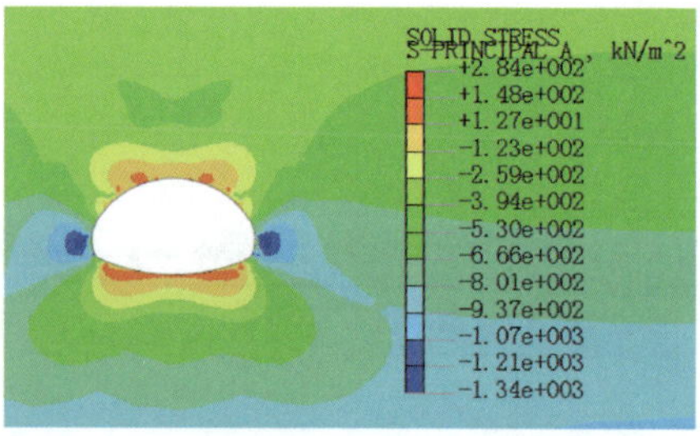

(b)预留中岩柱法

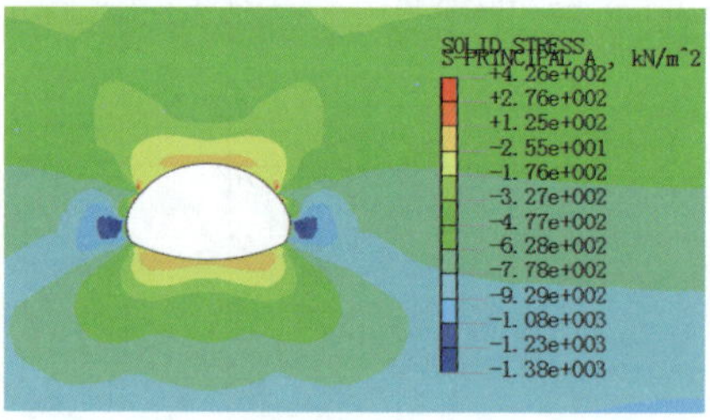

(c)三台阶七步法

图 3-12 三种开挖方案的最终围岩应力分布

图 3-12 分别给出了预留核心土法、预留中岩柱法与三台阶七步法三种施工方案的围岩应力分布规律。从图中可以看出，三台阶七步法的围岩应力分布最为均匀，而预留核心土法在拱顶部位出现多处应力集中，预留中岩柱法则在拱顶与仰拱处均存在大范围的应力集中现象。从洞周的应力值来看(以黄色部分为主)，预留核心土法的应力值在三种施工方案中最小，而三台阶七步法最大。

从上述分析可以看出，尽管三台阶七步法可以有效避免围岩应力的局部集中，但该工法显著提高了围岩应力的整体水平，而预留中岩柱法不管是在降低围岩应力整体值还是在避免应力集中方面都存在明显不足。预留核心土法则在出现较少应力集中区域的前提下，显著降低了围岩应力的整体水平。

(3)衬砌应力分析

①初期支护应力分析

初期支护是抵抗围岩收敛变形的主要承载体，围岩随着开挖产生应力释放，最终应力转移到了初期支护上，分析三种开挖方案中初期支护的应力情况，初期支护在施工过程中受到的最大拉应力和最大压应力统计结果见表3-5。

表3-5　三种施工方案初期支护的最大拉应力和最大压应力结果/MPa

施工步	预留核心土法		预留中岩柱法		三台阶七步法	
	拉应力	压应力	拉应力	压应力	拉应力	压应力
1	0	0	0	0	0	0
2	0.338	3.307	0.544	4.800	0.558	8.164
3	0.370	3.556	0.596	5.098	0.582	9.873
4	0.386	3.636	0.610	5.177	0.594	10.827
5	0.392	3.671	0.616	5.209	0.598	11.465
6	0.401	3.692	0.619	5.230	0.659	12.284
7	0.616	5.219	0.623	5.284	1.962	12.386
8	0.924	5.798	0.628	5.346	2.475	12.577
9	0.996	7.394	0.631	5.395	2.508	12.737
10	1.019	7.610	0.642	5.429	2.548	12.883
11	1.030	7.721	0.648	5.456	2.582	13.032
12	1.047	7.813	0.652	5.480	2.681	12.791
13	1.051	8.088	0.956	5.560	2.724	12.601
14	1.108	8.420	1.278	5.828	2.720	12.620
15	1.186	8.693	1.321	7.527	2.715	12.644
16	1.210	8.894	1.326	7.801	2.710	12.668
17	1.223	9.043	1.361	7.955	2.709	12.685
18	1.260	9.197	1.393	8.084	2.718	12.674
19	1.470	9.398	1.436	8.164	2.736	12.594
20	1.969	9.620	1.434	8.285	2.761	12.465
21	2.000	9.844	1.432	8.542	2.761	12.466
22	1.970	10.179	1.430	8.660	2.761	12.466
23	2.001	10.523	1.428	8.766	2.761	12.469

续上表

施工步	预留核心土法		预留中岩柱法		三台阶七步法	
	拉应力	压应力	拉应力	压应力	拉应力	压应力
24	2.091	10.853	1.424	8.807	2.760	12.472
25	2.149	11.004	1.413	8.828	2.758	12.477
26	2.145	11.038	1.402	8.834	2.757	12.484
27	2.141	11.157	1.397	9.440	2.756	12.489
28	2.139	11.317	1.387	10.313	2.755	12.493
29	2.138	11.445	1.365	11.336	2.756	12.488
30	2.139	11.524	1.293	12.326	2.756	12.483
31	2.138	11.583	1.080	13.210	2.755	12.487
32	2.140	11.611	0.787	14.358	2.754	12.491
33	2.140	11.625	0.788	14.393	2.754	12.493
34	2.140	11.636	0.788	14.423	2.753	12.492
35	2.140	11.651	0.789	14.464	2.752	12.503
36	2.139	11.661	0.790	14.491		
37	2.140	11.677	0.792	14.599		
38	2.139	11.697	0.794	14.640		
39	2.140	11.710	0.796	14.655		
40	2.142	11.721	0.799	14.666		
41	2.142	11.726	0.800	14.671		
42	2.142	11.730	0.800	14.674		
43	2.141	11.733	0.800	14.677		

根据表 3-5 中的数据对三种方案开挖过程中初期支护的最大拉应力和最大压应力进行曲线绘制，如图 3-13、图 3-14 所示。

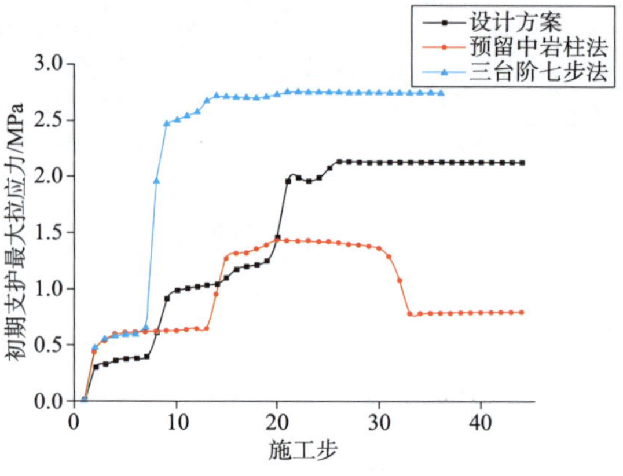

图 3-13 三种方案开挖过程初期支护的拉应力最大值曲线

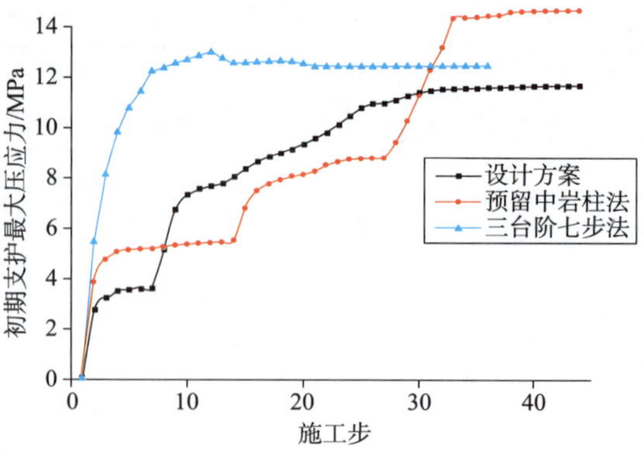

图 3-14 三种方案开挖过程初期支护的压应力最大值曲线

由图 3-13 可知,三种方案的初期支护最大拉应力也是随着开挖发生阶段性变化。

预留核心土法中,第一台阶随着三部分岩体的逐步开挖,初期支护拉应力最大值也在持续增大,这一增大过程持续到了第二台阶开挖完毕并完成初期支护,峰值达到了 2.148 MPa,随后最大拉应力趋于平稳,直到开挖完毕初期支护封闭成环,稳定值在 2.1 MPa 左右。

预留中岩柱法是三种开挖方法中初期支护拉应力最大值最小的一种方案,峰值也仅仅是 1.436 MPa,开挖第一步初期支护最大拉应力产生,之后便稳定下来,直到开始开挖第一台阶第三分部时,初期支护最大拉应力又有一个增大的过程,并在第一台阶开挖完毕并完成初期支护之后达到了峰值,此后又进入了第二段平稳期,在破除中岩柱并将上部初期支护封闭的过程中,初期支护拉应力最大值有所回落,到开挖结束初期支护封闭成环,一直稳定在 0.8 MPa 左右。

三台阶七步法遵从之前分析的围岩位移与应力的相同规律,在开挖初期支护结构便产生了很大的初期支护拉应力,最大值甚至达到了 2.76 MPa,远超混凝土强度的设计值。

由图 3-14 可知,三种开挖方案初期支护的压应力最大值都是随着开挖的进行有增无减,预留核心土法初期支护压应力稳定增加,在三级台阶开挖完成之后趋于稳定,在 11.7 MPa 左右;预留中岩柱法在开挖前两级台阶以及破除中岩柱时经历了三个跳跃阶段,最终稳定在峰值 14.6 MPa 左右;三台阶七步法初期支护压应力发展集中在第一步开挖过程,在开挖第二级台阶后达到峰值 12.791 MPa,随后有所减小,最终稳定在 12.5 MPa 左右。

②二次衬砌应力分析

二次衬砌的施作需要在初期支护完全封闭成环之后才能进行,此时距离二次衬砌施作位置围岩的第一次开挖已有很长一段时间,围岩的应力释放大半,二次衬砌承受来自围岩收敛的荷载较小,因此应力也相对较小,二次衬砌更多发挥了作为安全储备的作用。三种方案的二次衬砌最大拉应力和最大压应力结果统计见表 3-6。

表 3-6　三种方案二次衬砌最大拉应力和最大压应力统计/MPa

二次衬砌环数	预留核心土法		预留中岩柱法		三台阶七步法	
	最大拉应力	最大压应力	最大拉应力	最大压应力	最大拉应力	最大压应力
1	0.529	4.555	0.524	3.758	0.444	4.326
2	0.526	4.557	0.523	3.761	0.443	4.327
3	0.344	4.559	0.352	3.762	0.443	4.329
4	0.349	4.560	0.357	3.763	0.446	4.330
5	0.352	4.561	0.360	3.764	0.447	4.330
6	0.352	4.561	0.360	3.765	0.447	4.331

由表 3-6 可知,三种开挖方法中,预留核心土法和预留中岩柱二次衬砌的最大拉应力在施作过程中有减小,并且最终都稳定在了 0.36 MPa 左右,小于三台阶七步法的 0.45 MPa,而预留中岩柱法的二次衬砌压应力为 3.76 MPa,小于预留核心土法的 4.56 MPa 和三台阶七步法的 4.33 MPa。

相比于初期支护，二次衬砌的最大拉应力和最大压应力值比较小，这说明二次衬砌是在围岩收敛变形即将完成时施作的，二次衬砌作为一种安全储备，实际上并没有发挥太多的支护作用。

(4)三维数值分析结论

①围岩位移分析结论

从三种方案的围岩位移结果来看，预留核心土法突出的优点是稳定，整个开挖过程中，围岩位移随着开挖的进行以一个稳定的速率增加，拱顶沉降和底板隆起并没有在某个施工阶段中突然增大，这一方案更能保证施工过程的安全性；预留中岩柱法优点在于开挖前期围岩变形小，可以有效控制围岩的变形，缺点是在破除中岩柱时，围岩变形过大，有可能在破除中岩柱时处理不当导致拱顶坍塌，因此在破除中岩柱时需要使用更多的支护手段来对拱顶沉降进行控制，同时开挖两侧台阶时需要对中岩柱进行加固，费时费力；三台阶七步法与预留中岩柱法缺点相同，在进行上台阶开挖时，围岩变形过大，幅度相比预留中岩柱法更大，因此在开挖上台阶时容易造成塌方，优点在于控制住第一步开挖变形之后，随后开挖步围岩自稳，不需要再加强初期支护。从支护协同变形的角度来看，预留核心土法围岩变形发展全过程较为平滑，有利于支护结构内力的合理分布，从而有效避免支护结构的应力集中而产生的局部破坏。反之，三台阶七步法与预留中岩柱法围岩变形的发展过程存在突变阶段，此时同一断面内不同部位的初期支护由于其施作顺序的不同，会产生局部的变形不协调与应力集中，从而威胁隧道结构的安全性。

通过三种开挖方法对于围岩变形影响的研究，从围岩稳定与支护协同变形的角度分析，预留核心土法最优。

②围岩应力分析结论

从围岩应力分布的结果来看，三种施工工法的差别主要体现在应力量值与应力集中区域。在三种工法中，三台阶七步法有效避免了围岩应力的局部集中，但却牺牲了围岩的整体应力水平；预留中岩柱法不管在降低围岩应力整体水平还是在避免应力集中方面都存在明显的不足；预留核心土法可以在出现较少应力集中区域的前提下显著降低围岩应力的整体水平。

通过对三种工法开挖后围岩应力状态的分析可知，预留核心土法最优。

③衬砌应力分析结论

由二次衬砌的分析结果来看，二次衬砌受到的围岩荷载并不大，这一荷载远不能导致自身的破坏，这里主要分析初期支护的应力。

从初期支护最大拉应力来看，三台阶七步法达到了 2.76 MPa，这是混凝土难以承受的拉应力，极易导致初期支护混凝土的开裂；中岩柱法初期支护最大拉应力较小，为 1.4 MPa，在 C30 混凝土的承受范围之内，因此不需要对初期支护加固；在 35 cm 初期支护条件下，预留核心土法的最大拉应力达到 2.15 MPa，需要适当增加钢材料配置，才能防止自身的开裂；

从初期支护最大压应力来看，三台阶七步法的最大压应力为 12.5 MPa，中岩柱法的最大压应力为 14.6 MPa，预留核心土法的最大压应力为 11.7 MPa，即预留核心土法衬砌所产生的最大压应力最小。隧道衬砌作为一种以受压状态为主的结构，其所受的压应力越小越利于结构的安全，而局部的拉应力过大则可以通过增加受拉材料的配置来解决。

综上所述，从衬砌应力状态来看，三台阶七步法是三种工法中最差的，应当排除，而其余两种工法则可视具体情况进行选择。

将三种施工方案中各种对比因素进行汇总，结果见表 3-7。

表 3-7　三种施工方案结果对比

对比因素	预留核心土法	预留中岩柱法	三台阶七步法
围岩变形	优	劣	劣
围岩应力	优	劣	中
衬砌应力	优	优	劣

经过综合评定，可以得出结论：三台阶七步法无论在控制围岩稳定和结构安全方面都有缺陷，此方案基本可以排除；预留中岩柱法仅在控制衬砌最大拉应力方面具有优势，而在控制围岩变形发展过程与围岩应力分布方面均存在不足；预留核心土法则在控制围岩稳定和结构安全方面均有较好的表现，因此应当选取预留核心土法作为最优工法。

3.2　变形控制与支护设计

3.2.1　变形控制技术

1. 围岩自承载理论

围岩中的拱效应是隧道及地下工程区别于其他工程结构的主要特点。围岩中拱效应的产生与拱结构不同，拱结构是拱形结构在荷载作用下即发挥其自承载能力，而围岩的承载拱是随着开挖的过程不断变化的，这是围岩自我调节的结果。隧道开挖后，洞壁岩体失去了原有岩体的支撑，破坏了原有的受力平衡状态和荷载传递路径。在重力和初始应力场的作用下，围岩发生新的变形，应力、应变和能量进行自发调整，并最终达到一个新的平衡状态。此时，由于围岩中各处变形的不均匀性，隧道周边一定范围内的围岩中将产生类似于拱结构切向压紧的作用，这就是承载拱效应。

承载拱的形成改变了围岩中的原有的荷载传递状态，能够把作用于拱体上方及拱体内部的压力传递到拱脚及周围稳定介质中去，并充分发挥了岩土体材料良好的抗压性能。

2. 深埋隧道合理拱轴线的形状

三铰拱受力模型如图 3-15 所示。

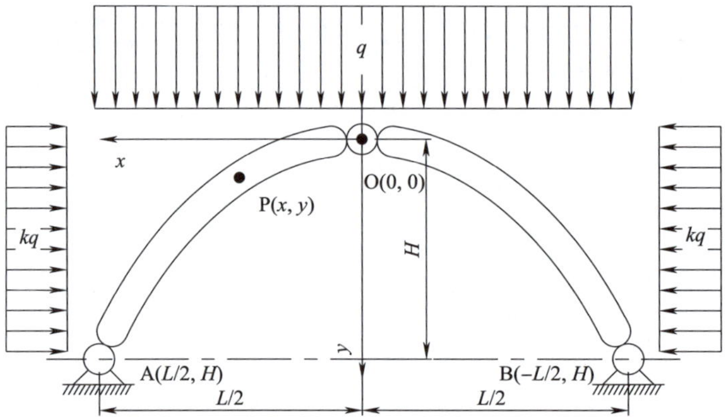

图 3-15　三铰拱受力模型

设有深埋隧道其承载拱断面为三铰拱，竖向荷载为 q，水平荷载为 kq，k 为水平荷载与竖向荷载之比，取拱顶 O 为原点，拱高为 H，拱跨为 L。

半拱脱离体模型如图 3-16 所示。

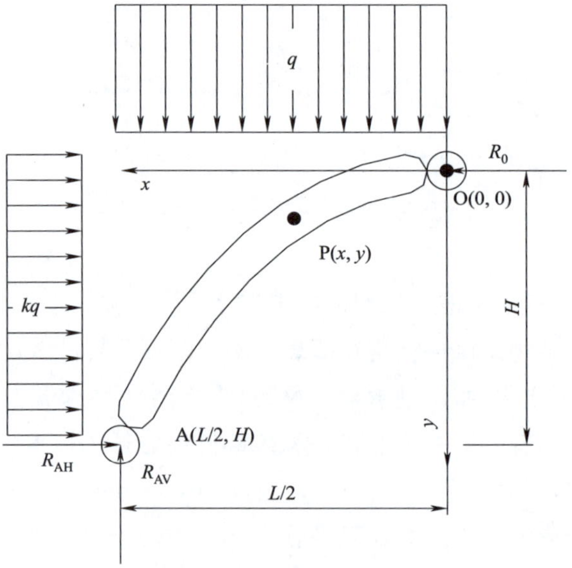

图 3-16　半拱脱离体模型

取拱脚 A 与拱顶 O 间的左半拱为脱离体，则拱上各力相对于点 A 的力矩和为零，则

$$R_0 \cdot H - k \cdot q \cdot H \cdot \frac{H}{2} - q \cdot \frac{L}{2} \cdot \frac{L}{4} = 0 \tag{3-3}$$

式中　R_0——拱顶轴力。

拱顶轴力 R_0 的计算公式为

$$R_0=\frac{q\left(\frac{k}{2}\cdot H^2+\frac{L^2}{8}\right)}{H} \tag{3-4}$$

由竖向力平衡得拱脚竖向力 R_{AV} 计算公式为

$$R_{AV}=q\cdot\frac{L}{2} \tag{3-5}$$

由水平力平衡得拱脚水平力 R_{AH} 计算公式为

$$R_{AH}=R_0-k\cdot q\cdot H=\frac{q\left(\frac{L^2}{8}-\frac{k}{2}\cdot H^2\right)}{H} \tag{3-6}$$

P(x,y)为左半拱上任意一点,取OP为脱离体,局部脱离体模型如图3-17所示。

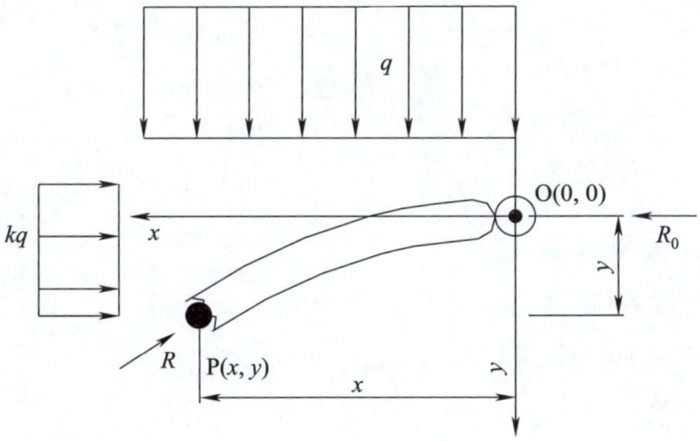

图3-17　局部脱离体模型

假定承载拱为合理拱轴线,则OP上各力对于点P的力矩和为零,则

$$q\cdot x\cdot\frac{x}{2}+k\cdot q\cdot y\cdot\frac{y}{2}+R\cdot 0+R_0\cdot y=0 \tag{3-7}$$

式中　R——承载拱轴力。

将式(3-7)化简得:

$$\frac{x^2}{\left(\frac{R_0}{\sqrt{k}\cdot q}\right)^2}+\frac{\left(y-\frac{R_0}{k\cdot q}\right)^2}{\left(\frac{R_0}{k\cdot q}\right)^2}=1 \tag{3-8}$$

式中　$\sqrt{k}$——水平轴与竖直轴之比。

可以看出,在竖向荷载为 q、水平荷载为 kq 的情况下,承载拱的合理拱轴线水平轴半径 $a=\frac{R_0}{\sqrt{k}\cdot q}$、竖直轴半径 $b=\frac{R_0}{k\cdot q}$ 的椭圆。

对于 OP 脱离体，根据水平和竖直向力的平衡有 $R=\sqrt{R_x^2+R_y^2}$，则水平力 R_x 的计算公式为

$$R_x=R_0-k\cdot q\cdot y=\frac{q\left(\frac{k}{2}\cdot H^2+\frac{L^2}{8}\right)}{H}-k\cdot q\cdot y \tag{3-9}$$

竖向力 R_y 的计算公式为

$$R_y=q\cdot x \tag{3-10}$$

得 P 点的应力 R 为

$$R=\sqrt{\left[\frac{q\left(\frac{k}{2}\cdot H^2+\frac{L^2}{8}\right)}{H}-k\cdot q\cdot y\right]^2+(q\cdot x)^2} \tag{3-11}$$

则边墙拱轴力 $R_{边墙}$ 为

$$R_{边墙}=\sqrt{\left(\frac{qL^2}{8H}-\frac{kqH}{2}\right)^2+\left(\frac{qL}{2}\right)^2} \tag{3-12}$$

拱顶拱轴力 $R_{拱顶}$ 为

$$R_{拱顶}=\frac{kqH}{2}+\frac{qL^2}{8H} \tag{3-13}$$

3. 承载拱的形状

根据前面的证明，深埋隧道的承载拱为椭圆，因此只要确定了垂直隧道轴向平面内的竖向应力 σ_v 和水平应力 σ_h，根据其比值即可确定椭圆承载拱的形状。当椭圆短轴方向与开挖断面一致时，该承载拱的拱轴力最小，此时所形成的椭圆包络的面积最小；当椭圆顶部与开挖断面顶部相切时，该承载拱拱轴力最大，此时该椭圆包络的面积最大；当椭圆切开挖断面其他部位时，其拱轴力介于上两者之间，其包络面积也介于两者之间。

竖向应力大时，承载拱为一竖向椭圆，其最大轴力出现于拱脚；水平应力大时，承载拱为一横向椭圆，最大应力出现于拱顶，如图 3-18～图 3-22 所示。

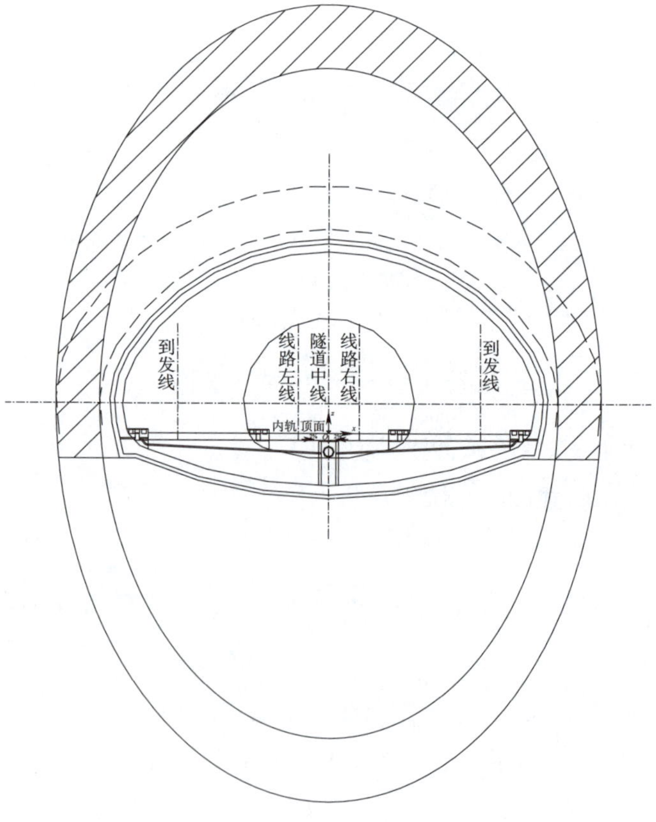

图 3-18　竖向应力大时最小轴力承载拱

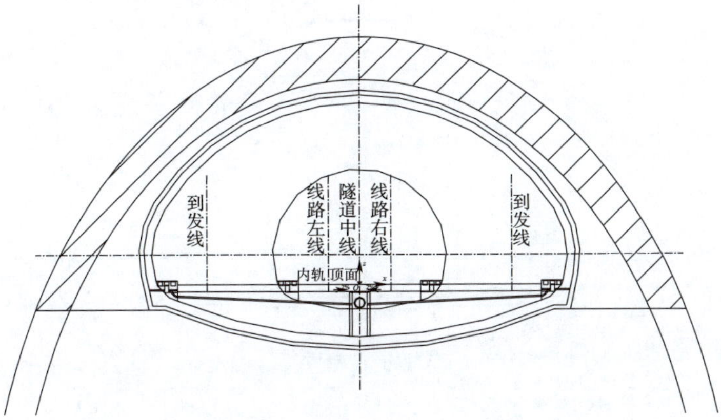

图 3-19　竖向应力大时最大轴力承载拱

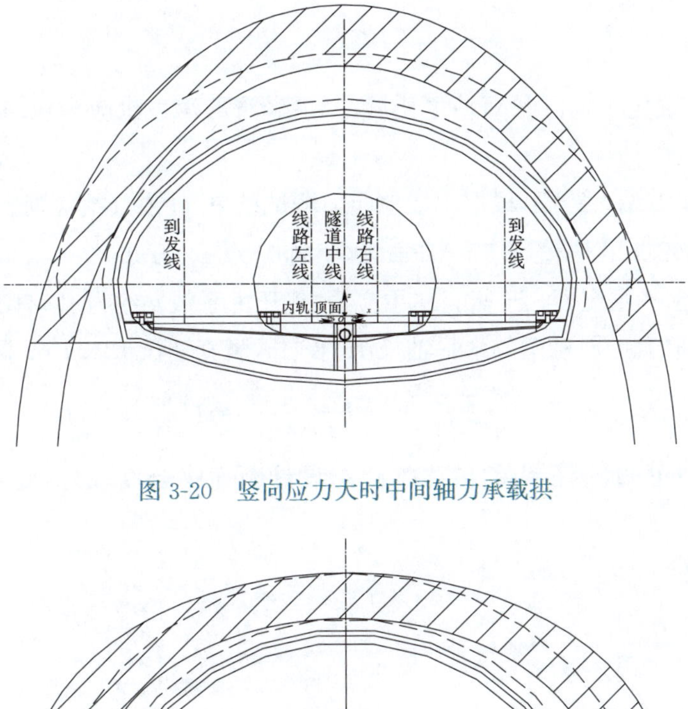

图 3-20　竖向应力大时中间轴力承载拱

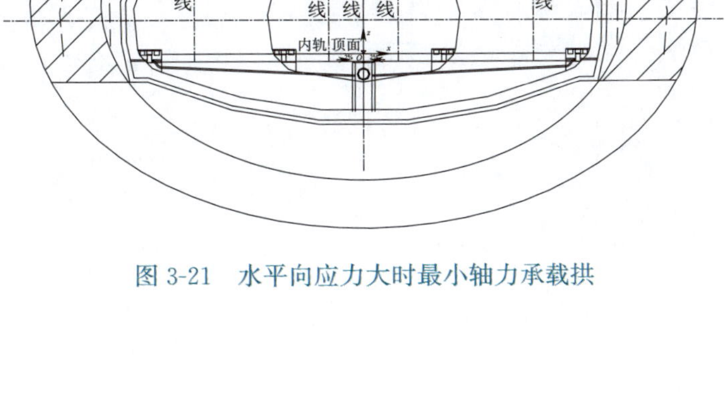

图 3-21　水平向应力大时最小轴力承载拱

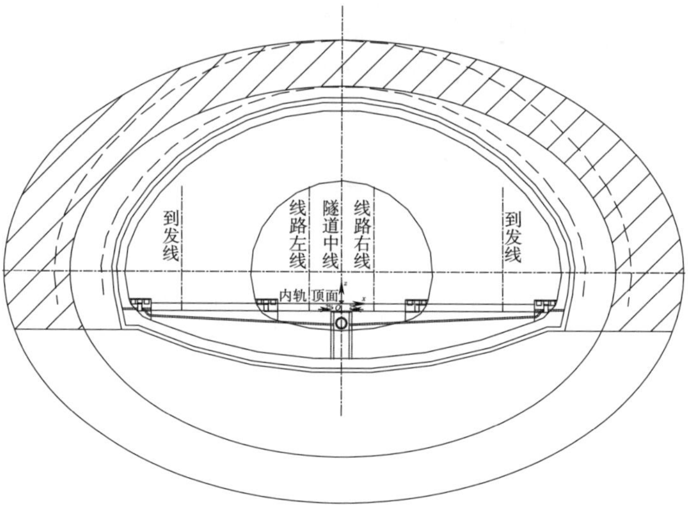

图 3-22　水平向应力大时大轴力承载拱

综上所述，在确定了椭圆长短轴之比后，其最经济的承载拱应为包络开挖断面的最小椭圆。

对于八达岭长城站大跨段，根据现场地应力测试结果，隧道开挖前围岩的竖直向应力 σ_v 为 2.07～3.29 MPa，平均值 2.57 MPa；水平向应力 σ_h 为 3.82～4.988 MPa，平均值 4.46 MPa。车站水平主应力大于竖直向主应力，侧压力系数 k 约为 1.7，则大跨段隧道合理拱轴线应为一个横向椭圆，椭圆的水平轴长 16.35 m，竖直轴长 12.54 m，椭圆方程为

$$\frac{x^2}{16.35^2}+\frac{(y-12.54)^2}{12.54^2}=1 \tag{3-14}$$

通过上述计算可知，拟合出的包络椭圆与设计断面吻合度较好，吻合程度如图 3-23 所示。

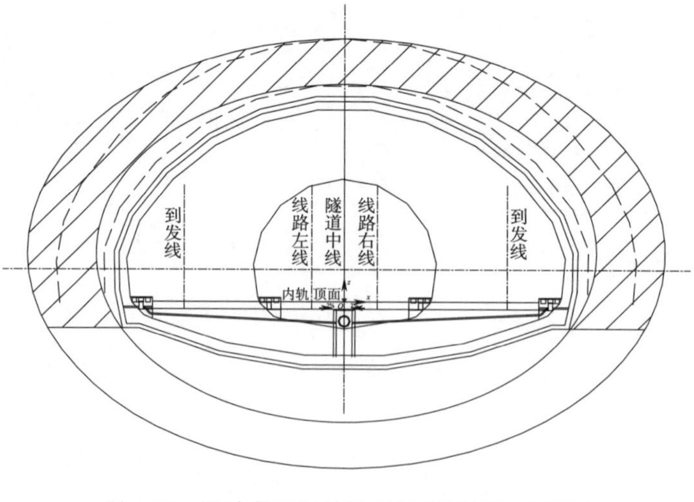

图 3-23　设计断面与计算包络椭圆的吻合程度

4. 承载拱厚度

假设围岩的抗压强度为 σ_c，$R_{拱顶}=R_0$，则拱顶承载拱的厚度 d_1 为

$$d_1=\frac{R_{拱顶}}{\sigma_c}=\frac{kqH}{2\sigma_c}+\frac{qL^2}{8H\sigma_c} \tag{3-15}$$

隧道两侧边墙最小承载拱厚度 d_2 可采用式(3-8)估算。

$$d_2=\frac{R_{边墙}}{\sigma_c}=\frac{\sqrt{\left(\frac{qL^2}{8H}-\frac{kqH}{2}\right)^2+\left(\frac{qL}{2}\right)^2}}{\sigma_c} \tag{3-16}$$

围岩承载拱的厚度主要受岩体的强度、隧道开挖跨度、支护措施提供的支护反力等因素影响。根据应力流守恒原理可以估算出承载拱厚度。对于八达岭长城站过渡段，开挖跨度为 32.7 m，开挖高度 19.5 m，大里程端大跨段拱顶覆盖层厚度 87.4 m。根据现场地应力测试结果，隧道开挖前围岩的竖直向应力 σ_v 为 2.07～3.29 MPa，平均值 2.57 MPa；水平向应力 σ_h 为 3.82～4.988 MPa，平均值 4.46 MPa。将上述参数代入承载拱厚度计算公式中，可得大跨段不同围岩强度所需的最小承载拱厚度，见表 3-8 及图 3-24。

表 3-8　大跨段不同围岩强度所需的最小承载拱厚度

围岩强度 σ_c/MPa	拱顶承载拱厚度 d_1/m	边墙承载拱厚度 d_2/m	围岩强度 σ_c/MPa	拱顶承载拱厚度 d_1/m	边墙承载拱厚度 d_2/m
1	54.79	49.45	35	1.57	1.41
2	27.40	24.73	40	1.37	1.24
3	18.26	16.48	45	1.22	1.10
4	13.70	12.36	50	1.10	0.99
5	10.96	9.89	55	1.00	0.90
10	5.48	4.95	60	0.91	0.82
15	3.65	3.30	65	0.84	0.76
20	2.74	2.47	70	0.78	0.71
25	2.19	1.98	75	0.73	0.66
30	1.83	1.65	80	0.68	0.62

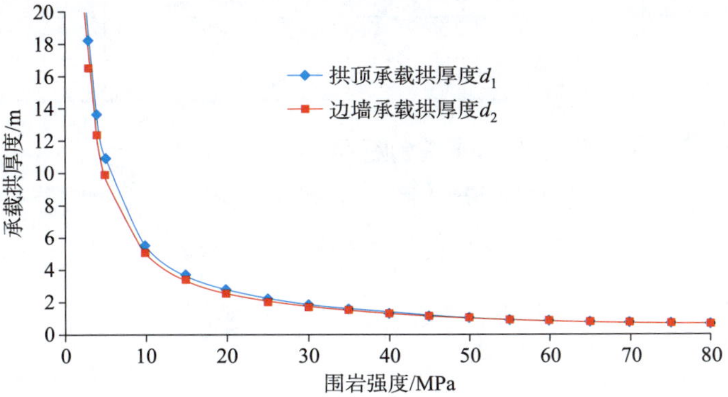

图 3-24　大跨段围岩强度与承载拱厚度之间的关系

上述计算结果表明，当围岩强度 σ_c 小于 5 MPa 时，大跨段拱顶所需的最小承载拱厚度大于 10 m，随着围岩强度提高，承载拱厚度逐渐减小；当围岩强度达到 10 MPa 时，所需最小的承载拱厚度为 4.95～5.48 m；当围岩强度达到 20 MPa 时，所需最小的承载拱厚度为 2.47～2.74 m。

根据各级围岩的物理力学指标可以估算出围岩的单轴抗压强度 σ_c，见表 3-9，并计算得到各级围岩的承载拱厚度。计算结果表明，Ⅰ级围岩承载拱的厚度一般小于 3～5 m，Ⅱ级围岩承载拱最小厚度约为 3～7 m，Ⅲ级围岩承载拱最小厚度约为 6～19 m，Ⅳ级围岩承载拱最小厚度约为 16～84 m，而Ⅴ级围岩承载拱最小厚度大于 75 m。可见，Ⅰ级、Ⅱ级和部分Ⅲ级围岩利用围岩自身的承载拱即可保持稳定，而Ⅳ级和Ⅴ级围岩需要增加支护措施，提高围岩的抗压强度，从而得到合理的承载拱厚度。

表 3-9　各级围岩的物理力学指标

围岩级别	重度 γ/(kN·m^{-3})	弹性反力系数 K/(MPa·m^{-1})	变形模量 E/GPa	泊松比 v	内摩擦角 φ/(°)	黏聚力 c/MPa	计算摩擦角 φ_c/(°)	围岩单轴抗压强度 σ_c/MPa
Ⅰ	26～28	1 800～2 800	>33	<0.2	>60	>2.1	>78	>15.67
Ⅱ	25～27	1 200～1 800	20～33	0.2～0.25	50～60	1.5～2.1	70～78	8.24～15.67
Ⅲ	23～25	500～1 200	6～20	0.25～0.3	39～50	0.7～1.5	60～70	2.94～8.24
Ⅳ	20～23	200～500	1.3～6	0.3～0.35	27～39	0.2～0.7	50～60	0.65～2.94
Ⅴ	17～20	100～200	1～2	0.35～0.45	20～27	0.05～0.2	40～50	0.14～0.65
Ⅵ	15～17	<100	<1	0.4～0.5	<22	<0.1	30～40	<0.3

大跨段各级围岩无支护时所需的最小承载拱厚度见表 3-10。

表 3-10　大跨段各级围岩无支护时所需的最小承载拱厚度

围岩级别	围岩单轴抗压强度 σ_c/MPa	拱顶承载拱厚度 d_1/m	边墙承载拱厚度 d_2/m
Ⅰ	>15.67	<3.5	<3.15
Ⅱ	8.24～15.67	3.5～6.65	3.15～6.00
Ⅲ	2.94～8.24	6.65～18.67	6.00～16.85
Ⅳ	0.65～2.94	18.67～83.94	16.85～75.76
Ⅴ	0.14～0.65	83.94～383.67	75.76～346.27
Ⅵ	<0.3	>182.65	>164.84

对于大跨度隧道，由于跨度大，同一个断面不同位置围岩的等级会存在较大差异，因此同一个断面不同部位承载拱厚度会随着围岩等级的差异而调整，如图 3-25 所示。

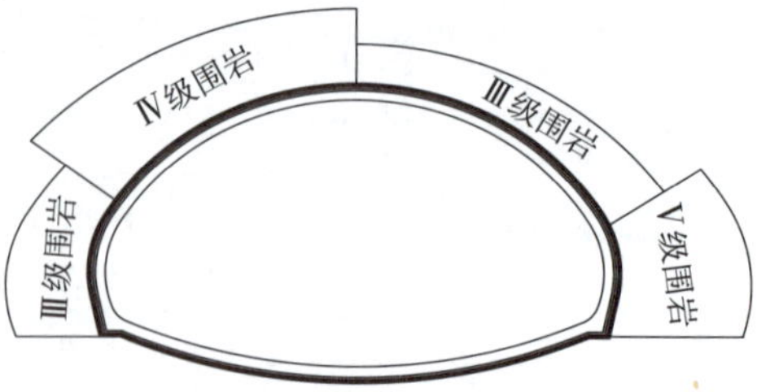

图 3-25　承载拱厚度随围岩等级调整情况

3.2.2　支护设计

1. 锚杆支护设计

锚杆的作用是通过锚杆的锚固力挤密围岩，形成承载拱，如图 3-26 所示。锚杆的设计思路如图 3-27 所示。

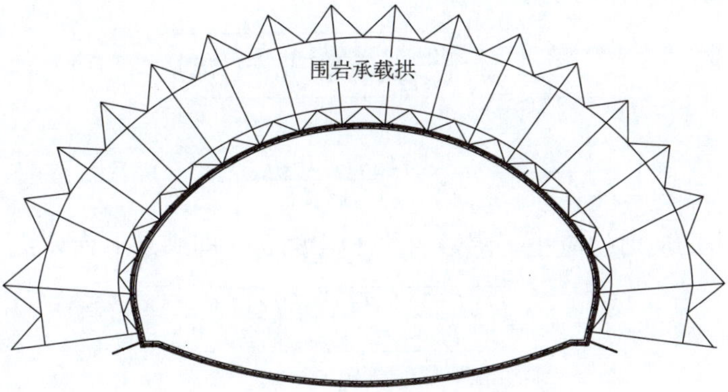

图 3-26　锚杆承载拱加固范围

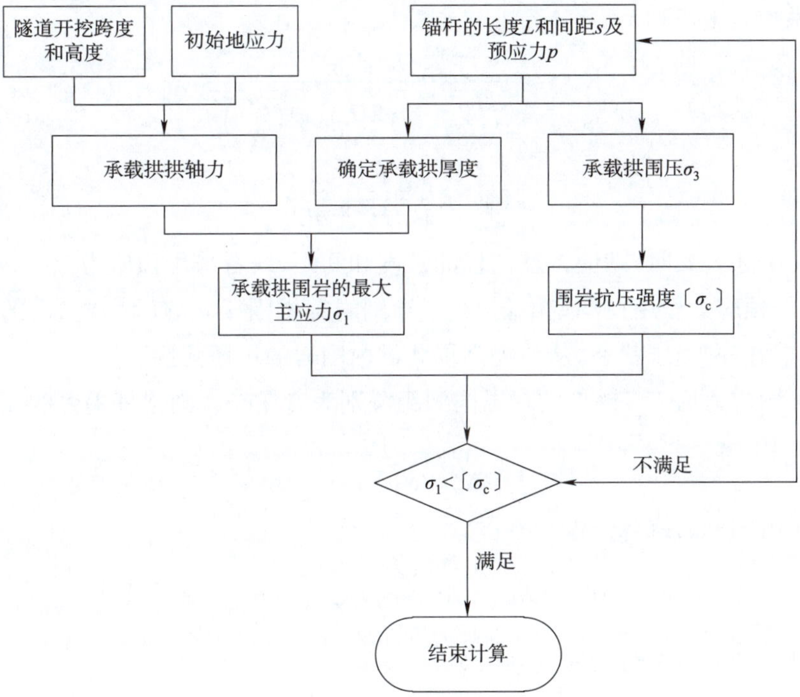

图 3-27　锚杆设计思路

假设锚杆长度为 L_b，其中自由段为 L_1，锚固段为 L_2，$L_b=L_1+L_2$。

则锚杆形成的加固圈厚度 d_b 为

$$d_b = L_1 - 0.5\frac{r+L_1}{r}s_1 - 0.5s_1 \tag{3-17}$$

式中 r——洞壁的曲率半径；

s_1——锚杆环向间距。

根据隧道开挖跨度和高度以及初始地应力值，可以按式(3-12)、式(3-13)计算得到承载拱拱轴力，则承载拱内岩体的主应力为

$$\sigma_{拱顶} = \frac{\sqrt{\left(\frac{qL^2}{8H} - \frac{kqH}{2}\right)^2 + \left(\frac{qL}{2}\right)^2}}{d_b} \tag{3-18}$$

$$\sigma_{边墙} = \frac{4kqH^2 + qL^2}{8d_bH} \tag{3-19}$$

承载拱内围岩的应力均应小于围岩的抗压强度$[\sigma_c]$，即满足下列公式：

$$\sigma_{拱顶} = \frac{\sqrt{\left(\frac{qL^2}{8H} - \frac{kqH}{2}\right)^2 + \left(\frac{qL}{2}\right)^2}}{d_b} < [\sigma_c] \tag{3-20}$$

$$\sigma_{边墙} = \frac{4kqH^2 + qL^2}{8d_bH} < [\sigma_c] \tag{3-21}$$

则安全系数

$$K_{拱顶} = \frac{d_b \cdot [\sigma_c]}{\sqrt{\left(\frac{qL^2}{8H} - \frac{kqH}{2}\right)^2 + \left(\frac{qL}{2}\right)^2}} \tag{3-22}$$

$$K_{边墙} = \frac{8d_bH \cdot [\sigma_c]}{4kqH^2 + qL^2} \tag{3-23}$$

当不满足上述公式时，则应调整锚杆的长度和间距，或者采用预应力锚杆。当采用预应力锚杆时，锚杆预应力作用在洞壁上，相当于给围岩提供围压 σ_3，使承载拱内的围岩从单向受压状态转化为三向受压状态，从而提高承载拱内围岩的抗压强度$[\sigma_c]$。

假设锚杆预应力为 F_b，锚杆的环纵向间距分别为 S_1 和 S_2，则锚杆提供的支护力为

$$p_b = \frac{F_b}{S_1 \cdot S_2} \tag{3-24}$$

则承载拱内围岩的抗压强度为

$$[\sigma_c] = p_b \cdot \tan^2\left(45° + \frac{\varphi}{2}\right) + 2c \cdot \tan\left(45° + \frac{\varphi}{2}\right) \tag{3-25}$$

锚杆单独支护隧道围岩的安全系数为

$$K_{拱顶} = \frac{d_b \cdot [\sigma_c]}{\sqrt{\left(\frac{qL^2}{8H} - \frac{kqH}{2}\right)^2 + \left(\frac{qL}{2}\right)^2}} \tag{3-26}$$

$$K_{边墙} = \frac{8d_bH \cdot [\sigma_c]}{4kqH^2 + qL^2} \tag{3-27}$$

大跨段锚杆设计参数见表 3-11。

表 3-11　大跨段锚杆设计参数

参数项目		围岩级别			
		Ⅱ级	Ⅲ级	Ⅳ级	Ⅴ级
ϕ32 预应力锚杆(张拉设计值 100 kN)	锚固段长度	涨壳锚固头	涨壳锚固头	Φ22HRB400 钢筋 3 m	Φ22HRB400 钢筋 3 m
	自由段长度/m	5	6	7	8
	外漏长度/m	0.115	0.115	0.115	0.115
	总长度/m	5.115	6.115	7.115	8.115
	间距(环×纵)/m	2.4×1.6	2.4×1.6	2.4×1.2	1.2×0.8
	设置部位	拱部	拱墙	拱墙	拱墙
	承载拱厚度 d_b/m	2.27	3.20	4.13	6.53
	拱顶应力 $\sigma_{拱顶}$/MPa	7.50	5.32	4.12	2.61
	边墙应力 $\sigma_{边墙}$/MPa	11.61	8.23	6.38	4.04
	锚杆提供的支护力/kPa	26.04	26.04	34.72	104.17
	围岩的抗压强度[σ_c]/MPa	16.04	8.44	3.09	0.93
	安全系数 K	1.38	1.02	0.48	0.23

上述计算结果表明，在Ⅱ级和Ⅲ级围岩中，只用锚杆即可满足围岩稳定性控制要求，但在Ⅳ级和Ⅴ级围岩中，必须增加其他支护措施。

2. 预应力锚索的设计

对于大跨度隧道，锚杆的作用是在隧道周边形成承载拱，承担围岩荷载，但在隧道开挖过程中，承载拱封闭之前，承载拱并不能承担荷载，尤其是在Ⅳ级、Ⅴ级围岩中，岩体破碎，岩质软，抗压强度低，新开挖的临空面周边围岩的抗压强度不足以提供承载拱的拱轴力，此时，围岩的稳定需要依靠预应力锚索提供的拉力，如图 3-28 所示。

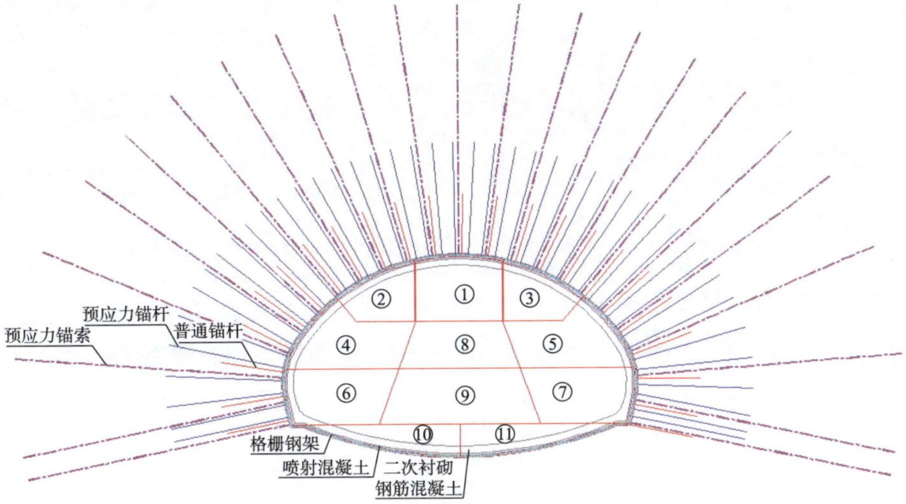

(a)大跨度隧道锚杆锚索布置

图　3-28

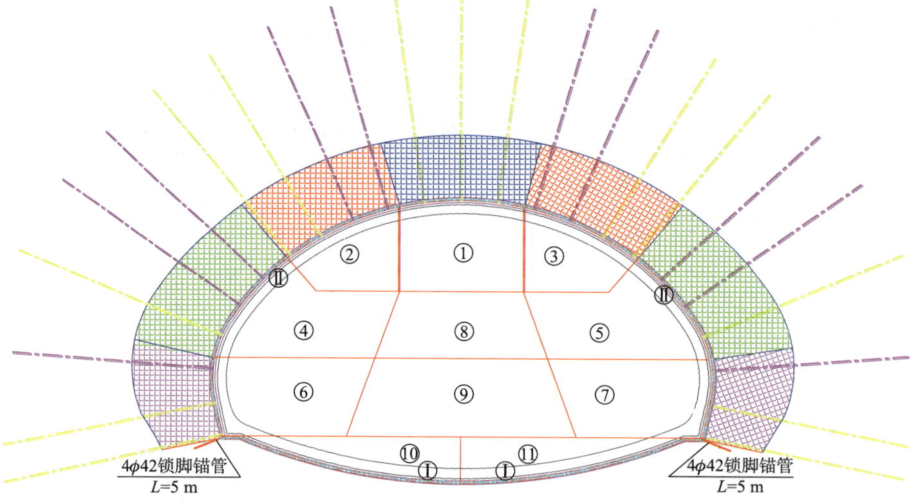

(b)预应力锚索加固拱示意

图 3-28 预应力锚索作用机理

可见,预应力锚索的作用主要体现在以下三个方面:

(1)锚索的吊装作用。隧道开挖过程中,承载拱封闭成环之前,为承载拱各个分块提供拉力,保持各个分块的稳定。类似于盾构隧道管片安装过程中对管片进行吊装,如图 3-29 所示。

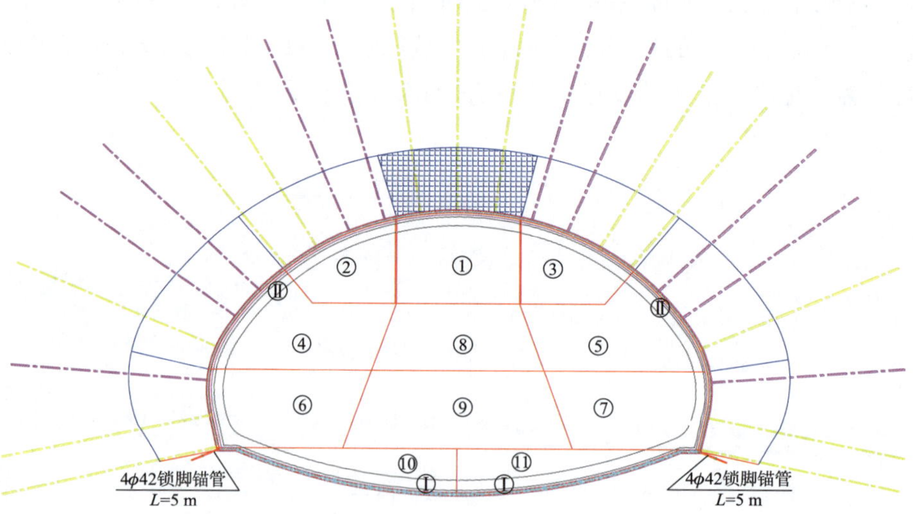

(a)管片整体结构示意

图 3-29

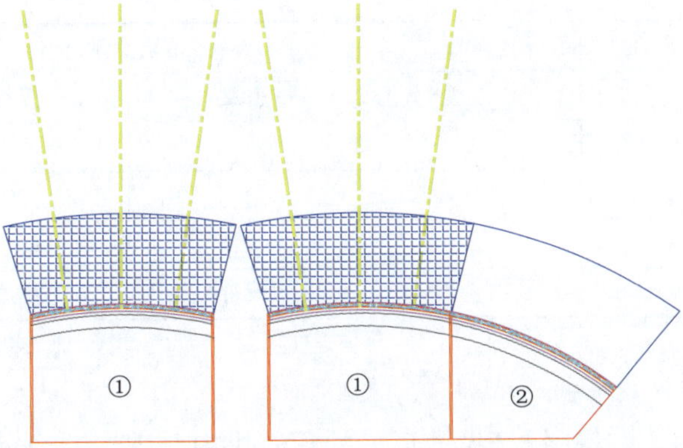

(b)管片局部结构示意

图 3-29　锚索的吊装作用

(2)锚索的减跨作用。锚索锚固力可以理解为一个支座反力,一系列的锚索可以看作一系列的支座,将大跨度隧道的受力体系转化为多支座连续梁,如图 3-30 所示。

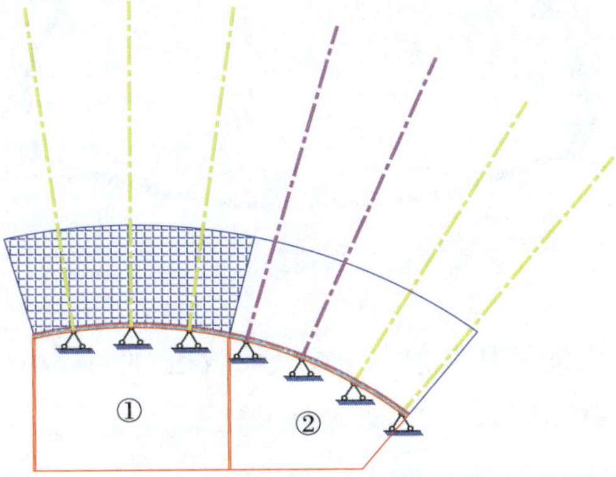

图 3-30　锚索的减跨作用

(3)锚索的围压作用。锚索的预应力作用在洞壁上,增大了承载拱的围压 σ_3,从而提高承载拱内围岩的抗压强度 σ_c,提高了安全系数。

锚索的自由端长度须大于围岩塑性区的范围,围岩塑性区的范围可采用数值模拟计算得到。

锚索的锚固力可采用三铰拱受力模型计算得到,即

$$F_a=\sqrt{\left(\frac{qL_i^2}{8H_i}-\frac{kqH_i}{2}\right)^2+\left(\frac{qL_i}{2}\right)^2} \tag{3-28}$$

大跨段锚索支护参数见表 3-12。

表 3-12　大跨段锚索支护参数(跨度大于 20 m)

参数项目		围岩级别			
		Ⅱ级	Ⅲ级	Ⅳ级	Ⅴ级
预应力锚索(1 000 kN 为 7ϕ15.2 mm;700 kN 为 5ϕ15.2 mm)	锚固段长度/m	—	—	—	5
	总长度/m	—	15	20	25
	间距(环×纵)/m	—	局部	3.6×3.2	2.4×2.4
	设置部位	—	局部	拱墙	拱墙

3. 喷射混凝土设计

(1)保护表层围岩,尤其是锚杆拉力形成的承载拱内侧围岩的稳定,如图 3-31 所示。

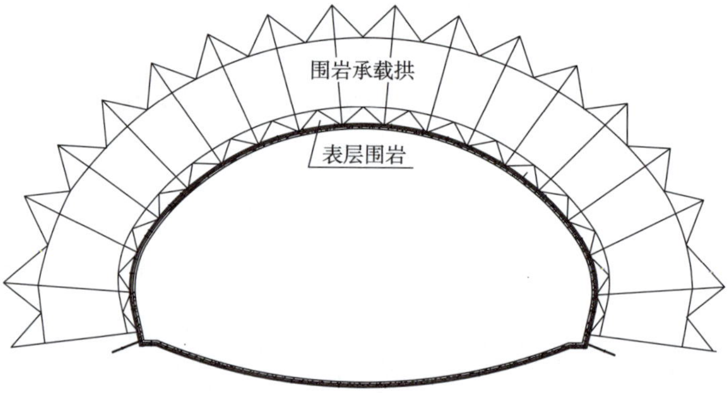

图 3-31　喷射混凝土示意

(2)提高围压,增大围岩的抗压强度 σ_c,形成承载板,使锚索的预应力作用在洞壁喷射混凝土上,增大了承载拱的厚度。

假设锚杆的环纵向间距分别为 s_1 和 s_2,且锚杆头部压力呈 45°向围岩内扩散,则承载拱内侧表层围岩的厚度约为锚杆间距的一半,即

$$d_t = 0.5 \cdot \max\{s_1, s_2\} \tag{3-29}$$

喷射混凝土应提供的支护

$$p_s \geqslant \rho g d_t \tag{3-30}$$

则喷射混凝土的厚度

$$d_s = \frac{s_1 s_2 \rho g d_t}{2(s_1 + s_2)\sigma_\tau} \tag{3-31}$$

式中　σ_τ——喷射混凝土的抗剪强度;

ρ——围岩的密度。

对于大跨段,锚杆间距最大为 2.4 m×1.6 m,喷射混凝土 C30 的抗剪强度为 2.1 MPa,计算得到喷射混凝土最小厚度为 6.7 mm。

4. 超前注浆设计

对于稳定性较差的Ⅴ级围岩，如大跨段的 F2 断层，断层带内围岩呈泥质，抗压强度很低，对于这类围岩，仅仅采用锚杆、喷射混凝土等支护形式提供的围压仍不能满足承载拱的要求，必须采用注浆等超前支护对承载拱内围岩进行改良，提高围岩的黏聚力和内摩擦角。假设注浆后围岩的黏聚力和内摩擦角分别为 c_g 和 φ_g，则承载拱内围岩的抗压强度为

$$[\sigma_c]=\sigma_3\cdot\tan^2\left(45°+\frac{\varphi_g}{2}\right)+2c_g\cdot\tan\left(45°+\frac{\varphi_g}{2}\right) \tag{3-32}$$

则采用注浆后的安全系数为

$$K_{拱顶}=\frac{d_b\cdot\sigma_3\cdot\tan^2\left(45°+\frac{\varphi_g}{2}\right)+2c_g\cdot\tan\left(45°+\frac{\varphi_g}{2}\right)}{\sqrt{\left(\frac{qL^2}{8H}-\frac{kqH}{2}\right)^2+\left(\frac{qL}{2}\right)^2}} \tag{3-33}$$

$$K_{边墙}=\frac{8d_bH\cdot\sigma_3\cdot\tan^2\left(45°+\frac{\varphi_g}{2}\right)+2c_g\cdot\tan\left(45°+\frac{\varphi_g}{2}\right)}{4kqH^2+qL^2} \tag{3-34}$$

5. 锚杆、预应力锚索和喷射混凝土的共同作用

预应力锚索具有减跨的作用，同时提高围压 σ_3，喷射混凝土也具有改善围岩的作用，则在锚杆、预应力锚索和喷射混凝土的共同作用下，围压 σ_3 为

$$\sigma_3=p_b+p_a+p_s \tag{3-35}$$

式中　p_b——锚杆提供的围压；

p_a——锚索提供的围压；

p_s——喷射混凝土提供的围压。

承载拱内岩体的抗压强度为

$$[\sigma_c]=(p_b+p_a+p_s)\cdot\tan^2\left(45°+\frac{\varphi_g}{2}\right)+2c_g\cdot\tan\left(45°+\frac{\varphi_g}{2}\right) \tag{3-36}$$

锚杆、预应力锚索和喷射混凝土共同作用的安全系数为

$$K_{拱顶}=\frac{d_b\cdot(p_b+p_a+p_s)\cdot\tan^2\left(45°+\frac{\varphi_g}{2}\right)+2c_g\cdot\tan\left(45°+\frac{\varphi_g}{2}\right)}{\sqrt{\left(\frac{qL^2}{8H}-\frac{kqH}{2}\right)^2+\left(\frac{qL}{2}\right)^2}} \tag{3-37}$$

$$K_{边墙}=\frac{8d_bH\cdot(p_b+p_a+p_s)\cdot\tan^2\left(45°+\frac{\varphi_g}{2}\right)+2c_g\cdot\tan\left(45°+\frac{\varphi_g}{2}\right)}{4kqH^2+qL^2} \tag{3-38}$$

6. 二次衬砌设计

(1)设计原则

①在施工期，围岩荷载全部由锚杆、锚索、喷射混凝土及超前预支护及围岩共同组成的

承载拱承载，二次衬砌仅作为安全储备。

②在运营期，设计使用年限按 300 年考虑，此时不再考虑锚杆和锚索的预应力，也不考虑二次衬砌中钢筋的受力，二次衬砌按素混凝土结构计算受力。

(2)设计方法

根据二次衬砌的设计原则，当不考虑锚杆、锚索的预应力时，围岩承载拱的围压为

$$\sigma_3 = p_s + p_c \tag{3-39}$$

式中 p_s——喷射混凝土提供的围压；

p_c——二次衬砌提供的围压。

承载拱内岩体的抗压强度为

$$[\sigma_c] = (p_s + p_c) \cdot \tan^2\left(45° + \frac{\varphi_g}{2}\right) + 2c_g \cdot \tan\left(45° + \frac{\varphi_g}{2}\right) \tag{3-40}$$

则锚杆、预应力锚索和喷射混凝土的共同作用的安全系数为

$$K_{拱顶} = \frac{d_b \cdot (p_s + p_c) \cdot \tan^2\left(45° + \frac{\varphi_g}{2}\right) + 2c_g \cdot \tan\left(45° + \frac{\varphi_g}{2}\right)}{\sqrt{\left(\frac{qL^2}{8H} - \frac{kqH}{2}\right)^2 + \left(\frac{qL}{2}\right)^2}} \tag{3-41}$$

$$K_{边墙} = \frac{8d_bH \cdot (p_s + p_c) \cdot \tan^2\left(45° + \frac{\varphi_g}{2}\right) + 2c_g \cdot \tan\left(45° + \frac{\varphi_g}{2}\right)}{4kqH^2 + qL^2} \tag{3-42}$$

锚杆设计断面如图 3-32 所示。

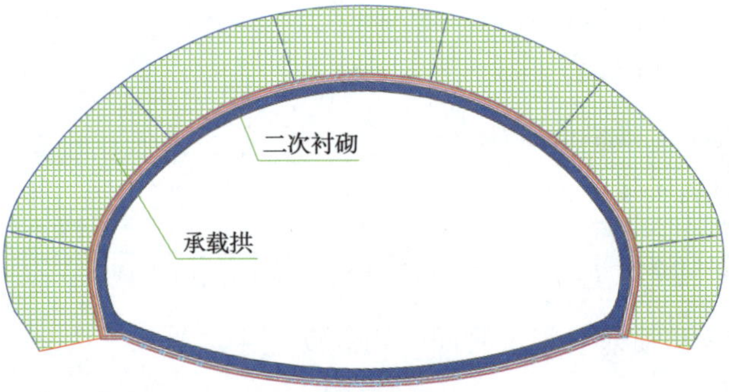

图 3-32 锚杆设计断面

3.3 超大断面“品”字形开挖工法

目前，在隧道施工过程中，国内主要采用全断面法、台阶法、CD 法、CRD 法、双侧壁导坑法等工法，但是这些传统的施工工法无法满足超大断面隧道施工要求，为此，在国内首次创新提出了“品”字形工法。超大断面隧道“品”字形施工工法借鉴了国外的新奥法、新意法和挪威法理论，在京张高铁新八达岭隧道大跨过渡段首次得到成功应用，对今后类似工程设计

和施工具有重要意义。

"品"字形工法是国内首次以"柔性支护"为核心思想，解决了超大跨度断面施工困难、风险大的问题，克服了重大技术难题，节省了大量的人力、物力，实现了信息智能化施工，达到了国内领先、国际一流水平，具有向国内外推广的应用前景。

超大断面隧道"品"字形施工工法分 11 部分开挖，呈现"品"字特征，该工法自上而下施工，采用断面上层先中间后两边开挖，断面中、下层先两边后中间开挖，最后开挖仰拱的掘进方式，整体施工快捷高效。分部开挖时，各部分循序渐进，各部分施工开挖的工序互不干扰，并能一次性成套施工，减少工序转换，既能保证施工质量，又能加快施工进度。该工法基本实现机械化施工，每一道工序都配套有完整的机械设备，在减少人力、物力及工期等方面效果明显。该工法适应于超大跨度、地质条件复杂、周围环境敏感、围岩等级为Ⅲ、Ⅳ、Ⅴ级的山岭隧道。

超大断面隧道"品"字形工法是以"顶洞超前、分层下挖、核心预留、重点锁定"的十六字作为指导思想，按照横、竖向均匀分步的原则，将超大断面隧道划分为三层十一部。施工时，首先开挖顶洞，作为后续开挖的超前地质预报，然后按照"预留核心，自上而下、先两边后中间"的方式进行分层、分步开挖，最后逐步开挖核心土及仰拱，形成支护体系的封闭。该工法支护体系由超前支护、格栅钢架、喷射混凝土、预应力锚杆和预应力锚索四部分组成，承担全部围岩荷载。其中，预应力锚杆、预应力锚索是该工法的关键技术。

3.3.1 超大断面隧道开挖顺序

大跨过渡段施工工序断面如图 3-33 所示。

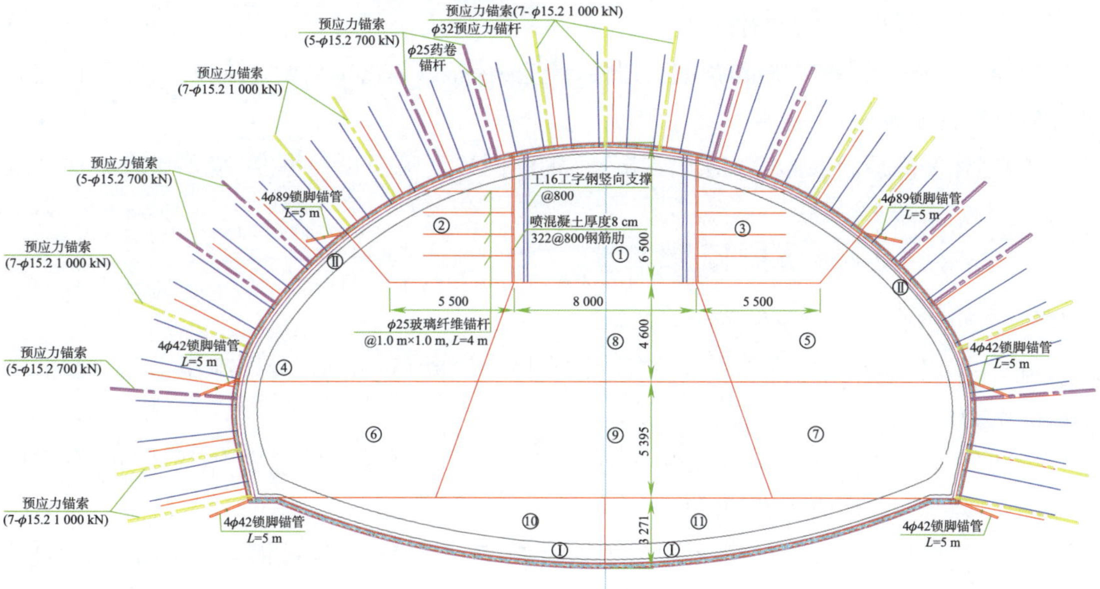

图 3-33 大跨过渡段施工工序断面(单位:mm)

1. 顶洞超前

(1)施作顶洞超前支护;

(2)弱爆破开挖①部顶洞,同时每循环进尺一次,掌子面喷 5 cm 厚混凝土封闭;

(3)分步施作①部顶洞周边的初期支护,即初喷 5 cm 厚混凝土,拱部架设钢架,边墙施作钢筋肋;

(4)①部顶洞拱部按照设计厚度要求喷射第二次混凝土,覆盖格栅钢架,并标记普通锚杆、预应力锚杆、预应力锚索位置;

(5)施作①部顶洞拱部药卷锚杆及边墙玻璃纤维锚杆;

(6)①部顶洞贯通后,施作预应力锚杆、预应力锚索,并张拉至设计拉力,监测张拉应力稳定后进行注浆锁定;

(7)施作①部顶洞拱部第三次喷混凝土(钢筋网),复喷至设计厚度,覆盖预应力锚杆端头、预应力锚索端头锚具。

2. 两侧边洞

(1)在①部贯通及初期支护完成后,施作②部和③部拱部超前支护;

(2)弱爆破施工②部和③部,③部滞后②部施工 30 m;

(3)分步施作②部周边的初期支护,即初喷 5 cm 厚混凝土,架设钢架与拱部钢架相接,施作锁脚锚管;

(4)②部导坑拱部按照设计厚度要求喷射第二次混凝土,覆盖格栅钢架,并标记普通锚杆、预应力锚杆、预应力锚索位置;

(5)施作②部拱部药卷锚杆;

(6)滞后掌子面 30 m,施作预应力锚杆、预应力锚索,并张拉至设计拉力,监测张拉应力稳定后进行注浆锁定;

(7)施作②部顶洞拱部第三次喷混凝土(钢筋网),复喷至设计厚度,覆盖预应力锚杆端头、预应力锚索端头锚具;

(8)③部施工工序及要求同②部。

3. 分层下挖、并预留核心土

(1)在②部、③部初期支护完成(锚杆、锚索体系完成)30 m 后,分别施作④部和⑤部拱部超前支护;

(2)弱爆破施工④部和⑤部,分别滞后已完成的②部、③部初期支护体系 30 m,在滞后于④部一段距离后,弱爆破开挖⑤部;

(3)分步施作④部周边的初期支护,即初喷 5 cm 厚混凝土,架设钢架与拱部钢架相接,施作锁脚锚管;

(4)④部导坑边墙按照设计厚度要求喷射第二次混凝土,覆盖格栅钢架,并标记普通锚杆、预应力锚杆、预应力锚索位置；

(5)施作④部边墙药卷锚杆；

(6)滞后掌子面 30 m,施作预应力锚杆、预应力锚索,并张拉至设计拉力,监测张拉应力稳定后进行注浆锁定；

(7)施作④部边墙拱部第三次喷混凝土(钢筋网),复喷至设计厚度,覆盖预应力锚杆端头、预应力锚索端头锚具；

(8)⑤部施工工序及要求同④部,预留中台阶核心土；

(9)在④部、⑤部初期支护完成(锚杆、锚索体系完成)30 m 后,分别施作下台阶⑥部和⑦部拱部超前支护；⑥部施工工序及要求同④部,⑦部施工工序及要求同⑤部,并预留核心土。

4. 开挖核心土

滞后⑥部、⑦部 30 m,开挖中台阶⑧部核心土,错开 10 m 后,开挖下台阶⑧部核心土。

5. 开挖仰拱

仰拱分两次开挖。

灌筑Ⅰ部仰拱、墙底及隧底填充,仰拱及隧底填充应分次施作。

根据监控量测结果分析,待初期支护收敛后,利用衬砌模板台车一次性浇筑Ⅱ部衬砌(拱墙衬砌一次施作)。

3.3.2　超大断面隧道支护参数

1. 顶洞支护参数

大跨过渡段顶洞采用喷射混凝土和锚杆进行支护,Ⅲ～Ⅴ级围岩段增加钢筋肋和临时支撑,具体设计参数见表 3-13。

表 3-13　新八达岭隧道大跨过渡段顶洞设计参数

参数项目		围岩级别			
		Ⅱ级	Ⅲ级	Ⅳ级	Ⅴ级
喷射 C30 混凝土	部位	边墙	边墙	边墙	边墙
	厚度/cm	3	4	5	8
ϕ25 玻璃纤维锚杆	长度/m	2.5	3	3.5	4
	间距(环×纵)/m	1.5×1.5	1.5×1.5	1×1	1×1
钢筋肋	类型	—	3 根 ϕ22、ϕ12 纵向连接筋		
	间距/m	—	1.6	1.2	0.8
	位置	—	边墙		
临时竖撑	I16 型钢/m	—	1.6	1.2	0.8

2. 预留变形量

预留变形量的具体参数见表 3-14。

表 3-14 预留变形量参数

参数项目	围岩级别					
	Ⅱ级		Ⅲ级		Ⅳ级	Ⅴ级
断面编号	1-1	2-2	1-1	2-2、3-3、4-4	3-3、4-4	5-5
预留变形量/cm	6		12		15	20

3. 喷射混凝土参数

过渡段拱墙喷射 C30 钢纤维混凝土，仰拱喷射普通 C30 混凝土，具体参数见表 3-15。

表 3-15 喷射混凝土设计参数

参数项目		围岩级别					
		Ⅱ级		Ⅲ级		Ⅳ级	Ⅴ级
断面编号		1-1	2-2	1-1	2-2、3-3、4-4	3-3、4-4	5-5
喷射 C30 钢纤维混凝土	位置	拱墙					
	厚度/cm	15		35		35	35
喷射 C30 混凝土	位置	仰拱					
	厚度/cm	10		10		25	25

4. 锚杆参数

过渡段锚杆选择预应力锚杆和药卷锚杆，预应力锚杆设计张拉值为 100 kN，锚杆具体设计参数见表 3-16。

表 3-16 锚杆设计参数

参数项目		围岩级别					
		Ⅱ级		Ⅲ级		Ⅳ级	Ⅴ级
断面编号		1-1	2-2	1-1	2-2、3-3、4-4	3-3、4-4	5-5
预留变形量/cm		6		12		15	20
ϕ32 预应力锚杆	设置部位	拱部					
	外露长度/m	0.115					
	锚固段长度/m	涨壳锚固头		涨壳锚固头		3	
	自由段长度/m	5		5	6	7	8
	锚杆总长度/m	5		5	6	10	11
	间距(环×纵)/m	2.4×1.6		2.4×1.6		2.4×1.2	1.2×0.8
ϕ25 药卷锚杆	设置部位	拱墙					
	总长度/m	3		3	4	5	6
	间距(环×纵)/m	2.4×1.6		2.4×1.6		2.4×1.2	2.4×0.8

5. 锚索参数

预应力锚索分为两种，由 7 束 ϕ15.2 mm、5 束 ϕ15.2 mm 钢丝形成的钢丝束，7 束锚索设计拉拔力 1 000 kN，5 束锚索设计拉拔力 700 kN，具体参数见表 3-17。

表 3-17　锚索设计参数

参数项目	围岩级别					
	Ⅱ级		Ⅲ级		Ⅳ级	Ⅴ级
断面编号	1-1	2-2	1-1	2-2、3-3、4-4	3-3、4-4	5-5
锚固段长度/m	—	—	6	6	6	6
总长度/m	—	—	15	15	20	25
间距(环×纵)/m	—	—	局部	局部	3.6×3.2	2.4×2.4
设置部位	—	—	局部	局部	拱墙	拱墙

6. 二次衬砌参数

二次衬砌的具体参数见表 3-18。

表 3-18　二次衬砌参数

参数项目	围岩级别					
	Ⅱ级		Ⅲ级		Ⅳ级	Ⅴ级
断面编号	1-1	2-2	1-1	2-2、3-3、4-4	3-3、4-4	5-5
拱墙厚度/cm	50	60	50	60	60	60
仰拱厚度/cm	60	70	60	70/80	70	70

7. 其他支护参数

其他支护参数见表 3-19。

表 3-19　其他支护参数

参数项目		围岩级别					
		Ⅱ级		Ⅲ级		Ⅳ级	Ⅴ级
断面编号		1-1	2-2	1-1	2-2、3-3、4-4	3-3、4-4	5-5
钢架	主钢筋中心距(宽×高)/m	—	—	ϕ22 格栅钢架 150×160		ϕ22 格栅钢架 150×160	ϕ22 格栅钢架 150×160
	间距	—	—	1.8	1.8	1.2	0.8
	设置部位	—	—	拱墙	拱墙	全环	全环

续上表

参数项目		围岩级别					
		Ⅱ级		Ⅲ级		Ⅳ级	Ⅴ级
超前支护	支护类型	局部	—	ϕ42 超前小导管	ϕ42 超前小导管	ϕ42 超前小导管	ϕ108 超前大管棚、超前预注浆
	环向间距/cm	—	—	—	—	—	环向间距 40
	设置范围	—	—	—	—	—	拱部 100°
	设置长度/m	—	—	—	—	—	15
	注浆类型	—	—	—	—	—	超前预注浆
锁脚锚管	分上中下三台阶布置于每个台阶拱脚处	—	—	上中下台阶 4ϕ42 钢管 L=5 m	上台阶 4 根 ϕ89 钢管 L=5 m，中下台阶 4 根 ϕ42 钢管 L=5 m	上台阶 4 根 ϕ89 钢管 L=5 m，中下台阶 4 根 ϕ42 钢管 L=5 m	上台阶 4 根 ϕ89 钢管 L=5 m，中下台阶 4 根 ϕ42 钢管 L=5 m

3.4 超大断面衬砌长寿命混凝土浇筑与养护技术

3.4.1 超大断面隧道衬砌浇筑技术

1. 衬砌模板台车结构组成

根据断面的不同，台车的门形桁架可以拉开或缩小，模板的支撑可以接长或缩短，部分面板通过相应支点旋转保留，部分面板需要增加或拆除，以实现不同断面形式的需要。衬砌模板台车总质量 413～567 t，是高铁双线隧道衬砌模板台车质量（一般为 60～80 t）的 5 倍以上。

通过工程类比，衬砌模板台车由行走机构总成、门架总成、模板总成、电气操作控制系统、液压系统五大部分组成。通过液压装置立模、拆模，台车一次可完成隧道全断面衬砌长度 9 m。台车由 1 670 个构件组成，台车构件见表 3-20 和表 3-21。

表 3-20　八达岭长城站大跨段变断面衬砌模板台车构件

序号	构件名称	数量/件	序号	构件名称	数量/件
1	顶模	90	6	拱部小立柱	140
2	边模	12	7	上纵梁	8
3	模板横担	18	8	平移架	4
4	拱部纵梁	15	9	门架拉杆	33
5	拱部横担	126	10	拱部小立柱剪刀叉	30

续上表

序号	构件名称	数量/件	序号	构件名称	数量/件
11	边模丝杆	48	18	举升柱	4
12	拱部丝杆	217	19	举升护筒	4
13	门架横梁	44	20	行走装置	14
14	下纵梁	5	21	反扣装置	48
15	立柱	20	22	销轴	700
16	立柱剪刀叉	18	23	油缸	28
17	顶升丝杆	20	24	立柱斜撑	24
总数		1 670			

表 3-21　台车主要结构质量

序号	部件名称	每件质量/kg	序号	部件名称	每件质量/kg
1	侧下纵梁	3 322	10	门架内横梁	8 100
2	中下纵梁	3 625	11	上纵梁 1	1 386
3	中横梁	1 346	12	上纵梁 2	1 028
4	下横梁 1	2 187	13	拱部纵梁	1 018
5	下横梁 2	1 650	14	顶模横担	991
6	外侧立轴	1 278	15	拱部横担	728
7	内侧立轴	1 238	16	顶模 4	1 221
8	中立轴	1 213	17	边模	2 099
9	门架外横梁	4 079	18	边模横担	570

(1)行走机构组成

台车纵向行走由4个行走小车组成，4个主动行走轮架分别安装在两侧行走梁下，由操作员操作电源开关使台车前进或者后退。台车横向行走由8个行走轮箱组成，横向行走时由行走轮箱辅助平移油缸实现台车横移。

(2)门架结构组成

由4榀门架组成，每榀门架由5根立柱和3根横梁组成。立柱外侧有支撑单侧边模板丝杆和4组调节边模板的油缸。拱部结构由多根丝杆竖直支撑，同时也在台车变换模板时起调节作用。

(3)模板组成

横板总成决定混凝土表面完好程度。在圆周上由左、右两侧边模与多块拱部小模板组成。在长度方向上由螺栓连接成需要的长度，边模与拱部小模板采用铰接连接，拱部小模板之间也采用铰接连接。模板可以绕着铰接转动，以便调节模板的伸缩，满足断面衬砌要求。

(4)电气操作控制系统组成

电气操作控制系统采取专业的单独设计。

(5)液压系统。

由液压操作台(电机、油泵、滤清器、十联阀等组成)、4 个举升油缸、4 个边模调节油缸、8 个平移油缸、8 个拱部模板调节油缸、各类阀以及管路组成。

2. 各断面衬砌台车结构

整座台车结构使用 Q235 钢材,顶部模板最大跨度为 28.95 m,高度 13～71 m,纵向长度 9 m。台车拱部由 7 榀小立柱支撑,每榀小立柱间隔 1.5 m,一次性浇筑二次衬砌混凝土 1.0 m。门架横梁共 4 榀,每榀小立柱间隔 3 m,门架横梁由厚度 20 mm 的钢板与厚度 16 mm 的钢板围成的箱型梁,横梁高度为 1 200 mm,宽度为 384 mm。丝杆为无缝管 ϕ114.12 与圆钢 ϕ80 组焊接。

(1)1-1 断面台车结构

在 1-1 断面台车模板轮廓与隧道轮廓存在最大误差为 112 mm。模板台车就位如图 3-34 所示。

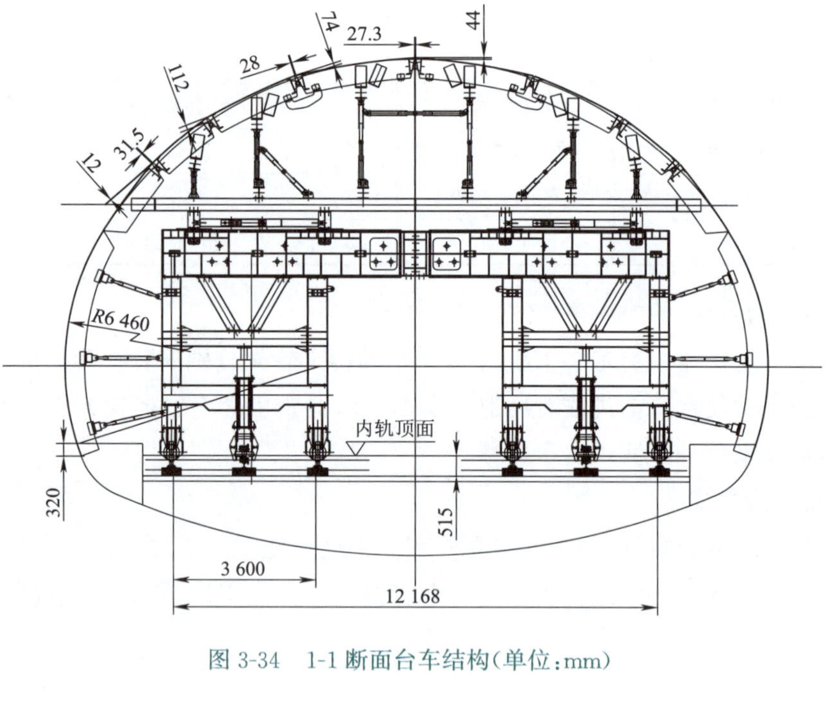

图 3-34　1-1 断面台车结构(单位:mm)

(2)2-2 断面台车结构

2-2 断面台车模板轮廓与隧道轮廓存在最大误差为 89 mm。模板台车就位如图 3-35 所示。

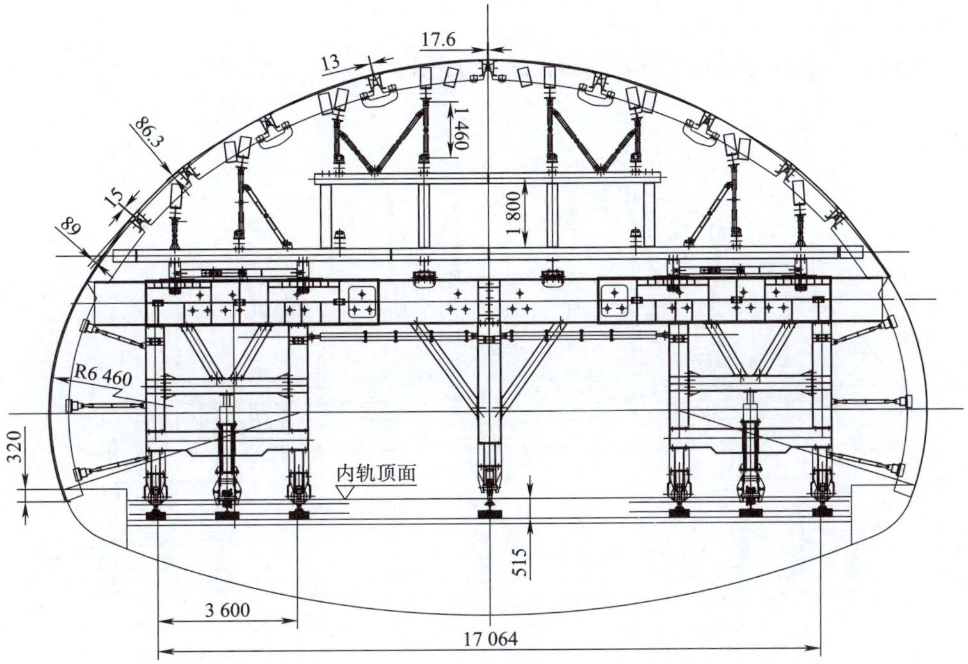

图 3-35　2-2 断面台车结构(单位:mm)

(3)3-3 断面台车结构

3-3 断面台车模板轮廓与隧道轮廓存在最大误差为 99 mm。模板台车就位如图 3-36 所示。

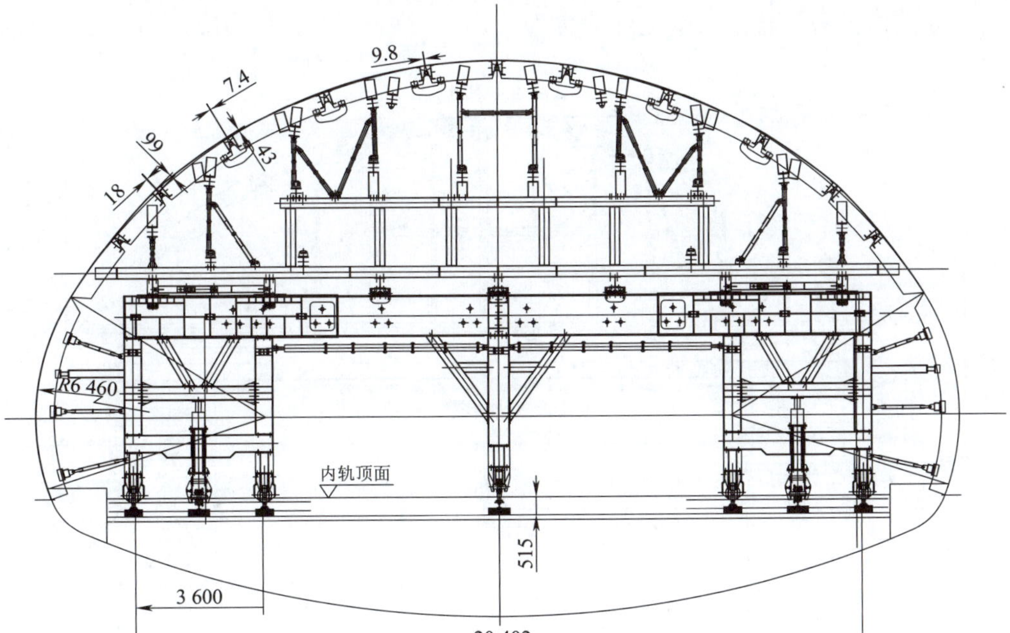

图 3-36　3-3 断面台车结构(单位:mm)

(4)4-4 断面台车结构

4-4 断面台车模板轮廓与隧道轮廓存在最大误差为 57 mm。模板台车就位如图 3-37 所示。

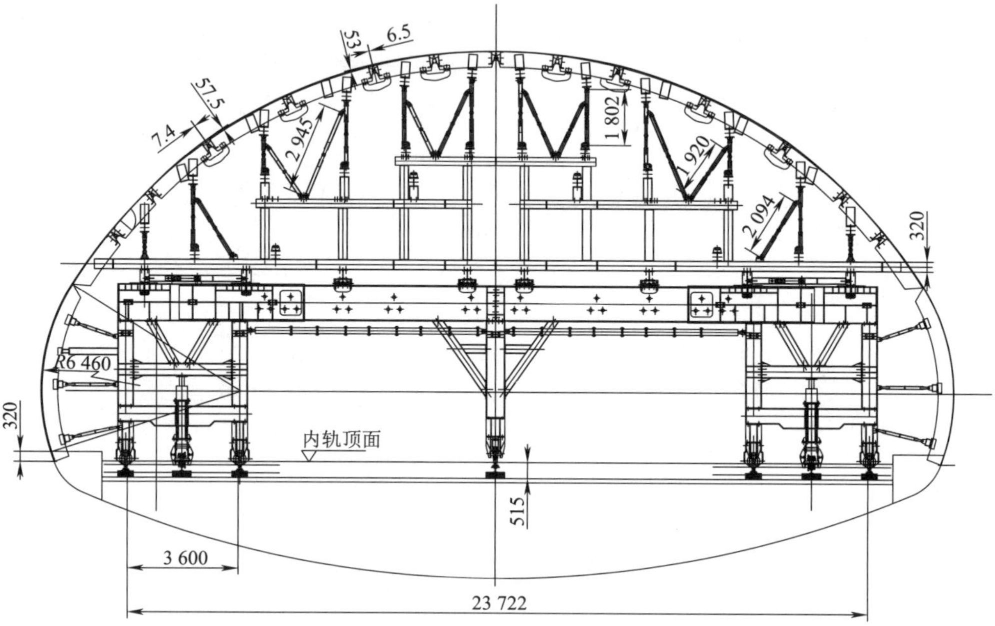

图 3-37　4-4 断面台车结构(单位:mm)

(5)5-5 断面台车结构

5-5 断面模板台车就位如图 3-38 所示。

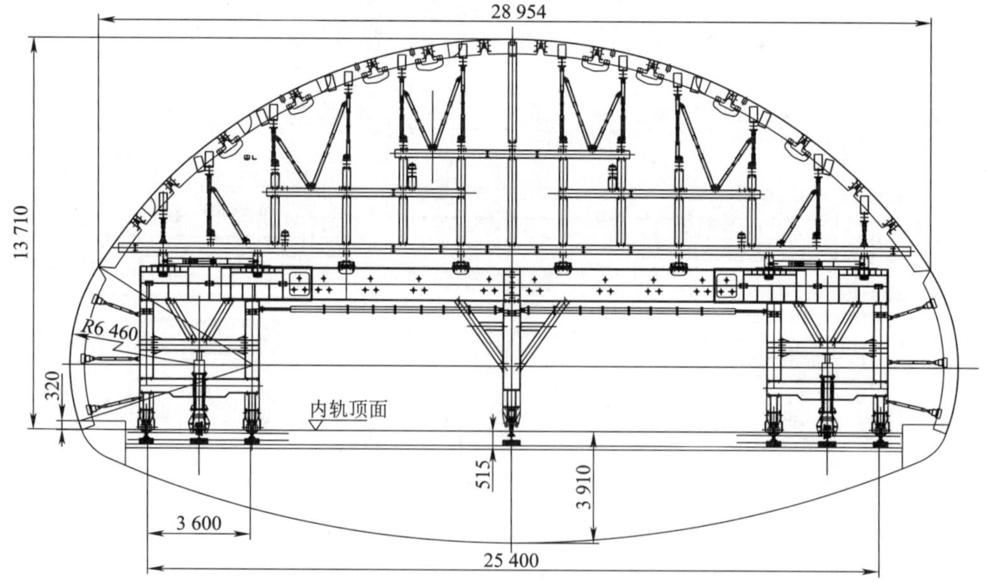

图 3-38　5-5 断面台车结构(单位:mm)

(6)断面纵向结构

台车纵向长度为 9 m,拱部由 7 榀小立柱支撑,每榀小立柱间隔 1.5 m,如图 3-39 所示,选择 5-5 断面说明。

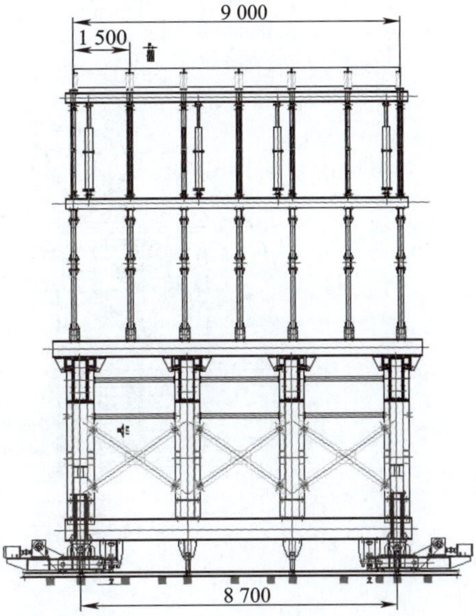

图 3-39　5-5 断面纵向结构(单位:mm)

3. 可调节式衬砌台车调节技术

八达岭长城站大跨段要求衬砌模板台车能够完成 5 个断面的变断面施工。5 个断面由小到大分别是 1-1 断面、2-2 断面、3-3 断面、4-4 断面、5-5 断面。台车模板半径根据隧道半径加大 50 mm,同时以 5-5 断面隧道半径为台车设计基准,通过调节满足其他断面施工。

变断面衬砌模板台车由一个断面变化为另一个断面时,共需要 7 步操作。以 1-1 断面变化到 2-2 断面为例说明。

(1)第 1 步:安装台车中间立柱②和门架收缩油缸③,拆除门架横梁定位销轴,锁紧拱部模板间的固定装置同时松开台车中心两顶模间的铰接销轴,利用平移油缸把台车门架向两侧推开 4 400 mm,到位后安装门架内横梁调节块⑤,如图 3-40 所示。

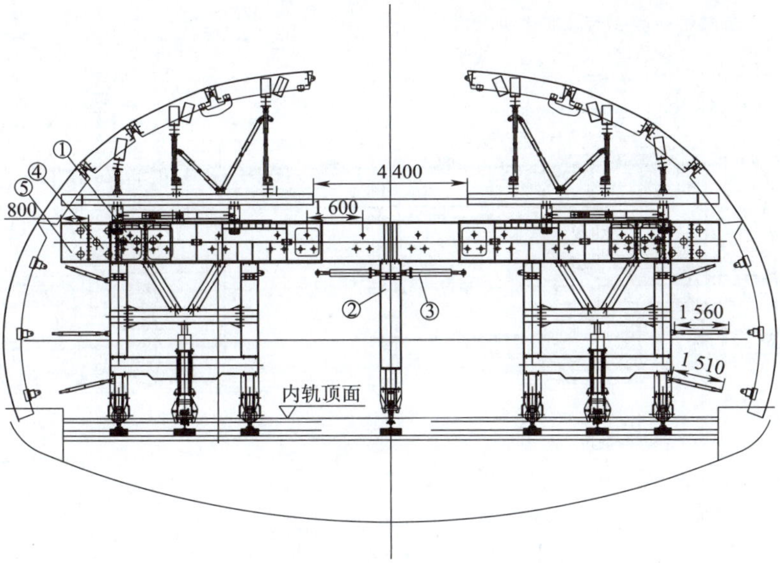

图 3-40　变断面衬砌模板台车工作第 1 步(单位:mm)

(2)第 2 步:台车两侧门架继续向外各推开 848 mm,到位后安装定位销轴,同时拱部及边模利用平移机构内移各 400 mm,安装横移滚轮⑥与拱部横梁⑦,如图 3-41 所示。

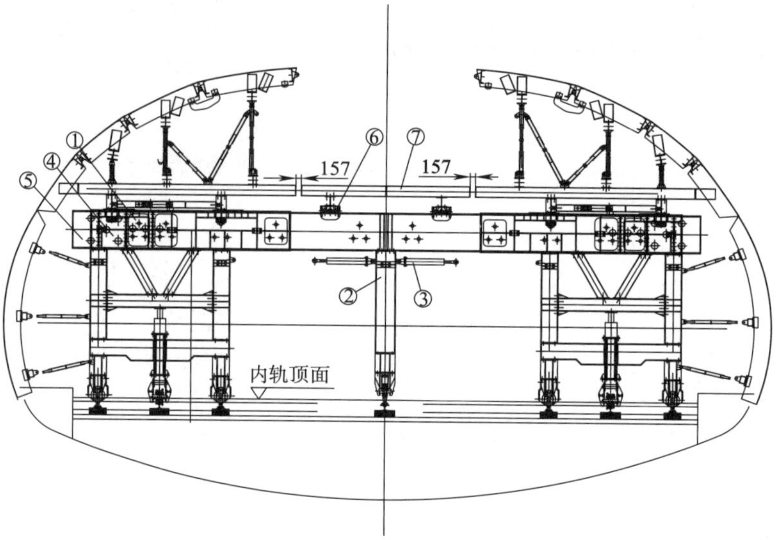

图 3-41　变断面衬砌模板台车工作第 2 步(单位:mm)

(3)第 3 步:利用平移机构将拱部及边模内移各 157 mm,安装拱部油缸⑧后取掉拱部模板竖向支撑丝杆,油缸伸长至设计值,安装拱部模板丝杆⑨,如图 3-42 所示。

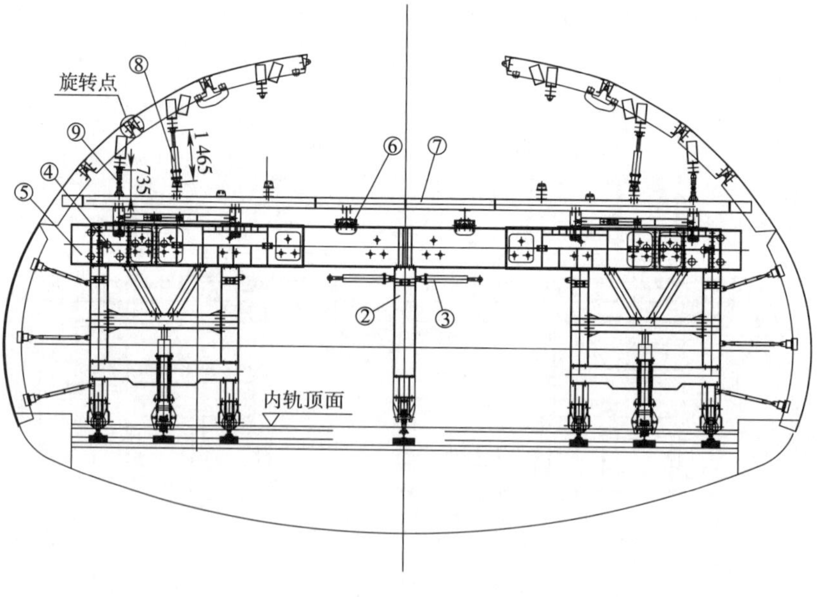

图 3-42　变断面衬砌模板台车工作第 3 步(单位:mm)

(4)第 4 步:安装拱部油缸⑩并伸长至设计值,拆除拱部油缸⑧及拱部模板间锁扣,安装顶部模板丝杆⑪,如图 3-43 所示。

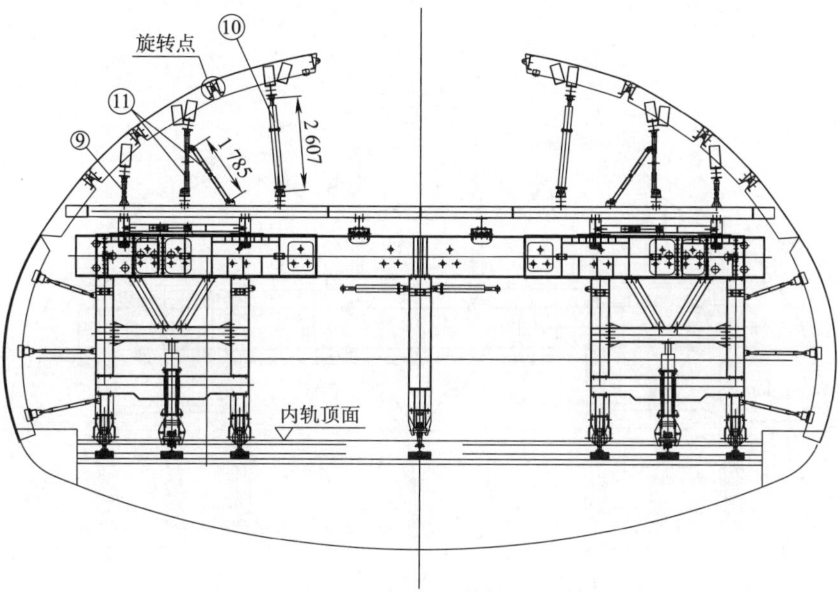

图 3-43　变断面衬砌模板台车工作第 4 步(单位:mm)

(5)第 5 步:拱部油缸⑩进一步伸长至设计值,安装拱部模板锁扣⑫后拆除该油缸,安装拱部模板支撑丝杆支座竖梁⑬与横梁⑭,如图 3-44 所示。

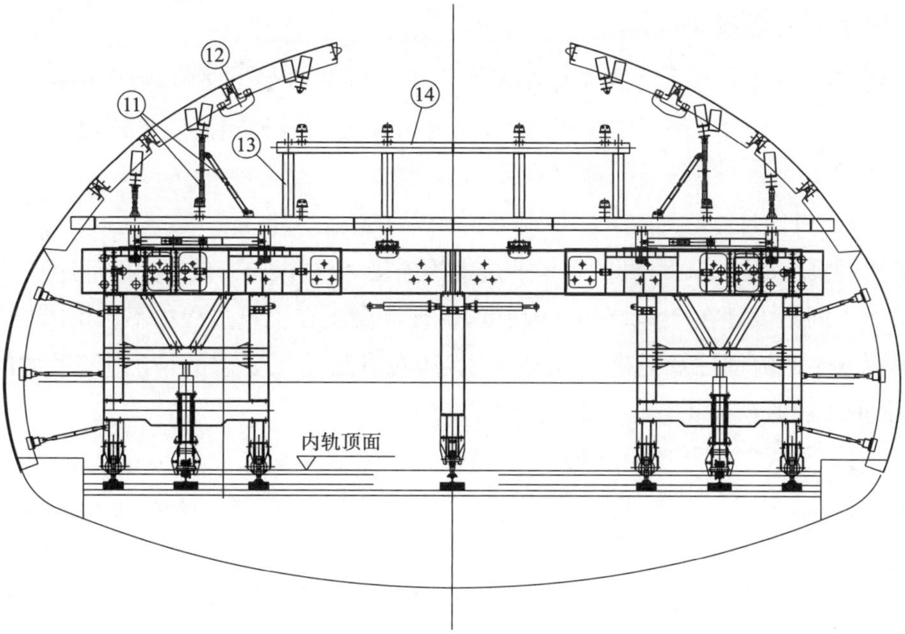

图 3-44　变断面衬砌模板台车工作第 5 步(单位:mm)

(6)第 6 步:安装拱部模板⑮及模板间锁扣⑯,然后安装拱部模板支撑丝杆⑰,安装台车中间立柱斜撑，伸长门架收缩油缸③并连接至两侧立柱，如图 3-45 所示。

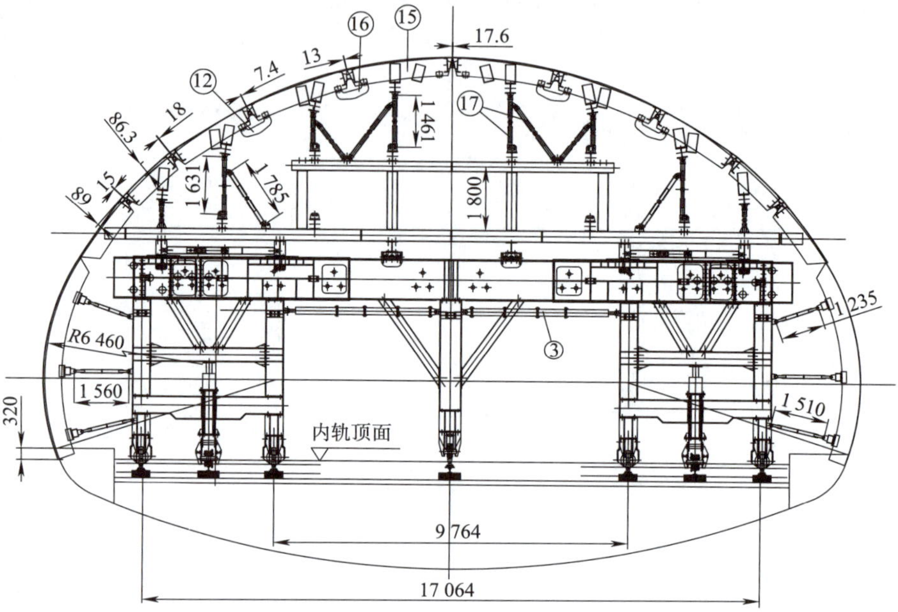

图 3-45　变断面衬砌模板台车工作第 6 步(单位:mm)

(7)第 7 步:锁紧各个连接部位的连接装置，完成 2-2 断面台车安装。

4. 附着式振捣器设计

目前隧道衬砌台车均采用整体大块钢模板，采用泵送混凝土浇筑，液压快速立模、脱模。在设计时须考虑浇筑窗口便于浇筑和捣固，同时为保证混凝土表面质量须设计附着式平板振动器。

(1)浇筑窗口设计

因整体钢模由每块 1.5 m 宽的钢模通过螺栓连接，每排纵向窗口之间的间距设计为 3 m，每排窗口上下间距设计在 2～2.5 m 的高度，保证混凝土在浇筑过程中不产生离析现象。

考虑混凝土的流动性及衬砌表面外观质量，在满足施工要求的情况下，尽可能少开窗口，每排上下之间的窗口相互错开的间距为 1.5 m。

(2)附着式平板振动器布置方式

技术参数:功率 2.2 kW、电压 380 V/50 Hz、振频 150 Hz、振幅≤1.2 mm、激振力 13 000 N、辐射范围 1.5～2 m。

根据参数性能，附着式振动器安装板的布置每排纵向间距为 3 m，振动器的振幅波从中心沿半径向外扩散并慢慢衰减，在布置的时候考虑振幅波有相互重叠的部分(0.5～1 m 范围)，每排振动器安装板上下间距设计在 2～2.5 m 的高度，每排上下之间的振动器安装板相互错开的间距为 1.5 m。

(3)平板振动器布置设计

台车浇筑窗口如图 3-46 和图 3-47 所示。

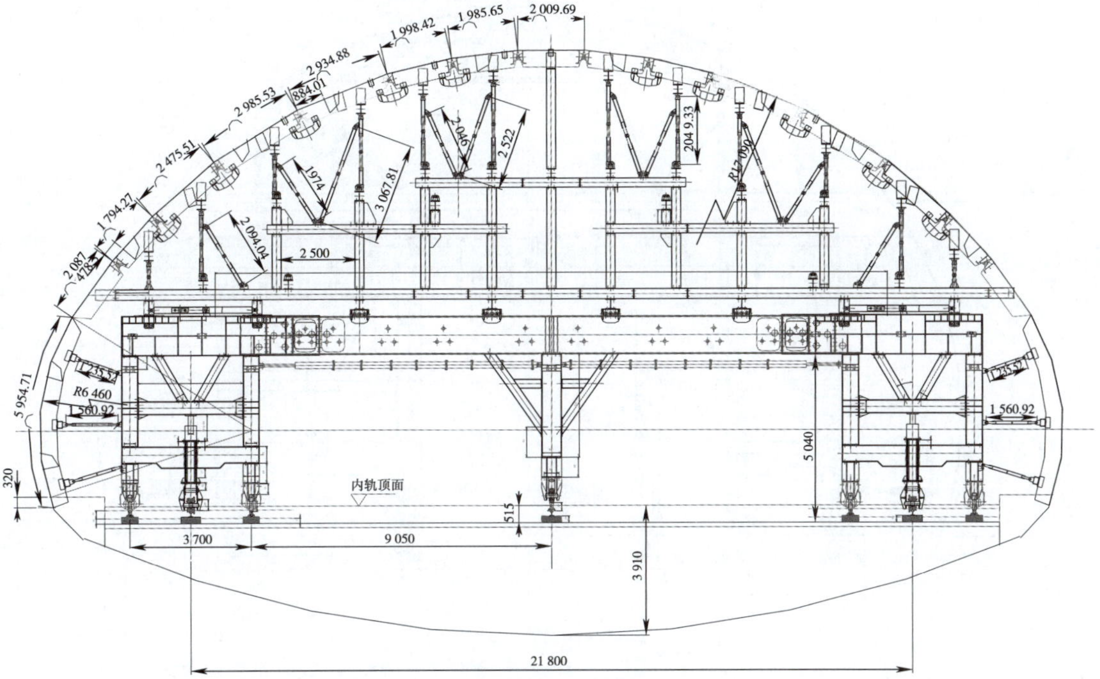

图 3-46　台车浇筑窗口立面图(单位:mm)

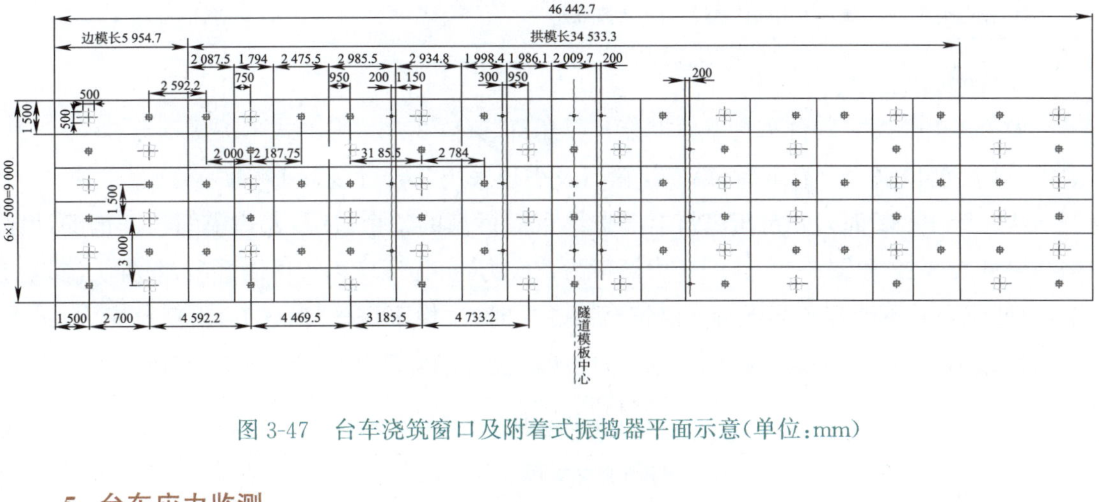

图 3-47　台车浇筑窗口及附着式振捣器平面示意(单位:mm)

5. 台车应力监测

断面 1-1 是首先浇筑的断面,掌握该断面衬砌台车的应力特征对整个过渡段衬砌台车的应力特征分析有重要意义。

(1)测点布置

大跨 1-1 断面衬砌台车测点布置如图 3-48 所示,共布置应变片 8 个、钢筋计 4 个,应变片编号为 1～8，钢筋计编号为 A～D。

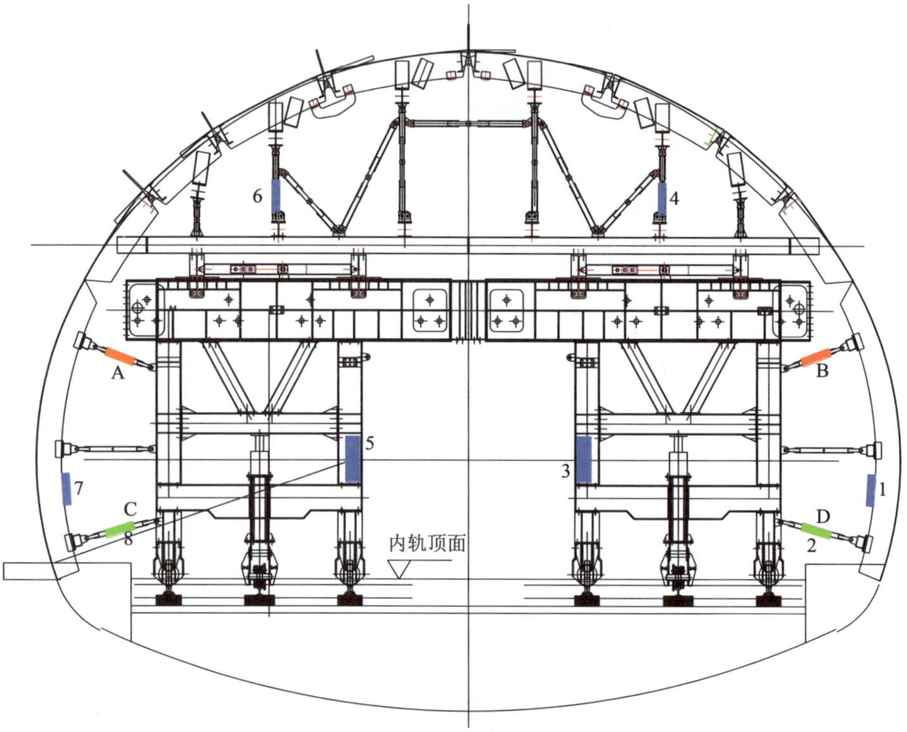

图 3-48 大跨 1-1 断面衬砌台车应力测点布置

注：蓝色为应变片；红色为钢筋计；绿色为两者都布置。

(2)钢筋计监测结果分析

大跨 1-1 断面衬砌台车自下而上分 5 层开窗，窗口 30 个，附着式平板振动器 30 个。其中，1～4 层窗口采用分仓下料，第 5 层窗口及拱顶采用泵管直接泵送入模。

从大跨 1-1 断面衬砌台车浇筑至养护结束后拆模的整个过程，其边模两丝杆钢筋计监测结果见表 3-22 和图 3-49，其中应力值正为拉应力、负为压应力。可以看出，混凝土浇筑初期，丝杆应力并不明显。当混凝土浇筑至第三层时，边模下侧丝杆(C、D)出现拉应力，最大拉应力为 4.5 MPa；边模上侧丝杆(A、B)出现压应力，最大压应力为 11.83 MPa。

表 3-22 1-1 断面钢筋计监测结果

浇筑时间/min	丝杆应力值/MPa				备 注
	A(左上)	B(右上)	C(左下)	D(右下)	
0	0.000 0	0.000 0	0.000 0	0.000 0	初值
59	−0.098 6	0.618 3	−0.502 5	0.130 7	开始浇筑
73	−0.282 1	−0.050 9	−0.238 5	0.247 3	
103	−0.577 6	−0.072 7	−0.630 8	0.233 2	浇筑右侧第一层

续上表

浇筑时间/min	丝杆应力值/MPa				备　注
	A(左上)	B(右上)	C(左下)	D(右下)	
163	−0.713 4	−0.080 0	−0.447 5	0.137 8	
193	−0.689 6	−0.127 2	−0.645 5	0.127 2	浇筑右侧第二层
243	−0.995 0	0.025 4	−1.129 0	0.540 8	浇筑右侧第二层中间
283	−1.757 8	0.847 6	−0.282 5	0.000 0	A 测点旁正在下料
341	−2.011 8	0.400 0	−1.813 4	−0.423 7	B 测点旁正在下料
399	−3.006 2	−0.323 4	−1.469 5	0.229 7	
583	−10.663 1	−11.392 2	−0.069 7	4.531 9	浇筑右侧第三层
613	−10.000 8	−10.855 4	−0.143 1	4.335 9	
688	−11.829 1	−10.392 9	1.572 8	1.400 9	
743	−10.426 9	−10.471 2	1.182 9	0.247 3	
792	−8.412 8	−10.723 8	0.969 6	−0.762 4	浇筑左拱肩
853	−8.329 3	−10.165 0	0.811 6	−1.041 0	
897	−9.384 2	−9.769 5	−0.524 5	0.031 8	
938	−9.531 0	−7.346 9	−0.792 0	0.523 1	浇筑右拱肩
985	−9.661 0	−5.980 2	−1.184 0	0.021 2	
1 034	−9.447 6	−5.282 9	−1.908 4	−1.418 0	拱顶压浆
1 076	−8.269 1	−4.617 0	−3.161 2	−3.340 8	浇筑完成
1 893	−6.547 9	−5.868 9	−5.360 0	−2.385 6	
1 904	−6.551 3	−5.861 7	−5.323 7	−2.266 1	养护 12 h
3 103	−6.366 8	−6.253 2	−4.669 3	−0.896 4	
3 134	−6.289 6	−6.156 2	−4.596 5	−0.931 7	养护 1.5 d
4 644	−6.993 9	−7.354 0	−5.501 7	−2.178 2	正在拆木模板
4 653	−7.087 7	−7.400 6	−5.501 7	−2.188 7	养护 2.5 d
8 763	0.363 9	2.510 7	−16.466 7	−0.437 8	丝杆已拆卸下来

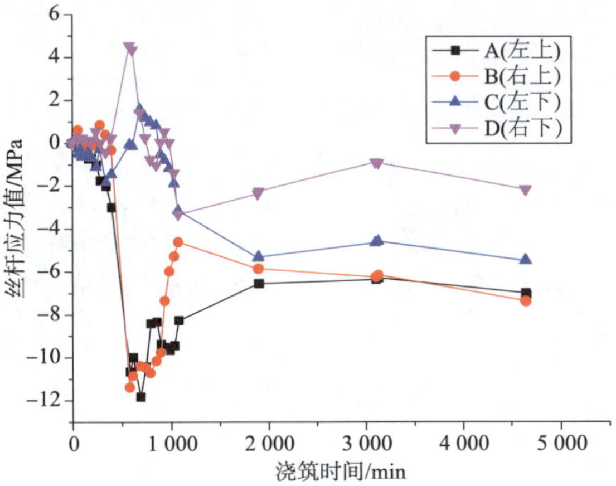

图 3-49　钢筋计监测的丝杆应力值随浇筑时间变化关系

随着混凝土的继续浇筑，边模下侧丝杆逐渐受压，而边模上侧丝杆受到的压应力逐渐减小，但上侧丝杆的压力始终大于下侧丝杆。浇筑完成时，边模上侧丝杆最大压应力为 8.27 MPa，下侧丝杆为 3.34 MPa。养护 2.5 d 后，边模上侧丝杆最大压应力稳定在 7.4 MPa，下侧丝杆稳定在 5.50 MPa。

钢筋计的应力预警值为 140 MPa，目前监测得到的最大应力值为 11.83 MPa，为压应力，远远小于预警值。

(3)应变片监测结果分析

将应变片监测的应变值，按钢材弹性模量取 2.06×10^5 MPa，换算得到台车各测点应力值随浇筑时间变化如图 3-50 所示。从各个测点应力值的变化规律可以看出，在时间处于 400～600 min 区段时(浇筑第三层)，各测点的应力均出现一个明显的下降，这与钢筋计监测得到的规律基本吻合。监测得到的最大应力值为 57.06 MPa，为压应力，出现在右下丝杆

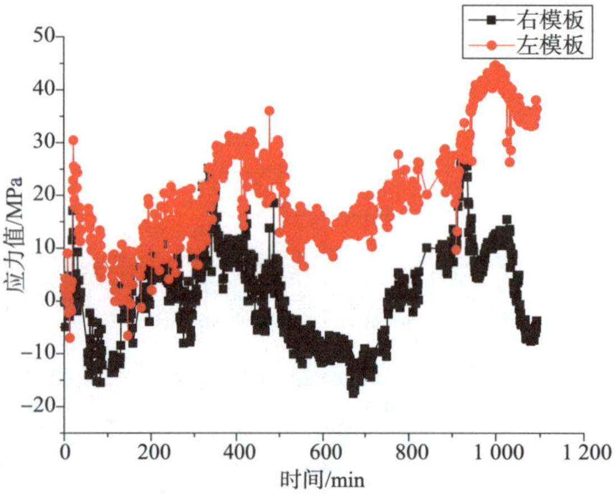

(a)边模测点(编号 1、7)

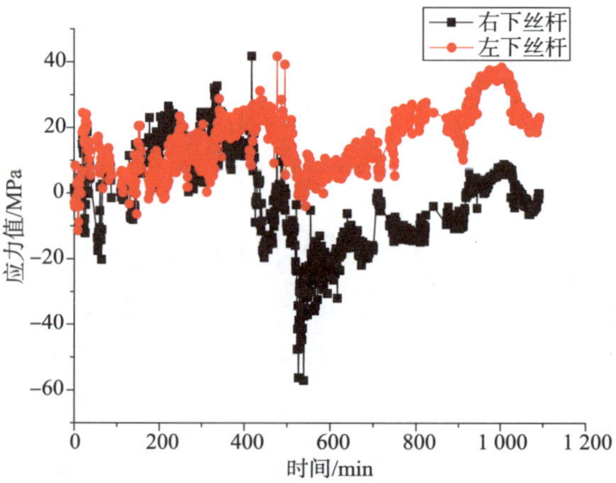

(b)下丝杆测点(编号 2、8)

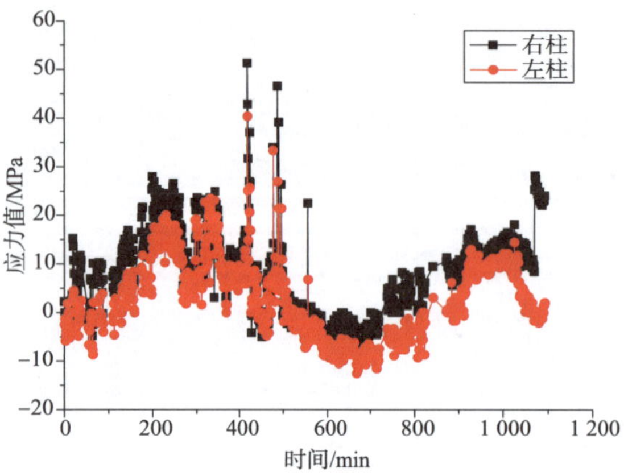

(c)立柱测点(编号 3、5)

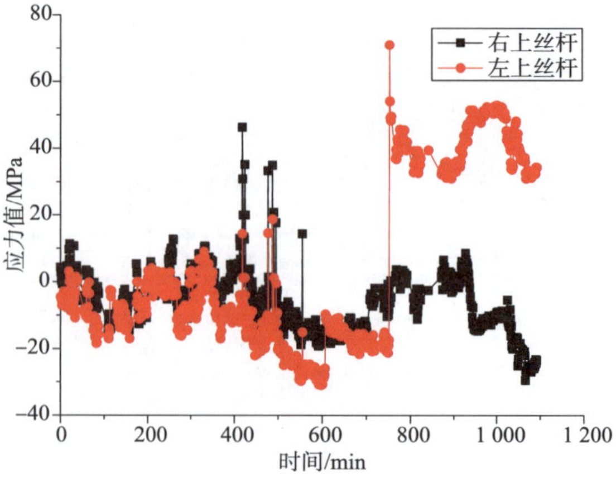

(d)上丝杆测点(编号 4、6)

图 3-50 应变片监测的台车应力值随浇筑时间变化关系

处，比钢筋计监测得到的最大值 11. 83 MPa 大，这可能是由于应变片监测频率高，能监测得到瞬时的高应力时刻，但这个最大值仍旧远小于 140 MPa 的应力预警值。

3. 4. 2 超大断面隧道衬砌养护技术

二次衬砌混凝土养护是二次衬砌施工必不可少的环节。混凝土养护就是为保证混凝土表面不出现早期干燥，使混凝土周边具有高湿度的小环境，保证混凝土表面水泥有足够的水进行水化，以获得设计期望的混凝土潜在性能，达到防止混凝土过早干燥，发生早期开裂的目的。自然养护需要大量的养护水，覆膜养护技术替代传统的洒水养护措施，既达到节水目的又简化了养护工艺、延长养护时间。本项目采用新型自粘式保湿养护膜对衬砌混凝土进行保湿养护，配合密贴于混凝土表面的充气式气囊对混凝土表面进行保温养护。

1. 自粘式节水养护膜进行保湿

自粘式节水养护膜由不透水膜、无纺布和吸水膜构成。无纺布和吸水膜都附着有吸水颗粒，在吸水膜上还设有一胶层，具有自粘功能，能够很有效地吸附在混凝土的表面，不脱离，如图 3-51 所示。吸水膜具有良好的吸水能力，可以吸收大量水分，而且无纺布和吸水膜构成的部分还具有一定的保水能力，即使受到挤压也难以将吸收的水分排出，防止了保湿养护膜由于受到挤压而大量损失水分。不透水膜则能够控制水分向空气中散发，将水分封存在自粘式保湿养护膜中，使养护膜一直保持湿润。当混凝土在进行水化反应的过程中需要一定水分时，无纺布和吸水膜所构成的储水部分会不断向混凝土表面补充水分。同时混凝土在进行水化反应时，还会产生大量的水化热，会使混凝土内部水分蒸发。当混凝土表面温度上升时，无纺布和吸水膜构成的储水部分则会吸收因为混凝土温度上升而散发出的水分，尽可能地保证水分被充分利用，防止混凝土产生干缩裂缝。水泥在水化反应过程中放出的水化热，会使混凝土温度升高，混凝土很容易因内外温差过大产生裂缝。保湿养护膜上储存有大量水分，水的比热容很大，在混凝土放热时可吸收大量的热，而养护膜与空气隔离，使混凝土表面的温度降低较慢，对混凝土可起到一定的保温作用，从而降低混凝土的内外温差。

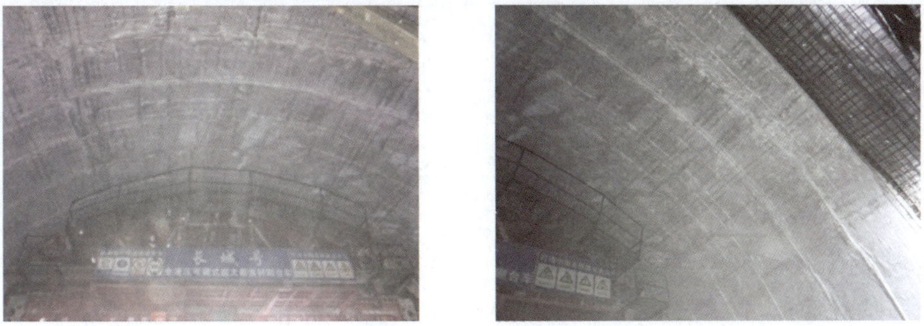

图 3-51 自粘式节水养护膜

长寿命混凝土拆模后，立即采用了自粘式节水养护膜进行保湿，保湿养护的时间均不少于 14 d。由于养护膜内已储存充足水分，且附带少量可降解生物胶，养护膜覆于衬砌表面时，即便在衬砌拱顶位置处于倒贴状态，也能克服自重不发生掉落现象。采取保湿养护膜养护的混凝土 20 d 后表面仍保持潮湿状态。

2. 充气式帆布进行保温

充气式气模则是用塑料薄膜经热合或黏结加工成有一定厚度的气囊，充气膨胀后，附着在隧道衬砌表面，如图 3-52 所示。充气式气模具有较好的保温能力，其保温原理类似于中空玻璃，利用气模内密闭不流动的气体隔热。气模除充气处外，其余部位保持密封，由专门的充气设备充气维持恒压，气模内的空气不循环流动，以达到保温隔热的目的。气模是由塑料薄膜加工而成，充气膨胀后紧贴在衬砌表面，还可以阻止水分散失，因此也具有一定的保湿能力。与自粘式保湿养护膜结合能够大大提升对隧道衬砌的保温保湿效果。充气式气模在充气膨胀后紧贴衬砌表面，还对自粘式保湿养护膜起到了支撑作用，保证了养护膜在养护期间不会脱落，使其能够达到应有的养护效果。

图 3-52　充气式帆布气囊

为防止混凝土芯部温度与表面温度、表面温度与环境温度之差大于 15 ℃，从而造成混凝土温差开裂，采用充气式帆布密贴的方式进行温度调节，控制混凝土表面与环境间的温差。通过混凝土芯部温度和表面温度监测，采集到混凝土内外温差在 3 d 后下降至 15 ℃，以此确定了充气式帆布养护的拆除时间。

3. 施工方法

当混凝土拆模后，用高压风枪将隧道衬砌表面冲洗干净，然后将自粘式保湿养护膜铺设在混凝土衬砌表面，相邻两膜搭接部分的宽度要大于 5 cm。在铺设养护膜的同时洒水，要保证养护膜能够充分吸水，自粘式保湿养护膜厚度为 0.5～1 cm。由于吸水膜上设有一胶层，具有自粘功能，在洒水后可以吸附在混凝土的表面。在相邻两膜的搭接部分要用透明胶将其粘好，保证相邻两膜的搭接处不会脱离。在保湿养护膜边缘同样要使用透明胶密封，防止水分从边缘散失。养护期间不需要再次浇水。

铺设完自粘式保湿养护膜后，开始架设充气式气模。充气式气模的模材及相应设备会由厂家在施工前根据隧道内部结构设计预制完成。在隧道内使用充气设备给气模充气使其膨胀紧贴隧道衬砌。待养护期满之后将自粘式保湿养护膜与充气式气模拆除，各工序的施工要点见表3-23。

表3-23 自粘式保湿养护膜与充气膜各工序施工要点

序号	工　序	作　业　要　点
1	准备工作	二次衬砌台车拆模移位后，立即就位操作台车，准备贴保湿养护膜。确定养护温度、养护时间等参数
2	操作台车就位	利用隧道混凝土质量检测台车贴保湿养护膜
3	贴节水养护膜养护	保湿养护膜在二次衬砌台车脱模移位后立即粘贴。保湿养护膜一般可使用14 d，过程中若出现脱离时，需及时利用新膜补贴
4	固定加热气囊养护	将气囊安装于贴好的保湿养护膜处，用加热鼓风机对气囊进行充气加热，并可有效支撑保湿养护膜
5	养护结束	混凝土强度经试验员回弹确定后，结束养护，拆除气囊，剥离养护膜

4. 养护技术现场试验

(1)隧道衬砌强度和碳化深度对比

隧道衬砌强度和碳化深度对比结果见表3-24，不同养护条件下混凝土强度随龄期的变化如图3-53和图3-54所示。

表3-24 隧道衬砌强度和碳化深度对比

龄期/d	养护方式			
	传统养护		保湿膜＋保温气囊养护	
	强度/MPa	碳化深度/mm	强度/MPa	碳化深度/mm
14	23.8	1.0	28.5	0.0
28	36.6	2.5	38.9	0.5
56	44.2	4.5	45.9	1.5

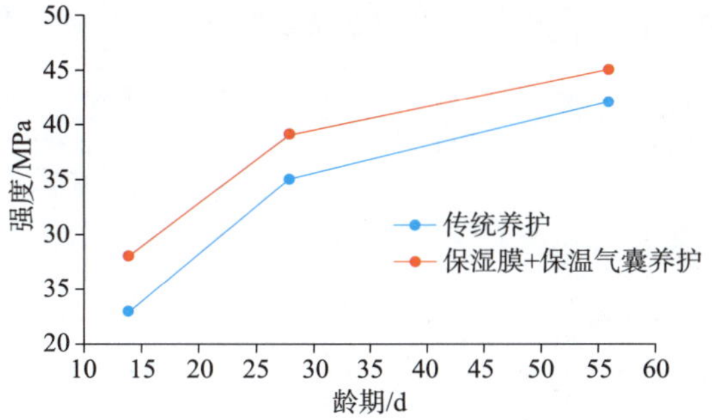

图3-53 不同养护条件下混凝土强度随龄期的变化曲线

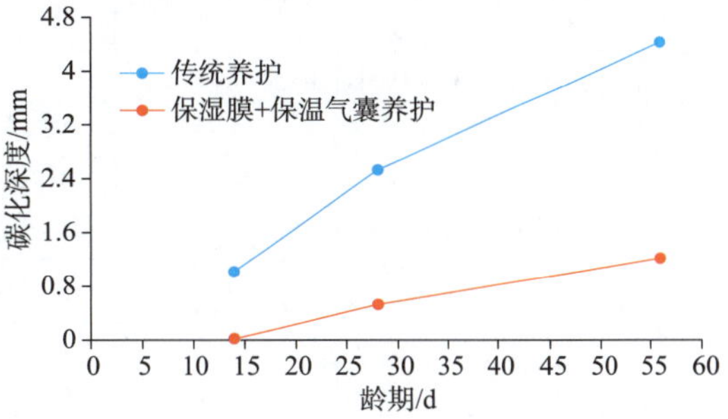

图3-54 不同养护条件下混凝土碳化深度随龄期的变化曲线

从表 3-24 中可以看出，保湿膜＋保温气囊养护相比传统养护在相同龄期的情况下，混凝土强度更高，碳化深度更低。在 28 d 的龄期时，保湿膜＋保温气囊养护较传统养护的强度高了 1.7 MPa，碳化深度小了 3 mm，可见新的养护方式养护质量更高。

(2)隧道衬砌混凝土内外温差对比

混凝土温度传感器预埋及温度监测如图 3-55 所示，混凝土内外温差对比见表 3-25。

图 3-55　混凝土温度传感器预埋及温度监测

表 3-25　混凝土内外温差对比

龄期/h	养护方式					
	传统养护			自粘式保湿膜与充气式气模养护		
	混凝土芯部温度/℃	混凝土表面温度/℃	内外温差/℃	混凝土芯部温度/℃	混凝土表面温度/℃	内外温差/℃
24	48.6	33.4	15.2	50.4	38.9	11.5
32	64.7	43.1	21.6	63.5	49.8	13.7
40	70.1	44.4	25.7	68.9	51.5	17.4
48	69.7	45.1	24.6	67.5	52.2	15.3
56	69.1	45.7	23.4	66.8	52.7	14.1
72	65.8	43.2	22.6	64.2	51.7	12.5
80	62.5	42.3	20.2	61.9	50.1	11.8
88	60.1	41.8	18.3	59.7	49.5	10.2
96	56.5	40.6	15.9	57.8	48.0	9.8
104	54.1	40.4	13.7	55.2	46.0	9.2
112	51.2	39.3	11.9	52.4	43.7	8.7
120	49.0	38.7	10.3	49.8	42.0	7.8
128	46.3	36.5	9.8	46.6	39.5	7.1
136	43.6	34.5	9.1	44.1	37.4	6.7
144	40.9	32.5	8.4	41.7	35.3	6.4

续上表

龄期/h	养护方式					
	传统养护			自粘式保湿膜与充气式气模养护		
	混凝土芯部温度/℃	混凝土表面温度/℃	内外温差/℃	混凝土芯部温度/℃	混凝土表面温度/℃	内外温差/℃
152	38.3	30.7	7.6	40.2	34.1	6.1
160	35.7	29.0	6.7	37.1	31.3	5.8
168	32.1	26.8	5.3	33.9	28.5	5.4

由图 3-56 可知，覆膜保温养护解决了混凝土表面与芯部温度差值过高产生不均匀温度应力的问题，降低了混凝土受温差开裂的风险，提高了养护质量。

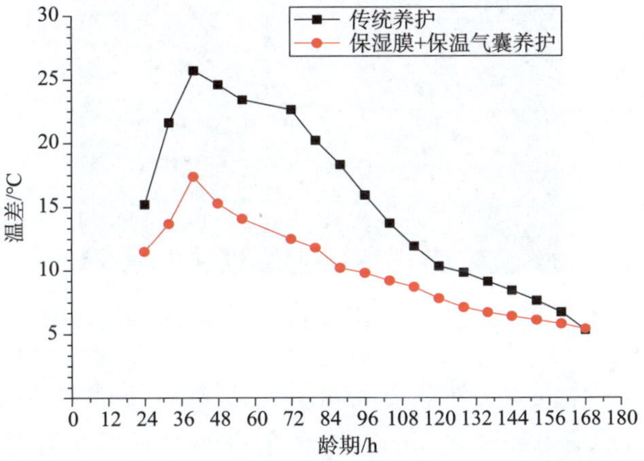

图 3-56　传统养护与覆膜保温养护的龄期温差变化曲线

(3)混凝土开裂对比

采取技术措施前实体混凝土开裂情况如图 3-57 和图 3-58 所示，混凝土龄期为 60 d。现场发现，拱腰及以上部位出现大面积网状裂缝，裂缝最大宽度 0.15 mm；边墙出现 2 条枝状裂缝，裂缝最大宽度达 0.85 mm，裂缝长度约为 4 m。

图 3-57　采取技术措施前实体混凝土网状开裂现象

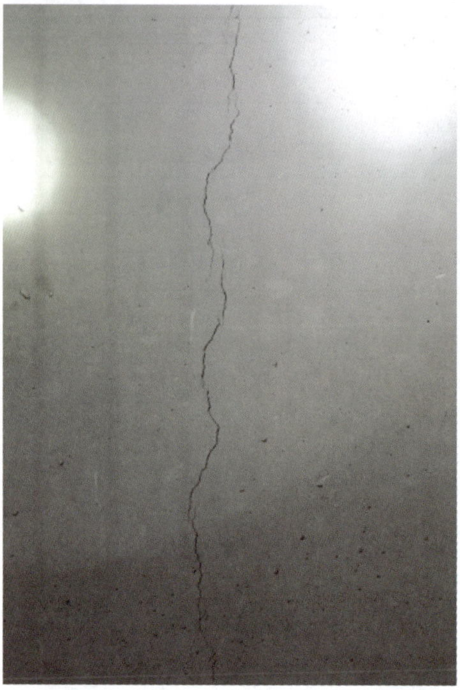

图 3-58　采取技术措施前实体混凝土枝状开裂现象

采取技术措施后，实体混凝土外观情况如图 3-59 所示，混凝土龄期为 90 d。现场对试验段各部位仔细观察，混凝土表面除局部有气泡外，未发现任何开裂现象。

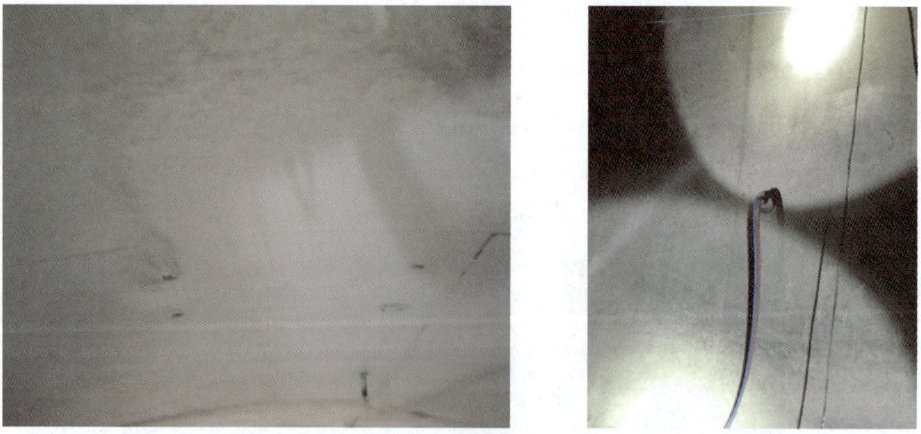

图 3-59　采取技术措施后实体混凝土外观情况

现场测试混凝土气体渗透系数，如图 3-60 所示，测试时采取技术措施的试验段混凝土龄期为 23 d 龄期，未采取技术措施的试验段混凝土龄期为 25 d 龄期，龄期相近，具有可对比性。

图 3-60　实体混凝土气体渗透系数测试

(4)实体混凝土气体渗透

由图 3-60 和图 3-61 可以看出,采取技术措施前,实体混凝土气体渗透系数均值为 $3.1\times10^{-16}\ m^2$,且离散程度大。采取技术措施后,实体混凝土气体渗透系数均值为 $0.24\times10^{-16}\ m^2$,均小于 $0.5\times10^{-16}\ m^2$,均值是采取技术措施前的 1/12。可见,所采取的技术措施可使实体混凝土具有优异的高密实性。

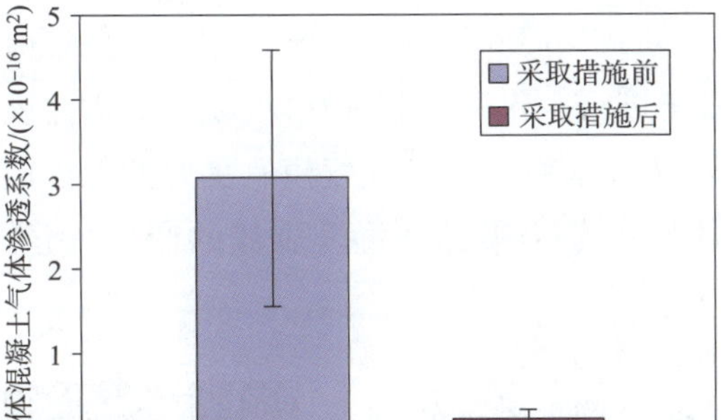

图 3-61　实体混凝土气体渗透系数

与普通混凝土试验检测数据对比显示,长寿命混凝土有效控制了水化热,减小了混凝土内外温差,降低了结构开裂风险。混凝土强度稳定增长 90 d 后达到了设计强度的 152.9%。耐久性指标检测显示较普通混凝土数据有较大提升,有效延长了二次衬砌混凝土结构使用寿命。

实体结构质量检验结果对比见表 3-26。

表 3-26　实体结构质量检验结果对比分析

检　测　项　目		普通混凝土	长寿命混凝土
混凝土芯部最高温度/℃		70.1	45.1
抗压强度/MPa	1 d	16.4	11.0
	3 d	27.9	18.3
	7 d	37.9	24.7
	28 d	44.8	33.6
	56 d	54.7	46.7
	90 d	59.8	53.5
抗折强度/MPa	1 d	2.5	3.2
	90 d	6.1	7.4
收缩率/$\times10^{-6}$	3 d	32	23
	56 d	109	67
90 d 电通量/C		889	748
碳化速率系数(28 d 加速)/($mm\cdot a^{-0.5}$)		4.15	3.78
混凝土孔隙率/%		18.358 5	12.411 8
混凝土气体渗透系数/($\times10^{-16}$ m^2)		1.685	0.018

(5)施工效果及优点

混凝土在发生水化反应时，会产生大量水化热，水化热会使部分水分散失，同时混凝土在进行水化反应时又需要水，此时传统养护方式则需要人工洒水进行养护。由于隧道断面大，洒水养护效果难以保证混凝土表面保持湿润状态。自粘式保湿养护膜具有良好的吸水和保水能力，在铺设时使自粘式保湿养护膜吸足水分则可以保证隧道衬砌表面长期湿润，防止产生干缩裂缝。在混凝土进行水化反应时洒水，混凝土表面温度会快速下降，使混凝土内外温差过大，极可能会产生温差裂缝。充气式气模有良好的保温能力，同时可通过控制充气温度来调节混凝土表面温度，能够有效防止温差裂缝的产生。养护拆模如图 3-62 所示，二次衬砌养护如图 3-63 所示。

图 3-62　养护拆模效果

图 3-63　二次衬砌养护效果

①养护效果好

解决了因干燥收缩和温差应力产生裂缝的问题;降低混凝土表面碳化深度,使混凝土表面更加密实。这两个问题的解决使混凝土的抗侵蚀性能得到了大大提高,对保证混凝土的耐久性是十分有利的。

②施工简便

传统养护方式需要在后期不断进行人工洒水,而自粘式保湿养护膜吸水以及保水能力好,只需要在铺设时使养护膜吸足水即可,后期不需要进行洒水。若使用养护台车则需要制作大跨度养护台车,大跨度养护台车制作困难,在隧道内进行架设及移动也不方便。自粘式保湿养护膜与充气式气模质量轻,而且充气式气模的膜材由厂家预制而成,在隧道内进行充气安装施工方便,同时可根据隧道设计的不同断面随时预制。

③节约成本

由于自粘式保湿养护膜吸水以及保水能力好,所以不需要进行后期洒水,可以节约大量养生用水、人工和机械台班。充气式气模相比于钢结构的养护台车造价低廉。在保证工程质量的前提下,创造了良好的经济效益。

3.5　大跨过渡段围岩损伤范围和爆破安全研究

3.5.1　围岩损伤区测试方法

当前的围岩损伤区现场测试方法主要有地学成像方法、钻孔声波波速测试方法、地质雷达测试方法、钻孔成像测试方法、声发射和微震测试方法、多点位移计测试方法等。测试技术及方法的对比情况如下:

1. 地学成像技术

地学层析成像是用医学 X 射线 CT 的理论详细调查地下物性参数分布状况的物探技术,分为地震层析成像、电磁波层析成像和电阻率层析成像。地震层析成像就是用地震数据来反演地下结构的物质属性,并逐层剖析绘制其图像的技术。其主要目的是确定地球内部的精细结构和局部不均匀性。相对来说,地震层析成像较其他两种方法应用更加广泛,这是因为地震波的速度与岩石性质有比较稳定的相关性,地震波衰减程度比电磁波小,且电磁波速度快,不易测量。

2. 钻孔声波波速测试

钻孔声波波速测试可根据任务要求,采用单孔法、跨孔法或面波法。通过发射声波,得到钻孔内不同深度处分别接收通过土层向下传播的波速。波速测试局限性:虽然精度较高,能够达到厘米级别,只能确定接收器点的波速,中间位置的波速则无法确定,同时只能解决钻孔位置的波速，无法得到整个隧道断面的波速。

3. 钻孔数字成像技术

钻孔数字成像技术集电子技术、视频技术、数字技术和计算机应用技术于一体，使人们能够直接观测到钻孔的内部裂缝、节理等。钻孔成像测试的局限性：无法定量确定损伤区，只能通过直观观察裂缝，然而由于岩体开挖过程中，会存在一些人为钻孔产生的裂缝产生，这就使得钻孔成像的结果误差较大，随机性较强。

4. 地质雷达测试方法

地质雷达测试方法是通过地质雷达向物体内部发射高频电磁波并接收相应的反射波来判断物体内部异常情况。地质雷达在实践的过程中还存在许多问题，如地质雷达的探测精度和雷达图像的判释依据等，这些问题在很大程度上影响了地质雷达探测结果的准确性；对于大断面的隧道开挖，长期进行损伤区跟踪检测，检测难度大，需耗费很多的人力物力。

5. 声发射和微震测试方法

声发射和微震测试方法主要通过分析开挖以后隧道周围产生的声发射事件和微震事件，对事件的分布位置、震级大小、频率等事件信息进行分析，得到事件的较为集中的位置，通过对这些位置的区域进行分析，得到损伤的范围。该方法可以实现隧道围岩损伤区的空间定位，得到三维损伤区的范围，但是由于其缺少定量的标准，一般可以用来定性分析损伤区的范围，或者辅助其他测试手段。

6. 多点位移计测试方法

通过多点位移计测量围岩内部不同测点位移，回归分析各测点位移随时间变化回归方程，确定各测点反映围岩位移速度衰减快慢系数值，根据该值大小判断该测点是否处于损伤区（松动圈）内，从而确定围岩损伤区（松动圈）范围。但是多点位移计只能观测到固定测点处的位移，测点数目也是有限的，因此只能得到损伤区（松动圈）的边界范围，无法得到准确的损伤区（松动圈）数值。

3.5.2 大跨过渡段微震监测和损伤

1. 微震监测系统

微震监测技术作为一种先进和行之有效的监测手段，在国内外隧道施工监测以及后期安全运营中得到了不少应用，已成为围岩稳定性研究、爆破监测和风险管理的一个重要手段，本次采用地表与导洞内结合的微震监测方案对本段围岩稳定性研究。

（1）监测仪器

本段工程的爆破微震监测系统的硬件由检波器、微震数据采集仪、设备供电系统、数据传输系统组成。利用光纤将微震采集分站与远端监控端连接，实现远程查看和控制，微震系统数据传输网络如图 3-64 所示。

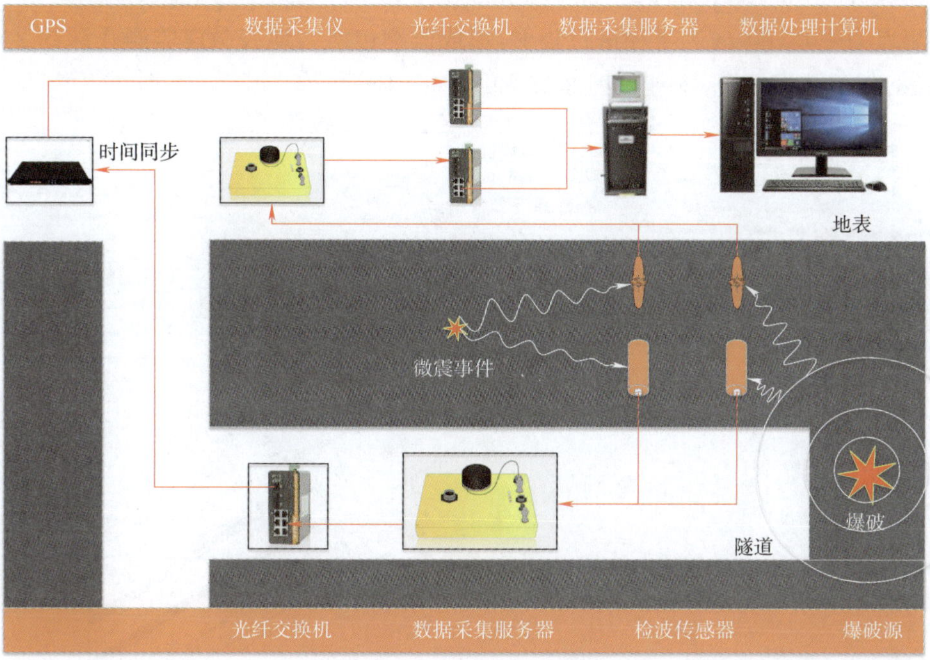

图 3-64　数据传输网络示意

检波器用于采集微震信号，是整个系统最为基础的部件，其对于信号的准确捕捉是数据的基础，同时数据采集仪也是监测的重要部件，其处理后的波形信号的质量直接影响了后期的数据处理结果。本次监测对于采集信号的检波器和采集器的性能要求非常高，具体设备与性能参数见表 3-27。

表 3-27　八达岭隧道微震监测设备

设　备	名　　称	型　　号	参　　数
采集器	24 位微震采集器(24 通道)	Wtgeo-24ADC-24	高采样率 2 000 Hz 高触发精度：±1 μs(在所有采样率下)
	32 位微震采集器(3 通道)	Wtgeo-32ADC-3	
检波器	单分量微震检波器	Wtgeo-1PHONE-200	高灵敏度：200 $V/(m \cdot s^{-1})$； 高自然频率：4.5～1 000 Hz
	三分量微震检波器	Wtgeo-3PHONE-200	

(2)监测方案布置

基于以往隧道项目以及八达岭隧道实际地质情况，本次将分为地表微震监测和隧道微震监测，两者同时进行，以达到立体式、全方位微震监测效果。

2. 地表微震监测

监测区域内隧道走向长约 160 m，地表将布设 9 台 Wtgeo-32ADC-3 型采集仪，每台采集仪外接一个 Wtgeo-3PHONE-200 型三分量检波器和一个蓄电池，以对监测区域形成包络，达到微震事件精准定位的目的。台站监测点编号为 1～9 号。台站布设如图 3-65 所示，以 9 号监测点为中心，80 m 为半径进行辐射，形成监测包络。地表微震监测孔深约 2 m，孔径约 60 mm，使用黄泥耦合，安装如图 3-66 和图 3-67 所示。

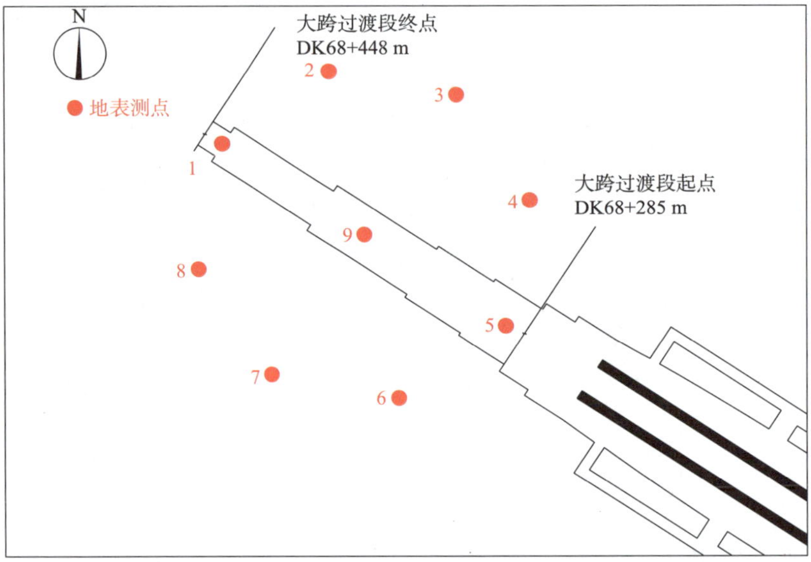

图 3-65　八达岭隧道地表微震监测台站布设

(a)钻孔　　(b)钻孔回填以后的效果

图 3-66　地表微震检波器现场安装

图 3-67　地表微震采集仪及电源安装现场

3. 隧道内微震监测

八达岭隧道内微震监测依托已经贯通的中导洞，由于监测区域隧道走向长约 160 m，因此，分 2 个断面进行台站布设，分别位于大跨过渡段的 DK68＋290、DK68＋440 m 处，如图 3-68 所示。

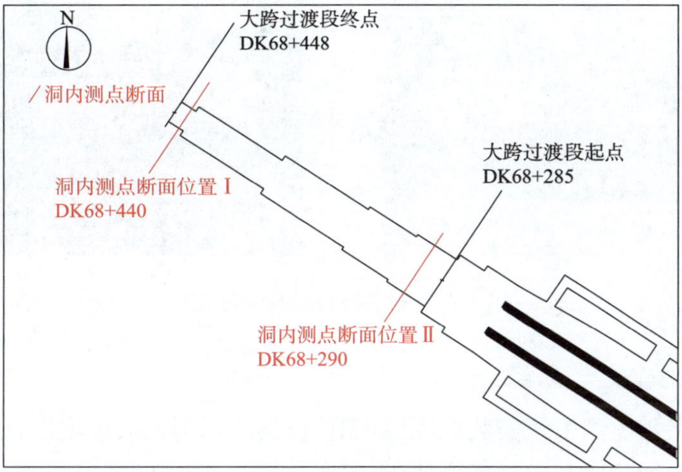

图 3-68　隧道内微震监测台站布设图

台站监测点编号为 1～6 号，每个断面安置 3 个钻孔，每个钻孔深约 12 m，其最里端安置一个 Wtgeo-3PHONE-200 型三分量检波器（1～3 号），靠近洞口约 3 m 处安置一个 Wtgeo-1PHONE-200 型单分量检波器（4～6 号），使用水泥灌浆耦合，如图 3-69 和图 3-70 所示。

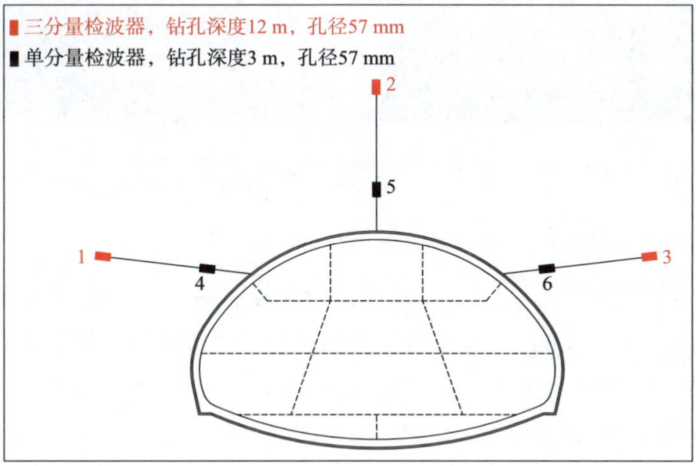

图 3-69　DK68＋290、DK68＋440 断面微震监测台站布设示意

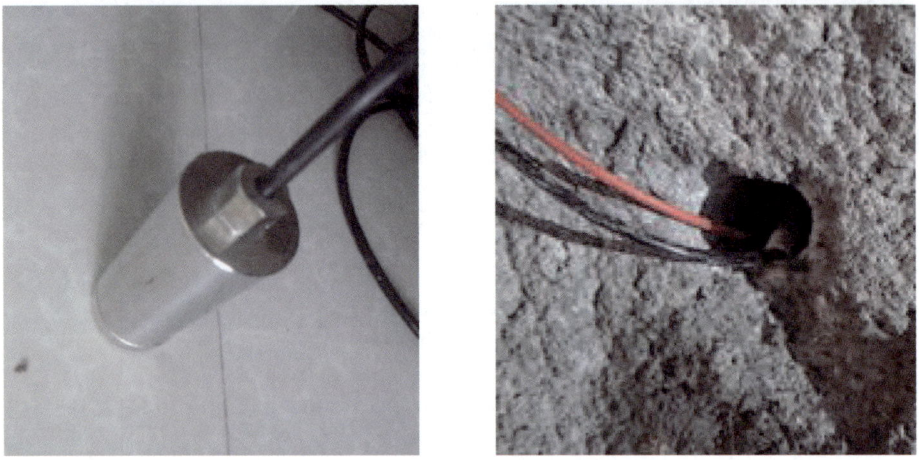

图 3-70　洞内检波器及安装效果

4. 监测位置的校正与波速标定

八达岭隧道微震监测系统安装完成后，在检波器阵列附近放标定炮，记录放炮时间和地点，以便计算、校验微震监测点的准确位置，同时监测过程中，在洞内采用主动震源的方式，进行当前地质场的岩体波速标定，如图 3-71 所示。

图 3-71　主动震源激励试验

5. 微震监测结果分析

作为一种岩体微破裂三维空间监测技术——微震监测技术得到了迅速地发展。这种技术通过接收岩石微破裂产生的声波，来反演分析事件发生的时间、位置和震级(时、空、强三要素)。它利用破裂的大小和集中程度，确定岩体破裂在空间上的分布密度，由此推断岩体的破坏程度，实时分析变形和错动的发展趋势，为岩体稳定性预测预报提供了潜在的可能性。

不同尺寸、不同形式的微破裂，岩体所释放出的声发射信号强弱和特征是不同的，通过捕捉岩石微破裂产生的微震信息，可以系统研究围岩损伤时空演化规律、损伤机制及微破裂的强弱等。因此根据微震监测，可以系统地研究洞室开挖后围岩的损伤与破坏，并根据微震监测数据提出了损伤区的范围。

通过微震事件的三维分布图（图 3-72）可以看出，微震事件主要集中在隧道的周围，进一步通过图 3-73，可以得到隧道左右两侧的损伤区，通过图 3-74 可以得到拱顶、仰拱位置损伤区的范围。

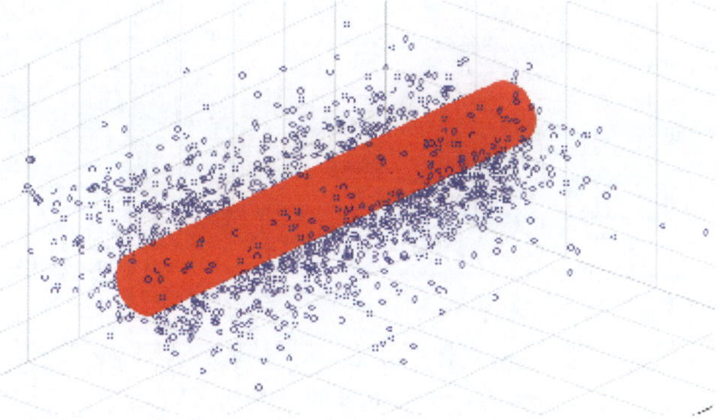

图 3-72　微震事件三维分布图

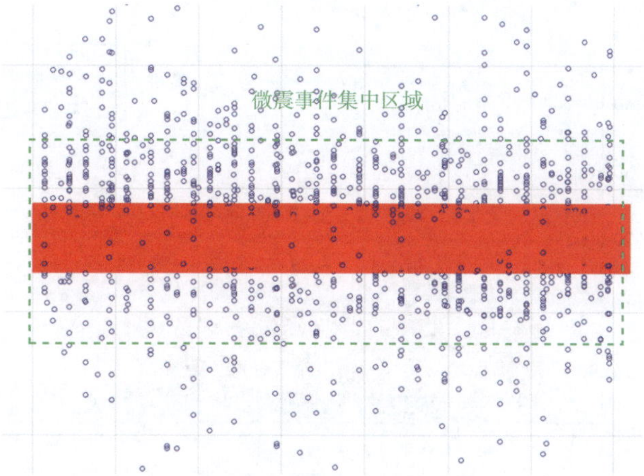

图 3-73　微震事件平面图

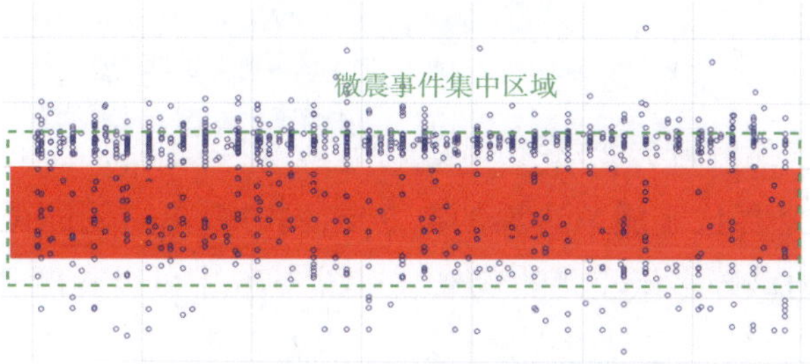

图 3-74　微震事件北视图

(1)DK68+404.448

DK68+404.448 微震事件平面图如图 3-75 所示，北视图如图 3-76 所示。

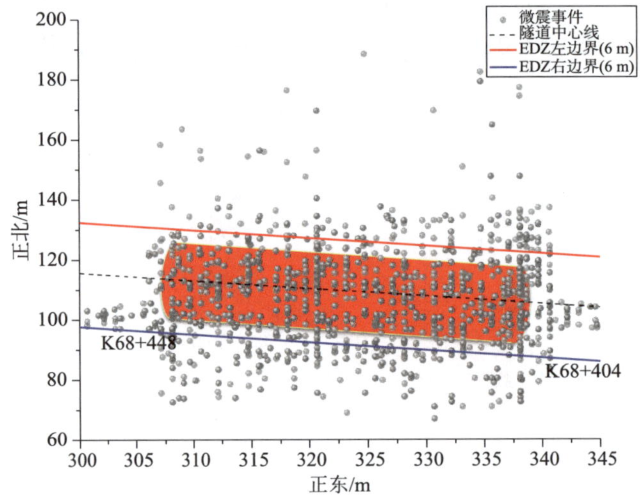

图 3-75　DK68+404.448 微震事件平面图

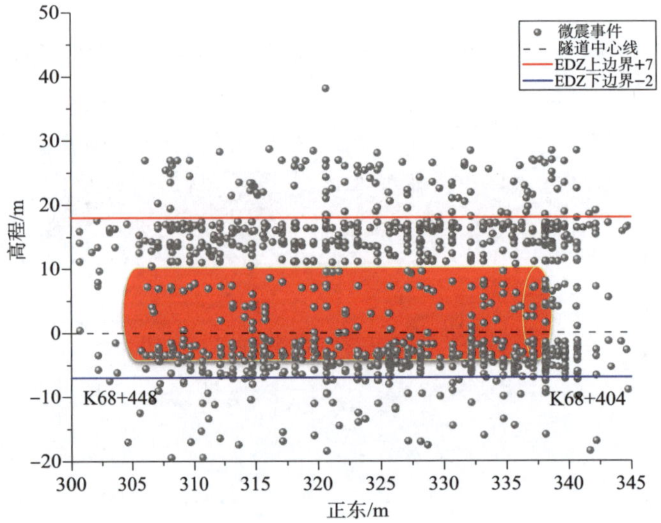

图 3-76　DK68+404.448 微震事件北视图

当前里程处微震事件数目为 2 715(矩震级 $M_L \geqslant -2$)，从图 3-75 可知，EDZ 的左边界位于隧道边界的 6 m，右边界位于隧道边界的 7.5 m，同时看出右侧的微震事件数多于左侧，这也验证了右侧是围岩破碎多于左侧的现象。从图 3-76 中可以看出，微震事件主要集中在拱顶和仰拱的位置，EDZ 的上边界为拱顶 8 m，下边界为仰拱 2 m 处。

(2)DK68＋360.404

DK68＋360.404 微震事件平面图如图 3-77 所示，北视图如图 3-78 所示。

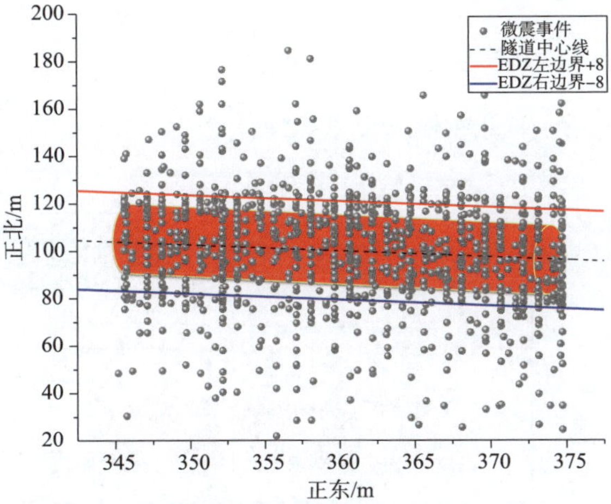

图 3-77　DK68＋360.404 微震事件平面图

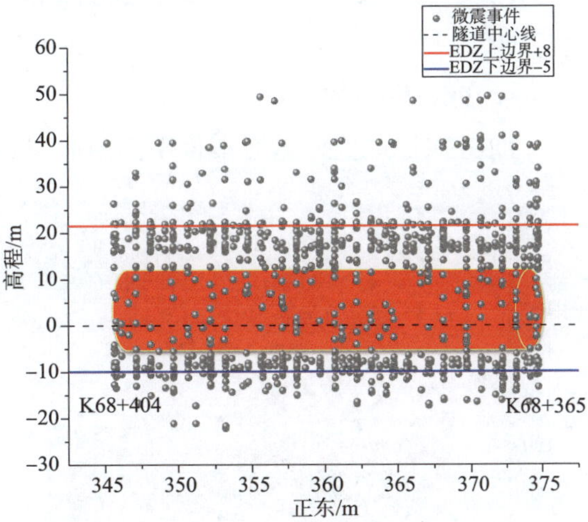

图 3-78　DK68＋360.404 微震事件北视图

当前里程处微震事件数目为 3 182，从图 3-77 可知，EDZ 的左边界位于隧道边界的 8 m，右边界位于隧道边界的 8 m，同时看出左侧的微震事件数多于右侧。从图 3-78 中可以看出，微震事件主要集中在拱顶和底板的位置，EDZ 的上边界为拱顶 9.5 m，下边界为底板 5 m 处。

(3)DK68＋330.360

DK68＋330.360 微震事件平面图如图 3-79 所示，北视图如图 3-80 所示。

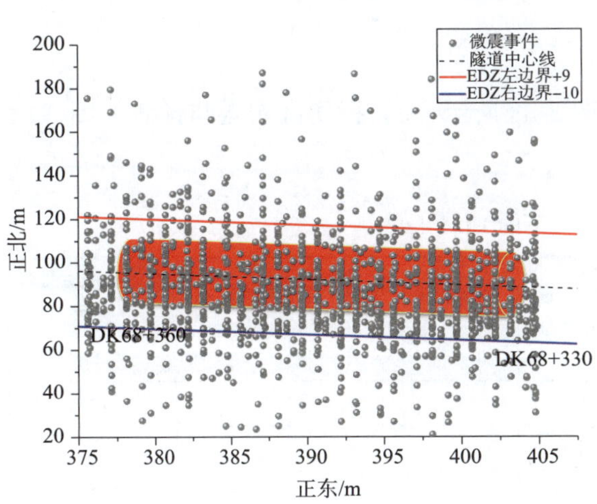

图 3-79　DK68＋330.360 微震事件平面图

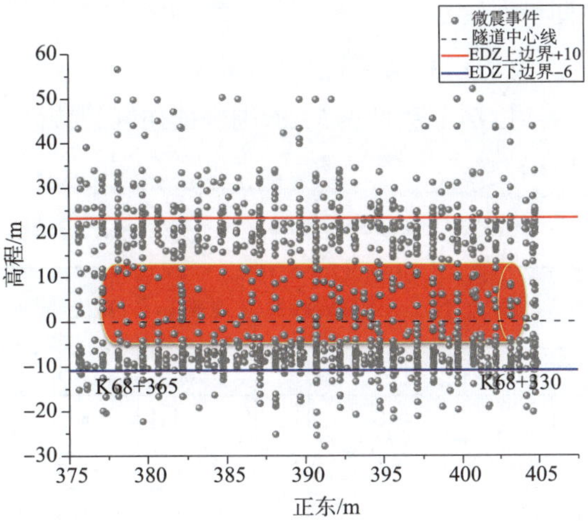

图 3-80　DK68＋330.360 微震事件北视图

当前里程处微震事件数目为 4 326，从图 3-79 可知，EDZ 的左边界位于隧道边界的 9 m，右边界位于隧道边界的 10 m，同时看出右侧的微震事件数多于左侧。从图 3-80 中可以看出，微震事件主要集中在拱顶和仰拱的位置，EDZ 的上边界为拱顶 10 m，下边界为仰拱 6 m 处。

(4)DK68＋305.330

DK68＋305.330 微震事件平面图如图 3-81 所示，北视图如图 3-82 所示。

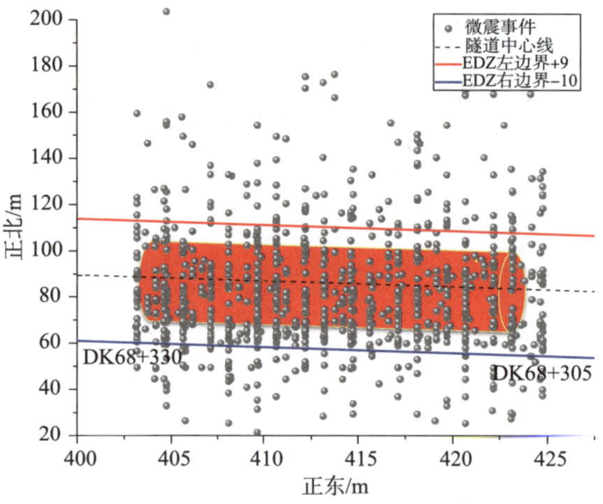

图 3-81　DK68＋305.330 平面图

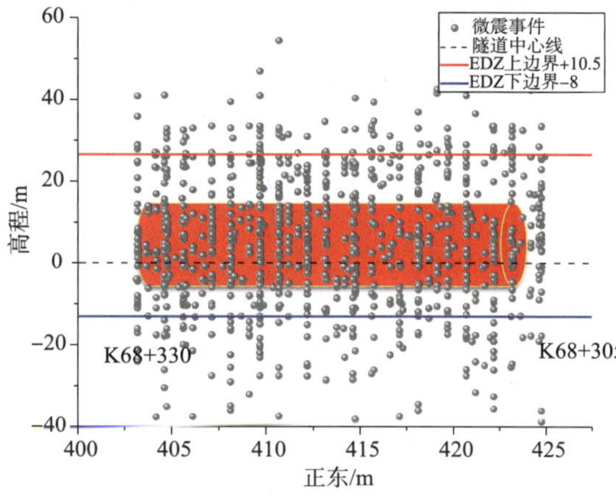

图 3-82　DK68＋305.330 北视图

当前里程处微震事件数目为 3 785，从图 3-81 可知，EDZ 的左边界位于隧道边界的 8.5 m，右边界位于隧道边界的 10 m，同时看出右侧的微震事件数多于左侧。从图 3-82 中可以看出，微震事件主要集中在拱顶和仰拱的位置，EDZ 的上边界为拱顶 10.5 m，下边界为仰拱 8 m 处。

(5)汇总与分析

EDZ 汇总见表 3-28，围岩损伤区的特性如图 3-83 所示，围岩损伤区实测与预测如图 3-84 所示。

表 3-28　4 个断面条件下的 EDZ 汇总

里　　程	围岩级别	跨度/m	高度/m	拱顶/m	左侧/m	右侧/m	拱底/m	单位长度事件的数目
DK68＋404～＋448	Ⅲ	19.3	14.1	8	6	7.5	2	44
DK68＋360～＋404	Ⅲ	24.3	16.1	9.5	8	8	5	72
DK68＋330～＋360	Ⅳ	27.7	17.5	10	9	10	6	144.2
DK68＋305～＋330	Ⅳ	31.1	18.8	10.5	8.5	10	8	151.4

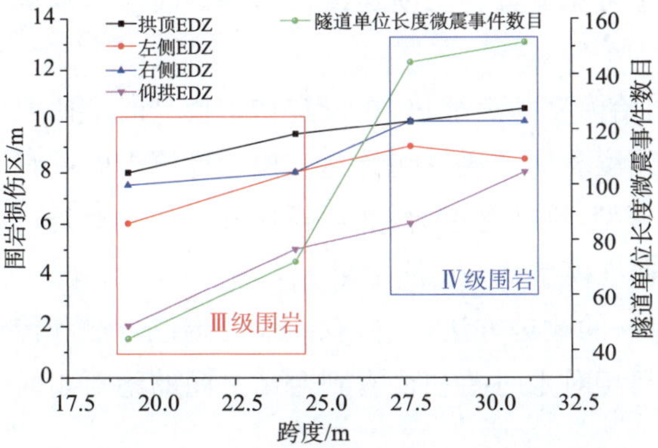

图 3-83　不同跨度和围岩条件下损伤区的特性

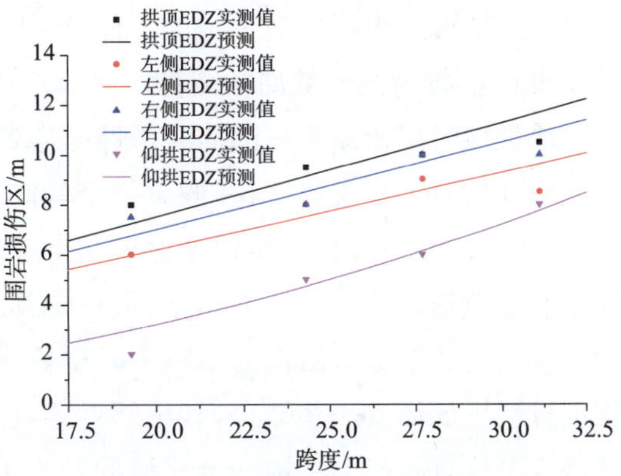

图 3-84　围岩损伤区实测与预测

通过对微震数据以及损伤区的分析，得到如下结论：

①从图 3-83 和图 3-84 中可以看出，对于同一围岩条件，跨度越大，隧道单位长度下的微震事件越多，表明跨度越大，围岩开裂越多，隧道开挖产生的围岩损伤区域越大。Ⅲ级围岩条件下的 2 种跨度下，跨度从 19.3 m 到 24.3 m，跨度提高 53%，单位长度事件的数目提高 64%。同时，围岩越弱，隧道单位长度下的微震事件越多，这是由于较弱的围岩其强度较低，随着应力的调整，很容易导致岩体开裂。从图中可以看出，针对跨度和围岩条件两个因素而言，围岩条件对隧道单位长度下的微震事件的影响较大，不同围岩条件，差异较大。即使考虑跨度的因素，Ⅳ级围岩的单位长度事件的数目是Ⅲ级围岩的 2 倍以上。

②围岩损伤区总体而言，拱顶较大，侧墙次之，仰拱的最小。当跨度较小时，三者差异明显，仰拱的损伤区较小，当跨度较大时，三者的差异较小。在不同跨度条件下，围岩的损伤区与跨度成正相关，跨度越大围岩的损伤区越大。

③将损伤区归一化以后（EDZ/L），在Ⅲ级和Ⅳ级围岩，通过线性拟合可以得到：拱顶的 EDZ 预测方程为 $EDZ_{拱顶}=0.376L$，左侧 EDZ 预测方程为 $EDZ_{左侧}=0.309L$，右侧 EDZ 预测方程为 $EDZ_{右侧}=0.35L$，仰拱的 EDZ 随跨度的增大变化明显，经过非线性拟合可以得到 EDZ 预测方程为 $EDZ_{仰拱}=0.008L^2$。

④在随着围岩从Ⅲ级向Ⅳ级的减弱，即使单位长度事件的数目增大明显，微震事件产生较多。但是围岩的损伤区，并未产生较大的增大，表明Ⅲ级向Ⅳ级围岩转换过程中，微震事件的增加，主要还是集中在既有的损伤区以内，并未向外明显扩张。

3.5.3　大跨过渡段围岩 P 波波速场及损伤区

除了微震定位技术，利用微震数据中 P 波、S 波到时和振幅等信息进行反演目标区速度模型和衰减结构在研究火山地震等方面也有着重要的应用。和普通的地震信号一样，微震信号里的许多信息（到时、振幅、相位等）都可以在一定程度上反映其穿过目标区岩石物性和大地构造情况。根据反演参数的不同，层析成像可主要分为反演速度模型的走时层析成像和反演 Q 值模型的衰减层析成像。

地震走时层析成像法的研究思路是给定初始模型并离散化，在设定初始模型时把研究区域划分为若干个小块体，并假设每个块体的速度相同。通过初始速度模型计算走时并将其与实际观测的走时比较，根据比较结果修改模型，再计算走时，然后再比较。如此反复比较修改直至迭代达到满意的精度，最终得到的速度模型就是反演结果。

双差层析成像方法作为地震走时层析成像法的改进方法，是将双差地震定位方法和传统走时层析成像方法相结合，利用邻近地震之间相对走时差和地震到台站之间的绝对走时进行震源位置和速度结构联合反演的方法。

1. 双差层析成像方法

所谓双差层析成像方法是指利用两射线路径相似的地震到时差反演地下速度结构的层析成像方法，利用到时差数据能提高速度结构反演的精度，但同时要求更丰富的数据，近年来地震台网分布越来越广，近震层析成像有了更好的发展前景，双差层析成像方法拥有了应用基础。

在双差定位方法的基础上提出了双差层析成像方法，假设有两个相邻的地震，他们到同一个台站的路径相似，对这两个地震的走时残差做差得到双差，利用该数据进行速度结构的反演。地震 i 到地震台站 k 的体波到时可以表示成积分形式：

$$T_k^i = \tau^i + \int_i^k u\,\mathrm{d}s \tag{3-43}$$

式中 τ^i——地震 i 的发震时刻；

u——慢度矢量；

$\mathrm{d}s$——路径积分元。

对于近震层析成像，震源坐标(x_1, x_2, x_3)、发震时刻、射线路径、慢度矢量都是未知的。地震到时和地震定位的关系是非线性的，为了方便计算，采用 Taylor 展开的方法使其线性化，同时用三维网格速度模型，就可以把式(3-43)写成一个线性的等式，r_k^i 是观测到时和理论到时差(扰动的震源与速度结构参数构成)。

$$r_k^i = \sum_{l=1}^{3} \frac{\partial T_k^i}{\partial x_k^i}\Delta x_k^i + \Delta\tau^i + \int_i^k \delta u\,\mathrm{d}s \tag{3-44}$$

对于地震 i 与地震 j 到台站 k 的走时残差 $\mathrm{d}r_k^{ij}$，则

$$\mathrm{d}r_k^{ij} = r_k^i - r_k^j = \sum_{l=1}^{3} \frac{\partial T_k^i}{\partial x_k^i}\Delta x_k^i + \Delta\tau^i + \int_i^k \delta u\,\mathrm{d}s - \sum_{l=1}^{3} \frac{\partial T_k^j}{\partial x_k^j}\Delta x_k^j - \Delta\tau^j - \int_j^k \delta u\,\mathrm{d}s \tag{3-45}$$

假定这两个地震事件相距很近，因此它们的路径是一致的，且速度结构是已知的，则

$$\mathrm{d}r_k^{ij} = r_k^i - r_k^j = \sum_{l=1}^{3} \frac{\partial T_k^i}{\partial x_k^i}\Delta x_k^i + \Delta\tau^i - \sum_{l=1}^{3} \frac{\partial T_k^j}{\partial x_k^j}\Delta x_k^j - \Delta\tau^j \tag{3-46}$$

$\mathrm{d}r_k^{ij}$ 也可以表达为两事件观测与理论到时差的差值，即

$$\mathrm{d}r_k^{ij}=r_k^i-r_k^j=(T_k^i-T_k^j)^{\text{观测}}-(T_k^i\text{-}T_k^j)^{\text{理论}} \tag{3-47}$$

假设P波和S波的射线路径是相同的，当速比恒定，$\dfrac{v_\mathrm{p}}{v_\mathrm{s}}$与S波、P波的到达时间的差异$T_\mathrm{s}-T_\mathrm{p}$的关系如下：

$$T_\mathrm{s}-T_\mathrm{p}=\int_{\text{path}}\left(\frac{1}{v_\mathrm{s}}-\frac{1}{v_\mathrm{p}}\right)\mathrm{d}l=\int_{\text{path}}\left(\frac{v_\mathrm{p}}{v_\mathrm{s}}-1\right)\frac{\mathrm{d}l}{v_\mathrm{p}} \tag{3-48}$$

式中　T_s，T_p——S波、P波到达同一台站的时间；

$\mathrm{d}l$——路径中的单位长度。

由于来自同一事件的S波和P波具有相同的起源时间，因此从这个方程中除去未知的起点时间。在这个算法中，v_p和$\dfrac{v_\mathrm{p}}{v_\mathrm{s}}$比值模型是用P和S到达时间来确定的。在每次迭代之后，用更新的v_p值和$\dfrac{v_\mathrm{p}}{v_\mathrm{s}}$波速比计算得到新的$v_\mathrm{s}$值，然后计算下一次迭代中计算的S波射线路径。

根据式(3-48)可以得到事件i到台站k的S、P到达时间残差与扰动事件的位置和$\dfrac{v_\mathrm{p}}{v_\mathrm{s}}$比率的线性关系。

$$\mathrm{d}r_{k\mathrm{sp}}^i=(T_{k\mathrm{s}}^i-T_{k\mathrm{p}}^i)^{\text{观测}}-(T_{k\mathrm{s}}^i-T_{k\mathrm{p}}^i)^{\text{理论}}=\sum_{l=1}^{3}\frac{\partial T_{k\mathrm{s}}^i}{\partial x_{l\mathrm{s}}^i}\Delta x_l^i-\sum_{l=1}^{3}\frac{\partial T_{k\mathrm{p}}^i}{\partial x_{l\mathrm{p}}^i}\Delta x_l^i+\int_i^k\delta\left(\frac{v_\mathrm{p}}{v_\mathrm{s}}\right)\frac{\mathrm{d}l}{v_\mathrm{p}} \tag{3-49}$$

式中　$(T_{k\mathrm{s}}^i-T_{k\mathrm{p}}^i)^{\text{观测}}$，$(T_{k\mathrm{s}}^i-T_{k\mathrm{p}}^i)^{\text{理论}}$——S、P到达同一台站的观测时间差、理论时间差；

$\delta\left(\dfrac{v_\mathrm{p}}{v_\mathrm{s}}\right)$——$\dfrac{v_\mathrm{p}}{v_\mathrm{s}}$的扰动值。

根据双差成像方程，可以得到对于地震i与地震j到台站k的S、P走时残差$\mathrm{d}r_{k\mathrm{sp}}^{ij}$，则

$$\begin{aligned}&\mathrm{d}r_{k\mathrm{sp}}^{ij}=\mathrm{d}r_{k\mathrm{sp}}^i-\mathrm{d}r_{k\mathrm{sp}}^j\\&=\sum_{l=1}^{3}\frac{\partial T_{k\mathrm{s}}^i}{\partial x_{l\mathrm{s}}^i}\Delta x_l^i-\sum_{l=1}^{3}\frac{\partial T_{k\mathrm{p}}^i}{\partial x_{l\mathrm{p}}^i}\Delta x_l^i+\int_i^k\delta\left(\frac{v_\mathrm{p}}{v_\mathrm{s}}\right)\frac{\mathrm{d}l}{v_\mathrm{p}}-\left(\sum_{l=1}^{3}\frac{\partial T_{k\mathrm{s}}^j}{\partial x_{l\mathrm{s}}^j}\Delta x_l^j-\sum_{l=1}^{3}\frac{\partial T_{k\mathrm{p}}^j}{\partial x_{l\mathrm{p}}^j}\Delta x_l^i+\int_j^k\delta\left(\frac{v_\mathrm{p}}{v_\mathrm{s}}\right)\frac{\mathrm{d}l}{v_\mathrm{p}}\right)\\&=\sum_{l=1}^{3}\left(\frac{\partial T_{k\mathrm{s}}^i}{\partial x_{l\mathrm{s}}^i}-\sum_{l=1}^{3}\frac{\partial T_{k\mathrm{p}}^j}{\partial x_{l\mathrm{p}}^j}\right)\Delta x_l^i-\sum_{l=1}^{3}\left(\frac{\partial T_{k\mathrm{p}}^i}{\partial x_{l\mathrm{p}}^i}-\frac{\partial T_{k\mathrm{s}}^j}{\partial x_{l\mathrm{s}}^j}\right)\Delta x_l^i+\int_i^k\delta\left(\frac{v_\mathrm{p}}{v_\mathrm{s}}\right)\frac{\mathrm{d}l}{v_\mathrm{p}}-\int_j^k\delta\left(\frac{v_\mathrm{p}}{v_\mathrm{s}}\right)\frac{\mathrm{d}l}{v_\mathrm{p}}\end{aligned} \tag{3-50}$$

方程表明，可以利用S、P波到达时间差直接对$\dfrac{v_\mathrm{p}}{v_\mathrm{s}}$结构进行成像，这些时间差可以从波形相似性的波形相关技术或直接从绝对数据中确定。

双差成像方法直接使用观测与理论到时差的差值和$\mathrm{d}r_k^{ij}$方程，由于事件的震源和速度结构之间的耦合效应，可以利用绝对走时数据确定震源区域以外区域的速度结构，利用到时差数据确定震源区的精细速度结构，双差层析成像可以通过适当调整速度结构来提高地震定位的精度，地震定位的相对精确可以降低由于射线路径的不同造成的速度结构反演的误

差，从而提高速度结构反演的精度，因此相比于标准的层析成像方法（仅采用绝对到时），双差层析成像方法可以得到更精确的速度结构和地震定位结果。

2. 大跨过渡段波速场成像结果

利用双差层析成像法，同时基于隧道开挖的爆破和由开挖产生的微震事件，对隧道围岩的速度场进行反演，得到P波层析成像。根据大跨过渡段的围岩和断面的情况，选取4种典型的断面进行P波成像，见表3-29和图3-85～图3-88。

表3-29　波速成像断面情况/m

断面位置	断面形式	围岩条件	跨　度	高　度
DK68+420	1-1	Ⅲ	19.3	14.1
DK68+379	2-2	Ⅲ	24.3	16.1
DK68+358	3-3	Ⅲ	27.7	17.5
DK68+326	4-4	Ⅳ	31.1	18.8

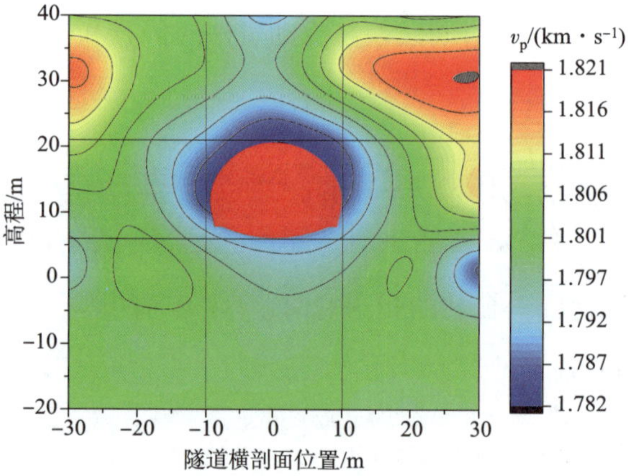

图3-85　DK68+420断面波速场

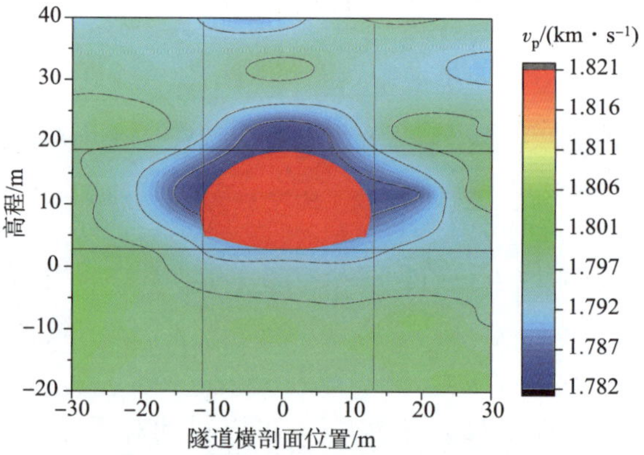

图3-86　DK68+379断面波速场

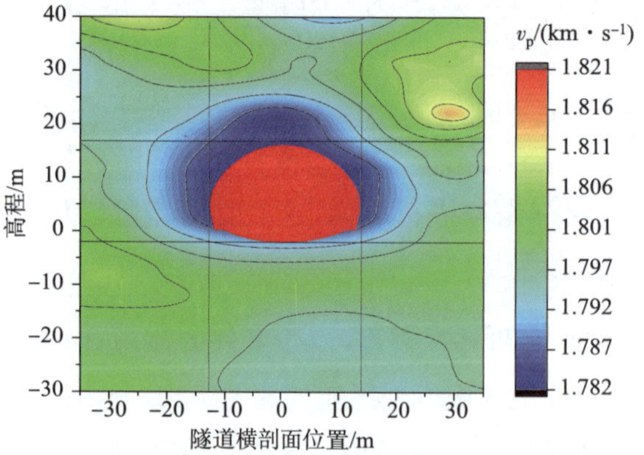

图3-87　DK68+358断面波速场

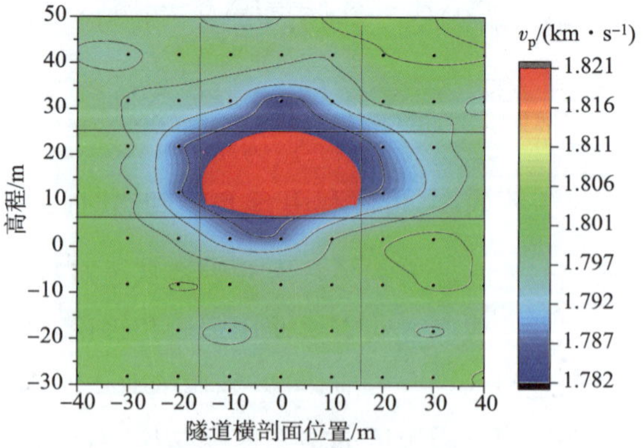

图3-88　DK68+326断面波速场

3. 大跨过渡段围岩损伤区分析

根据 P 波成像的结果可以看出，隧道开挖完成以后，周围产生一定范围的低速带，并与隧道形状相似，总体而言，拱顶的最大，两侧次之，仰拱最小。两侧的低速带总体呈现对称的趋势，但是也存在一些差异。

大量的研究结果表明，隧道开挖将会使得周围的岩体产生开裂损伤，这就使得周围岩体的波速降低，明显低于开挖未扰动的区域，声波速度降低的幅度越大，表示损伤越严重，因此可以用波速场中的低速带区域分析围岩受开挖扰动产生的损伤区。将低速带的距离隧道不同位置的宽度进行汇总，见表 3-30。

表 3-30　围岩损伤区汇总/m

断面位置	断面形式	围岩条件	跨度	高度	施工步序	拱顶 EDZ	左侧墙 EDZ	右侧墙 EDZ	仰拱 EDZ
DK68+420	1-1	Ⅲ	19.3	14.1	上台阶	4.5			
					开挖完成	5	4	4.5	2
DK68+379	2-2	Ⅲ	24.3	16.1	上台阶	5.5			
					开挖完成	6.25	5	7.1	2.1
DK68+358	3-3	Ⅲ	27.7	17.5	上台阶	6.3			
					开挖完成	7.1	5.8	5.4	3.75
DK68+326	4-4	Ⅳ	31.1	18.8	上台阶	7.2			
					开挖完成	8.57	6.7	6.1	4.3

针对Ⅲ级围岩条件的三种不同断面形式下围岩损伤区进行分析，可随着断面尺寸（跨度、高度）的增大，围岩的损伤区也随之加大，表明较大断面形式情况下，围岩扰动程度较大。在当前的围岩条件下，拱顶的损伤区最大，两侧次之，仰拱的最小，两侧的损伤区大致为拱顶损伤区的 80%，不同跨度和围岩条件下损伤区的范围如图 3-89 所示。

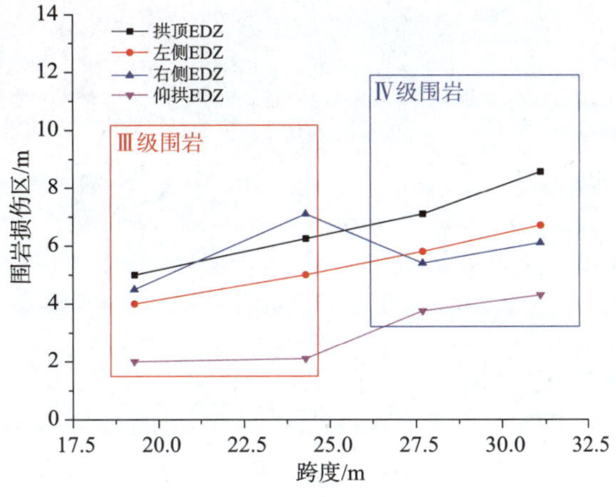

图 3-89　不同跨度和围岩条件下损伤区范围

由于开挖的方法采用的是多台阶开挖，因此得到上台阶开挖和开挖两种条件下的隧道拱顶损伤区范围。通过计算拱顶的两个损伤区的范围的比值 α，可以得到：

（1）三种跨度下的 α 值大于 85%，表明隧道拱顶的损伤区的主要是由上台阶开挖产生的，在上台阶开完成以后，损伤区发展基本稳定，下台阶的施工对拱顶的影响较小。

（2）随着跨度的增加，α 逐渐降低，这说明开挖跨度越大，下台阶开挖对拱顶的损伤区影响越大，如图 3-90 所示。

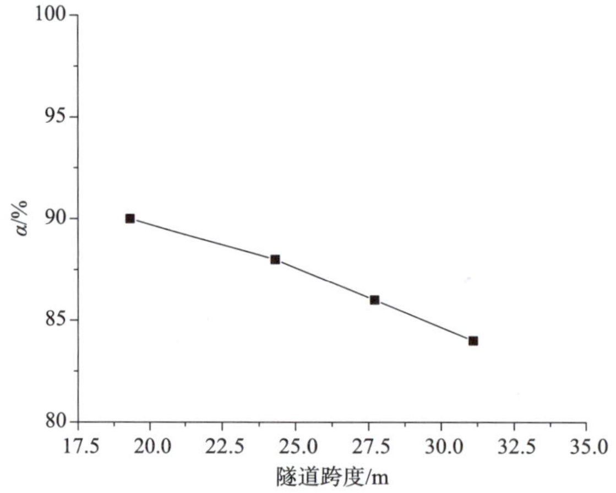

图 3-90　不同跨度下台阶开挖损伤区的范围比值 α

4. 波速成像损伤区和微震事件分布分析

以断面 DK68＋420 为对象，绘制断面波速场与微震事件分布图（图 3-91），从中可以看

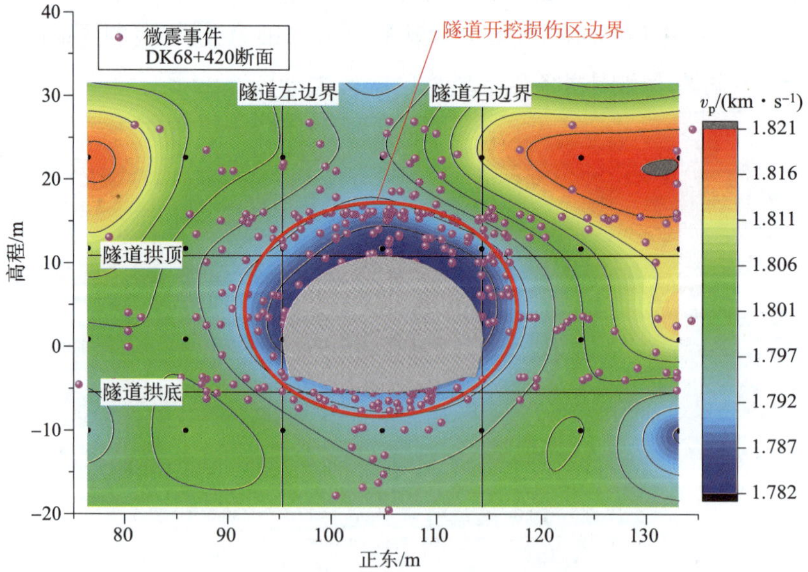

图 3-91　DK68＋420 断面波速场与微震事件分布

出微震事件主要集中在低速带区域，开挖未扰动区域微震事件较少，同时，波速越低，微震事件越集中，表明通过微震事件对损伤区进行界定有较好的精度。通过波速成像的 EDZ 圈内包含整个断面微震事件的 92%，因此在不具备成像技术的条件下，通过微震事件的分布就可以获得损伤区的边界，从而进行支护设计。

5. 支护设计建议

(1)隧道开挖完成以后，如果不及时采取支护措施，随着时间的推移，应力重分布的继续进行，在应力作用下，岩体强度弱化，继续产生新的裂缝，同时既有的裂缝将会变大，宏观上围岩产生新的损伤区，损伤区也随之扩大，围岩的松动范围加剧，不加以控制将产生较大的围岩变形，这就使得锚杆锚索注浆的加固和支护作用显得非常重要。

(2)根据锚索的设计原则，锚索的锚固段应该施作于稳定的岩体中(提供稳定的支撑点)，以对开挖扰动的围岩进行有效支护，同时锚索通过提供径向力 σ_3，改善围岩应力状态，提高围岩的强度，约束围岩的变形，从而遏制围岩的进一步损伤破坏。因此在当前的实测结果下，锚索的自由端长度 l 应该大于围岩的损伤区范围 l_{EDZ}，考虑到一定的安全系数 F，则应该有 $l \geqslant Fl_{EDZ}$。对于锚固力，应该在自由端长度 Fl_{EDZ} 的基础上，结合损伤区的岩体特性、锚杆锚索承载拱的特点，对锚固力进行计算，从而使得锚索杆体变形 $\varepsilon < [\varepsilon]$。

(3)对于断面 DK68+379，右侧墙的损伤区明显大于左墙，主要是由于当前断面的岩体不均匀，右侧墙后方的局部岩体较为破碎，因此隧道右墙部位需要加强支护。这就要求施工过程中及时根据开挖揭露的岩体质量特性或者根据超前地质预报的结果，对支护进行适当的更改，进行不均匀的支护设计。

3.5.4　大跨过渡段地表爆破振动安全性

对于爆破振动的研究，需要在注重总结质点峰值振动速度的衰减规律的同时，对爆破地震波中频率的分布特征以及衰减规律进行更深入的研究，这对爆破振动控制的理论研究和工程应用都具有重要的意义。本研究在新八达岭隧道大跨过渡段进行现场测试，该段位于八达岭长城风景区内，地表有很多重要的基础设施，因此通过地表与洞内建立微震监测系统，进行施工爆破振动监测，从而确定当前爆破施工的安全性，同时分析爆破振动的传递规律，得到爆破振动的重要参数(PPV，f_c)的预测公式，为隧道穿越长城核心区的爆破参数确定和安全性控制提供理论依据。

1. 现场微震监测数据概况

微震监测技术作为一种先进和行之有效的监测手段，在国内外隧道施工监测以及后期安全运营中得到了不少应用，已成为围岩稳定性研究、爆破监测和施工风险管理的一个重要手段。本次采用地表与导洞内结合的微震监测方案开展隧道爆破施工监测，主要进行地表爆破振动监测。

通过地表(9 个检波器)与洞内(12 个检波器)布设微震监测系统进行监测,对围岩级别、装药量 Q,爆破点到地面点的距离 R,以及传播地面的三向 PPV、拐角频率 f_c、矩震级 M_w 进行测量与收集,然后对数据进行整理分析。

2. 质点峰值速度(PPV)实测数据分析

工程中通常是根据现场振动监测结果按萨道夫斯基公式进行回归分析,得到萨道夫斯基公式的参数,然后预测爆破振动速度的值。萨道夫斯基公式是大量实测数据和相似律原理得到的经验公式:

$$v=K\cdot\left(\frac{\sqrt[3]{Q}}{R}\right)^{\alpha} \tag{3-51}$$

式中 R——测点到药包中心的距离,m;

Q——炸药总装药量,kg;

v——质点振动速度,cm · s^{-1};

K——与爆破场地条件有关的参数;

α——与地质有关的系数。

萨道夫斯基公式回归分析方法的计算步骤如下:

步骤 1:将式(3-51)进行变换后得到 $\ln v=\ln K+\alpha\cdot\ln\left(\frac{\sqrt[3]{Q}}{R}\right)$;

步骤 2:令 $Y=\ln v, b=\ln K, X=\ln\left(\frac{\sqrt[3]{Q}}{R}\right)$,则有 $Y=b+\alpha X$。

步骤 3:基于大量的实测数据,通过线性回归分析,分析 Y 和 X 数据之间的线性关系,得到参数 K 和 α。

(1)地表实测 PPV 数据分析

①PPV 数据分析与预测公式的提出

当前微震监测系统,实测到的地表测点的质点峰值速度(PPV)是包含三个方向的质点峰值速度(PPV_x,PPV_y,PPV_z)。

$$PPV=\sqrt{PPV_x^2+PPV_y^2+PPV_z^2} \tag{3-52}$$

对 447 个总的 PPV 数据进行整理,通过简化以后的线性回归方法进行拟合,如图 3-92 所示,从图中可以看出,由于当前围岩条件的复杂性,Y 与 X 的取值范围较大,但是依旧可以看出其存在一定的线性关系,大部分数据(99.5%)集中在两条斜率相同的直线之间。

针对当前地质条件下的 Y 与 X 拟合的上下限和均值回归公式,并通过上下限拟合结果得到可以用于预测 PPV 的均值回归公式,然后根据步骤 2 反推得到参数 K 和 α,具体结果见图 3-92、图 3-93 和表 3-31。

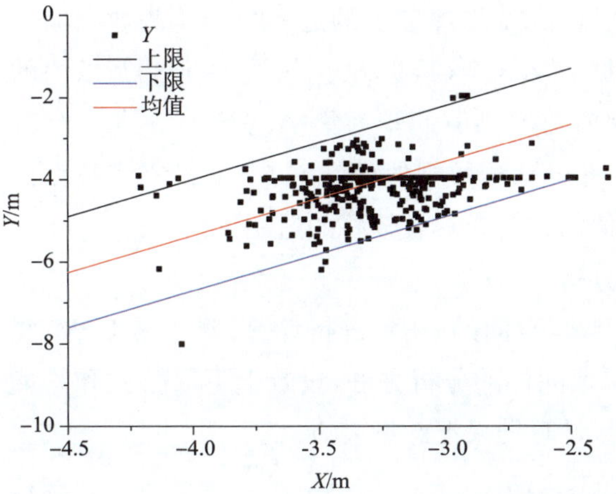

图 3-92　地表测点(总的 PPV)Y 与 X 线性拟合结果

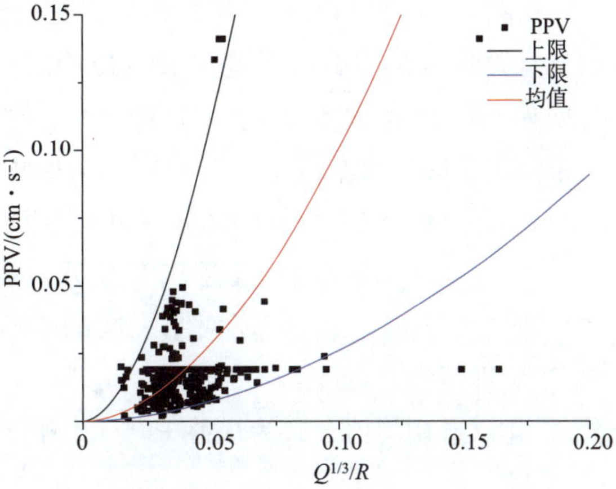

图 3-93　地表测点(总的 PPV)拟合结果

表 3-31　地表测点 PPV 拟合结果汇总

项　　目	上限公式	均值公式	下限公式
Y 与 X 的线性回归公式	$Y=1.8X+3.2$	$Y=1.8X+1.85$	$Y=1.8X+0.5$
PPV 预测公式	$PPV=24.53\cdot\left(\frac{\sqrt[3]{Q}}{R}\right)^{1.8}$	$PPV=6.36\cdot\left(\frac{\sqrt[3]{Q}}{R}\right)^{1.8}$	$PPV=1.65\cdot\left(\frac{\sqrt[3]{Q}}{R}\right)^{1.8}$

根据线性回归分析，可以得到针对当前的地质条件下衰减系数 α 为固定的值，$\alpha=1.8$，K 根据围岩条件的不同存在不同的取值，其取值范围为 6.36～24.53，出于计算的考虑，当前的地质条件中可以近似采用 $K=6.36$，即可以用均值公式进行 PPV 的预测。

$$PPV=6.36\cdot\left(\frac{\sqrt[3]{Q}}{R}\right)^{1.8} \tag{3-53}$$

②误差分析

通过对采用式(3-53)计算得到的 PPV 进行相对误差分析，以 $X=Q^{1/3}/R$ 为 x 坐标，相对误差为 y 坐标得到相对误差分布图，如图 3-94 所示，同时得到数据的预测值与实测值的对比图，如图 3-95 所示。

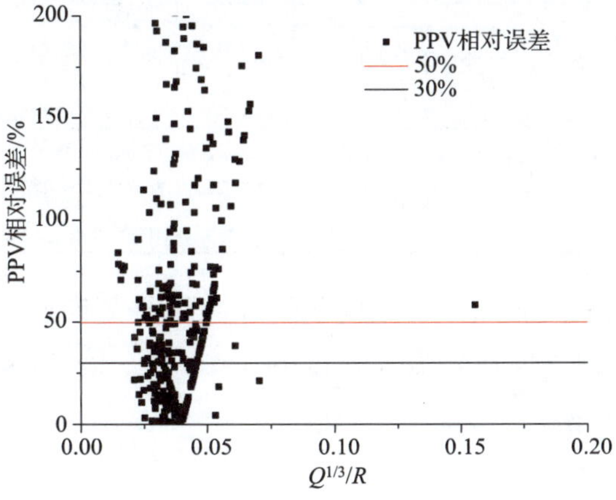

图 3-94　均值公式的相对误差

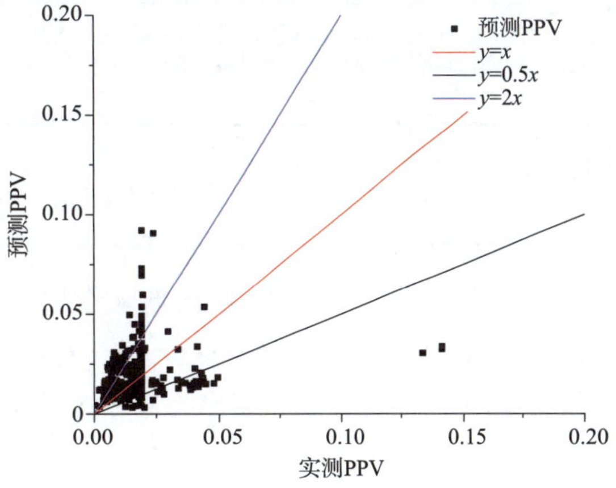

图 3-95　PPV 实测值与预测值对比

从图 3-94 可以看出，采用均值公式进行预测值，53 组爆破下的近 447 个监测数据的平均相对误差为 65.46%，误差在 50%以内的数据有 268 个（接近 60%），误差在 30%以内的数据有 178 个（接近 40%）。根据图 3-95，预测值与实测值的较为集中，$y=0.5x$ 与 $y=2x$ 两条曲线之间的数据占总数据的 75%，表明大部分预测数据值处在 0.5～2 倍实测数据值之间。因此通过误差分析的结果，可以表明均值回归公式具有较好的适用性。

（2）地表实测的水平/竖直 PPV 实测数据分析

通过式（3-54）、式（3-55）对水平向的 PPV 与竖直向的 PPV 进行计算，对水平 PPV、竖向 PPV 进行拟合，如图 3-96 和图 3-97 所示，采取同样的分析方法，设置上下限公式和均值公式，建议选用均值公式为最终 PPV 预测公式，计算结果汇总见表 3-32。

$$\mathrm{PPV}_H=\sqrt{\mathrm{PPV}_x^2+\mathrm{PPV}_y^2} \tag{3-54}$$

$$\mathrm{PPV}_V=\mathrm{PPV}_z \tag{3-55}$$

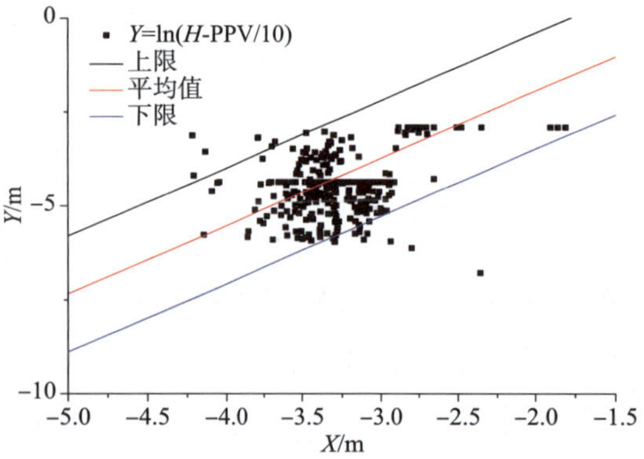

图 3-96 地表测点（水平 PPV）
Y 与 X 线性拟合结果

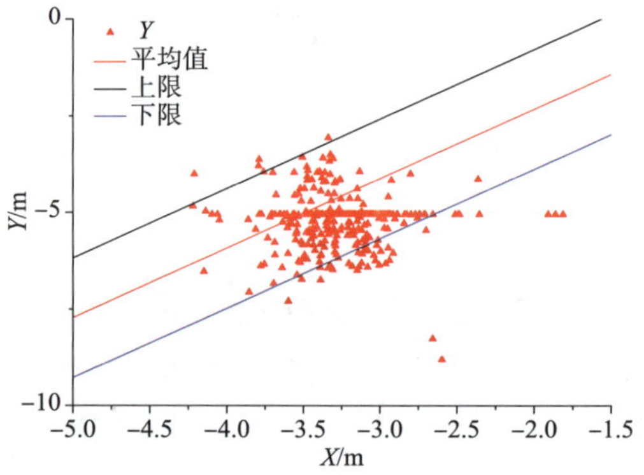

图 3-97 地表测点（竖直 PPV）
Y 与 X 线性拟合结果

表 3-32 水平/竖直 PPV 预测公式汇总表

项 目	上 限	均 值	下 限
PPV_H 预测公式	$\mathrm{PPV}_H=20.09\cdot\left(\frac{\sqrt[3]{Q}}{R}\right)^{1.8}$	$\mathrm{PPV}_H=5.26\cdot\left(\frac{\sqrt[3]{Q}}{R}\right)^{1.8}$	$\mathrm{PPV}_H=1.13\cdot\left(\frac{\sqrt[3]{Q}}{R}\right)^{1.8}$
PPV_V 预测公式	$\mathrm{PPV}_V=16.78\cdot\left(\frac{\sqrt[3]{Q}}{R}\right)^{1.8}$	$\mathrm{PPV}_V=3.58\cdot\left(\frac{\sqrt[3]{Q}}{R}\right)^{1.8}$	$\mathrm{PPV}_V=0.76\cdot\left(\frac{\sqrt[3]{Q}}{R}\right)^{1.8}$

从测试结果可以看出，爆破振动作用下，水平向质点振动速度 PPV_H 大于垂直向质点振动速度 PPV_V，且水平向质点振动速度大致是垂直向质点振动速度的 1.2～1.5 倍，因此可以将水平向质点振动速度作为爆破振动安全判据。

3. 爆破振动频率分析

(1)爆破振动频率分布规律

通过微震监测系统对爆破信号进行处理，得到波形图、时频分析图和频谱分析图，以其中的 2 个爆破信号(date:2017-05-19)为例，分析其频带范围以及拐角频率的大小。信号 1 的波形图和时频分析图如图 3-98 所示，由图可以看出本次爆破信号持续的时间为 1.3～2.0 ms，爆破信号的频带为 20～80 Hz，进一步根据频谱分析图，主频率(拐角频率)是 60 Hz，同时 30 Hz 左右也呈现较强能量。根据信号 2 的波形图、时频分析图(图 3-99)，可以看出本次爆破信号持续的时间为 1.3～1.9 ms，爆破信号的频带为 20～70 Hz，进一步根据频谱分析图，主频率(拐角频率)是 35 Hz，同时 65 Hz 左右也呈现较强能量。

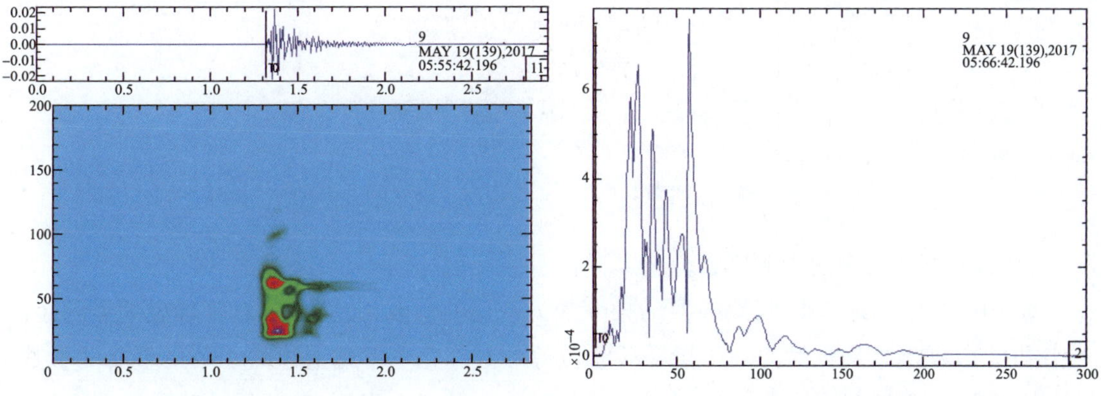

(a)波形图和时频分析图　　(b)频谱分析图

图 3-98　爆破信号 1

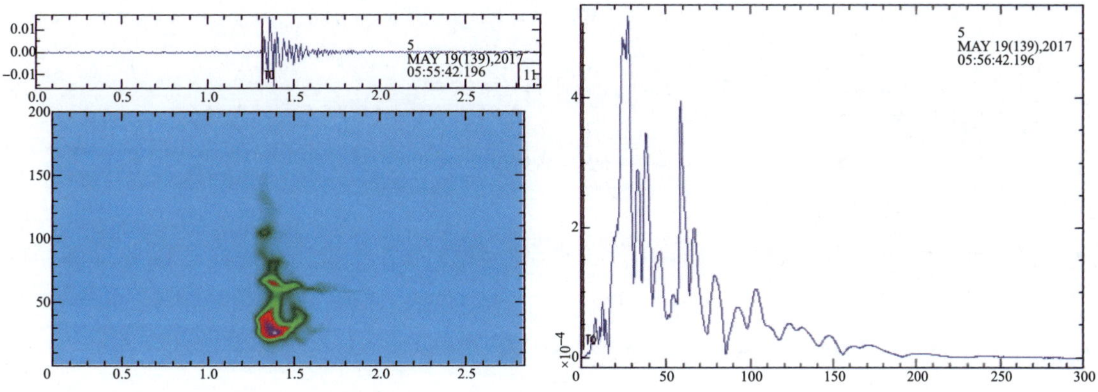

(a)波形图和时频分析图　　(b)频谱分析图

图 3-99　爆破信号 2

地震波不同辐射方向上接收点记录到同一地震的频率是不同的，传播路径的影响是很大的，实测数据结果表明当前的爆破地震频率分布较为均匀而且分散，从图中可以看出当前53组爆破信号的拐角频率分布较广，范围为40～140 Hz，但是仍有一定程度的集中，主要集中在60～110 Hz之间（占比73%），同时以60～80 Hz（占比34%）、90～110 Hz（占比32%）这两个频带中出现的次数最多。爆破测试中爆破信号拐角频率的分布如图3-100所示。

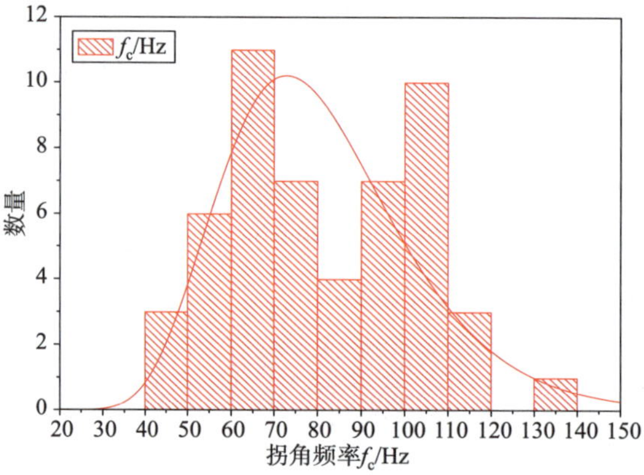

图3-100 爆破测试中爆破信号拐角频率的分布图

（2）爆破振动频率的影响因素分析

对于山岭隧道的爆破，与爆破振动频率最为密切的参数，分别是测点距爆破地点的距离R、总药量Q和爆破地点的距离传播介质参数等参数。充分考虑上述的3个最重要的参数，提出基于实测的PPV数据和f_c的特性方程（Ricker公式），得到f_c新的计算公式。

$$\mathrm{PPV}=\frac{e^{-\frac{\pi}{\beta}f_cR}}{R^{1/2}} \tag{3-56}$$

$$\mathrm{PPV}=K\cdot\left(\frac{\sqrt[3]{Q}}{R}\right)^{\alpha} \tag{3-57}$$

联立式（3-56）和式（3-57）可以得到f_c新的计算公式。

$$f_c=\frac{\beta}{\pi R}\ln\left(\frac{R^{\alpha-1/2}}{KQ^{1/3\alpha}}\right) \tag{3-58}$$

式中 β——岩体的吸收因子。

根据计算结果以及安全性考虑，给出当前地质参数为$K=1.65$、$\alpha=1.8$，因此得到当前的f_c的计算公式为

$$f_c=\frac{\beta}{\pi R}\ln\left(\frac{R^{1.3}}{1.65Q^{0.6}}\right) \tag{3-59}$$

对同一围岩条件下的数据进行拟合分析，得到不同围岩条件下震中距与拐角频率的关系，如图3-101所示，通过拟合得到不同围岩对应的β值。

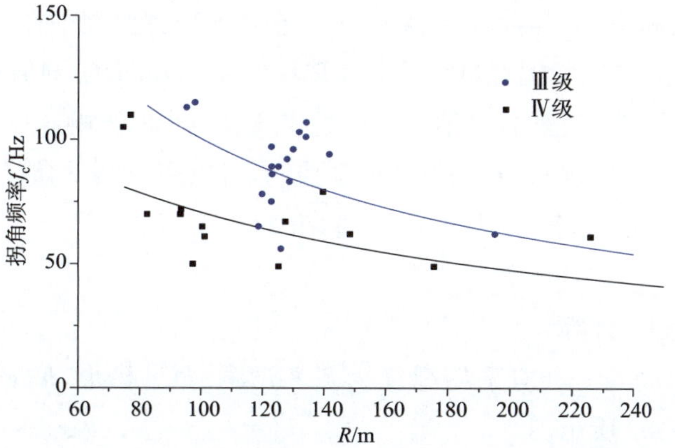

图 3-101 不同围岩条件下拐角频率 f_c 与震中距 R 的关系

Ⅲ级围岩条件下，$\beta=12\ 000$，因此建议 f_c 预测公式为

$$f_c=\frac{12\ 000}{\pi R}\ln\left(\frac{R^{1.3}}{1.65Q^{0.6}}\right) \tag{3-60}$$

Ⅳ级围岩条件下，$\beta=10\ 000$，因此建议 f_c 预测公式为

$$f_c=\frac{10\ 000}{\pi R}\ln\left(\frac{R^{1.3}}{1.65Q^{0.6}}\right) \tag{3-61}$$

4. 爆破施工安全性分析

(1)下穿古建筑的容许振动速度

隧道周围建筑物的爆破振动安全评价应采用所在地面质点的峰值振速和主频同时评价，针对爆破施工附近有历史性及敏感性建筑物时，应对地表的质点峰值速度进行更加严格的控制。一些国家对于历史性及敏感性建筑物进行保护所采用的爆破振动安全速度的控制值见表 3-33。从表中可以看出，我国的标准比较严格，也较为全面，可以用来保证既有历史性建筑物保护的安全。

表 3-33 不同国家的爆破振动安全允许标准

国　家	保护对象类别	安全允许振速/$(\text{cm}\cdot\text{s}^{-1})$		
中　国	历史性建筑	<10 Hz	10～50 Hz	50～100 Hz
		0.1～0.3	0.2～0.4	0.3～0.5
德　国	敏感性建筑	<10 Hz	10～50 Hz	50～100 Hz
		0.3	0.3～0.8	0.8～1.2
瑞　士	历史性及敏感性建筑	10～60 Hz		60～90 Hz
		0.8		0.8～1.2
印　度	古建筑	<8 Hz	8～25 Hz	>25 Hz
		0.2	0.5	1

注：表列频率为拐角频率，系指最大振幅所对应波的频率。

根据实测数据分析得到，当前53组爆破下的拐角频率主要集中在60～100 Hz，地表最大PPV为0.15 cm/s，选择我国标准的容许PPV为0.3 cm/s，实测值小于容许值，表明当前的隧道爆破施工是较为安全的，对地表建筑物将产生较小的影响。

对于隧道将穿越长城核心区时的爆破振动控制，可以用PPV均值预测公式对装药量Q进行一定的控制，使得地表PPV小于容许值（针对本工程保守设计，可以认为〔PPV〕=0.3）。

（2）长城的自振频率计算

八达岭长城城墙高6～9 m，平均高度为7.8 m，平面呈梯形，底宽6.5～7.5 m、顶宽4.5～5.8 m，如图3-102所示。

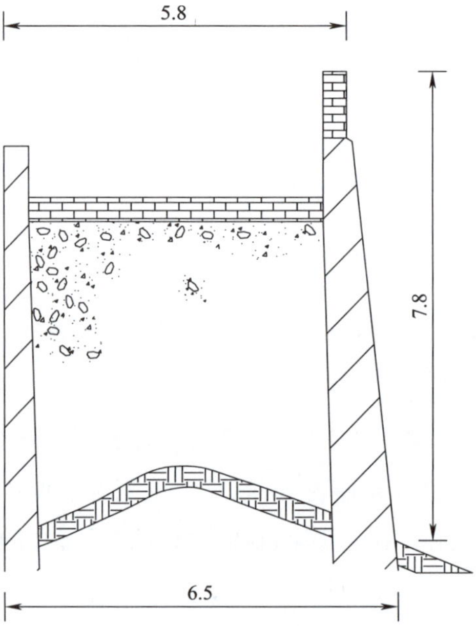

图3-102 八达岭长城城墙剖面（单位：m）

根据《古建筑防工业振动技术规范》将长城考虑为单层的砖石钟鼓楼、宫门结构，因此有Ψ=230 m/s，$\lambda_1=1.571$，$\lambda_2=4.712$，$\lambda_3=7.854$。

平均高度H=7.8 m的三阶自振频率为

$$f_1=\frac{1}{2\pi H}\lambda_1\Psi=\frac{1}{2\pi\times7.8}\times1.571\times230\ \text{Hz}=7.37\ \text{Hz} \tag{3-62}$$

$$f_2=\frac{1}{2\pi H}\lambda_2\Psi=\frac{1}{2\pi\times7.8}\times4.712\times230\ \text{Hz}=22.11\ \text{Hz} \tag{3-63}$$

$$f_3=\frac{1}{2\pi H}\lambda_3\Psi=\frac{1}{2\pi\times7.8}\times7.854\times230\ \text{Hz}=36.86\ \text{Hz} \tag{3-64}$$

从图3-103中可以看出，当前的大部分爆破振动的拐角频率大于隧道的自振频率，因此可以得到结论：当前的爆破不会使得长城产生较大的共振，而对于隧道施工下一步穿越长城核心区时，要求爆破信号的拐角频率大于其自振频率，避免长城在爆破下产生自振，因此可以用不同围岩下的拐角频率预测公式进行爆破信号的拐角频率的预测和参数设计，使得 $f_c \geqslant [f]$，对于本工程处于保守设计，可以认为 $[f]=36.86$ Hz。

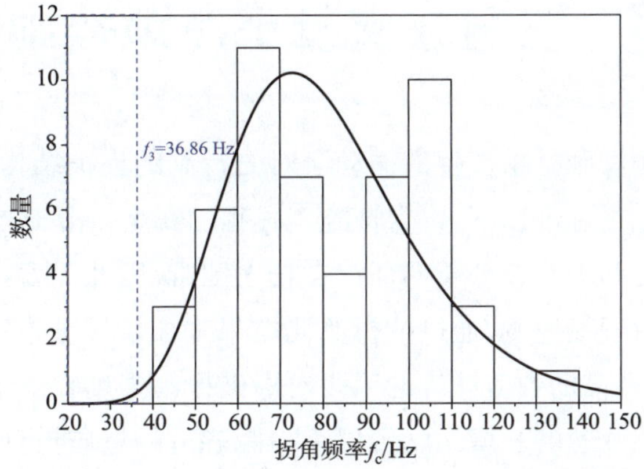

图 3-103　爆破测试中爆破信号拐角频率与长城自振频率对比图

第4章 三洞分离段小净距控制爆破技术

小净距隧道后行洞爆破开挖产生的振动会对先行洞的支护结构产生影响,故需要将引起的最大振动强度控制在标准以下,以保证施工过程的安全。由于自然条件比较复杂,采用理论方法计算振动强度的大小及分布特征存在较大困难,因此需要在后行洞掘进爆破时对先行洞的关键位置进行现场监测,通过分析监测结果来评价爆破方案的安全性。由于现场监测条件的局限性,需要借助数值计算的手段对爆破振动强度在隧道围岩内的分布特征进行研究。本章主要论述八达岭长城站站台层小净距隧道的爆破设计方案,模拟分析了设计方案的爆破振动特征,结合爆破监测确定小净距隧道的爆破控制标准。

4.1 三洞分离段爆破技术设计原则

4.1.1 掏槽形式及掏槽爆破参数

隧道爆破成败的关键是掏槽技术,综合考虑工程实施过程中开挖断面大小与宽度、岩石性质和钻孔机具配置等因素,本爆破工程采取楔形掏槽方式,如图4-1所示。

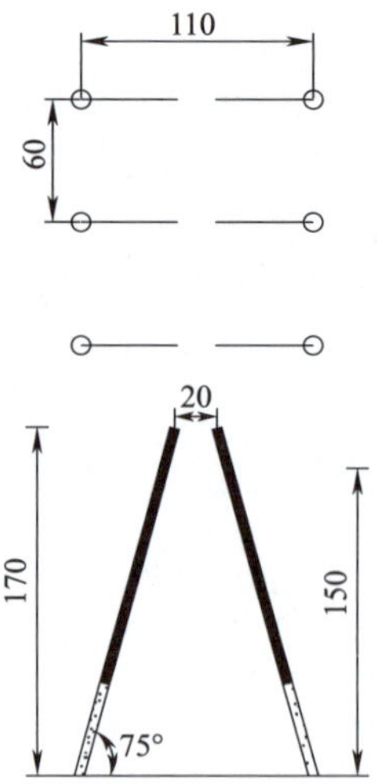

图4-1 楔形掏槽方式(单位:mm)

4.1.2　光面爆破参数设计

光面爆破的设计目的是在使隧道轮廓线内岩石爆落下来的前提下，尽量减少爆破对围岩的扰动，爆后围岩不产生爆生裂隙，隧道轮廓成形规整。因此光面爆破参数主要与炮孔装药量或装药集中度 q、装药不耦合系数 D、周边孔间距 E、光爆层厚度 W 有关。本设计采用理论计算与铁路光面爆破工程经验相结合的方法确定光爆参数。设计选定的光爆参数合理与否，与现场地质的变化情况息息相关，需要经过现场试爆或多循环统计研究，根据爆破效果进行调整与确定。

1. 本书采用的理论计算公式

本书的计算依据《隧道爆破现代技术》中介绍的岩石爆炸力学计算方法中理论计算公式。其基本原理是：炸药在炮孔中爆炸，作用在炮孔壁上的压力小于岩石抗压强度。

光面爆破不耦合系数：

$$D=\frac{d_k}{d_l}=\sqrt{(1-\alpha)\left(\frac{P_0}{[\sigma_c]}\right)^{\frac{1}{r}}+\alpha} \tag{4-1}$$

式中　D——不耦合系数；

d_k——炮孔直径，cm；

d_l——炸药直径，cm；

α——爆生气体分子余容系数；

P_0——爆生气体的初始压力，Pa；

$[\sigma_c]$——岩石的三轴抗压强度容许值，Pa；

r——绝热指数。

光面爆破周边孔距：

$$E=54.2976k_p\cdot d_l \tag{4-2}$$

式中　k_p——岩石抗破坏屈服系数，见表 4-1。

表 4-1　f、k_p 对应关系

参　数	数　值			
f	4～6	8	10	12
k_p	0.56	0.53	0.51	0.48

光爆层厚度的计算：

周边孔间距 E 与光爆层厚度 W 的比值为炮孔密集系数 m，是影响爆破效果的重要因素。

$$m=E/W \tag{4-3}$$

式中　E——周边炮孔间距，cm；

W——光爆层厚度,cm。

m 值一般取 0.7～1.0,普遍认为 0.8 最佳。

$$W=1.25E \tag{4-4}$$

光面爆破炮孔装填系数的计算公式为

$$\beta=\frac{E\cdot W\cdot[\tau]+[\sigma_e]\cdot E\cdot L}{([\sigma_e]\cdot d_k+[\sigma_e]\cdot E)\cdot L} \tag{4-5}$$

式中 β——光面爆破炮孔装填系数;

$[\tau]$——岩石抗剪强度容许值,MPa;

$[\sigma_e]$——岩石抗拉强度容许值,MPa;

L——炮孔深度,cm。

光面爆破单孔装药量的计算公式为

$$Q_k=\frac{1}{4}\pi\cdot d_1^2\cdot\beta\cdot L\cdot\rho_0 \tag{4-6}$$

式中 Q_k——单孔装药量,g;

ρ_0——炸药的密度,g/cm^3。

2. 一般铁路隧道光爆参数(经验)

$E=(8\sim10)d$;

$m=0.7\sim1.0$;

$W=(10\sim20)d$;

$D=1.25\sim2.0$;采用 $\phi25$ mm 药卷,$d=45$ mm 时,$D=1.8$;$d=42$ mm 时,$D=1.31$,可满足光爆要求;

$q=0.04\sim0.4$ kg/m(装药集中度)。

4.1.3 炮孔参数的确定及炮孔布置

1. 炮孔直径 d

根据开挖方案,三洞分离段工作面采用手持风钻钻孔,炮孔直径为 42 mm。

2. 炮孔深度 L、炮孔利用率 η

炮孔利用率设计为 $\eta=90\%$。

根据工期安排和施工进度计划,确保正规循环作业,按照《新建北京至张家口铁路JZSG-3 标段实施性施工组织设计》各施工单元开挖循环进尺要求,具体确定每个开挖作业面的炮孔深度。工作面炮孔深度为

$$L=循环进尺/0.9 \tag{4-7}$$

3. 炮孔数目 N 确定

(1)台阶法或三台阶法且开挖面积大于 20 m^2 的爆破工作面,根据隧道断面和岩石坚固

性系数进行估算。

$$N=3.3\cdot\sqrt[3]{f\cdot S^2} \tag{4-8}$$

式中　f——岩石坚固性系数，取 15；

S——断面面积，取 126.12 m^2。

(2)分步开挖的小导洞、导坑开挖，炮孔数目按式(4-9)确定。

$$N=\frac{K\cdot S}{\eta\cdot\gamma} \tag{4-9}$$

式中　N——炮孔数目，个；

K——导坑爆破单位炸药消耗量，$kg\cdot m^{-3}$；$S=4\sim6$ 时，K 取 1.5；$S=7\sim9$ 时，K 取 1.3；$S=10\sim12$ 时，K 取 1.2；$S=13\sim15$ 时，K 取 1.2；$S=16\sim20$ 时，K 取 1.1；

η——炮孔装药系数；

γ——炸药线装药密度，kg/m；

S——导坑开挖断面积，m^2。

4. 炮孔布置

周边孔布置在隧道开挖轮廓线上。

掏槽孔一般布置在断面中部偏下部位。为达到最佳掏槽效果，掏槽孔可根据工作面岩层变化情况做一定调整。

崩落孔以掏槽孔形成的槽洞为中心，分层均匀布置在掏槽孔和周边孔之间。布置时应根据隧道断面大小和形状调整抵抗线和孔距，以求炮孔数目少且能均布。

4.1.4　炸药及装药参数

1. 炸药选择

除光爆孔外，其他炮孔均选用 ϕ32 mm 2 号岩石乳化炸药。

2. 单位炸药消耗量

查阅相关定额或用式(4-10)计算。

$$q=1.1K_n\left(\frac{f}{S}\right)^{\frac{1}{2}} \tag{4-10}$$

式中　f——岩石坚固性系数；

S——开挖面积，m^2；

K_n——考虑不同炸药的修正系数，

$$K_n=525/P$$

其中　P——炸药做功能力，mL。

3. 单孔装药量的确定

根据不同围岩类别装药系数计算确定单孔装药量，见表 4-2。

表 4-2　不同等级围岩炮孔装药系数

炮孔名称	装药系数	
	Ⅲ级围岩	Ⅴ级围岩
掏槽孔	0.7	0.55
辅助孔	0.6	0.45
周边孔	0.2	0.2

4. 装药结构

周边孔采用 ϕ32 mm 药卷装药，装药结构为导爆索间隔装药结构，如图 4-2 所示。其他炮孔均采用连续装药结构，反向起爆。

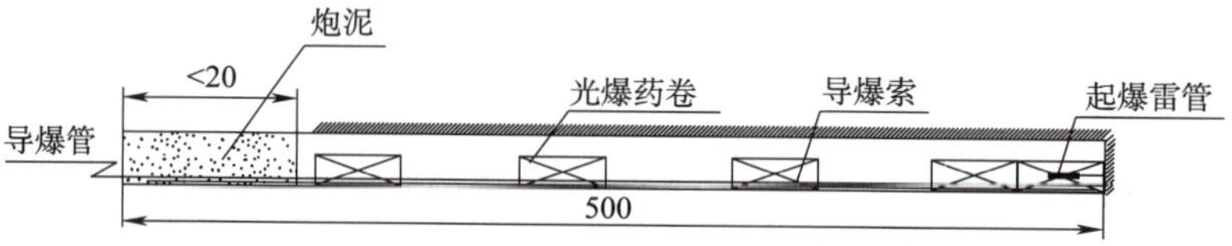

(a)周边孔装药结构

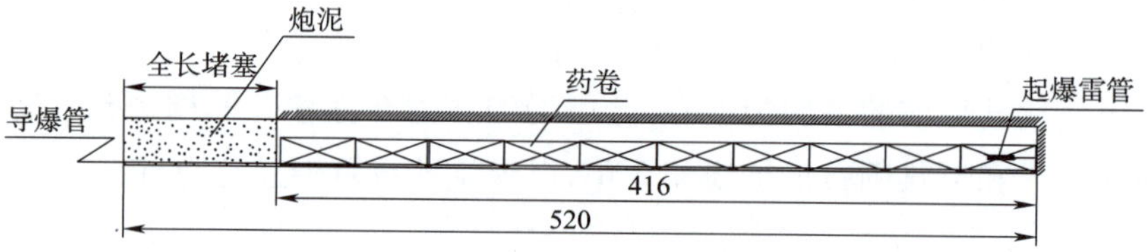

(b)底板眼、掏槽眼装药结构

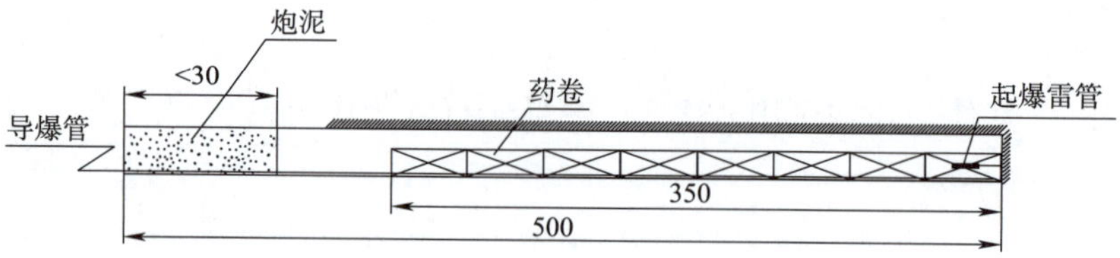

(c)辅助眼装药结构

图 4-2　装药结构(单位:cm)

5. 起爆顺序与间隔时间

起爆器材选用非电导爆管毫秒延期雷管，雷管段别选用 MS1～MS15 段。为避免爆破振动强度叠加作用，MS1～MS5 段的低段别雷管跳段使用。起爆顺序按掏槽孔首先起爆，崩落孔由内圈眼向外圈眼依次顺序起爆，接着是周边孔起爆，底眼最后起爆。

4.1.5　爆破振动控制原则

根据《爆破安全规程》(GB 6722—2014)中的规定，爆破质点振动速度计算公式如下：

$$v=k\left(\frac{\sqrt[3]{Q}}{R}\right)^{\alpha} \tag{4-11}$$

式中　R——爆破振源距被保护建筑物距离，m；

Q——炸药量，齐发爆破为总药量，延时爆破为最大单段药量，kg；

k,α——爆破点至保护对象间的地形、地质条件有关的系数和衰减指数，见表 4-3。

表 4-3　k、α 取值与岩性的关系

岩　性	k	α
坚硬岩石	50～150	1.3～1.5
中等硬度岩石	150～250	1.5～1.8
软岩石	250～350	1.8～2.0

4.2　三洞分离段爆破技术设计

三洞分离段先施工侧洞再开挖中洞，侧洞超前 50～80 m，左、右洞错开大于 20 m，Ⅲ级围岩采用台阶法施工，Ⅴ级围岩采用小导洞先行分步法施工。

4.2.1　三洞分离段侧洞Ⅲ级围岩台阶法

(1)炮孔布置如图 4-3 所示。

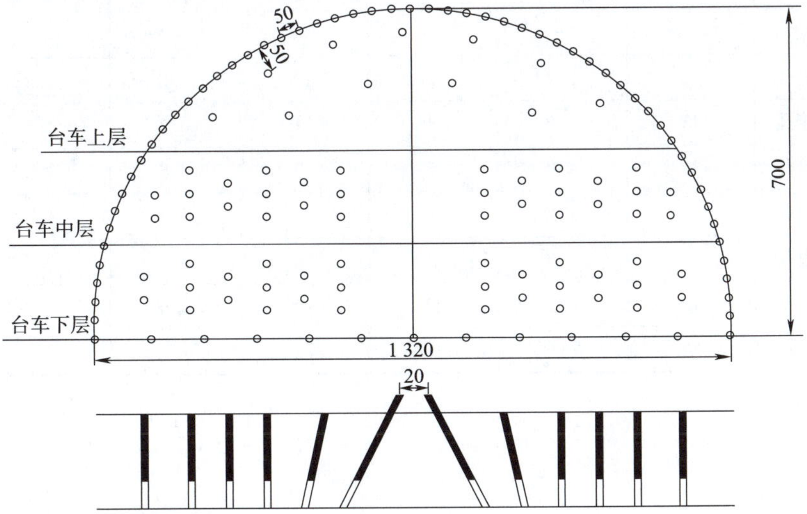

(a)上台阶炮孔布置

图　4-3

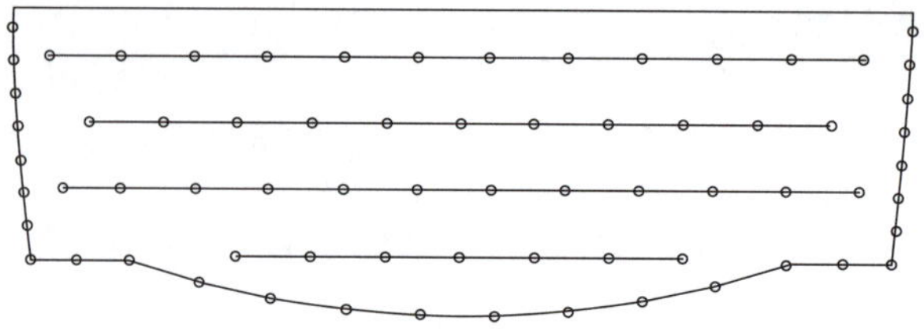

(b)下台阶炮孔布置

图 4-3　三洞分离段侧洞Ⅲ级围岩台阶法炮孔布置(单位:cm)

(2)装药参数见表 4-4。

表 4-4　三洞分离段侧洞Ⅲ级围岩台阶法施工爆破装药参数

部　位	项目名称	炮　眼		毫秒雷管		装　药		总药量/kg
		个数	深度/m	段数	个数	装药系数	单孔装药量/kg	
上台阶	掏槽孔	12	2.4	1	12	0.7	1.68	20.16
	扩槽眼	8	2.3	3	8	0.6	1.38	11.04
	辅助孔	12	2.2	5	12	0.6	1.32	15.84
	辅助孔	8	2.2	7	8	0.6	1.32	10.56
	辅助孔	12	2.2	9	12	0.6	1.32	15.84
	辅助孔	8	2.2	11	8	0.6	1.32	10.56
	辅助孔	4	2.2	9	4	0.6	1.32	5.28
	辅助孔	7	2.2	11	7	0.6	1.32	9.24
	周边孔	55	2.2	13	55	0.2	0.44	24.2
	底　孔	11	2.2	15	11	0.6	1.32	14.52
	总　计	137	—	—	137	—	—	137.24
下台阶	破碎孔	12	2.2	1	12	0.6	1.32	15.84
	破碎孔	11	2.2	3	11	0.6	1.32	14.52
	破碎孔	12	2.2	5	12	0.6	1.32	15.84
	破碎孔	7	2.2	7	7	0.6	1.32	9.24
	周边孔	18	2.2	9	18	0.2	0.44	7.92
	底　孔	12	2.2	11	12	0.6	1.32	15.84
	总　计	72	—	—	72	—	—	79.2

(3)起爆网络如图 4-4 所示。

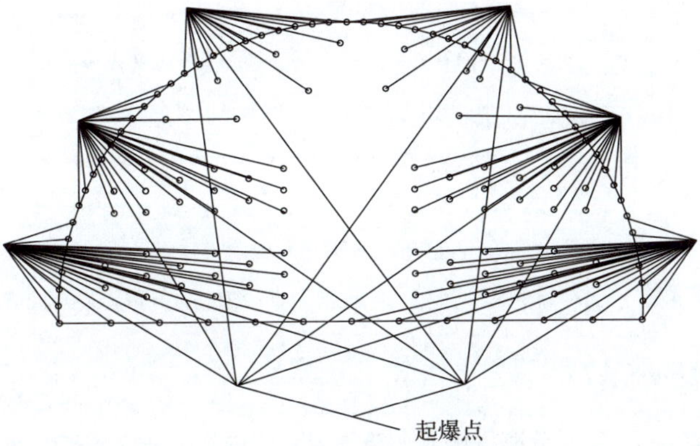

(a)上台阶网络连接

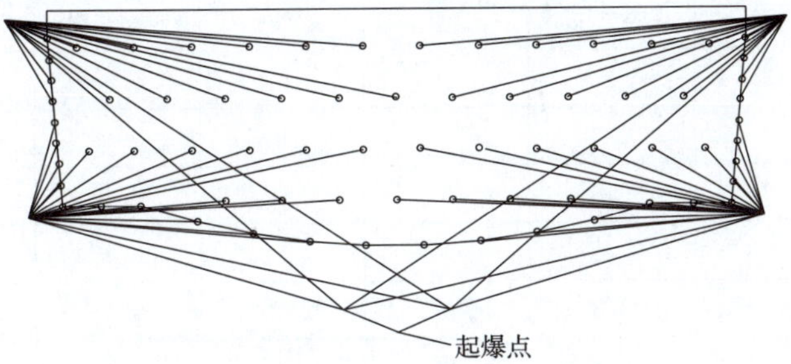

(b)下台阶网络连接

图 4-4　三洞分离段侧洞Ⅲ级围岩台阶法网络连接

4.2.2　三洞分离段侧洞Ⅴ级围岩台阶法

(1)炮孔布置如图 4-5 所示。

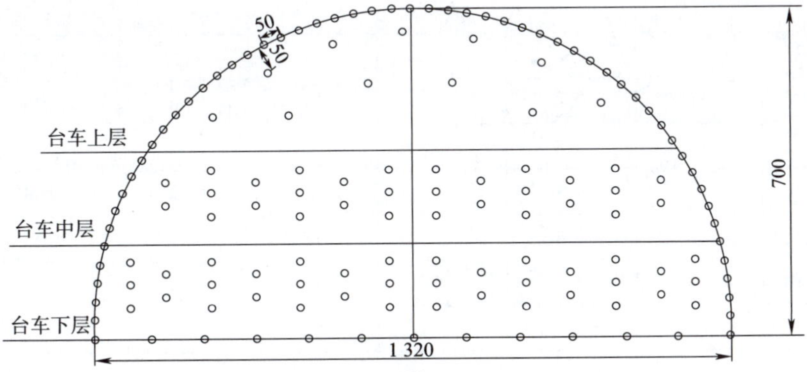

(a)上台阶炮孔布置

图　4-5

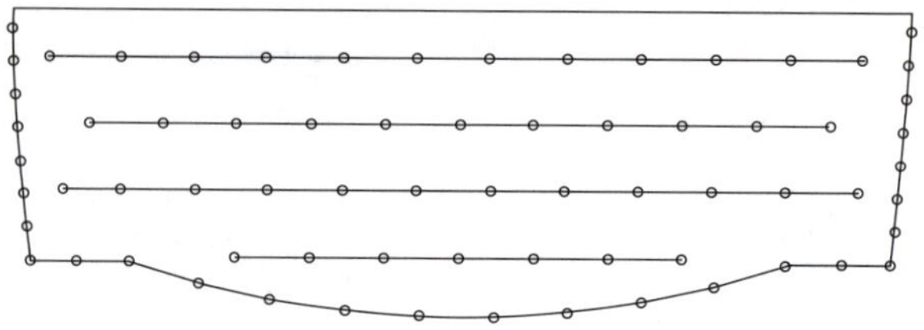

(b)下台阶炮孔布置

图 4-5　三洞分离段侧洞Ⅴ级围岩台阶法炮孔布置(单位:cm)

(2)装药参数见表 4-5。

表 4-5　三洞分离段侧洞Ⅴ级围岩台阶法施工开挖爆破参数

部　位	项目名称	炮　眼		毫秒雷管		装　药		总药量/kg
		个数	深度/m	段数	个数	装药系数	单孔装药量/kg	
上台阶	掏槽孔	12	1	1	12	0.55	0.55	6.6
	扩槽眼	8	0.9	3	8	0.45	0.405	3.24
	辅助孔	12	0.8	5	12	0.45	0.36	4.32
	辅助孔	8	0.8	7	8	0.45	0.36	2.88
	辅助孔	12	0.8	9	12	0.45	0.36	4.32
	辅助孔	8	0.8	11	8	0.45	0.36	2.88
	辅助孔	6	0.8	13	6	0.45	0.36	2.16
	辅助孔	4	0.8	11	4	0.45	0.36	1.44
	辅助孔	7	0.8	13	7	0.45	0.36	2.52
	周边孔	55	0.8	15	55	0.2	0.16	8.8
	底　孔	11	0.8	16	11	0.45	0.36	3.96
	总　计	137	—	—	137	—	—	43.12
下台阶	破碎孔	12	0.8	1	12	0.45	0.36	4.32
	破碎孔	11	0.8	3	11	0.45	0.36	3.96
	破碎孔	12	0.8	5	12	0.45	0.36	4.32
	破碎孔	7	0.8	7	7	0.45	0.36	2.52
	周边孔	18	0.8	9	18	0.2	0.16	2.88
	底　孔	12	0.8	11	12	0.45	0.36	4.32
	总　计	72	—	—	72	—	—	22.32

(3)起爆网络如图 4-6 所示。

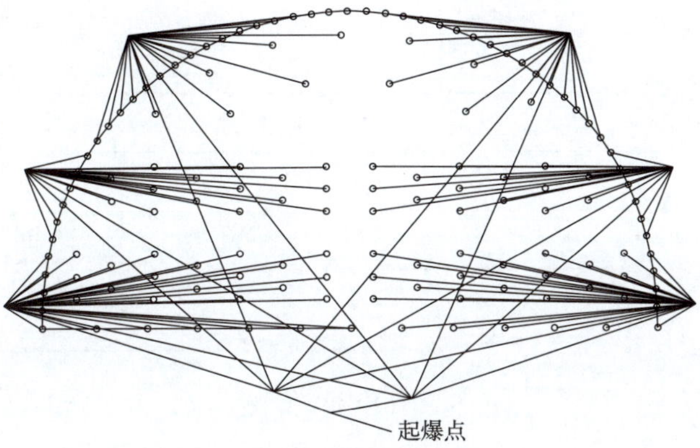

(a)上台阶网络连接

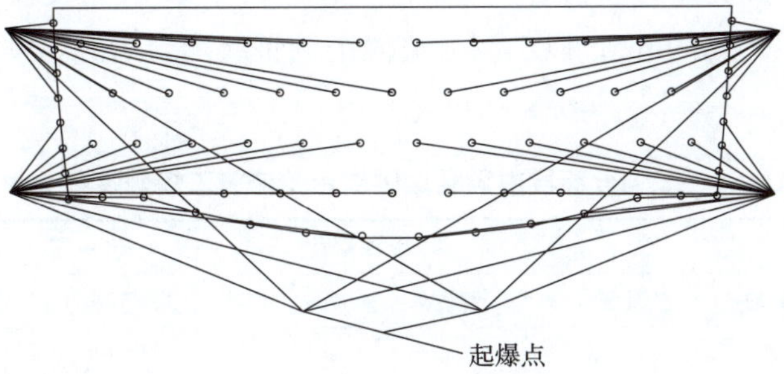

(b)下台阶网络连接

图 4-6 三洞分离段侧洞Ⅴ级围岩台阶法网络连接

4.2.3 三洞分离段中洞Ⅲ级围岩台阶法

三洞分离Ⅲ级围岩段采用台阶法施工,台阶长度 5～8 m(模型计算中台阶长度取8 m),按上、下顺序爆破施工,循环进尺 2 m。炮孔采用手持风钻钻孔,炮孔直径为 42 mm,爆破炸药选用 ϕ32 mm 岩石乳化炸药。装药结构采用分层装药和不耦合装药。以三洞分离段中洞Ⅲ级围岩为例,其炮孔布置如图 4-7 所示。

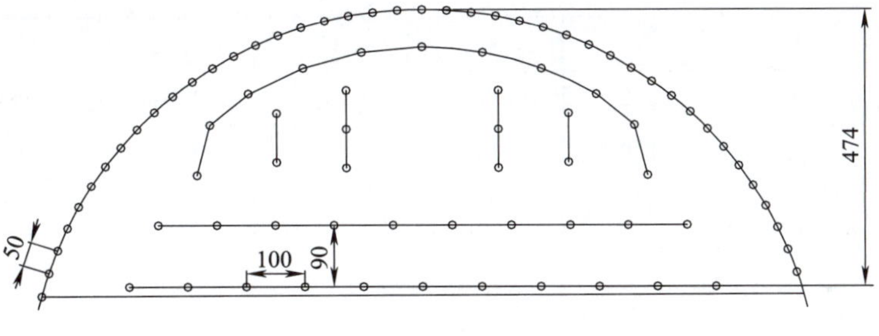

(a)上台阶

图 4-7

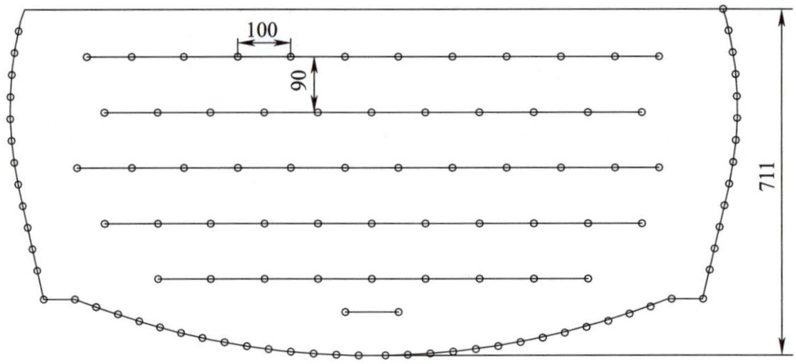

(b)下台阶

图 4-7 三洞分离段中洞台阶法炮孔布置(单位:cm)

三洞分离段台阶法施工爆破雷管分 1、3、5、7、9、11、13 段依次爆破,各段别延期时间为 0、50、110、200、310、460、650 ms。以三洞分离段中洞Ⅲ级围岩为例,各段别雷管数及装药量见表 4-6。

表 4-6 三洞分离段中洞Ⅲ级围岩台阶法施工爆破装药参数

部 位	项目名称	炮 眼		毫秒雷管		装 药		总 计
		个数	深度/m	段数	个数	32 药卷/kg	填充系数	
上台阶	掏槽孔	6	2.6	1	6	2.08	80%	12.48
	扩槽眼	4	2.4	3	4	1.68	70%	6.72
	辅助孔	11	2.2	5	11	1.54	70%	16.94
	破碎孔	10	2.2	7	10	1.54	70%	15.4
	破碎孔	11	2.2	9	11	1.54	70%	16.94
	周边孔	38	2.2	11	38	0.88	40%	33.44
	总 计	80						101.92
下台阶	破碎孔	12	2.2	1	12	1.54	70%	18.48
	破碎孔	11	2.2	3	11	1.54	70%	16.94
	破碎孔	12	2.2	5	12	1.54	70%	18.48
	破碎孔	11	2.2	7	11	1.54	70%	16.94
	破碎孔	9	2.2	9	9	1.54	70%	13.86
	破碎孔	2	2.2	11	2	1.54	70%	3.08
	周边孔	50	2.2	13	50	0.88	40%	44
	总 计	106						131.78

4.2.4　三洞分离段中洞Ⅲ级围岩中导洞先行分部法

三洞分离段隧道中洞若采用中导洞先行法，共分 6 步爆破施工，如图 4-8 所示，各分部滞后长度分别为 100 m、6 m、20 m、6 m 和 4 m，Ⅲ级围岩炮孔布置如图 4-9 所示。

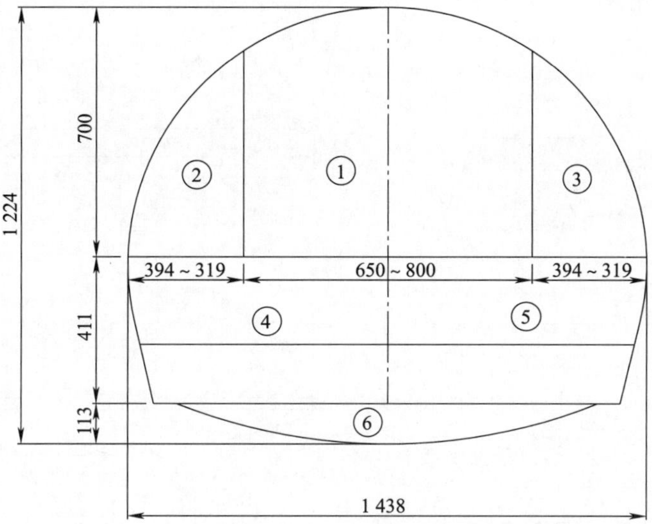

图 4-8　三洞分离段中洞中导洞先行法(单位:cm)

(1)炮孔布置如图 4-9 所示。

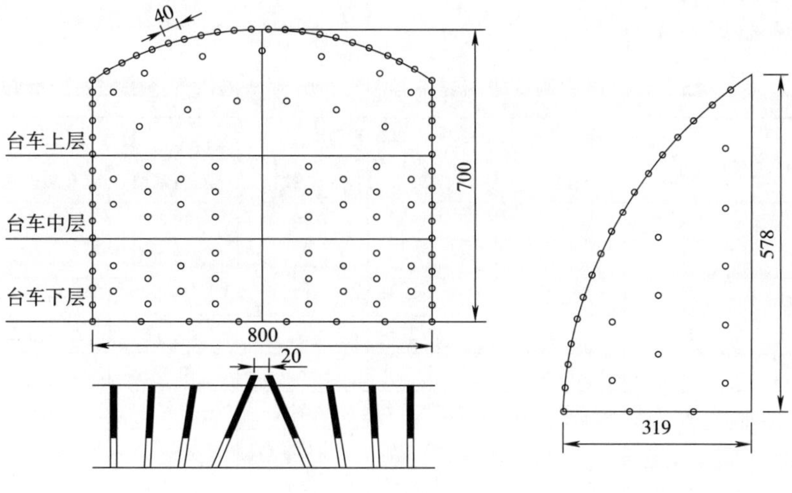

(a)中导洞炮孔布置　　(b)第二部炮孔布置

图　4-9

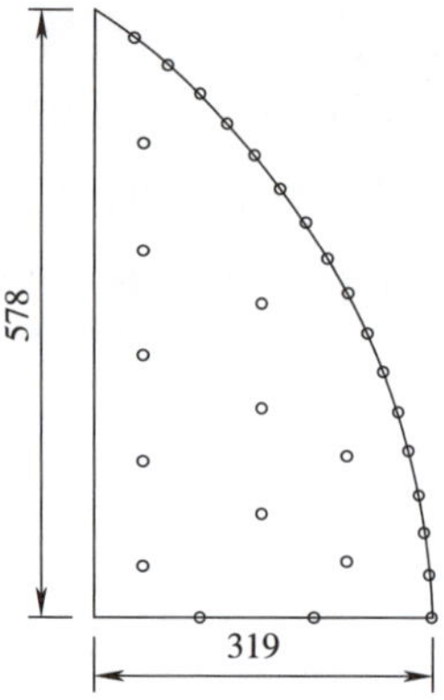

(c)第三部炮孔布置

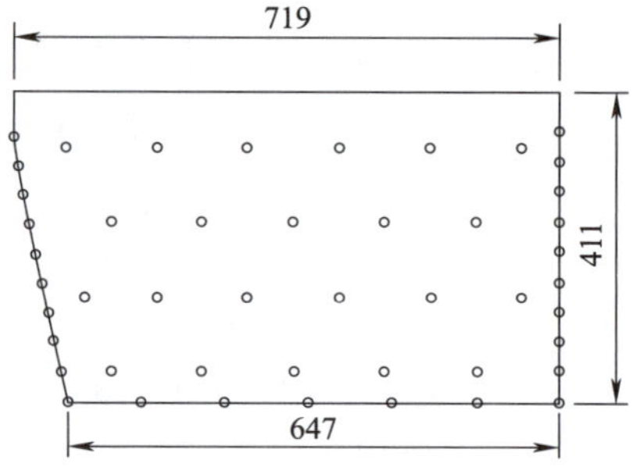

(d)第四部炮孔布置

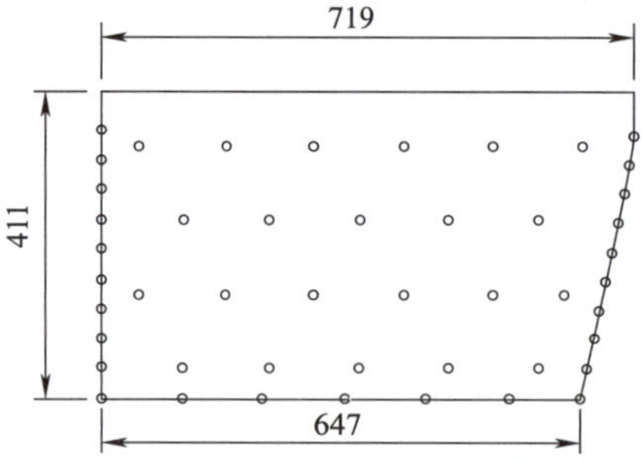

(e)第五部炮孔布置

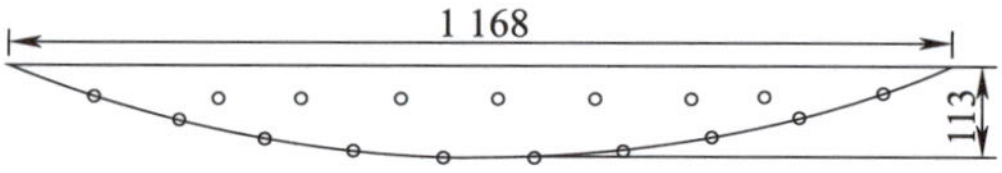

(f)第六部炮孔布置

图 4-9　三洞分离段中洞Ⅲ级围岩小导洞先行分部法炮孔布置(单位:cm)

(2)装药参数见表 4-7。

表 4-7　三洞分离段中洞Ⅲ级围岩中导洞先行分部法施工开挖爆破装药参数

部　位	项目名称	炮　眼		毫秒雷管		装　药		总药量/kg
		个数	深度/m	段数	个数	装药系数	单孔装药量/kg	
中导洞	掏槽孔	12	2.4	1	12	0.7	1.68	20.16
	扩槽眼	8	2.3	3	8	0.6	1.38	11.04
	辅助孔	12	2.2	5	12	0.6	1.32	15.84
	辅助孔	8	2.2	7	8	0.6	1.32	10.56
	辅助孔	6	2.2	5	6	0.6	1.32	7.92
	辅助孔	7	2.2	7	7	0.6	1.32	9.24
	周边孔	52	2.2	9	52	0.2	0.44	22.88
	底　孔	6	2.2	11	6	0.6	1.32	7.92
	总　计	111	—	—	111	—	—	105.56
第二部	辅助孔	5	2.2	1	5	0.6	1.32	6.6
	辅助孔	3	2.2	3	3	0.6	1.32	3.96
	辅助孔	2	2.2	5	2	0.6	1.32	2.64

续上表

部　位	项目名称	炮　眼		毫秒雷管		装　药		总药量/kg
		个数	深度/m	段数	个数	装药系数	单孔装药量/kg	
第二部	周边孔	17	2.2	7	17	0.2	0.44	7.48
	底　孔	2	2.2	9	2	0.6	1.32	2.64
	总　计	29	—	—	29	—	—	23.32
第三部	辅助孔	5	2.2	1	5	0.6	1.32	6.6
	辅助孔	3	2.2	3	3	0.6	1.32	3.96
	辅助孔	2	2.2	5	2	0.6	1.32	2.64
	周边孔	17	2.2	7	17	0.2	0.44	7.48
	底　孔	2	2.2	9	2	0.6	1.32	2.64
	总　计	29	—	—	29	—	—	23.32
第四部	辅助孔	6	2.2	1	6	0.6	1.32	7.92
	辅助孔	5	2.2	3	5	0.6	1.32	6.6
	辅助孔	6	2.2	5	6	0.6	1.32	7.92
	辅助孔	5	2.2	7	5	0.6	1.32	6.6
	底　孔	5	2.2	11	5	0.6	1.32	6.6
	周边孔	18	2.2	9	18	0.2	0.44	7.92
	总　计	45	—	—	45	—	—	43.56
第五部	辅助孔	6	2.2	1	6	0.6	1.32	7.92
	辅助孔	5	2.2	3	5	0.6	1.32	6.6
	辅助孔	6	2.2	5	6	0.6	1.32	7.92
	辅助孔	5	2.2	7	5	0.6	1.32	6.6
	底　孔	5	2.2	11	5	0.6	1.32	6.6
	周边孔	18	2.2	9	18	0.2	0.44	7.92
	总　计	45	—	—	45	—	—	43.56
第六部	辅助孔	7	2.2	1	7	0.6	1.32	9.24
	底　孔	10	2.2	3	10	0.6	1.32	13.2
	总　计	17	—	—	17	—	—	22.44

(3)起爆网络如图 4-10 所示。

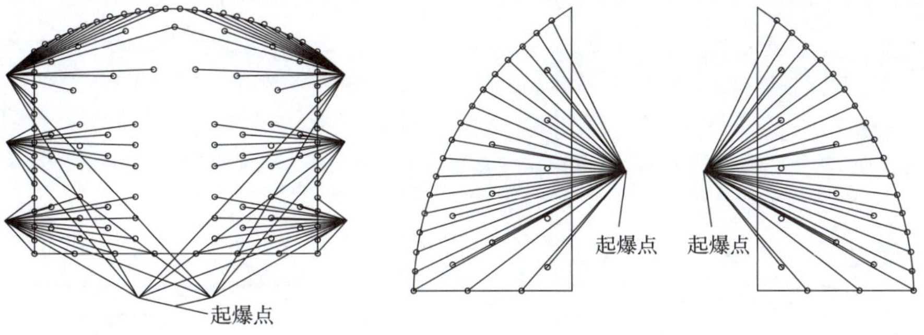

(a)中导洞网络连接　(b)第二部网络连接　(c)第三部网络连接

图　4-10

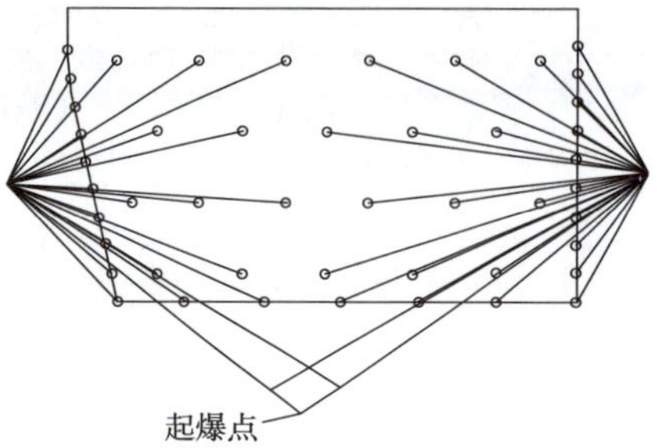

(d)第四部网络连接

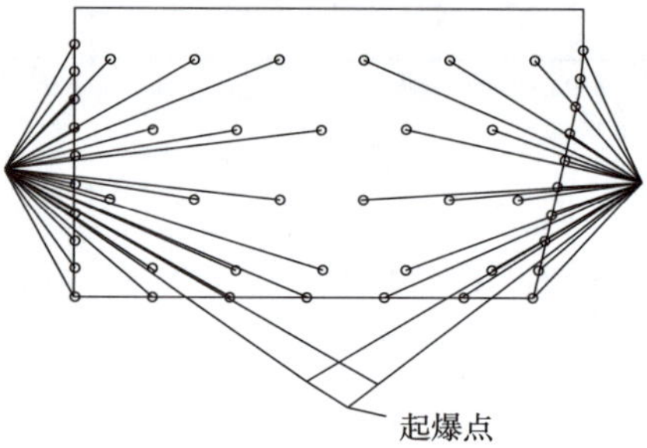

(e)第五部网络连接

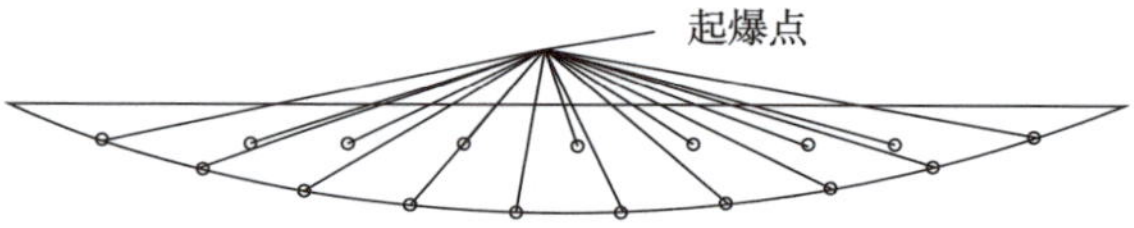

(f)第六部网络连接

图 4-10　三洞分离段中洞Ⅲ级围岩中导洞先行分部法网络连接

4.2.5　三洞分离段中洞Ⅴ级围岩中导洞先行分部法

(1)炮孔布置如图 4-11 所示。

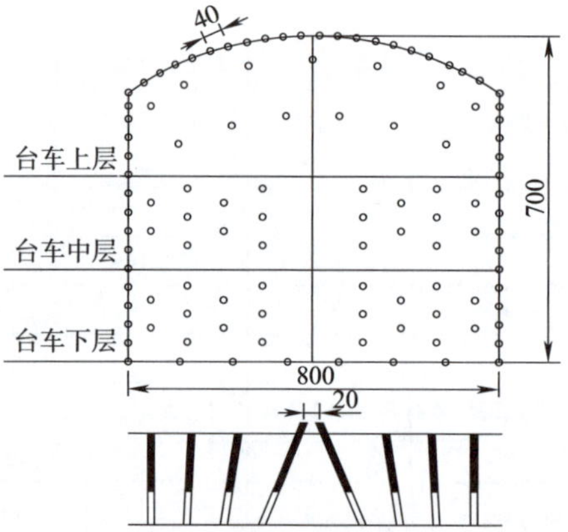

(a)中导洞炮孔布置

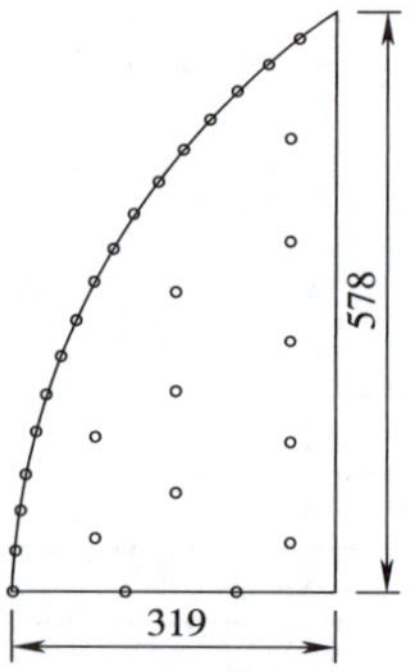

(b)第二部炮孔布置

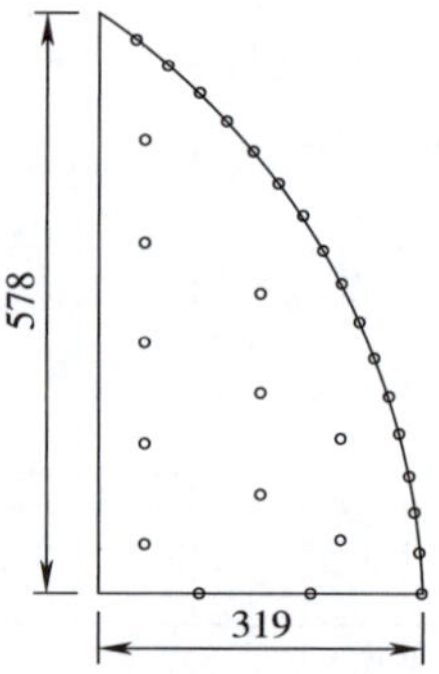

(c)第三部炮孔布置

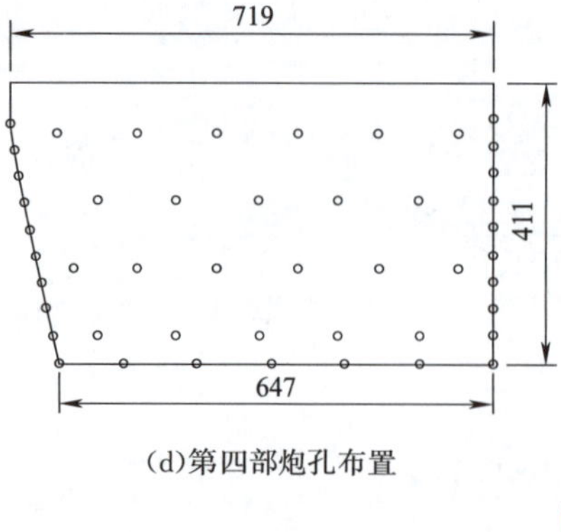

(d)第四部炮孔布置

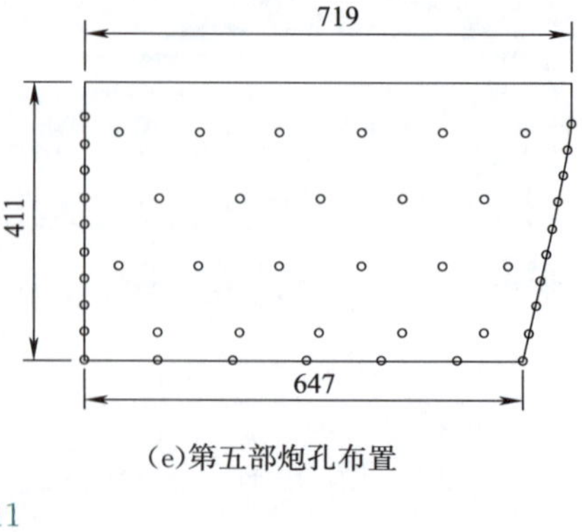

(e)第五部炮孔布置

图　4-11

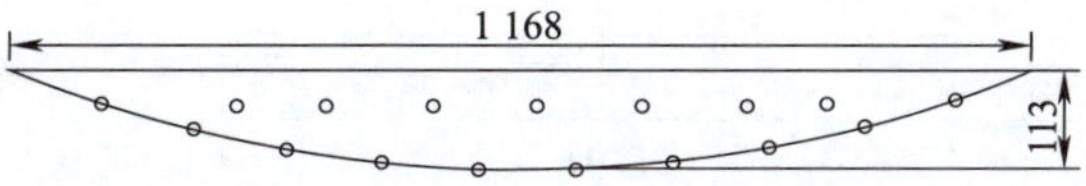

(f)第六部炮孔布置

图 4-11　三洞分离段中洞Ⅴ级围岩中导洞先行分部法炮孔布置(单位:cm)

(2)装药参数见表 4-8。

表 4-8　中洞Ⅴ级围岩中导洞先行分部法施工开挖爆破参数

部　位	项目名称	炮　　眼		毫秒雷管		装　　药		总药量/kg
		个数	深度/m	段数	个数	装药系数	单孔装药量/kg	
中导洞	掏槽孔	12	1.8	1	12	0.55	0.99	11.88
	扩槽眼	8	1.7	3	8	0.45	0.765	6.12
	辅助孔	12	1.6	5	12	0.45	0.72	8.64
	辅助孔	8	1.6	7	8	0.45	0.72	5.76
	辅助孔	6	1.6	5	6	0.45	0.72	4.32
	辅助孔	7	1.6	7	7	0.45	0.72	5.04
	周边孔	52	1.6	9	52	0.2	0.32	16.64
	底　孔	6	1.6	11	6	0.45	0.72	4.32
	总　计	111	—	—	111	—	—	62.72
第二部	辅助孔	5	1.6	1	5	0.45	0.72	3.6
	辅助孔	3	1.6	3	3	0.45	0.72	2.16
	辅助孔	2	1.6	5	2	0.45	0.72	1.44
	周边孔	17	1.6	7	17	0.2	0.32	5.44
	底　孔	2	1.6	9	2	0.45	0.72	1.44
	总　计	29	—	—	29	—	—	14.08
第三部	辅助孔	5	1.6	1	5	0.45	0.72	3.6
	辅助孔	3	1.6	3	3	0.45	0.72	2.16
	辅助孔	2	1.6	5	2	0.45	0.72	1.44
	周边孔	17	1.6	7	17	0.2	0.32	5.44
	底　孔	2	1.6	9	2	0.45	0.72	1.44
	总　计	29	—	—	29	—	—	14.08
第四部	辅助孔	6	1.6	1	6	0.45	0.72	4.32
	辅助孔	5	1.6	3	5	0.45	0.72	3.6
	辅助孔	6	1.6	5	6	0.45	0.72	4.32
	辅助孔	5	1.6	7	5	0.45	0.72	3.6
	底　孔	5	1.6	11	5	0.45	0.72	3.6
	周边孔	18	1.6	9	18	0.2	0.32	5.76
	总　计	45	—	—	45	—	—	25.2

续上表

部　位	项目名称	炮　眼		毫秒雷管		装　药		总药量/kg
		个数	深度/m	段数	个数	装药系数	单孔装药量/kg	
第五部	辅助孔	6	1.6	1	6	0.45	0.72	4.32
	辅助孔	5	1.6	3	5	0.45	0.72	3.6
	辅助孔	6	1.6	5	6	0.45	0.72	4.32
	辅助孔	5	1.6	7	5	0.45	0.72	3.6
	底　孔	5	1.6	11	5	0.45	0.72	3.6
	周边孔	18	1.6	9	18	0.2	0.32	5.76
	总　计	45	—	—	45	—	—	25.2
第六部	辅助孔	7	1.6	1	7	0.45	0.72	5.04
	底　孔	10	1.6	3	10	0.45	0.72	7.2
	总　计	17	—	—	17	—	—	12.24

(3)起爆顺序与起爆网络如图 4-12 所示。

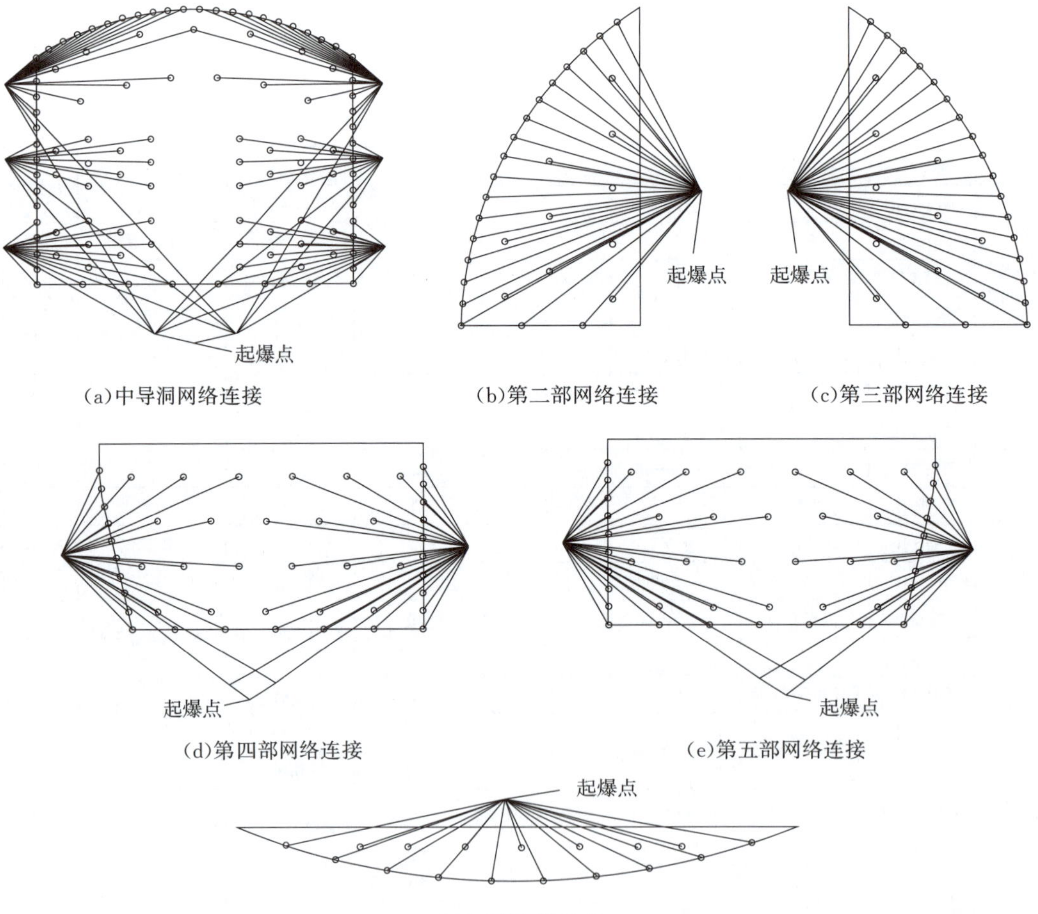

(a)中导洞网络连接　(b)第二部网络连接　(c)第三部网络连接

(d)第四部网络连接　(e)第五部网络连接

(f)第六部网络连接

图 4-12　三洞分离段中洞Ⅲ级围岩中导洞先行分部法网络连接

4.2.6　三洞分离段中洞Ⅴ级围岩小导洞先行分部法

三洞分离段隧道中洞小导洞先行法分上、下台阶共 6 次爆破施工，如图 4-13 所示。上台阶开挖时，一次打眼，分三次依次爆破①、②、③部，再在距上台阶掌子面约 50 m 处开挖下台阶时，下台阶同样是一次打眼，分两次分别爆破④、⑤部，最后距离下台阶约 40 m 处爆破第⑥部仰拱。炮孔布置如图 4-14 所示，装药参数见表 4-9。

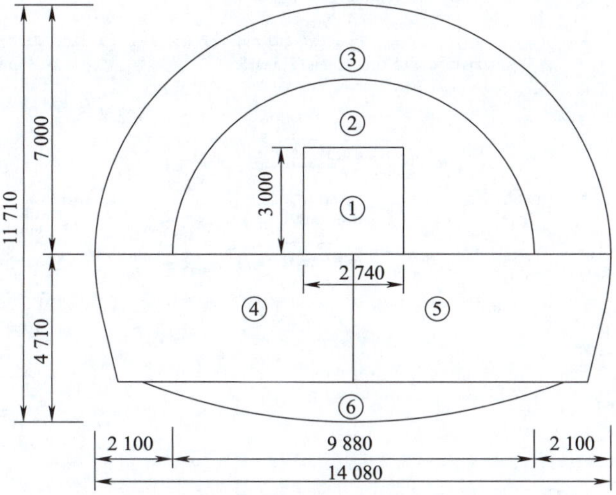

图 4-13　三洞分离段中洞爆破设计(单位:mm)

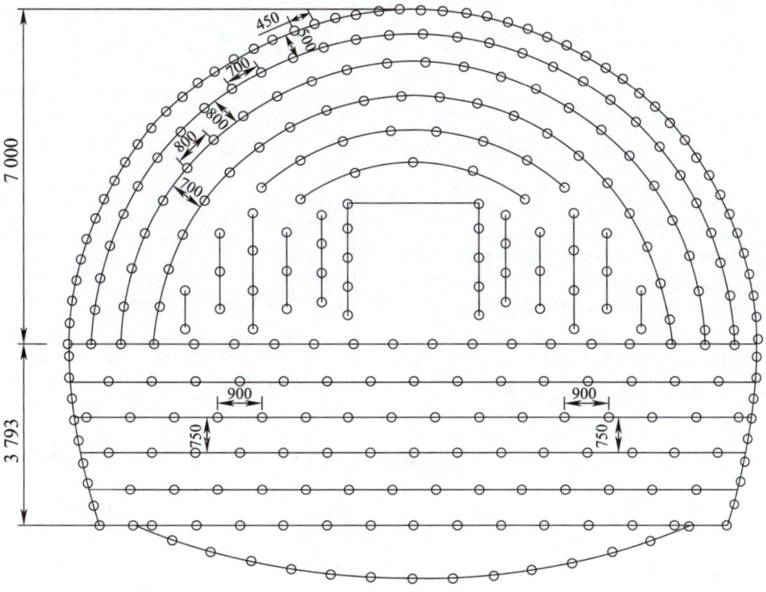

(a)整体布置

图　4-14

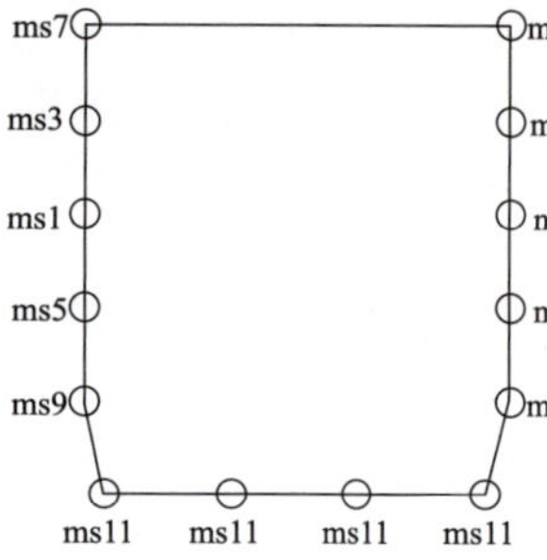

(b)第一部

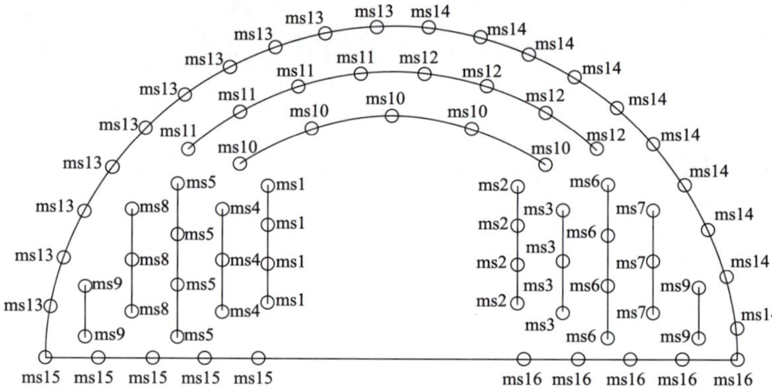

(c)第二部

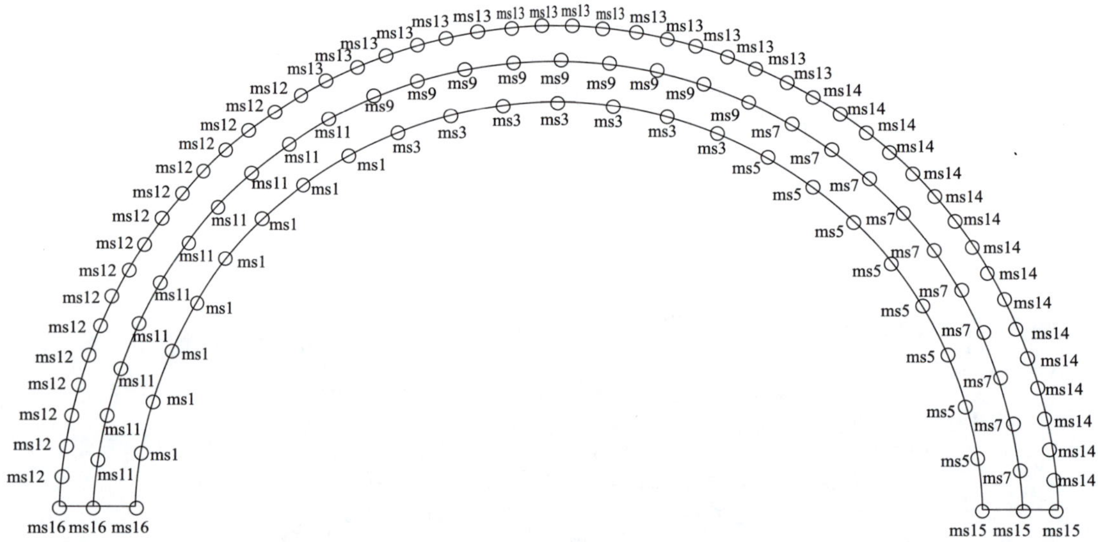

(d)第三部

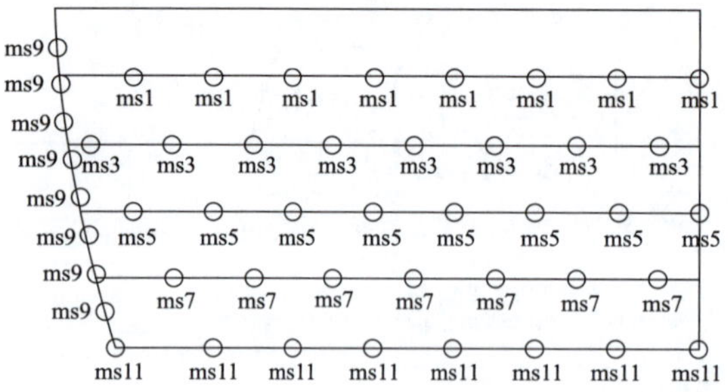

(e)第四部

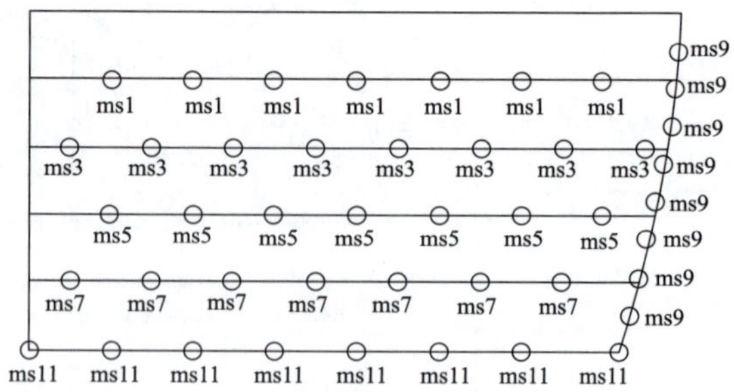

(f)第五部

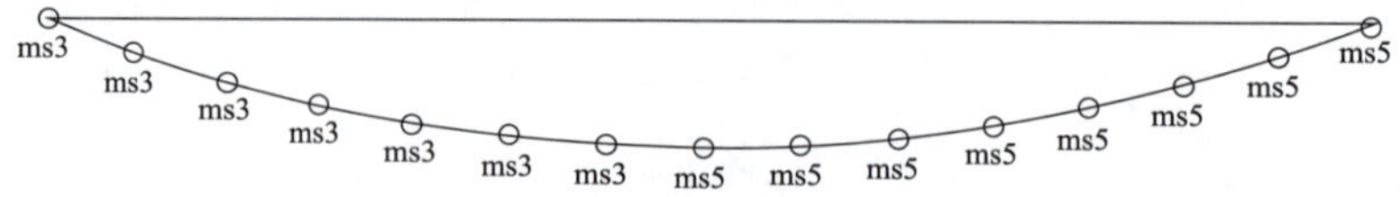

(g)第六部

图 4-14 小导洞先行法炮孔布置(单位:cm)

表 4-9　小导洞先行法装药参数

部　位	项目名称	炮　眼		毫秒雷管		装　药		总药量/kg
		个数	深度/m	段数	个数	装药系数	单孔装药量/kg	
第一部	掏槽孔	2	2.54	1	2	0.7	1.778	3.556
	掏槽孔	2	2.54	3	2	0.7	1.778	3.556
	掏槽孔	2	2.54	5	2	0.7	1.778	3.556
	掏槽孔	2	2.54	7	2	0.7	1.778	3.556
	掏槽孔	2	2.54	9	2	0.7	1.778	3.556
	底　孔	4	2.2	11	4	0.6	1.32	5.28
	合　计	14	—	—	14	—	—	23.06
第二部	辅助孔	4	2	1	4	0.6	1.2	4.8
	辅助孔	4	2	2	4	0.6	1.2	4.8
	辅助孔	3	2	3	3	0.6	1.2	3.6
	辅助孔	3	2	4	3	0.6	1.2	3.6
	辅助孔	4	2	5	4	0.6	1.2	4.8
	辅助孔	4	2	6	4	0.6	1.2	4.8
	辅助孔	3	2	7	3	0.6	1.2	3.6
	辅助孔	3	2	8	3	0.6	1.2	3.6
	辅助孔	4	2	9	4	0.6	1.2	4.8
	辅助孔	5	2	10	5	0.6	1.2	6
	辅助孔	4	2	11	4	0.6	1.2	4.8
	辅助孔	4	2	12	4	0.6	1.2	4.8
	辅助孔	10	2	13	10	0.6	1.2	12
	辅助孔	10	2	14	10	0.6	1.2	12
	底　孔	5	2	15	5	0.6	1.2	6
	底　孔	5	2	16	5	0.6	1.2	6
	合　计	75	—	—	75	—	—	90
第三部	辅助孔	8	2	1	8	0.6	1.2	9.6
	辅助孔	7	2	3	7	0.6	1.2	8.4
	辅助孔	8	2	5	8	0.6	1.2	9.6
	辅助孔	10	2	7	10	0.6	1.2	12
	辅助孔	9	2	9	9	0.6	1.2	10.8
	辅助孔	10	2	11	10	0.6	1.2	12
	周边孔	16	2	12	16	0.2	0.4	6.4
	周边孔	16	2	13	16	0.2	0.4	6.4
	周边孔	16	2	14	16	0.2	0.4	6.4
	底　孔	3	2	15	3	0.6	1.2	3.6
	底　孔	3	2	16	3	0.6	1.2	3.6
	合　计	106	—	—	106	—	—	88.8

续上表

部位	项目名称	炮眼		毫秒雷管		装药		总药量/kg
		个数	深度/m	段数	个数	装药系数	单孔装药量/kg	
第四部	辅助孔	8	2	1	8	0.6	1.2	9.6
	辅助孔	8	2	3	8	0.6	1.2	9.6
	辅助孔	8	2	5	8	0.6	1.2	9.6
	辅助孔	7	2	7	7	0.6	1.2	8.4
	周边孔	8	2	9	8	0.2	0.4	3.2
	底孔	8	2	11	8	0.6	1.2	9.6
	合计	47	—	—	47	—	—	50
第五部	辅助孔	7	2	1	7	0.6	1.2	8.4
	辅助孔	8	2	3	8	0.6	1.2	9.6
	辅助孔	7	2	5	7	0.6	1.2	8.4
	辅助孔	7	2	7	7	0.6	1.2	8.4
	周边孔	8	2	9	8	0.2	0.4	3.2
	底孔	7	2	11	7	0.6	1.2	8.4
	合计	44	—	—	44	—	—	46.4
第六部	底孔	7	2.2	3	7	0.7	1.54	10.78
	底孔	8	2.2	5	8	0.7	1.54	12.32
	合计	15	—	—	15	—	—	23.1

4.3 三洞分离段小间距隧道爆破振动特征

4.3.1 三连拱段右洞爆破模拟计算

1. 爆破设计参数及模型建立

三连拱右洞为台阶法开挖，其上台阶开挖的炮孔布置如图 4-15 所示，各段别雷管数及装药量见表 4-10。

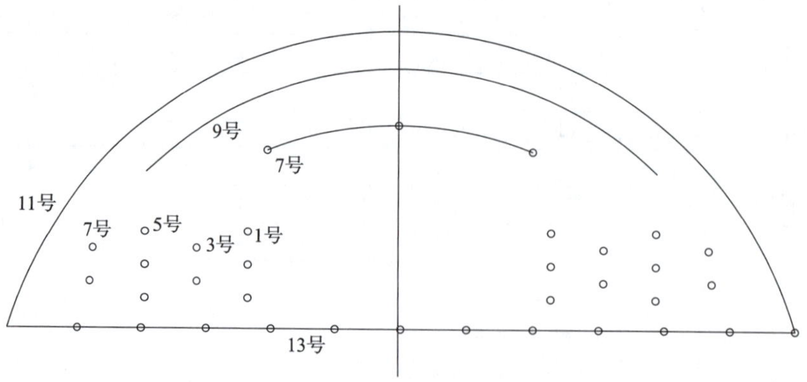

图 4-15　三连拱右洞上台阶炮孔布置

表 4-10　三连拱右洞上台阶各段别雷管数及装药量

名　称	眼数	段别	雷管数	药卷直径/mm	装药系数	孔深	单孔装药量/kg	总药量/kg
掏槽孔	6	1	6	32	0.7	3.5	2.45	14.7
扩槽孔	4	3	4	32	0.7	3.3	2.31	9.24
辅助孔	6	5	6	32	0.6	3	1.8	10.8
辅助孔	7	7	7	32	0.6	3	1.8	12.6
辅助孔	7	9	7	32	0.6	3	1.8	12.6
周边孔	37	11	37	25	0.3	3	0.9	33.3
底　孔	11	13	11	32	0.7	3	2.1	23.1
合　计	78	—	78	—	—	—	—	116.34

计算模型如图 4-16 所示，模型尺寸选取宽 200 m、高 196 m 和沿隧道纵向 60 m 的范围。图中，绿色部分为爆破开挖的三洞分离段右洞的上台阶，红色部分为三洞分离段的左洞，蓝色部分为岩土体。

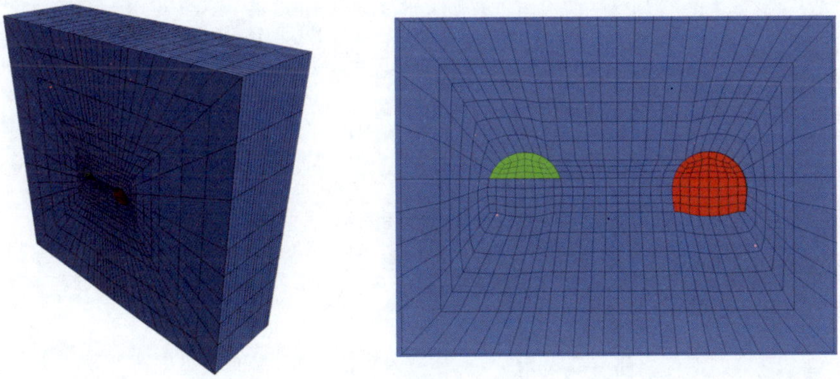

图 4-16　爆破计算模型

2. 数值模拟结果及与实测数据对比

根据数值模拟计算，右洞上台阶爆破对左洞迎爆侧及背爆侧拱脚的振速时程曲线及其与实测数据对比如图 4-17、图 4-18 所示。数值模拟计算的迎爆侧拱脚最大振速为 3 cm/s，实测为 3.84 cm/s；背爆侧拱脚最大振速为 0.83 cm/s，实测为 1.04 cm/s。从最大振速出现时刻来看，爆破模拟计算得到的拱脚振速与实测振速的最大振速位置均在周边孔爆破时，这主要是由于周边孔爆破药量最大。从最大振速数值上看，爆破模拟计算得到的最大振速略低于实测得到的最大振速，但差别不大。

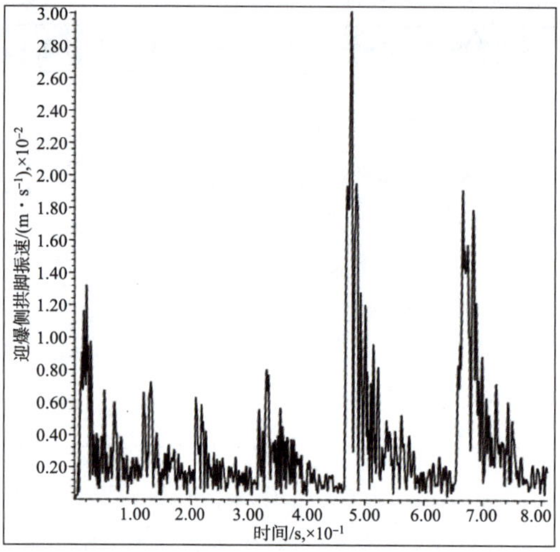

(a)迎爆侧合速度模拟结果(最大 3.00 cm/s)

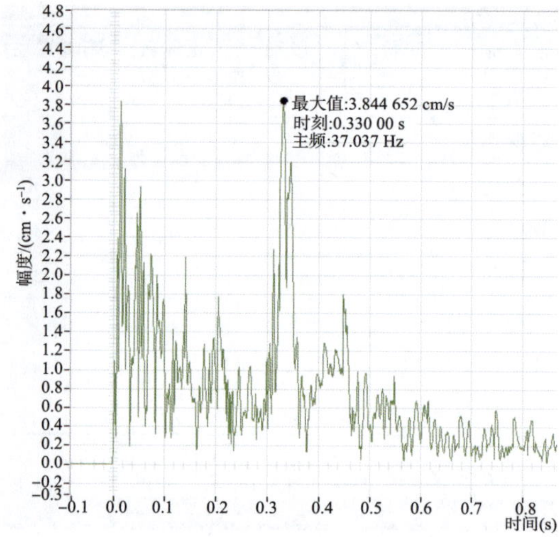

(b)迎爆侧合速度实测结果(最大 3.84 cm/s)

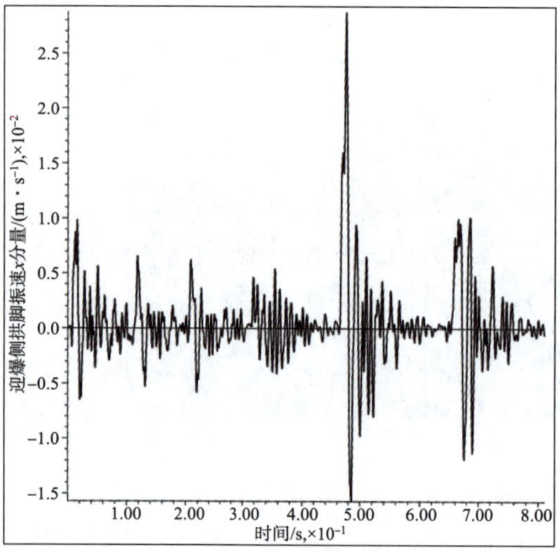

(c)迎爆侧 x 方向模拟结果(最大 2.87 cm/s)

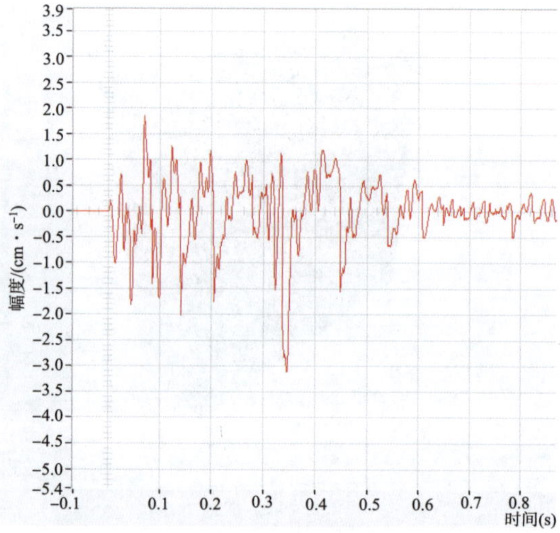

(d)迎爆侧 x 方向实测结果(最大 3.11 cm/s)

图 4-17

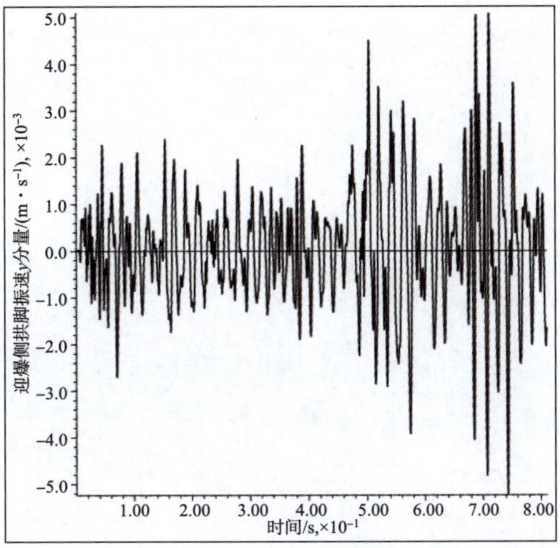

(e)迎爆侧 y 方向模拟结果(最大 0.52 cm/s)

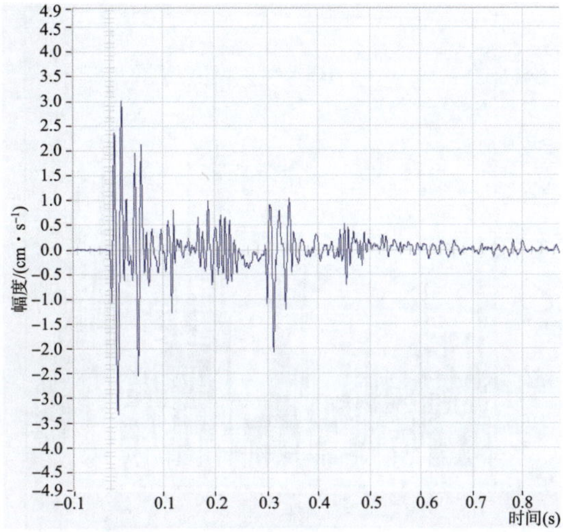

(f)迎爆侧 y 方向实测结果(最大 3.33 cm/s)

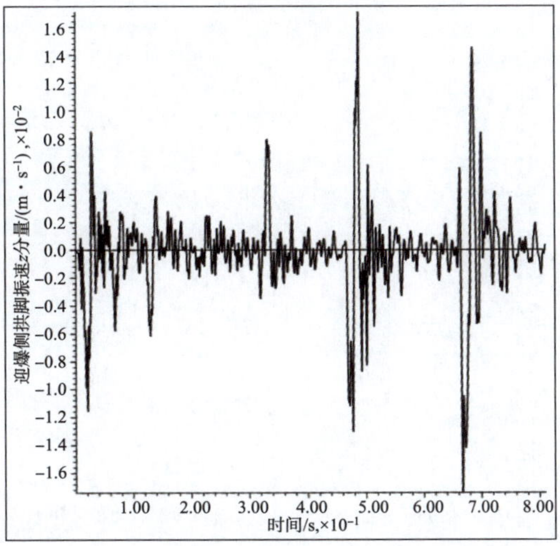

(g)迎爆侧 z 方向模拟结果(最大 1.70 cm/s)

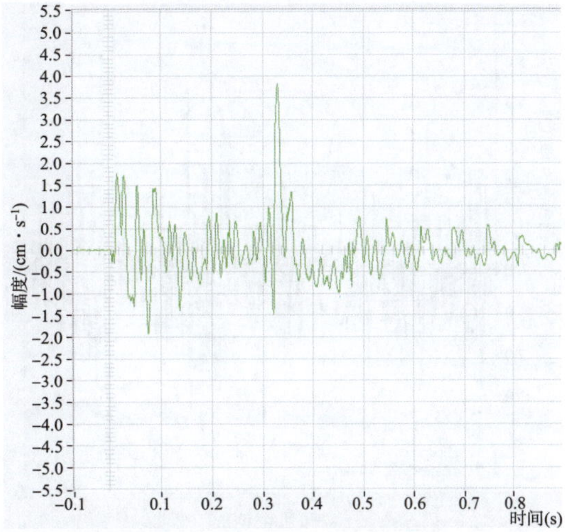

(h)迎爆侧 z 方向实测结果(最大 3.82 cm/s)

图 4-17　迎爆侧拱脚振速时程曲线

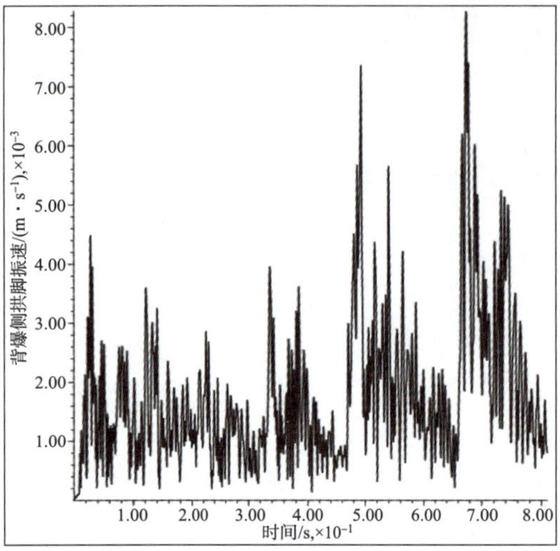

(a)背爆侧合速度模拟结果(最大 0.83 cm/s)

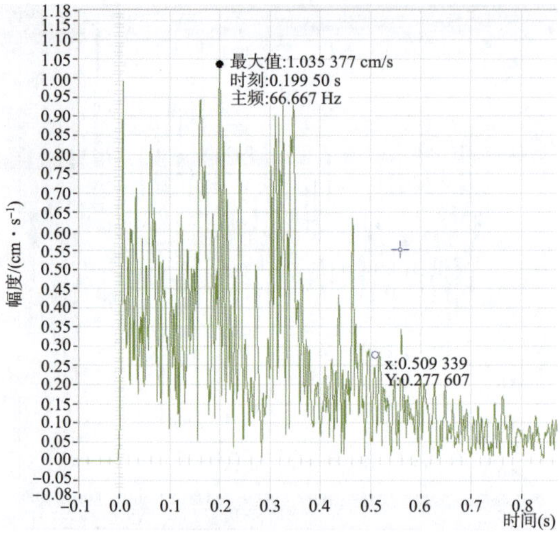

(b)背爆侧合速度实测结果(最大 1.04 cm/s)

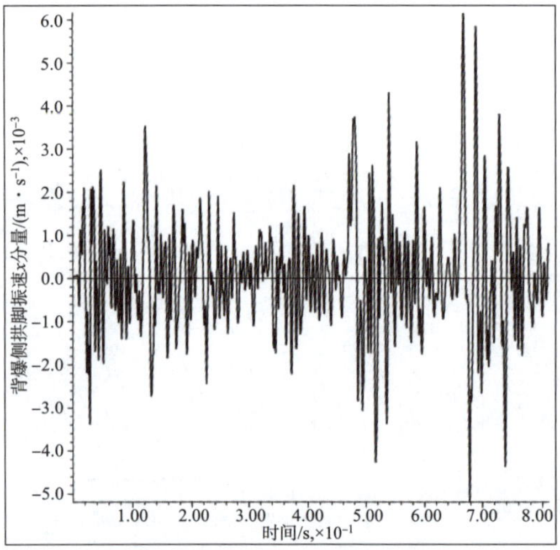

(c)背爆侧 x 方向模拟结果(最大 0.61 cm/s)

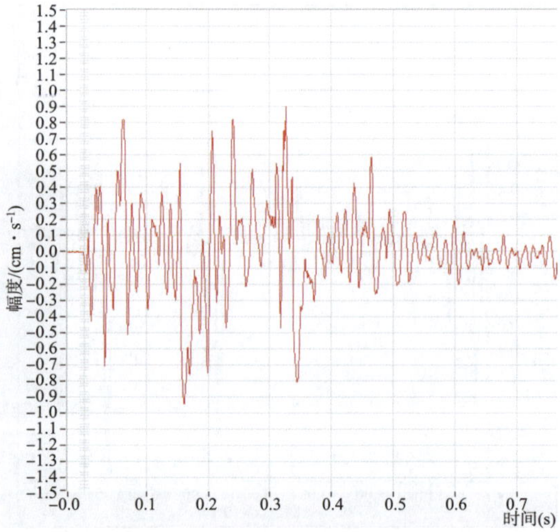

(d)背爆侧 x 方向实测结果(最大 0.94 cm/s)

图 4-18

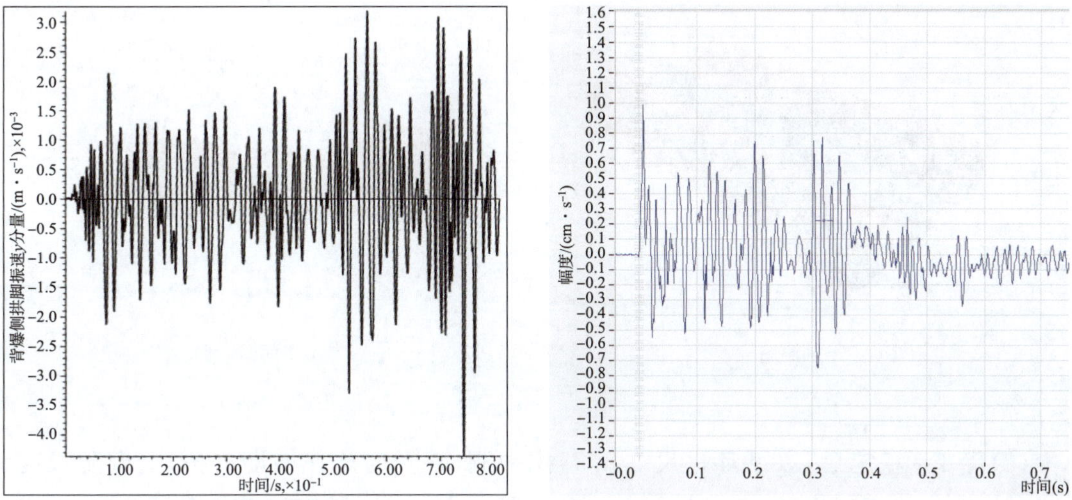

(e)背爆侧 y 方向模拟结果(最大 0.43 cm/s)　　(f)背爆侧 y 方向实测结果(最大 0.99 cm/s)

图 4-18　背爆侧拱脚振速时程曲线

4.3.2　三洞分离段中洞Ⅲ级围岩台阶法模拟计算

1. 模型建立

为分析三洞分离段隧道采用台阶法施工时的爆破振动影响，在 FLAC3D 中建立隧道及围岩的模型。爆破设计参考 4.2.3 节，围岩等级取Ⅲ级，选取模型边界尺寸横向 200 m，竖向 196 m，纵向为 100 m，即 200 m×196 m×100 m，如图 4-19 所示。

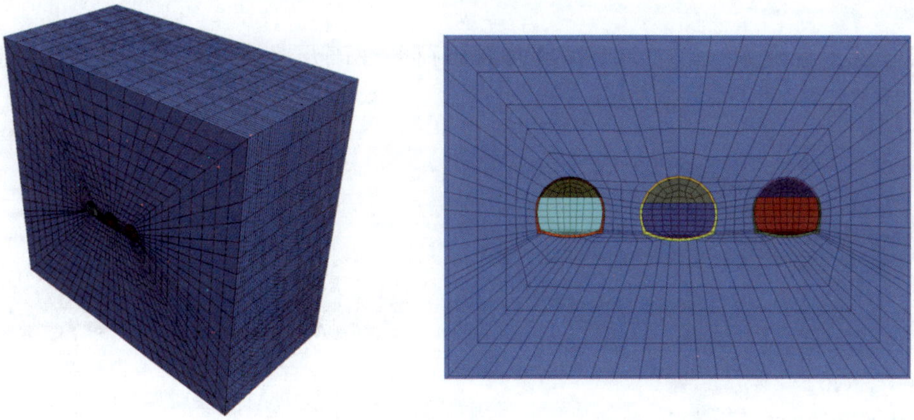

图 4-19　中洞Ⅲ级围岩台阶法计算模型

2. 开挖过程的模拟

(1)开挖左、右洞，施加初期支护和二次衬砌，如图 4-20 所示。图中，红色为锚杆，黑色为喷射混凝土衬砌。

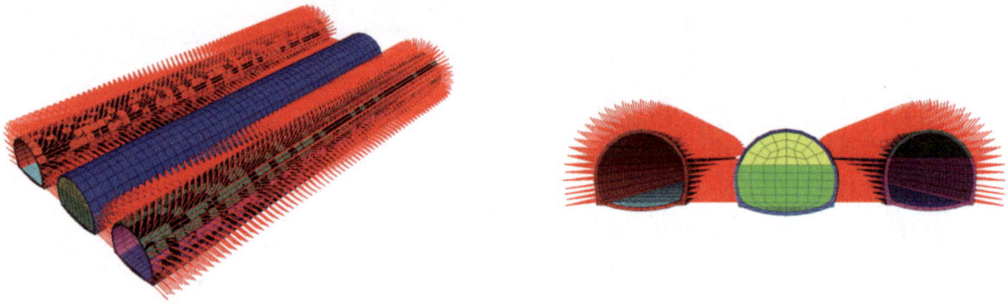

(a)轴测图　　(b)正面图

图 4-20　开挖左、右洞模型

(2)待变形稳定后,以循环进尺 2 m 开挖中洞,并及时施作初期支护,上台阶长度为 8 m。施作 24 个循环进尺,正洞上台阶开挖至 48 m,下台阶开挖至 40 m,如图 4-21 所示。

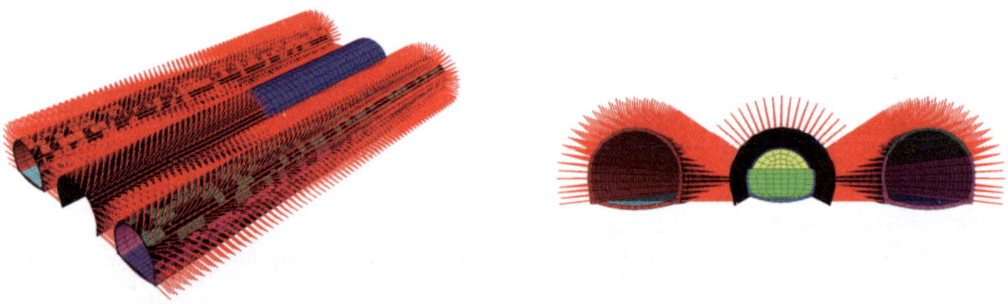

(a)轴测图　　(b)正面图

图 4-21　中洞开挖模型

(3)开挖上台阶 48～50 m 部分,施加爆破荷载在该开挖的 2 m 围岩洞周上,如图 4-22 所示,分析上台阶爆破荷载的影响。

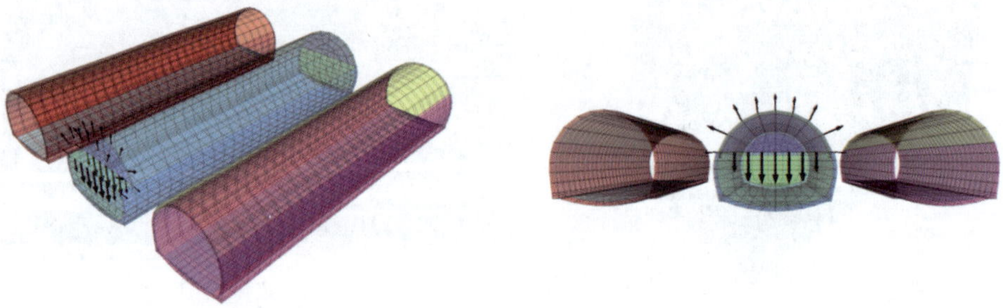

(a)轴测图　　(b)正面图

图 4-22　上台阶爆破荷载位置模型(模型纵向从 48 m 处截取)

(4)对已开挖的上台阶 48～50 m 部分施加初期支护，再开挖下台阶 40～42 m 部分，施加爆破荷载在该开挖的 2 m 围岩洞周上，如图 4-23 所示，分析下台阶爆破荷载的影响。

(a)轴测图　　　　(b)正面图

图 4-23　下台阶爆破荷载位置模型(模型纵向从 40 m 处截取)

3. 上台阶爆破计算结果分析

根据上台阶洞周处各个段别爆破的峰值荷载计算方法以及加、卸载时间的计算结果，计算上台阶正洞洞周各处的爆破荷载的时程函数。其中，上台阶左边墙的爆破荷载各分量的时程函数曲线如图 4-24 所示，在周边孔爆破(0.47 s)时有最大峰值荷载。周边孔爆破时，对正洞洞周施加的爆破荷载如图 4-25 所示，其中，左边墙处施加的峰值荷载为 35.7 MPa，拱顶处施加峰值荷载为 42.9 MPa。

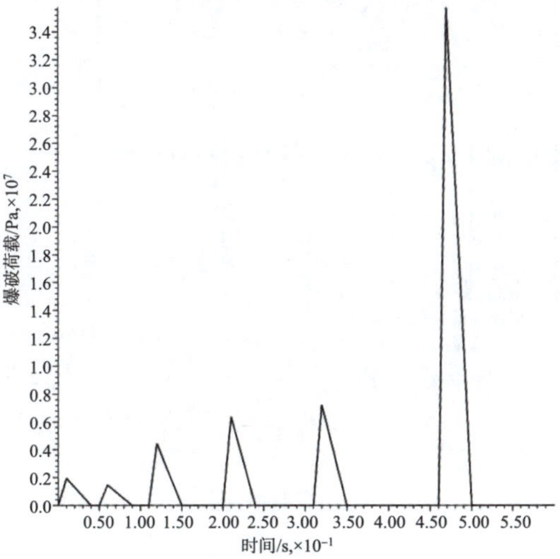

图 4-24　上台阶左边墙的爆破荷载的时程曲线

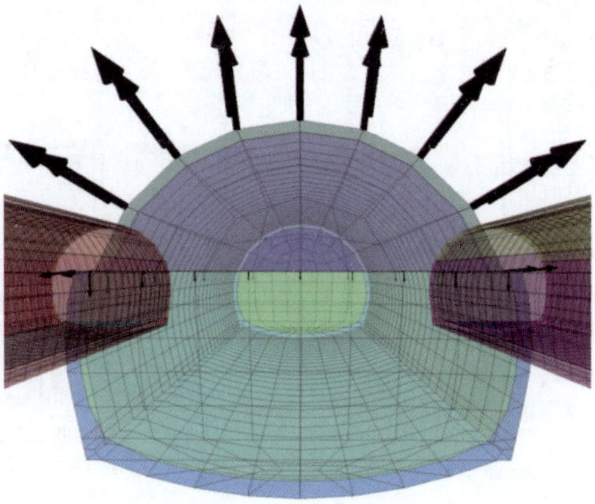

图 4-25　周边孔爆破时洞周施加荷载

(1)振速分析

上台阶爆破荷载对开挖面处(纵向 50 m 位置)左、右洞隧道二次衬砌迎爆侧各关键点的速度时程曲线如图 4-26 所示，各关键点最大振速值见表 4-11。可以看出，上台阶爆破时，左、右洞相应位置的振速时程曲线基本一致；边墙产生的振速最大，最大峰值振速为 6.48 cm/s；拱脚和拱顶的振速较小，峰值振速为 4 cm/s 左右；最大峰值振速基本都出现在周边孔爆破时。

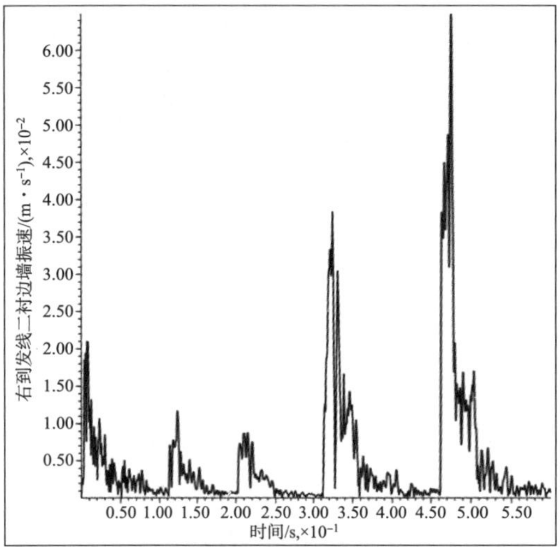

(a)右洞边墙

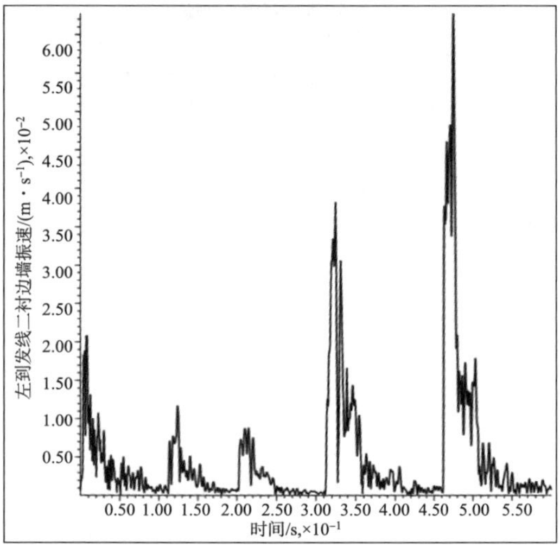

(b)左洞边墙

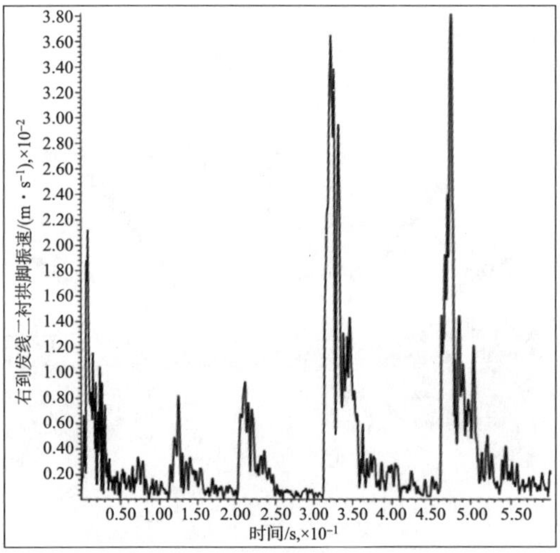

(c)右洞拱脚

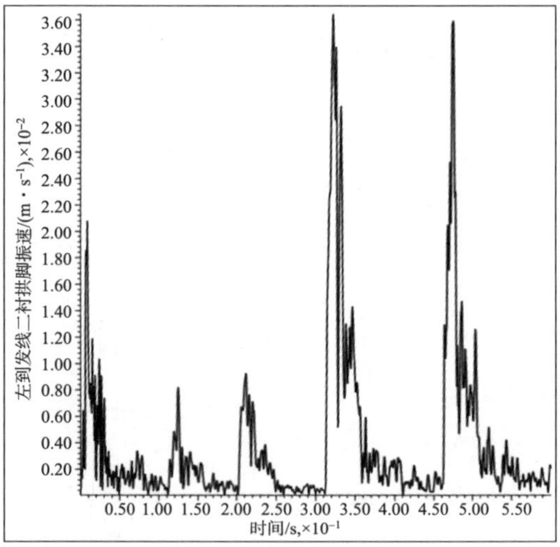

(d)左洞拱脚

图 4-26

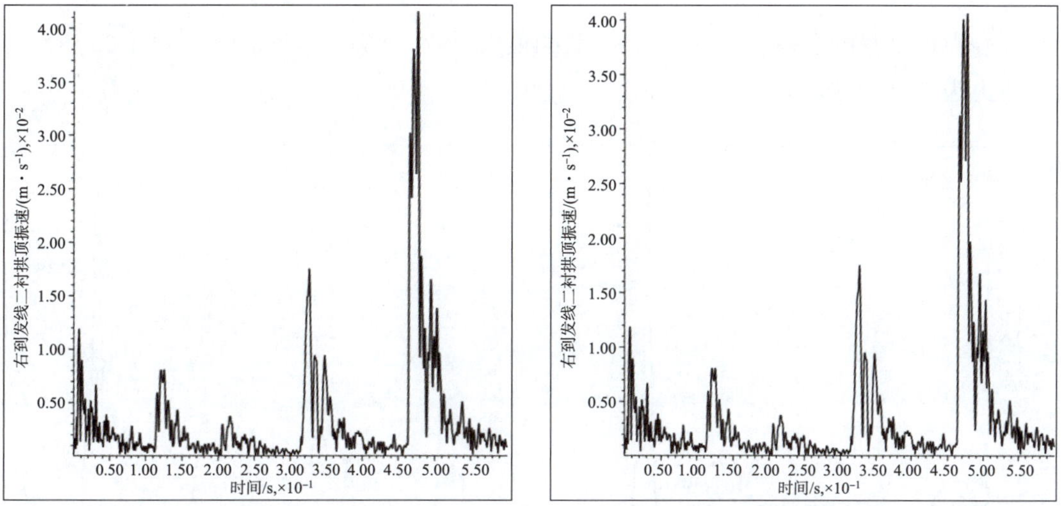

(e)右洞拱顶　　(f)左洞拱顶

图 4-26　上台阶爆破时侧洞二次衬砌关键点处的速度时程曲线

表 4-11　上台阶爆破时侧洞二次衬砌关键点处的最大振速值/(cm·s^{-1})

侧　洞	边　墙	拱　脚	拱　顶
右　洞	6.48	3.80	4.14
左　洞	6.27	3.64	4.06

考虑周边孔爆破时对侧洞二次衬砌影响较大，周边孔爆破时开挖截面(纵向 50 m 位置)振速云图如图 4-27 所示，正洞拱部振速最大为 0.926 m/s，随着振动传播而逐渐衰减，到两侧洞处衰减至 0.05 m/s 左右。

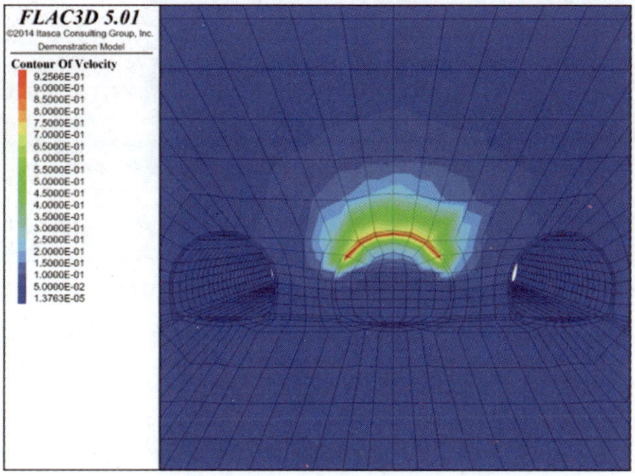

图 4-27　周边孔爆破时开挖截面振动速度云图

(2)应力分析

在静力计算基础上,右洞二次衬砌边墙的最大、最小主应力时程曲线如图 4-28 所示,最大压应力为 7.43 MPa,未出现拉应力。

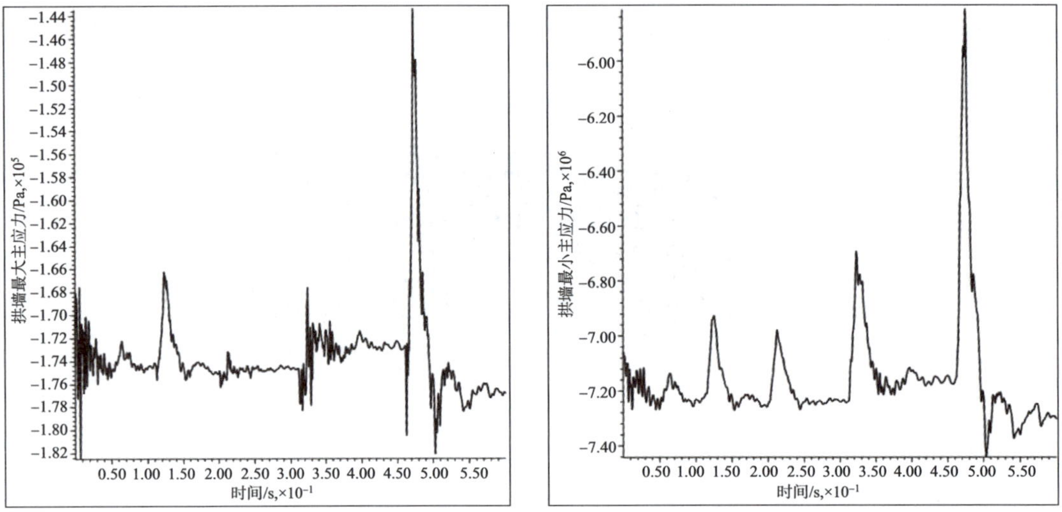

(a)最大主应力　　(b)最小主应力

图 4-28　侧洞二次衬砌边墙主应力时程曲线

周边孔爆破时,开挖截面(纵向 50 m 位置)最大、最小主应力云图如图 4-29 所示,其瞬时最大拉应力出现在未开挖前方岩体上,最大压应力出现在中洞拱部。爆破过程中围岩发生塑性破坏。

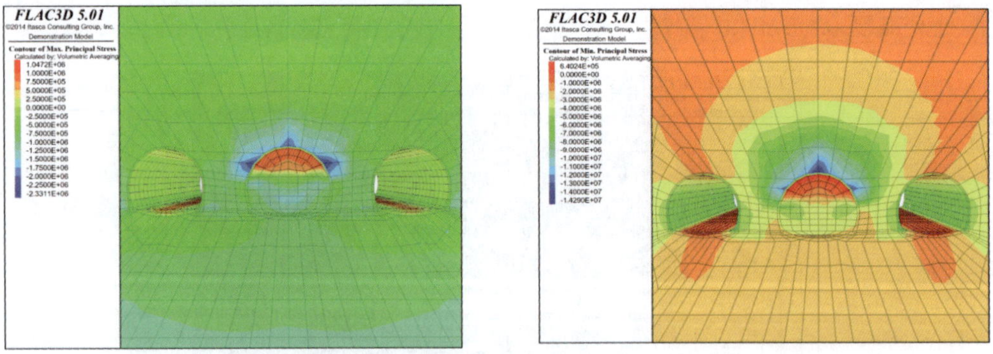

(a)最大主应力　　(b)最小主应力

图 4-29　周边孔爆破时主应力云图

开挖截面处的塑性区域如图 4-30 所示,拱顶塑性区域厚度较大,约 8 m;两侧塑性区域约厚 3 m。

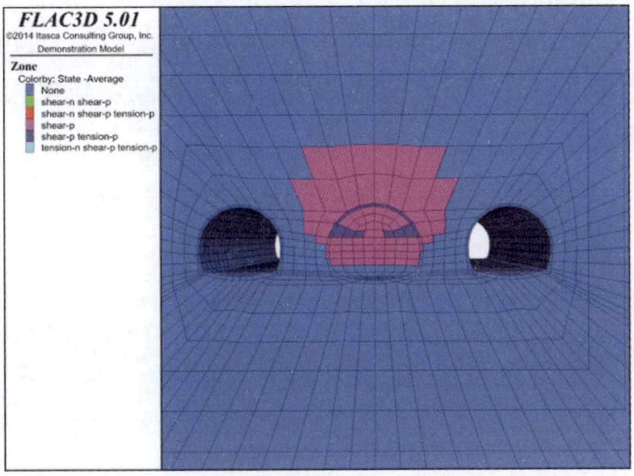

图 4-30　开挖截面处的塑性区域

4. 下台阶爆破计算结果分析

根据下台阶洞周处各个段别爆破的峰值荷载计算方法以及加、卸载时间的计算结果，计算下台阶正洞洞周各处的爆破荷载的时程函数。其中，下台阶左边墙的爆破荷载各分量的时程函数曲线如图 4-31 所示，在周边孔爆破(0.66 s)时有最大峰值荷载。周边孔爆破时，对正洞洞周施加的爆破荷载如图 4-32 所示，其中，左边墙处施加峰值荷载为 36.7 MPa，隧道底部处施加峰值荷载为 23.0 MPa。

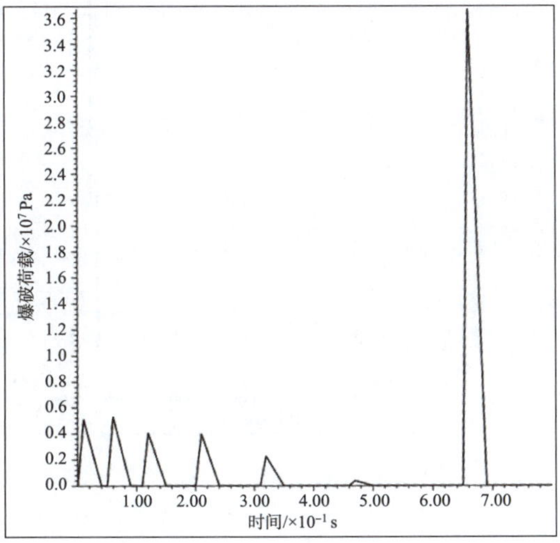

图 4-31　下台阶左边墙爆破荷载时程曲线

图 4-32　周边孔爆破时洞周施加荷载

(1)振速分析

下台阶爆破荷载对开挖截面处(纵向 42 m 位置)侧洞隧道二次衬砌迎爆侧各关键点的

速度时程曲线如图 4-33 所示，各关键点最大振速值见表 4-12。可以看出，上台阶爆破时，左、右洞相应位置的振速时程曲线基本一致；边墙产生的振速最大，最大峰值振速为 10.34 cm/s；拱脚振速其次，峰值振速为 8 cm/s 左右；拱顶振速最小，峰值振速仅 2.8 cm/s；最大峰值振速都出现在周边孔爆破时。

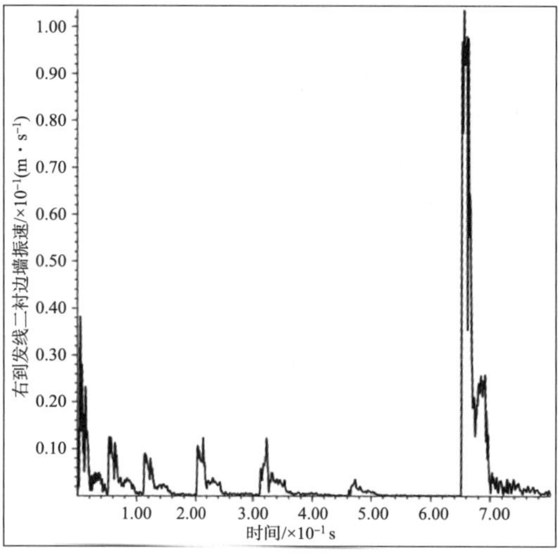

(a)右洞边墙

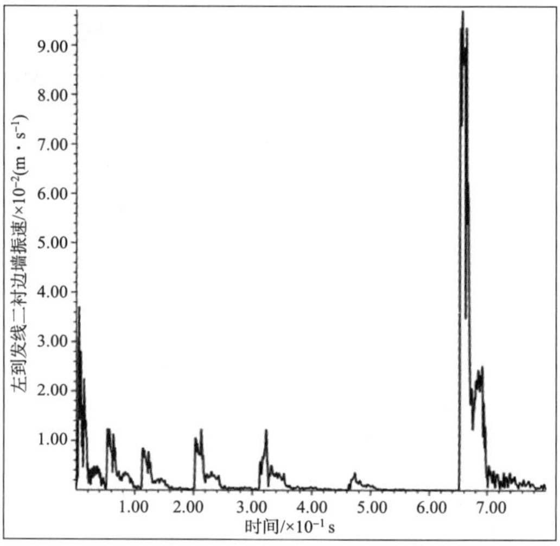

(b)左洞边墙

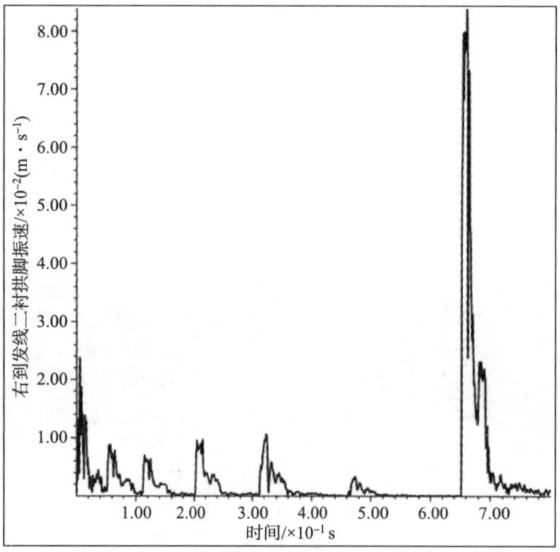

(c)右洞拱脚

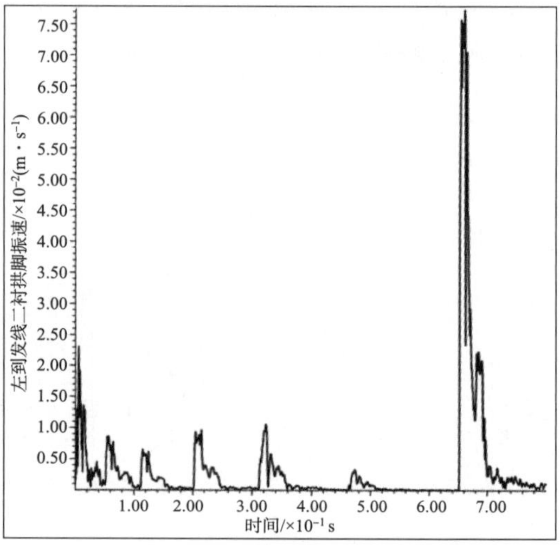

(d)左洞拱脚

图 4-33

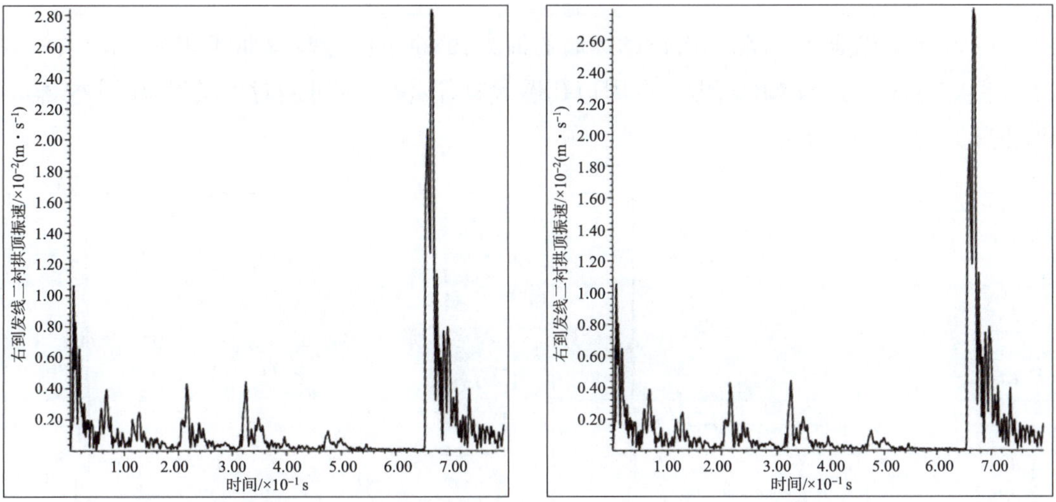

(e)右洞拱顶　　　　(f)左洞拱顶

图 4-33　下台阶爆破时侧洞二次衬砌关键点处的速度时程曲线

表 4-12　下台阶爆破时侧洞二次衬砌关键点处的最大振速值/($cm \cdot s^{-1}$)

侧　　洞	边　　墙	拱　　脚	拱　　顶
右　　洞	10.34	8.35	2.83
左　　洞	9.70	7.70	2.79

考虑周边孔爆破时对侧洞二次衬砌影响较大，周边孔爆破时开挖截面(纵向 42 m 位置)振速云图如图 4-34 所示，中洞洞周振速最大为 0.525 m/s，随着振动传播而逐渐衰减，传到两侧洞二次衬砌边墙处约为 0.1 m/s，传到侧洞二次衬砌拱肩和底板处约为 0.05 m/s。

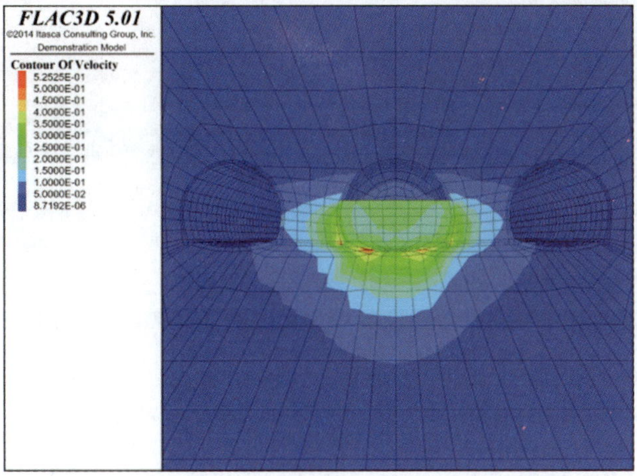

图 4-34　周边孔爆破时开挖截面振动速度云图

(2)应力分析

在静力计算基础上，右洞二次衬砌边墙的最大、最小主应力时程曲线如图 4-35 所示，瞬时最大拉应力达到 1.34 MPa，出现在周边孔爆破时，该拉应力可能对二次衬砌有较大影响；最大压应力为 7.64 MPa。

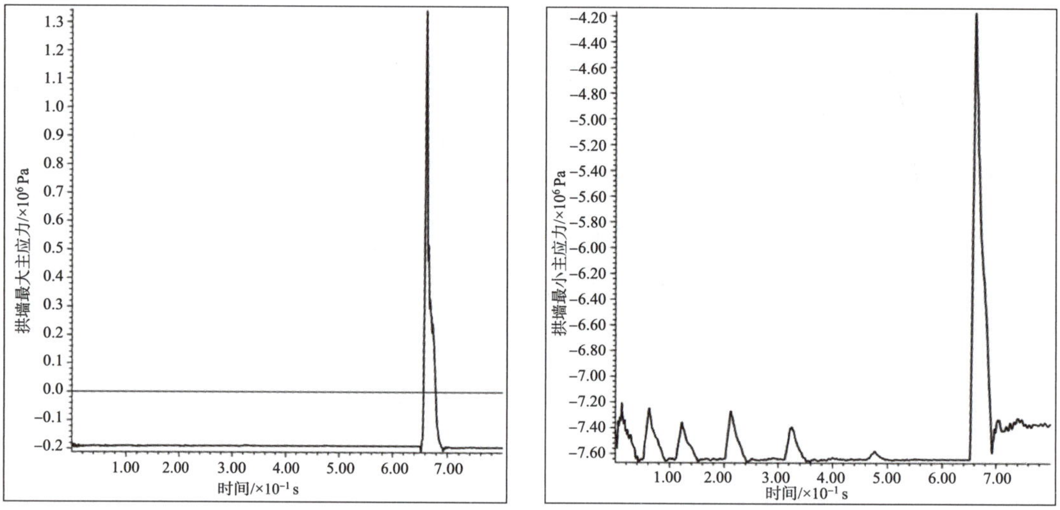

(a)最大主应力　　(b)最小主应力

图 4-35　侧洞二次衬砌边墙主应力时程曲线

周边孔爆破时，开挖截面(纵向 42 m 位置)最大、最小主应力云图如图 4-36 所示，其瞬时最大拉应力出现在两侧洞的边墙处，并且未开挖的下台阶前方岩体也出现拉应力；瞬时最大压应力出现在中洞拱脚处。

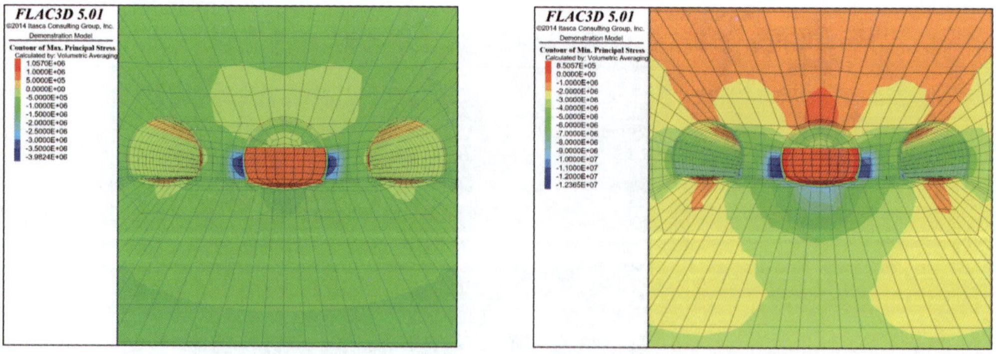

(a)最大主应力　　(b)最小主应力

图 4-36　周边孔爆破时主应力云图

爆破过程中围岩发生塑性破坏，其开挖截面处的塑性区域如图 4-37 所示，两侧塑性区范围较大；隧道底部塑性区域范围也较大。

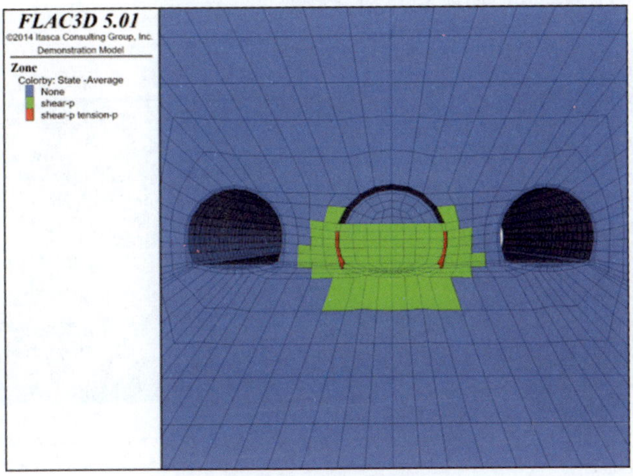

图 4-37　开挖截面处的塑性区域

根据本计算，下台阶周边孔爆破时，侧洞二次衬砌迎爆侧边墙产生的最大振速为 10.34 cm/s，并且该处将产生 1.34 MPa 的瞬时拉应力，对侧洞二次衬砌有较大影响。按照《高速铁路隧道工程施工技术规程》13.3.13 条，新浇大体积混凝土安全允许振速见表 4-13。

表 4-13　新浇大体积混凝土爆破振动安全允许标准

序　　号	新浇混凝土	安全允许振速/($cm \cdot s^{-1}$)
1	龄期：初凝～3 d	2.0～3.0
2	龄期：3～7 d	3.0～7.0
3	龄期：7～28 d	7.0～12

下台阶爆破时产生的振速比上台阶的大；爆破对侧洞迎爆侧二次衬砌边墙产生的振速比拱脚和拱顶的大；周边孔爆破对侧洞二次衬砌产生的振速比其他段爆破的大。建议在三洞分离段侧洞先不施作二次衬砌，对两侧洞的初期支护进行加强，待中洞开挖完成后统一施作二次衬砌。

4.3.3　三洞分离段中导洞先行分部法爆破模拟计算

1. 爆破设计参数及模型建立

三洞分离段隧道中洞若采用中导洞先行法，共分 6 部爆破施工，爆破参数见 4.2.4 节，各分部滞后长度分别为 100 m、6 m、20 m、6 m 和 4 m。根据上述爆破设计参数，建立隧道模型如图 4-38 所示，模型尺寸为 200 m×196 m×100 m。

2. 开挖过程模拟

(1)开挖左、右洞，施加初期支护，按静力计算初期支护稳定收敛后的受力变形，如图 4-39

所示。图中红色为锚杆，黑色为喷射混凝土衬砌。

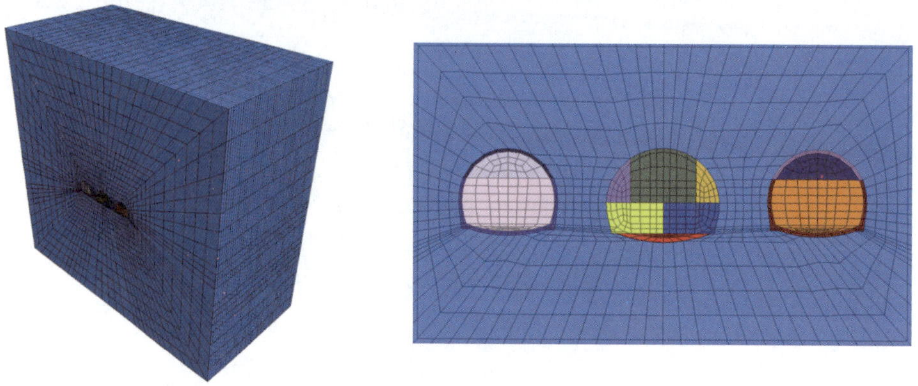

图 4-38　中导洞先行法计算模型

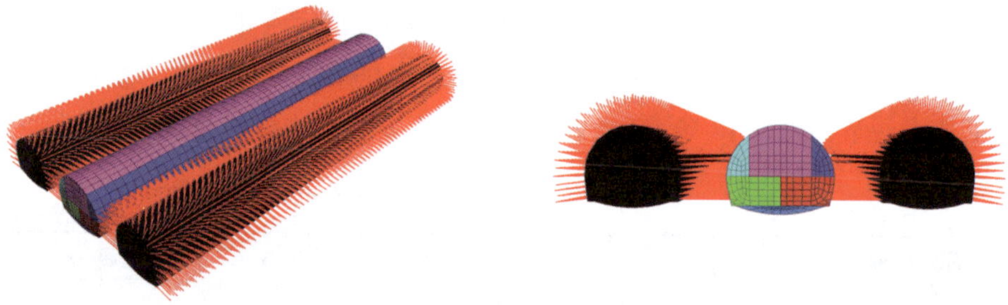

图 4-39　开挖两侧洞模型

(2)待变形稳定后，以循环进尺 2 m 开挖中洞的第一部，并及时施作初期支护，按静力进行计算。施作 24 个循环进尺，中洞的第一部开挖至 48 m，如图 4-40 所示。

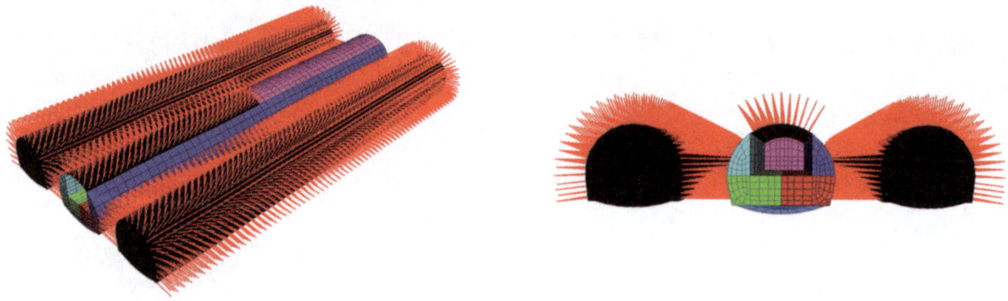

图 4-40　中洞开挖第一部模型

(3)开挖中洞第一部 48～50 m 部分，施加爆破荷载在第一部开挖轮廓线的 2 m 洞周上，按动力计算爆破荷载的影响，如图 4-41 所示，施加的爆破荷载时程曲线如图 4-42 所示。

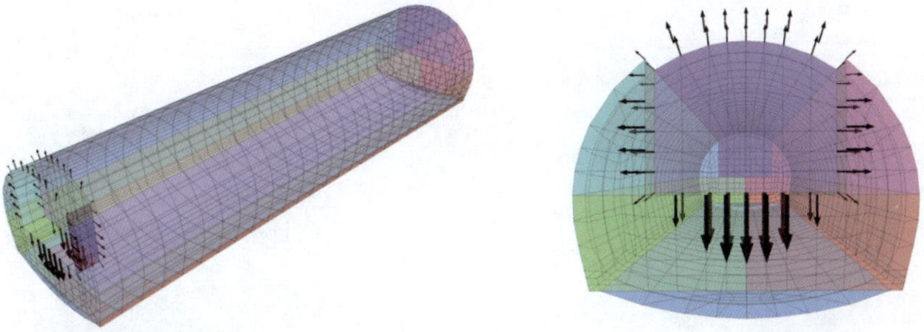

图 4-41　第一步开挖爆破荷载位置模型(模型纵向从 48 m 处截取)

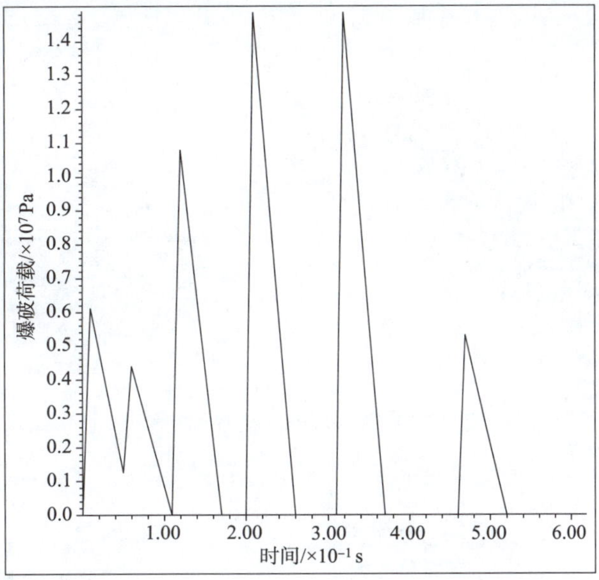

图 4-42　第一步开挖左边墙处爆破荷载时程曲线

(4)继续开挖中洞第一部,第一部先行 100 m 后开始开挖第二步,其他也按照滞后长度依次跟进开挖,按 2 m 的循环进尺进行静力计算,直至第二部施工至 70 m 处,如图 4-43 所示。

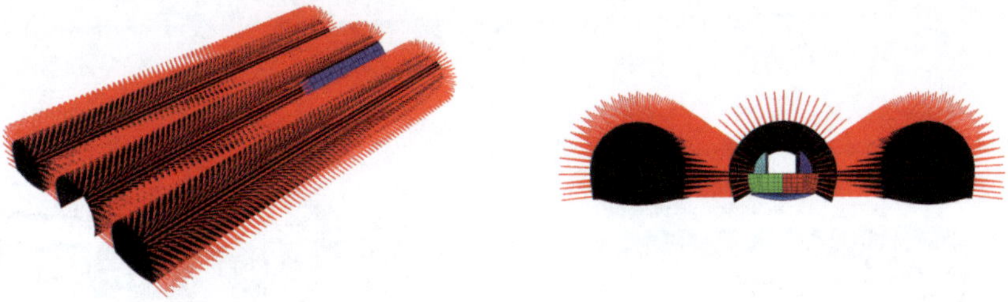

图 4-43　中洞开挖第二步至第六步的模型

(5)进行下一个循环,分别按 2 m 进尺开挖第二部至第六部,并施加爆破荷载在每一部开挖轮廓线上,并分别按动力计算爆破荷载的影响,如图 4-44～图 4-48 所示。

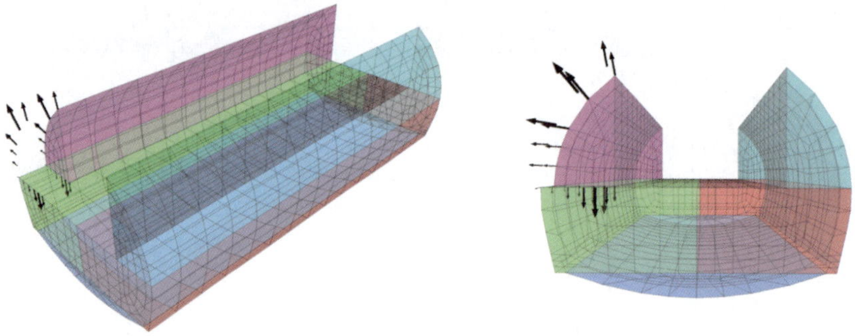

图 4-44　第二步爆破荷载位置模型

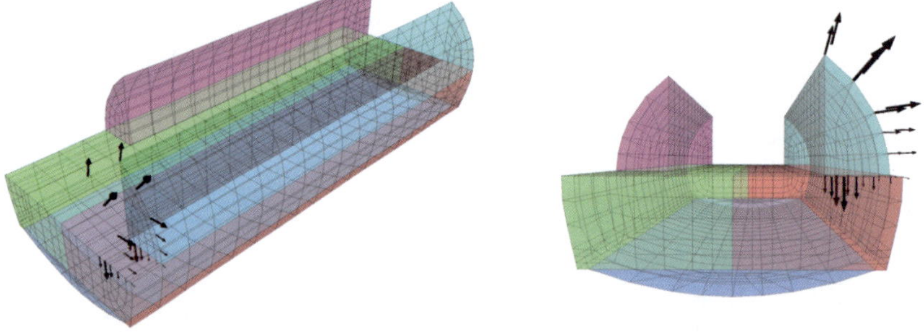

图 4-45　第三步爆破荷载位置模型

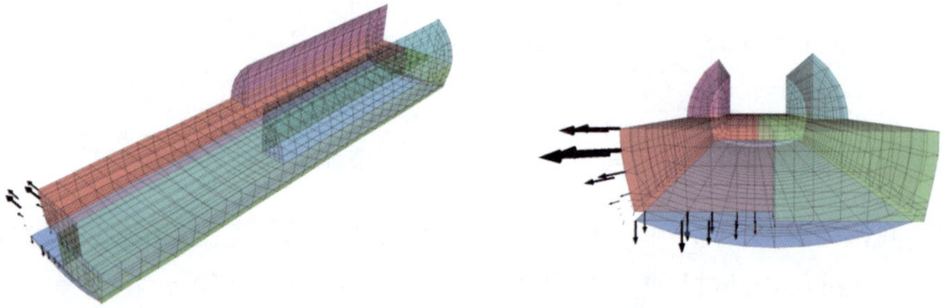

图 4-46　第四步爆破荷载位置模型

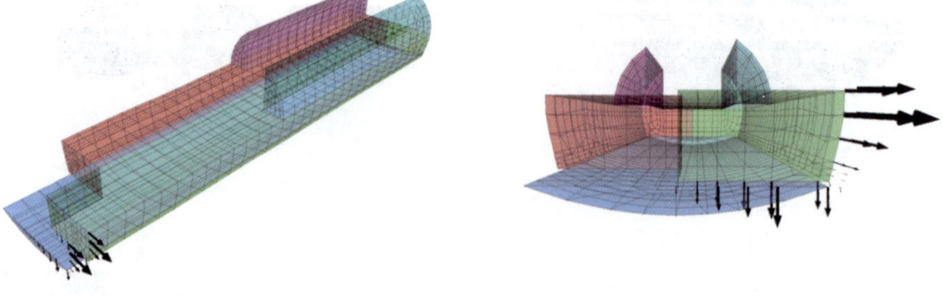

图 4-47　第五步爆破荷载位置模型

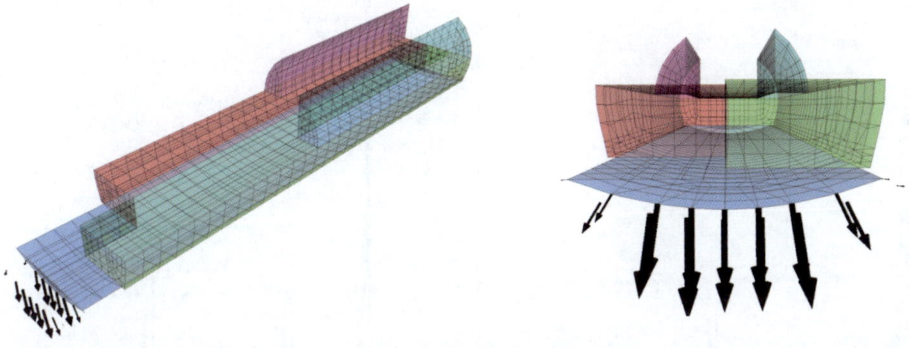

图 4-48　第六步爆破荷载位置模型

3. 爆破计算结果分析

(1)振速分析

以右到发线为例,分析三洞分离段中导洞先行法爆破对其影响。各施工步爆破时开挖截面上右到发线迎爆侧边墙的速度时程曲线如图 4-49 所示,各施工步爆破时右到发线迎爆侧边墙、拱脚及拱顶的最大振速值见表 4-14。从右到发线最大振速的位置上看,各施工步爆破时,除第五、六步迎爆侧拱脚最大振速略高于边墙外,其他各步爆破时均是在迎爆侧边墙处振速值最大,而拱顶处振速值最小;从最大振速产生时间上看,最大振速大多在第 1 段别时出现最大值;从最大振速的量值上看,第一步、第二步、第四步爆破施工产生振速较大,最大振速为 4.90 cm/s。

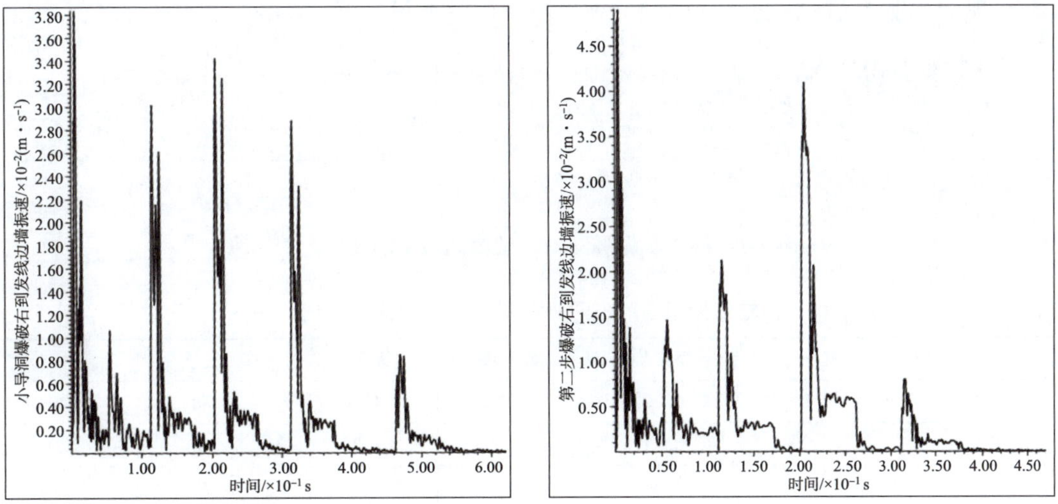

(a)第一步　　　　(b)第二步

图　4-49

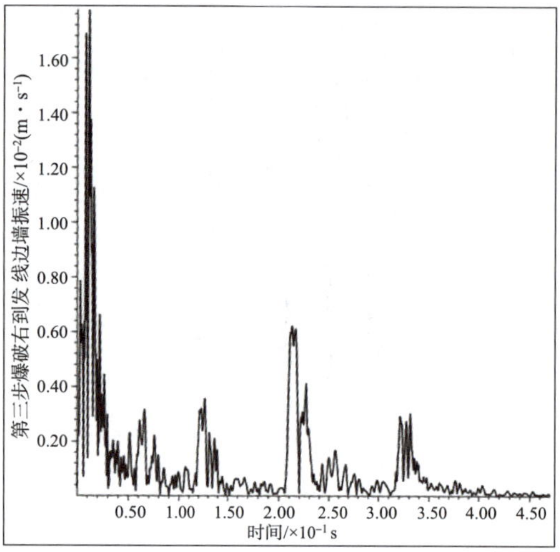

(c)第三步

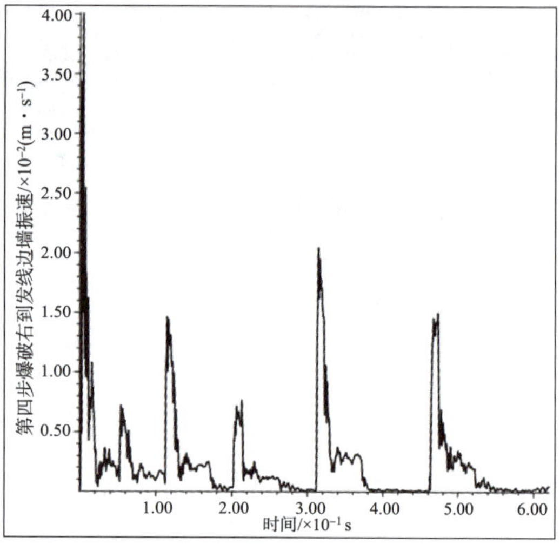

(d)第四步

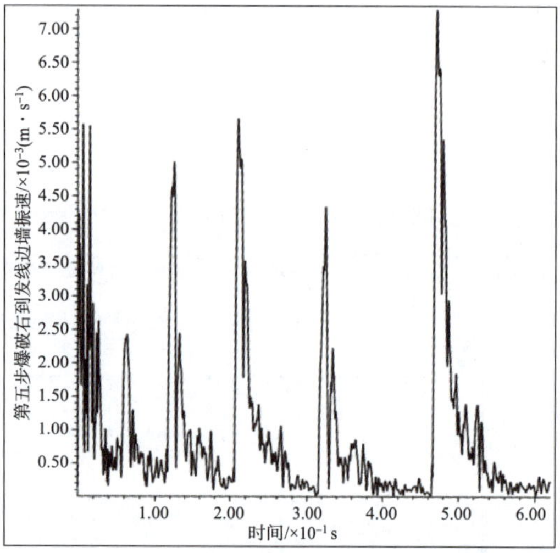

(e)第五步

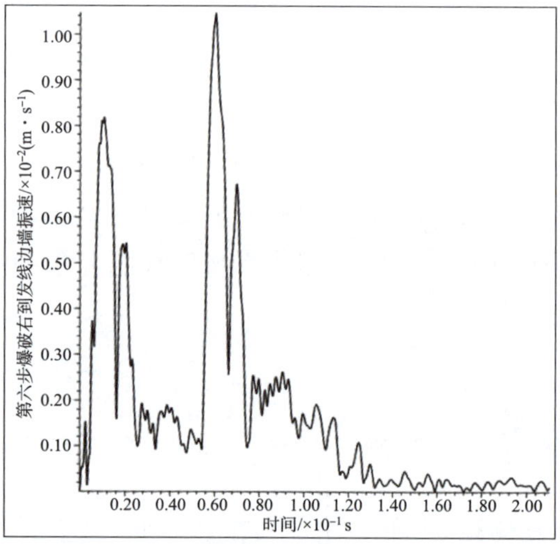

(f)第六步

图 4-49　各施工步爆破时右洞迎爆侧边墙的速度时程曲线

表 4-14　各施工步爆破时右洞各关键点处的最大振速值/(cm·s⁻¹)

关键点	第一步	第二步	第三步	第四步	第五步	第六步
边墙	3.83	4.90	1.77	4.00	0.73	1.04
拱脚	2.99	2.71	1.33	1.82	0.82	1.05
拱顶	1.39	1.50	0.79	0.73	0.28	0.34

为分析边墙振速横向及竖向分量，统计各施工步爆破时右洞迎爆侧边墙振速的各分量的最大值，见表 4-15，第一步、第二步及第四步爆破施工时右洞迎爆侧边墙各分量振速时程曲线如图 4-50 所示。

表 4-15　各施工步爆破时右洞迎爆侧边墙振速各分量最大值/(cm·s^{-1})

项　目	第一步	第二步	第三步	第四步	第五步	第六步
横向分量	3.48	4.86	1.75	3.33	0.52	0.65
竖向分量	1.4	3.26	1.3	2.32	0.61	0.82

可以看出,对于边墙位置,除第五步、第六步振速竖向分量略大于横向分量外,其他步爆破时均横向分量大于竖向分量;从各分量最大振速产生时间上看,最大振速大多在第 1 段别时出现最大值。

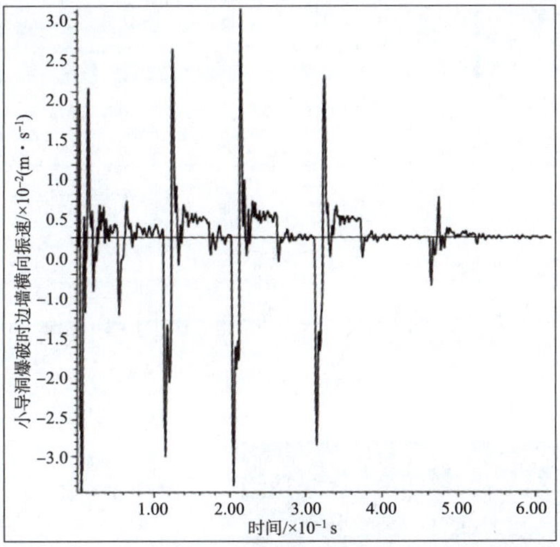

(a)第一步爆破时横向分量

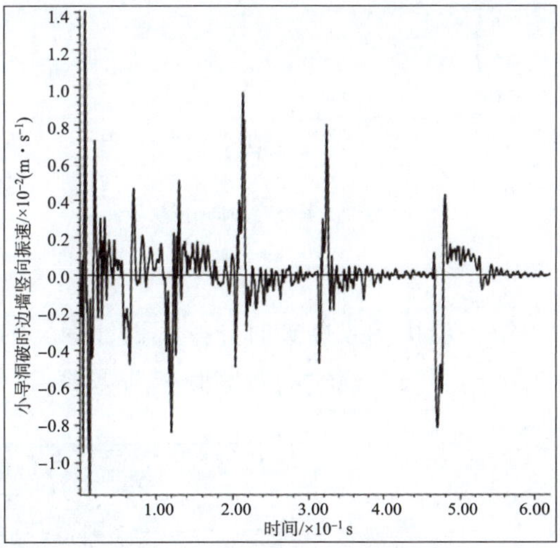

(b)第一步爆破时竖向分量

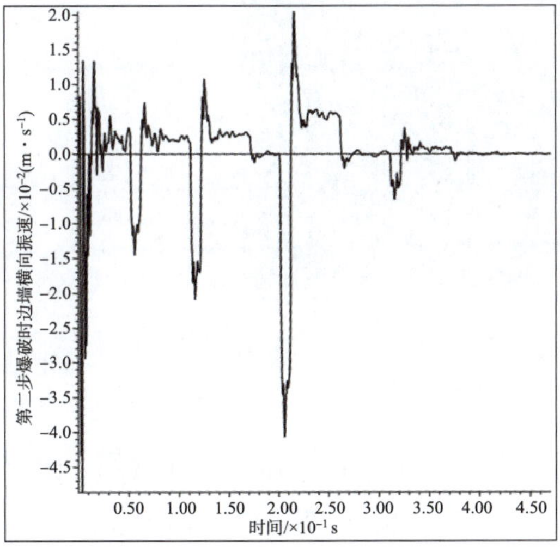

(c)第二步爆破时横向分量

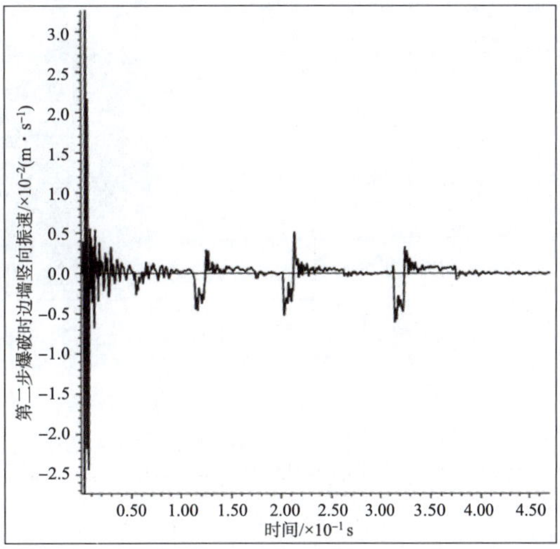

(d)第二步爆破时竖向分量

图　4-50

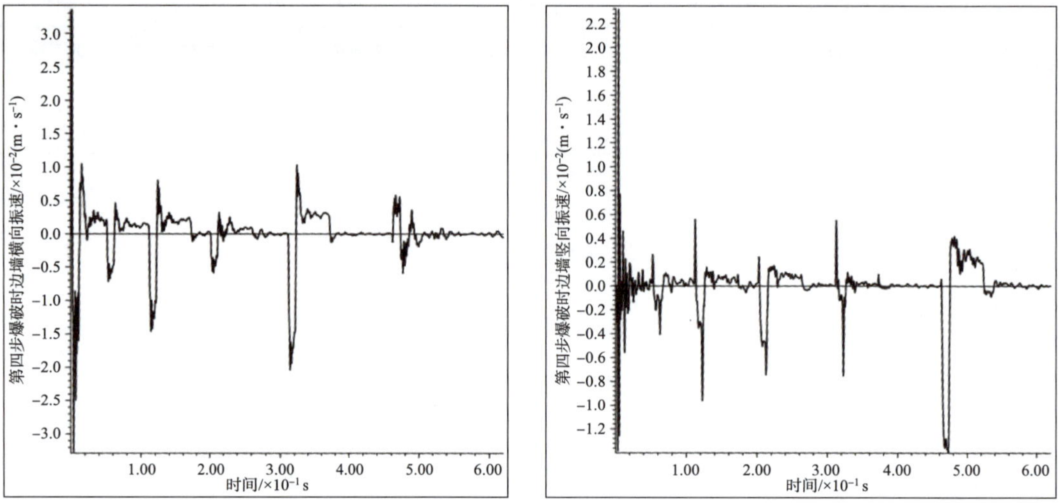

(e)第四步爆破时横向分量　　　　(f)第四步爆破时竖向分量

图 4-50　各施工步爆破时右洞迎爆侧边墙各分量振速时程曲线

第一步掏槽眼爆破时开挖截面处围岩的振动速度云图如图 4-51 所示，可以看出振速从中洞的第一部轮廓线向两侧洞逐渐衰减。

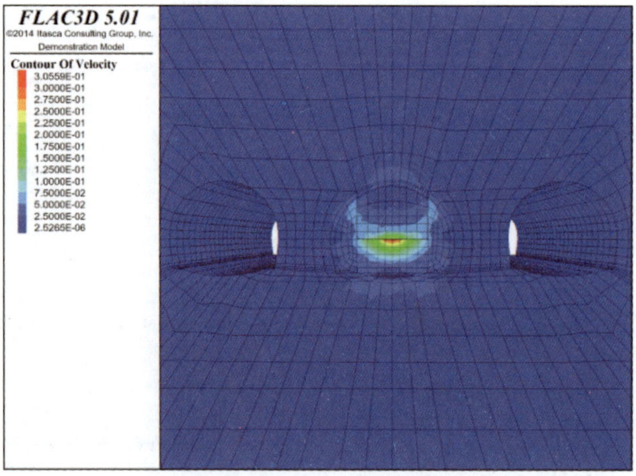

图 4-51　第一步掏槽眼爆破时开挖截面处围岩的振动速度云图

(2)应力分析

各施工步第 1 段别炸药爆破时，开挖截面最大主应力如图 4-52 所示，可以看出，拉应力主要位于正洞开挖面前方未开挖岩体处以及第一部开挖后的洞底拉应力，两到发线边墙处均未产生拉应力。

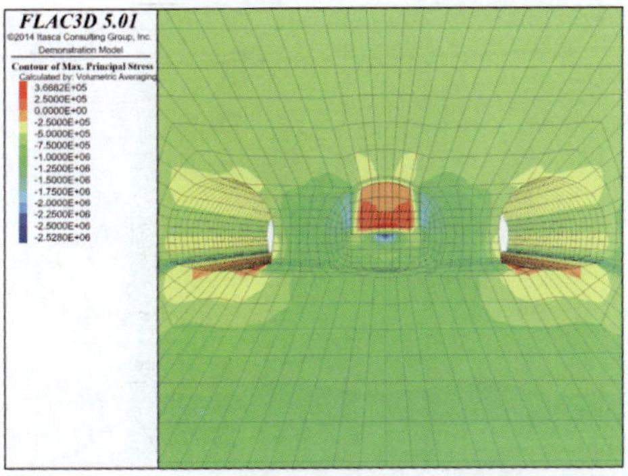

(a)第一步

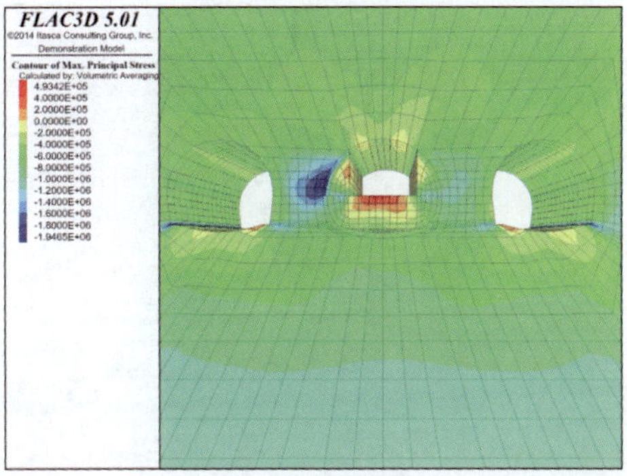

(b)第二步

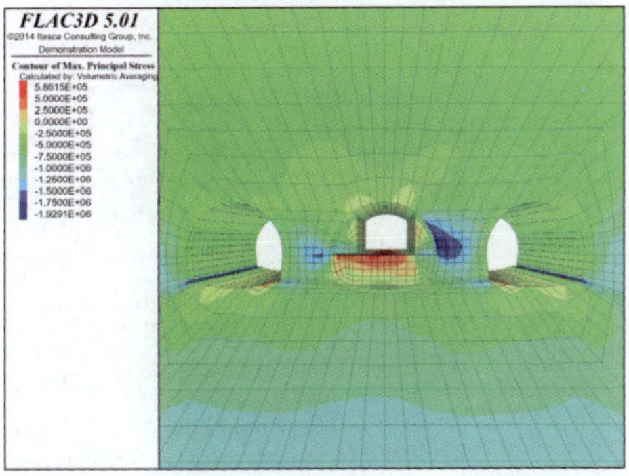

(c)第三步

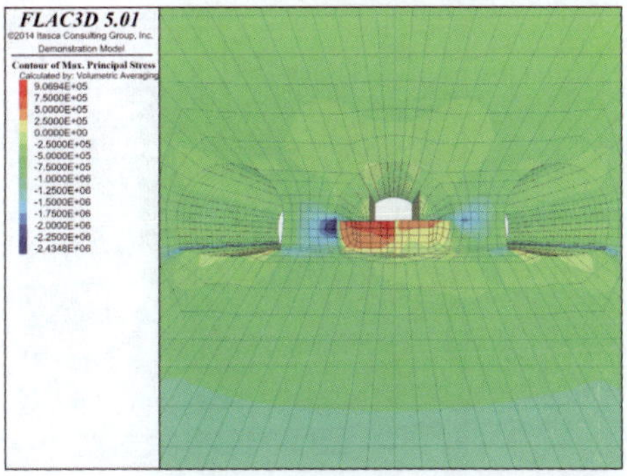

(d)第四步

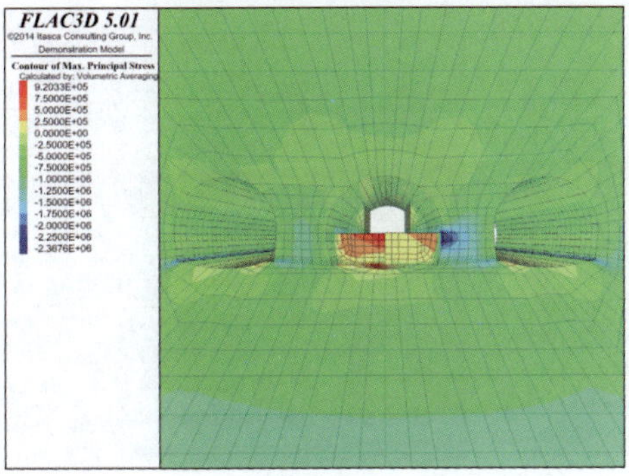

(e)第五步

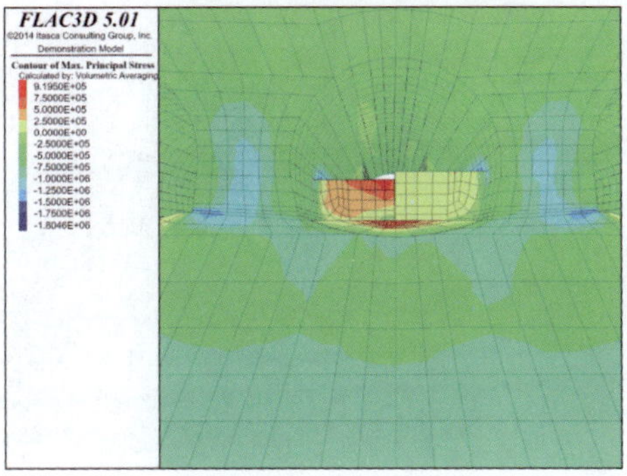

(f)第六步

图 4-52　各施工步第 1 段别炸药爆破时开挖截面处围岩的最大主应力云图

各施工步爆破时开挖截面处塑性区如图 4-53 所示，可以看出，塑性区主要集中在正洞前方未开挖岩体处；正洞隧道轮廓线外的塑性区较小，主要集中在正洞的拱顶和拱腰处。

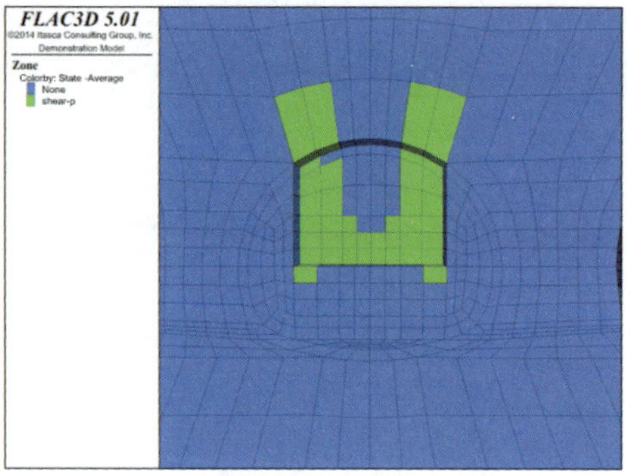

(a)第一步

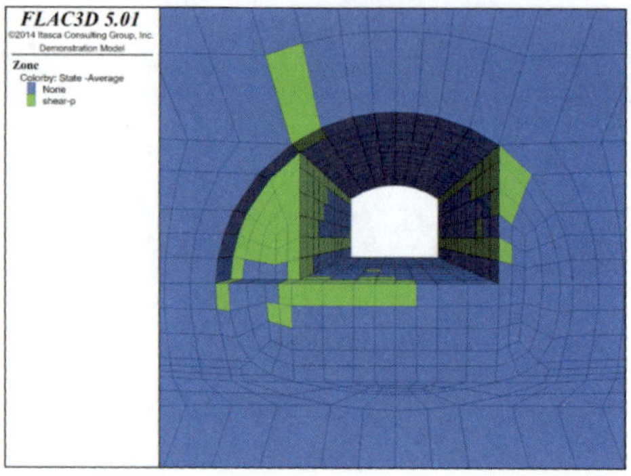

(b)第二步

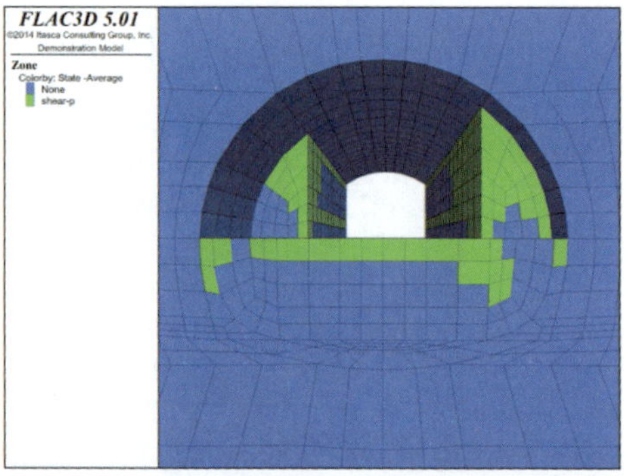

(c)第三步

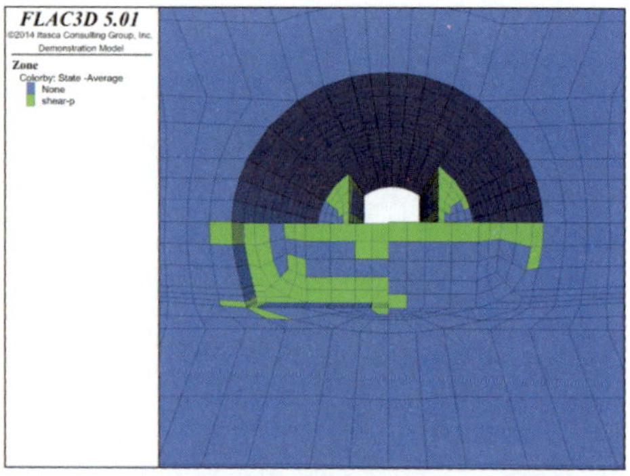

(d)第四步

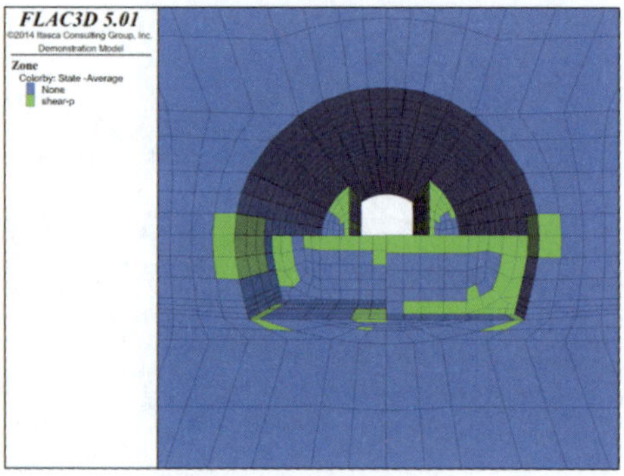

(e)第五步

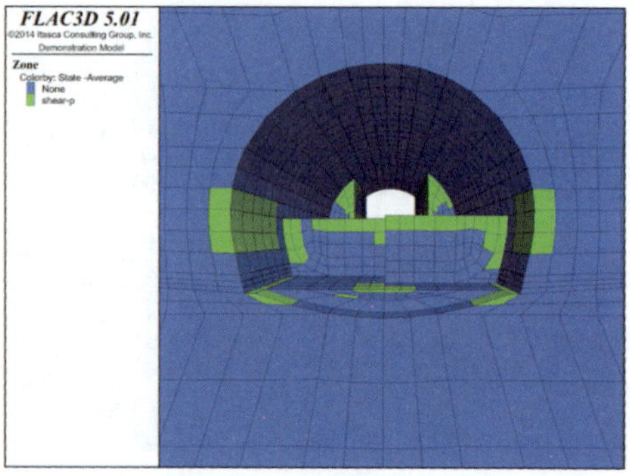

(f)第六步

图 4-53　各施工步爆破时开挖截面处围岩的塑性区域图

根据数值模拟计算结果，三洞分离段中洞采用中导洞先行法施工时：

①从振速分析来看，两侧洞迎爆侧边墙振速最大，拱脚其次，拱顶最小；对于两侧洞迎爆侧边墙的振速，以横向振速为主；第一步爆破以及对应侧扩挖爆破时该侧到发线振速较大，例如，第二步及第四步爆破时应该加强右洞的振速监测，尤其是右洞边墙处的监测，而第三步及第五步爆破时应加强左洞的振速监测；最大振速大多出现在各施工步第 1 段别炸药爆

破时;计算得到的侧洞处最大振速为 4.90 cm/s。

②从应力分析来看,在两侧洞边墙处未产生拉应力;中洞隧道轮廓线外的塑性区也较小。

4.3.4　三洞分离段小导洞先行分部法爆破模拟计算

1. 爆破设计参数及模型建立

三洞分离段隧道中洞若采用小导洞先行法,分上、下台阶共 6 次爆破施工。上台阶开挖时,一次打眼,分三次依次爆破①、②、③部。再在距上台阶掌子面约 50 m 处开挖下台阶,下台阶同样是一次打眼,分两次分别爆破④、⑤部,最后距离下台阶约 40 m 处爆破第⑥部仰拱。结合该施工工法,建立隧道模型如图 4-54 所示,模型尺寸为 200 m×196 m×100 m。

图 4-54　小导洞先行法计算模型

2. 爆破计算结果分析

在小导洞先行法的计算模型中,通过三次爆破开挖上台阶,分别模拟第一、二、三次爆破的开挖和爆破荷载,计算并分析爆破对已开挖的左侧洞的影响。上台阶各次爆破时,左洞迎爆侧边墙的速度时程曲线如图 4-55 所示,左洞迎爆侧边墙、拱脚及拱顶的最大振速值见表 4-16。可以看出,侧洞迎爆侧边墙处振速最大,拱脚其次,拱顶最小;最大振速在第三步爆破施工时,最大振速为 5.69 cm/s。

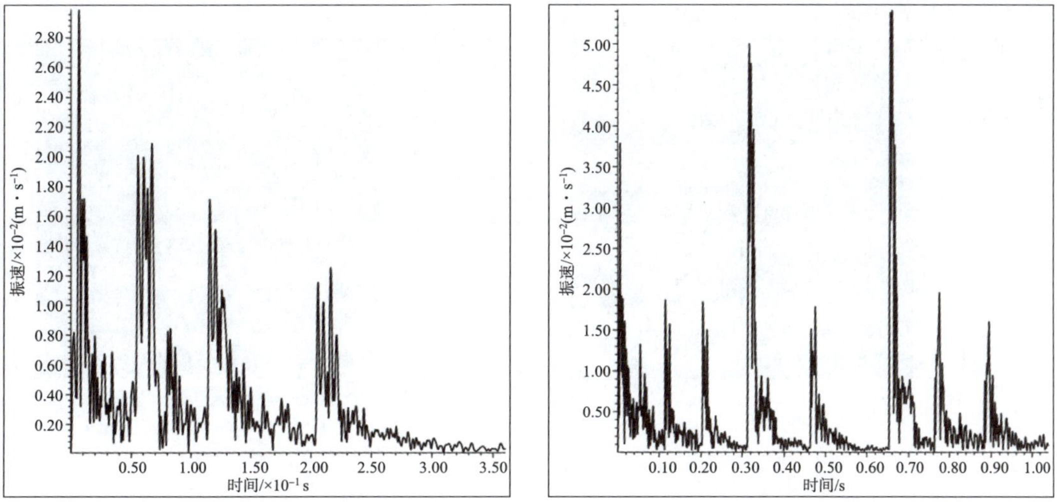

(a)第一步　　(b)第二步

图　4-55

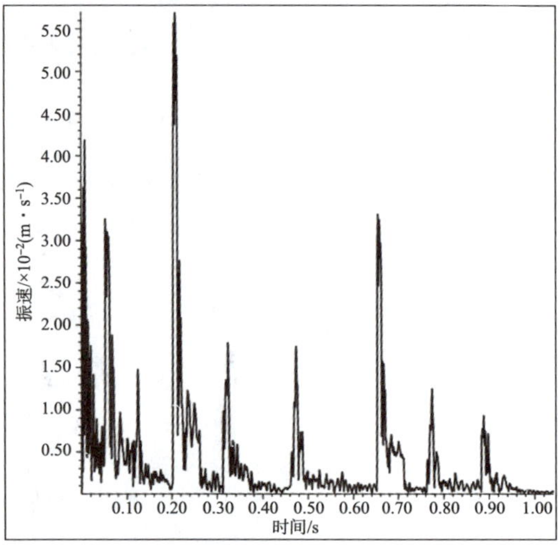

(c)第三步

图 4-55　上台阶开挖时左洞迎爆侧边墙的速度时程曲线

表 4-16　上台阶开挖时左洞各关键点处的最大振速值/(cm·s^{-1})

关键点	第一步	第二步	第三步
边　墙	2.98	5.40	5.69
拱　脚	1.87	3.22	2.93
拱　顶	1.13	2.16	1.80

上台阶爆破时中洞塑性区如图 4-56 所示,可以看出,塑性区主要集中在中洞轮廓线内,对两侧岩柱的影响较小。

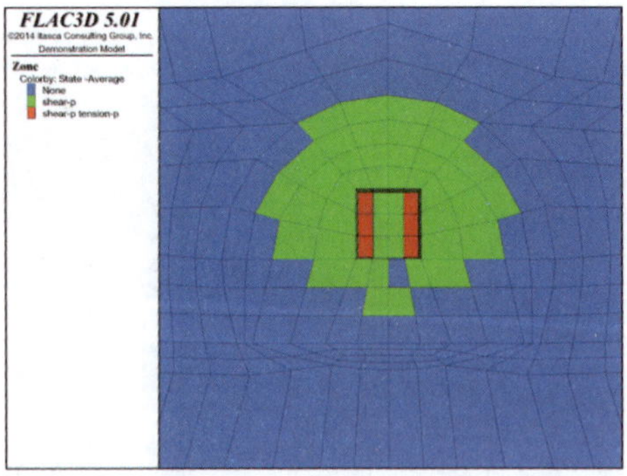

(a)第一步

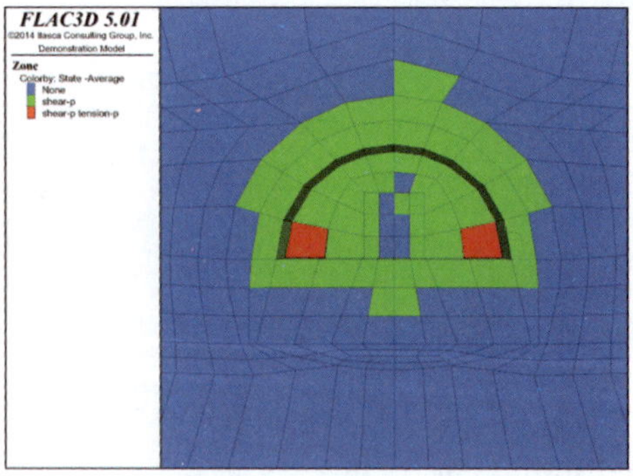

(b)第二步

图　4-56

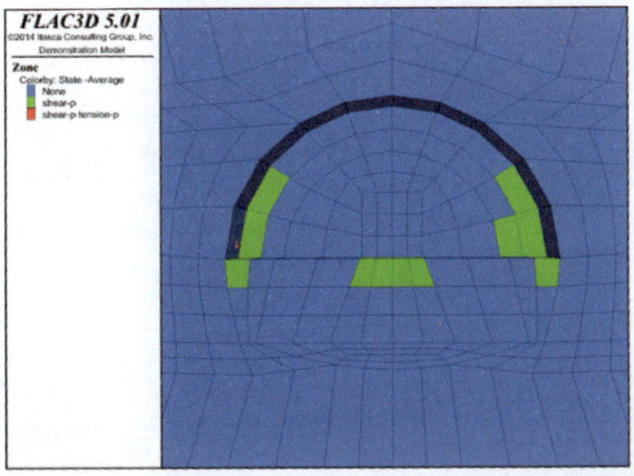

(c)第三步

图 4-56　上台阶爆破时围岩的塑性区域

3. 数值模拟与实测数据对比

选取普通雷管 2 号测点的数据，其距离掌子面约 6～8 m，位于左洞上台阶拱脚，大致相当于计算模型中掌子面前方左洞拱腰位置的监测点，中洞各次爆破时两者振速时程曲线的对比如图 4-57 所示。可以发现，除第一步爆破模拟得到的最大振速偏差较大外，其他两步爆破模拟结果相差较小，曲线也基本吻合。第一步爆破模拟存在较大偏差，主要是由于没有模拟掏槽眼这种仅在隧道纵向存在临空面的情况，导致围岩受到的爆破荷载比计算值偏大。

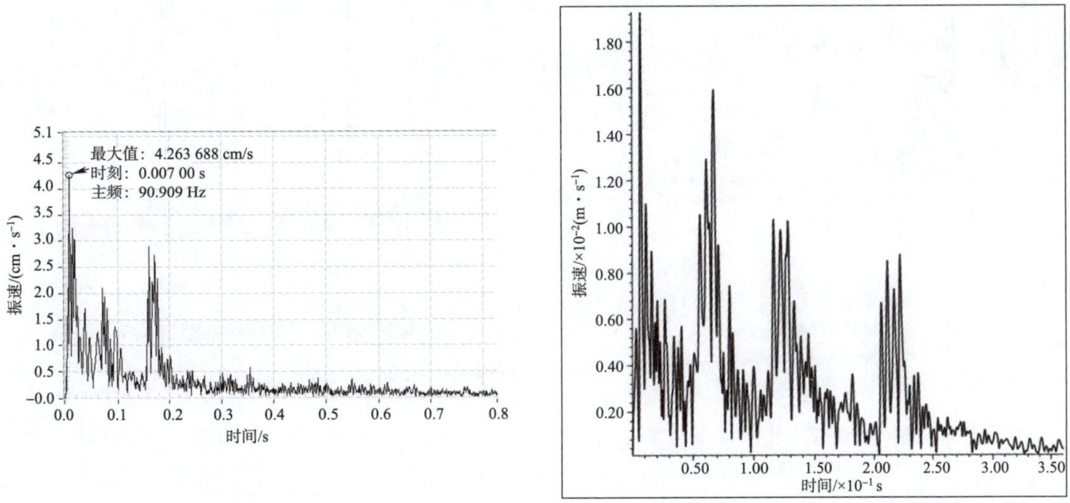

(a)第一步爆破实测数据(最大 4.26 cm/s)　　(b)第一步爆破模拟曲线(最大 1.92 cm/s)

图　4-57

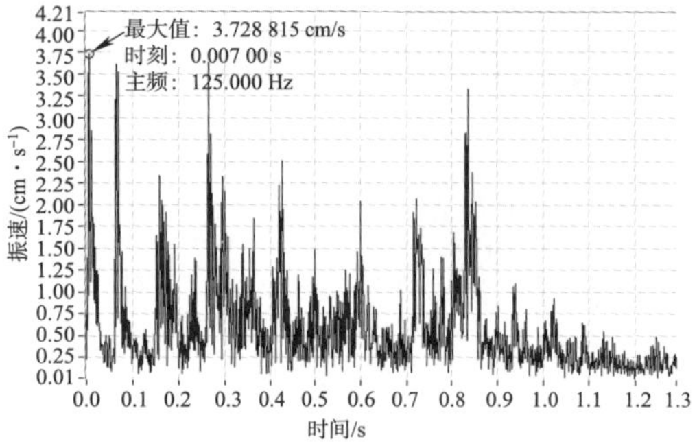

(c)第二步爆破实测数据(最大 3.73 cm/s)

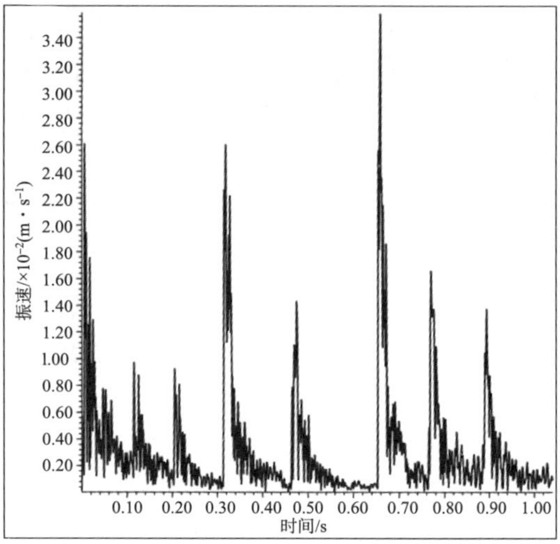

(d)第二步爆破模拟曲线(最大 3.58 cm/s)

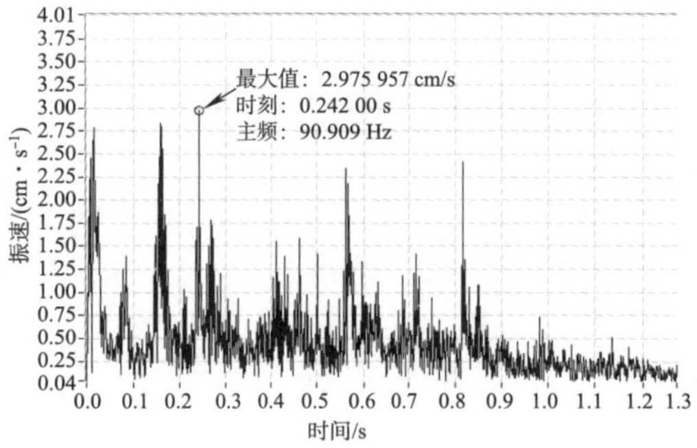

(e)第三步爆破实测数据(最大 2.98 cm/s)

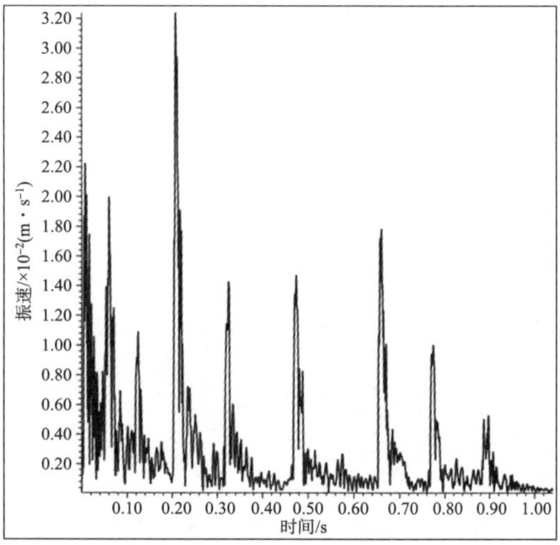

(f)第三步爆破模拟曲线(最大 3.23 cm/s)

图 4-57　小导洞先行法 2 号测点实测振速时程曲线与模拟曲线对比

三洞分离段中洞采用小导洞先行法施工并对上台阶进行开挖时，根据数值模拟计算结果，最大爆破振速为 5.69 cm/s，侧洞迎爆侧边墙处振速最大。爆破导致的围岩塑性区主要集中在中洞轮廓线内，对两侧岩柱的影响较小。

对比模拟计算得到的振速时程曲线与现场爆破实测结果，爆破模拟最大振速值相差较小，曲线也基本吻合。

4.4　三洞分离段小间距隧道爆破控制标准

4.4.1　三连拱段右洞爆破振动速度监测

为加强对小间距隧道爆破振动的影响的认识，并通过三洞分离段隧道围岩的地质条件来校准数值模拟参数，故考虑在三连拱段右洞上台阶开挖时，在其同里程段的左洞进行振速监测。

2 号斜井 6 号分通道右到发线 YDK68＋248～249 上台阶爆破开挖时，在同里程左到发线的右边墙（1 号迎爆侧）和左边墙（2 号背爆侧）设立测点，进行爆破监测，监测得到的峰值速度见表 4-17，最大合振速为 3.84 cm/s。两测点的合速度时程曲线如图 4-58 所示。

表 4-17　监测点的爆破信息及峰值速度

测点编号	爆心距 *R*/m	总装药量 *Q*/kg	最大段装药量 *Q*/kg	峰值速度值/(cm·s⁻¹)			
				水平纵向	水平切向	垂直方向	合速度
1 号	30	120	24(周边)	3.11	3.33	3.82	3.84
2 号	40			0.94	0.99	0.99	1.04

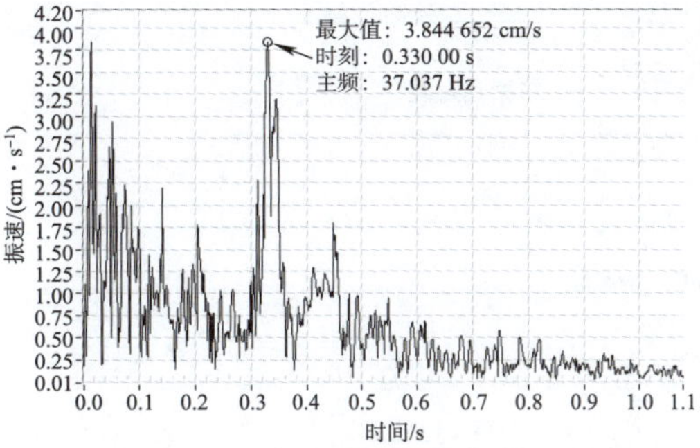

(a)1 号测点

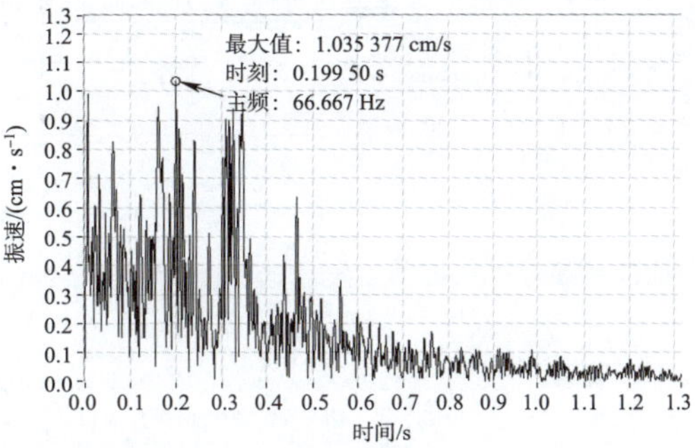

(b)2 号测点

图 4-58　监测点的爆破时程曲线

4.4.2　三洞分离段中洞小导洞分部开挖爆破振动速度监测

1. 监测方案

为确定三洞分离段中洞采用小导洞先行法爆破对左到发线洞室初期支护的影响，了解在该小间距爆破后侧到发线初期支护的损伤情况，并对比普通导爆管雷管与电子雷管爆破对侧洞影响的差异，从而选择较优的爆破雷管型式。

三洞分离段正洞爆破分两次进行爆破试验，分别为普通雷管爆破试验，以及电子雷管爆破试验，均采用小导洞先行法进行爆破开挖正洞上台阶，均分三步进行爆破，每步爆破出渣完成后再进行下一步爆破。

爆破试验监测地点选在左到发线迎爆侧初期支护上，其与车站正线中间岩柱厚度约为5.8 m，爆破试验区段位置如图4-59所示，A-A区段（阴影区域）为正线爆破试验区段，左到发线1-1、2-2断面为监测断面。监测内容主要包括振速监测、锚杆应力监测，监测仪器分别采用爆破测振仪和锚杆应力计，监测断面的测点布置如图4-60所示。

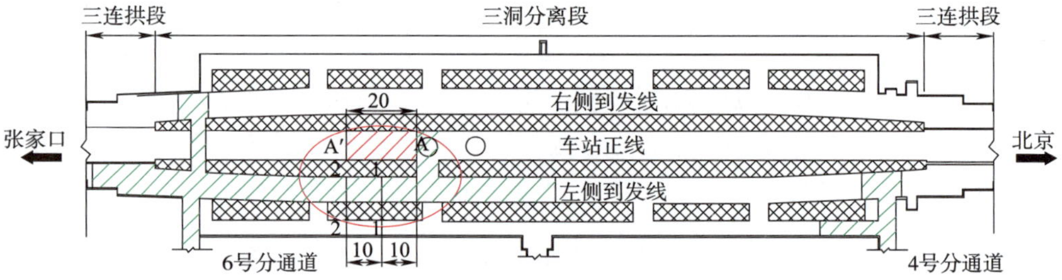

（a）平面示意图

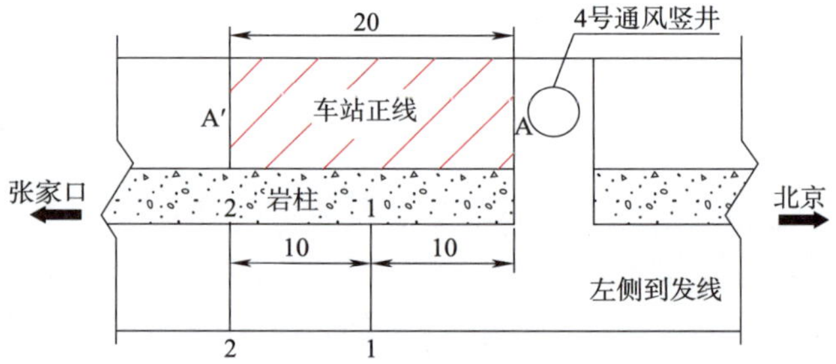

（b）细部示意图

图4-59 爆破试验段位置（单位：m）

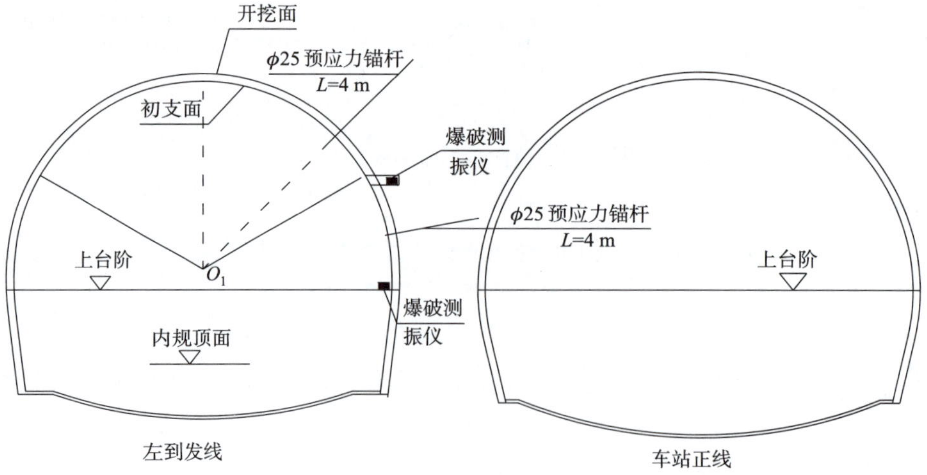

图4-60 断面测点布置

2. 普通雷管试验结果

普通雷管爆破试验后，左到发线初期支护未出现明显的裂缝或岩体损伤。每一步爆破各监测点的最大振速值见表 4-18，其中，所有监测点的最大振速为 5.23 cm/s，出现在第三步爆破时 1-1 断面拱腰监测点处。各步爆破时出现最大振速的爆破时程曲线如图 4-61 所示。

表 4-18　普通雷管爆破试验最大振速监测数据/(cm·s^{-1})

监　测　点		1 号(2-2 拱腰)	2 号(1-1 拱脚)	3 号(1-1 拱腰)	4 号(2-2 拱脚)
第一步爆破	x 横向	1.725	1.579	0.89	1.427
	y 纵向	1.305	2.779	3.052	1.167
	z 竖向	1.508	4.191	—	1.789
	合速度	1.793	4.264	3.053	2.017
第二步爆破	x 横向	1.712	1.297	—	1.857
	y 纵向	2.102	2.005	2.205	1.265
	z 竖向	2.117	3.692	—	2.421
	合速度	2.584	3.729	2.205	2.569
第三步爆破	x 横向	1.28	1.733	4.12	1.393
	y 纵向	2.056	2.278	3.398	1.627
	z 竖向	1.92	2.933	2.999	1.871
	合速度	2.328	2.976	5.226	2.227

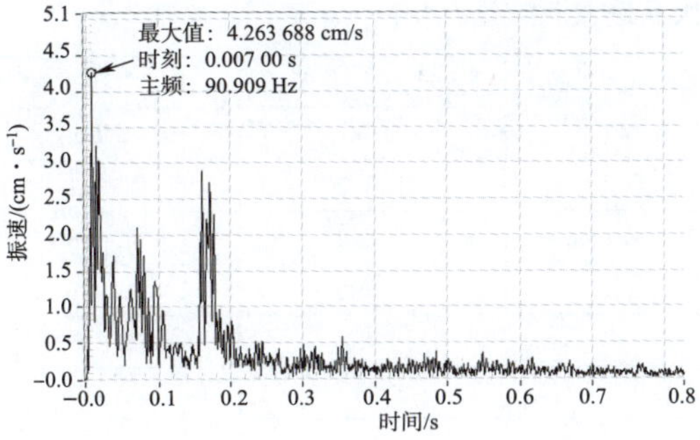

(a)第一步爆破 2 号测点

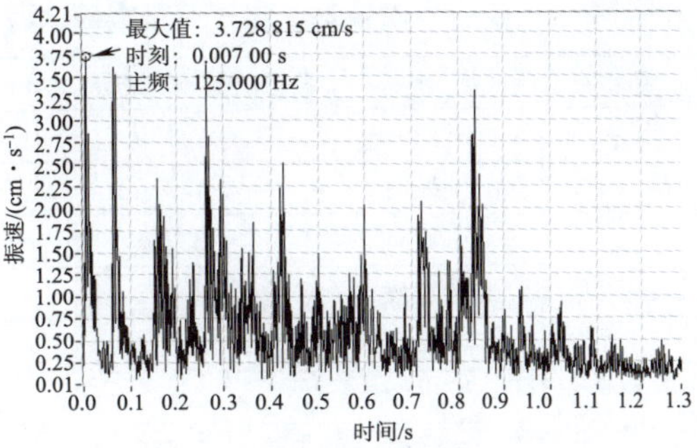

(b)第二步爆破 2 号测点

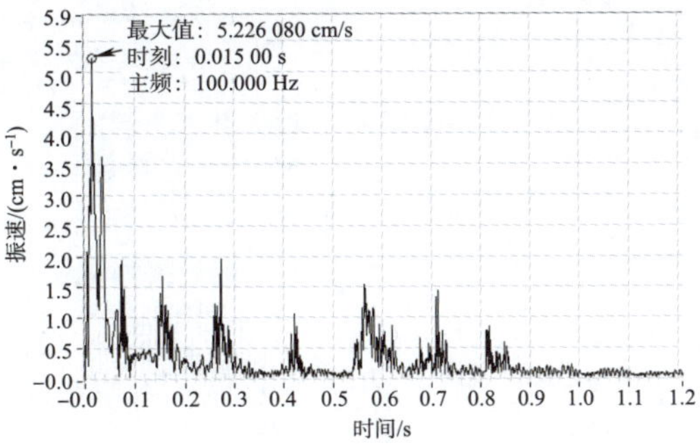

(c)第三步爆破 3 号测点

图 4-61　普通雷管各步爆破时的爆破时程曲线

为探究爆破引起的围岩损伤对锚杆预应力损失的影响，在1-1断面的拱腰处及拱肩处预应力锚杆埋设锚杆应力计，监测爆破前后其预应力的大小，见表4-19。根据锚杆应力监测数据，该爆破试验几乎没有造成锚杆的预应力损失，原因可能有以下两点：①爆破断面距离监测断面在纵向上约有8 m的间距，导致对围岩损伤影响小；②由于时间关系，锚杆施作时未进行注浆。

表4-19 普通雷管爆破时锚杆预应力监测/kN

监测时间	监测位置	1-1断面拱腰处锚杆预应力	1-1断面拱肩处锚杆预应力
2017年4月17日	初始读数	0	0
	张拉后读数	50.60	49.07
2017年4月19日	第一步爆破前(13:30)	14.59	34.15
	第一步爆破后(14:00)	14.59	34.17
	第二步爆破前(15:30)	14.61	34.15
	第二步爆破后(16:00)	14.70	34.17

3. 电子雷管试验结果

电子雷管爆破试验后，每一步爆破各监测点的最大振速值见表4-20，其中，所有监测点的最大振速为5.30 cm/s，出现在第二步爆破时1-1断面拱腰监测点处。各步爆破时出现最大振速的爆破时程曲线如图4-62所示。

表4-20 电子雷管爆破试验最大振速监测数据/(cm·s^{-1})

监测点		1号(2-2拱腰)	2号(1-1拱脚)	3号(2-2拱脚)	4号(1-1拱腰)
第一步爆破	x横向	2.189	1.148	1.53	3.796
	y纵向	1.356	1.802	1.311	2.331
	z竖向	2.215	2.927	3.204	4.078
	合速度	2.922	3.17	3.306	4.845
第二步爆破	x横向	1.818	0.959	1.41	4.213
	y纵向	1.241	1.981	1.211	2.717
	z竖向	1.836	3.716	1.971	3.787
	合速度	2.059	3.978	2.416	5.304

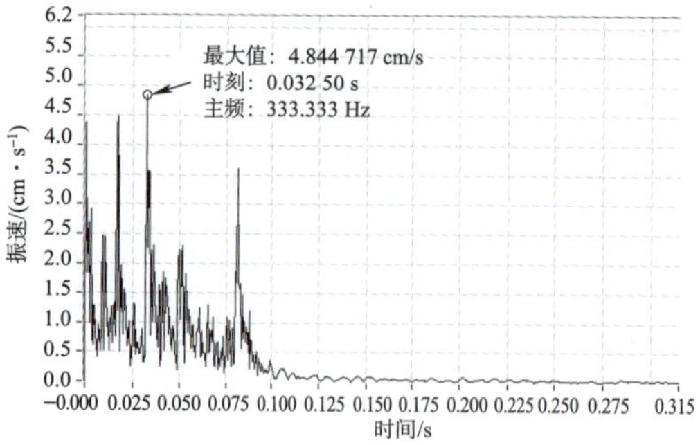

(a)第一步爆破4号测点

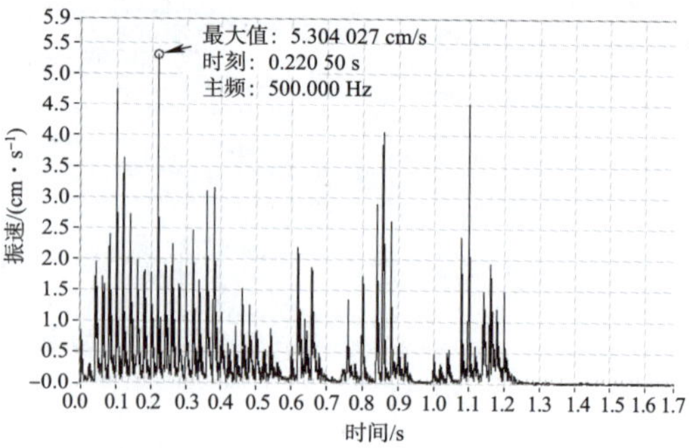

(b)第二步爆破4号测点

图4-62 电子雷管各步爆破时的爆破时程曲线

4.4.3　三洞分离段中洞上下台阶法开挖爆破动应变测试

1. 爆破振动动应变测试方案

通过对三洞分离段侧洞进行爆破振动动应变测试，可以明确爆破引起侧洞初期支护振动的动应变分布情况及大小，防止三洞分离段侧洞初期支护开裂，并为控制爆破振动提出相应的初期支护允许爆破振动速度标准提供条件。

采用 DH5920 动态信号采集分析系统，测试中洞上台阶爆破引起的爆破振动动应变。根据现场施工状况，在左洞 DK68＋160 及 DK68＋165 两处测试爆破振动动应变，如图 4-63 中的浅红色线所示。图中，绿色区域表示车站站台层已开挖区域，红色箭头方向表示中洞上台阶爆破开挖方向。每个测试断面在左洞拱腰处迎爆侧及背爆侧均布置环向及纵向应变片，测试隧道初期支护表面沿隧道环向及纵向的应变，如图 4-64 所示。每个断面 4 个测试点，两个断面共 8 个测试点，用 1～8 进行编号，各个编号测试点的位置在图 4-63 中标出，其中，环向应变片测试点用奇数编号，纵向应变片测试点用偶数编号。

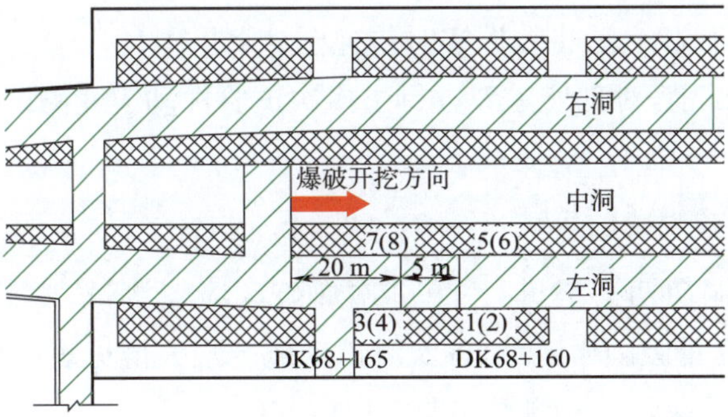

图 4-63　爆破振动动应变测试平面

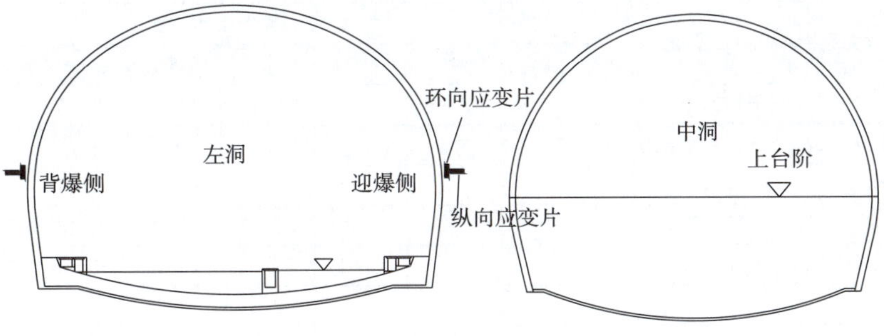

图 4-64　测试点布置

2. 现场测试

相比爆破振动速度测试，动应变测试对环境条件的要求高，爆破引起的隧道强烈振动、线路接触不良或是测试环境周边有焊接的存在，都会对测试结果造成显著影响，直接导致测试结果的不准确,因此在现场隧道施工的恶劣环境下如何保证一个良好的测试环境则显得非常重要。

本次测试的应变片采用 100 mm 长的电阻应变片,隧道初期支护表面非常粗糙,为保证应变片能准确反映混凝土的应变,首先将初期支护混凝土表面打磨光滑,再涂上一层尽可能薄的环氧树脂(其弹模与混凝土大致相等),以进一步填充混凝土表面可能存在的孔隙,提高应变片与混凝土之间的密贴性,再将应变片贴于环氧树脂上,最后再在应变片外涂一层 703 胶以保护应变片不受空气中的水汽影响,如图 4-65 所示。

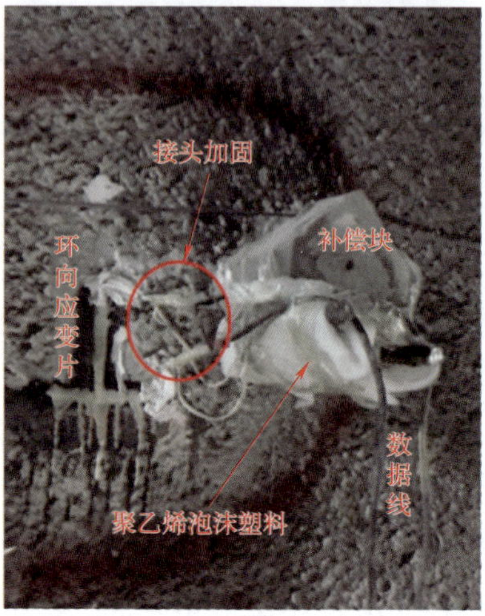

图 4-65　现场应变片及补偿块

为去除温度对应变的影响,每个工作应变片均设置一温度补偿片,温度补偿片以同样的方法贴在 150 mm×150 mm×150 mm 的混凝土试块上,再置于测点旁。在桥盒中按照半桥的方式连接应变片与补偿片,再连接 DH5920 动态信号采集仪,最后将数据实时传递至计算机中。

在正式动应变测试前,对现场爆破进行了多次试验性动应变测试,用来调整和改进整个测试环境和测试系统。

3. 爆破振动动应变测试结果

在现场累计对左洞初期支护进行了 12 次爆破动应变测试,中洞爆破里程为 DK68+157～+179 区段,均为Ⅲ级围岩区域,各次测试动应变最大值见表 4-21,其中"—"表示由于环境干扰过大或其他因素导致未测得初期支护应变值。

表 4-21　左洞初期支护动应变最大值/$\mu\varepsilon$

测试编号	中洞爆破里程及次数	各测点动应变							
		1	2	3	4	5	6	7	8
1 号	DK68+177～+179,第一次	32.96	32.96	18.31	23.19	32.96	6.10	25.63	10.99
2 号	DK68+177～+179,第二次	10.86	—	4.03	42.36	—	5.74	6.23	6.71
3 号	DK68+175～+177,第二次	—	—	7.45	—	21.36	7.45	12.33	—
4 号	DK68+173～+175,第一次	—	—	—	37.23	—	8.42	33.81	—
5 号	DK68+165～+167,第一次	—	—	8.91	50.66	40.89	13.55	55.44	25.76
6 号	DK68+165～+167,第二次	—	—	4.76	32.84	20.63	5.49	—	13.55
7 号	DK68+163～+165,第一次	8.91	6.96	10.38	36.74	35.03	15.26	35.53	16.97
8 号	DK68+161～+163,第一次	—	—	—	49.44	41.63	38.70	44.27	25.76
9 号	DK68+161～+163,第二次	—	—	—	26.50	21.77	—	29.82	26.26
10 号	DK68+159～+161,第一次	6.71	4.27	11.84	40.65	53.09	37.96	26.49	16.97
11 号	DK68+157～+159,第一次	—	—	6.71	51.15	45.04	24.78	34.30	—
12 号	DK68+157～+159,第二次	—	—	8.67	—	42.11	24.29	50.66	—

以5号、10号测试的4号、5号测点为例，其爆破振动动应变的波形及FFT变换后的频谱如图4-66所示。

从图4-66的动应变曲线可以分析得到：①爆破振动动应变波形图呈现多个峰值，最大峰值出现在第一段爆破时；②动应变波形图第一个峰值与最后一个峰值时间差大约为0.65 s，与雷管第1段与第13段的间隔时间基本一致，爆破振动动应变峰值与各段别爆破时刻也基本对应；③爆破振动动应变的频率主要集中在50～100 Hz。

根据表4-22中各测点动应变最大值的数据，最大动应变为55.44 $\mu\varepsilon$，出现在7号测点。分析爆破振动动应变在空间上的规律，得到如下结论：①隧道初期支护迎爆侧的振动动应变比背爆侧大；②隧道初期支护振动沿隧道环向动应变比沿隧道纵向大；③交叉口处爆破振动纵向动应变较大。

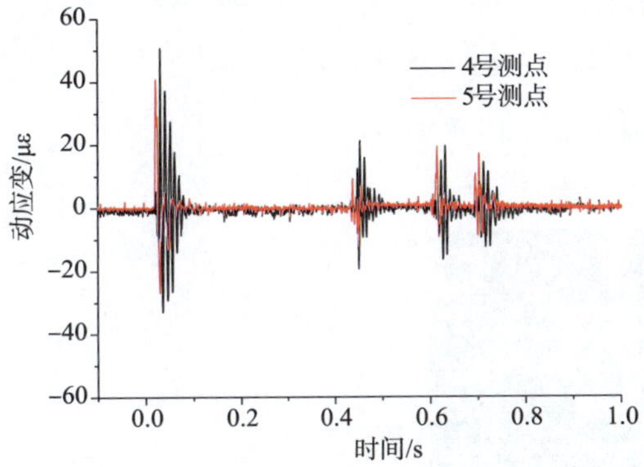

(a)5号测试时域波形图

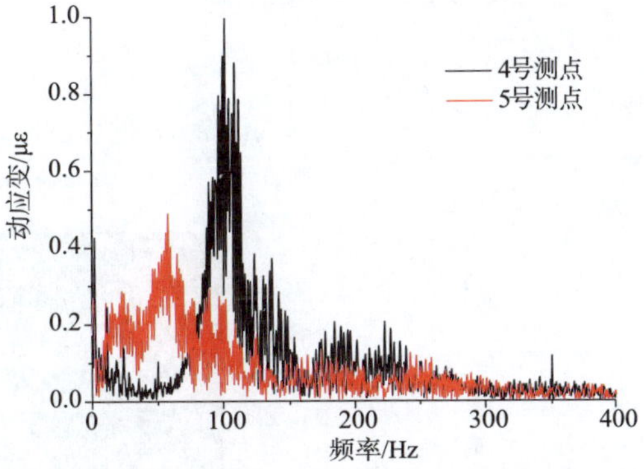

(b)5号测试频谱图

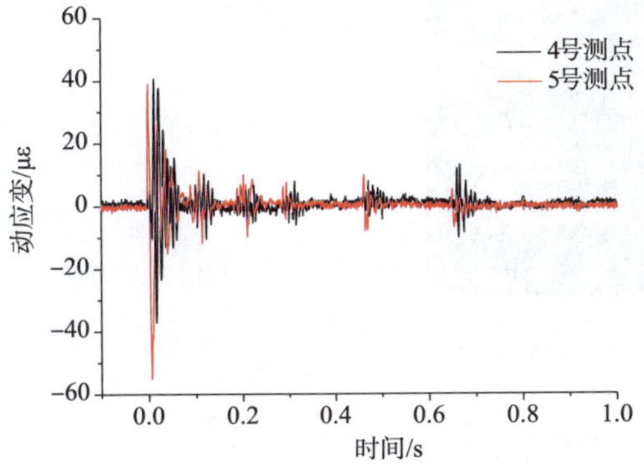

(c)10号测试时域波形图

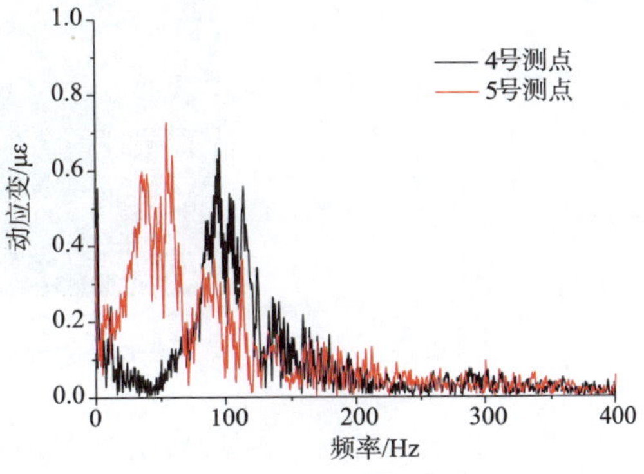

(d)10号测试频谱图

图4-66　爆破振动动应变曲线

4.4.4　三洞分离段中洞上下台阶法开挖爆破振动速度监测

为了解中洞爆破开挖对两侧洞初期支护的影响，在左洞同时布置TC-4850爆破测振仪对爆破振动速度进行监测，其监测方案如图 4-67 所示(6 号、7 号位于 5 号往小里程方程 5 m 及 10 m 处)。需要说明的是，该爆破振速监测的 5 号点与动应变测试中的 7(8)号点的位置相同，其仪器布置相对位置如图 4-68 所示。从 2017 年 10 月 11 日至 11 月 12 日，共进行 9 次测试，各个测点的峰值振速见表 4-22，可以发现，振速以 y 方向的纵向振速为主。

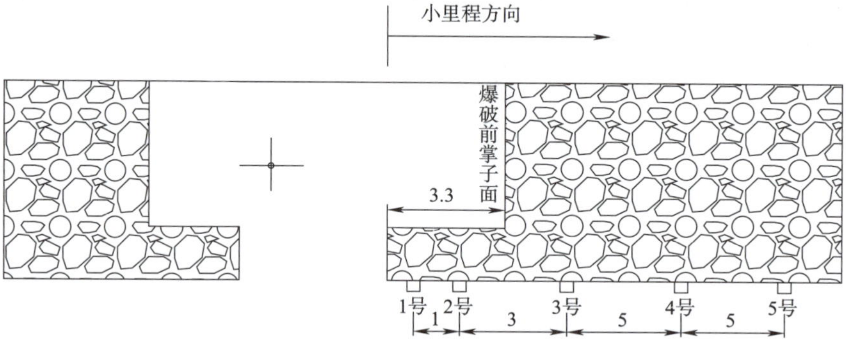

图 4-67　左洞爆破振动速度监测方案(单位：m)

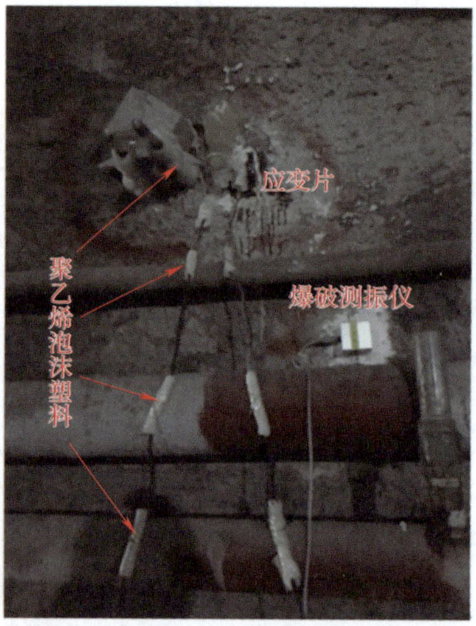

图 4-68　爆破振速测点与动应变测点的相对关系

表 4-22　左洞爆破振动峰值振速/(cm · s^{-1})

时　　间	方向	测　　点						
		1 号	2 号	3 号	4 号	5 号	6 号	7 号
2017-10-11 4:09	x 横向	13.569	13.766	8.042	16.469	10.745		
	y 纵向	—	20.914	28.143	22.558	16.082		
	z 竖向	18.332	12.894	12.259	19.885	8.731		
	合速度	18.739	24.927	28.556	25.606	19.317		

续上表

时　间	方向	测　点						
		1号	2号	3号	4号	5号	6号	7号
2017-10-13 11:38	x横向	34.804	17.238	11.948	17.104	16.065		
	y纵向	37.336	24.383	29.087	28.766	—		
	z竖向	17.953	14.491	22.315	16.492	17.328		
	合速度	39.994	26.862	31.716	29.847	18.868		
2017-10-13 21:24	x横向	11.339	15.682	23.163	25.528	12.615		
	y纵向	32.899	—	40.302	28.878	11.935		
	z竖向	22.749	16.311	18.44	14.791	9.195		
	合速度	35.874	17.878	40.593	30.376	15.72		
2017-10-27 12:30	x横向	16.304	9.111	7.47	15.643	11.14		
	y纵向	16.583	—	10.341	15.461	24.106		
	z竖向	12.087	11.066	8.994	11.095	15.461		
	合速度	21.263	12.105	11.932	21.315	25.636		
2017-10-29 4:36	x横向	11.114	7.621	5.293	13.709	9.997		
	y纵向	—	4.552	5.487	10.53	14.354		
	z竖向	11.678	4.981	4.11	9.358	15.898		
	合速度	12.837	7.811	5.885	15.531	17.049		
2017-10-30 9:27	x横向	9.925	6.415	4.834	10.529	16.091		
	y纵向	12.496	7.452	—	12.468	22.07		
	z竖向	8.778	7.078	5.01	5.984	11.375		
	合速度	15.302	8.48	6.754	15.881	22.797		
2017-11-3 11:46	x横向	6.158	3.02	1.878	7.921	13.909	8.798	9.394
	y纵向	6.567	3.024	2.471	—	9.389	23.443	14.637
	z竖向	8.338	2.921	2.331	2.787	6.278	7.574	14.068
	合速度	9.075	4.31	3.599	7.941	15.253	24.294	18.75
2017-11-5 14:18	x横向	6.01	3.636	2.237	4.335	10.11	11.205	13.505
	y纵向	9.107	4.394	4.456	—	9.938	27.488	22.513
	z竖向	4.617	3.102	2.692	3.86	7.446	10.643	7.546
	合速度	9.717	5.157	4.677	5.339	12.587	29.097	22.947
2017-11-12 9:30	x横向	2.92	3.074	0.841	7.217	1.813	7.727	
	y纵向	1.793	2.48	0.743	—	1.583	9.356	
	z竖向	0.916	4.085	0.679	7.398	1.554	5.954	
	合速度	3.2	4.985	0.945	8.103	2.156	11.711	

相关研究表明，爆破振动作用下，爆破振速与动应变呈正比。爆破振动动应变 5 号测试

中7号测点处的径向振速与环向动应变的时程曲线对比如图4-69所示，左、右纵坐标分别表示振速及动应变，黑色曲线为振速曲线，红色为动应变曲线。可以发现，该次爆破实际仅分四段进行，爆破振速与动应变的爆破相应结果基本一致，两者曲线也较为接近。5号、7号、8号三次爆破振动动应变测试中7号测点各段爆破峰值的径向振速与环向动应变如图4-70所示，对其进行线性回归。5号测试中各峰值得到的回归曲线 $R_2=0.999\ 5$，动应变与振速间的线性相关性非常好；三次测试数据的回归曲线 $R_2=0.779\ 0$，低于单次测试数据回归曲线，但其整体相关性也较好。这进一步说明，爆破振动动应变与振动速度之间存在较好的正相关性，即动应变越大，振动速度越高。

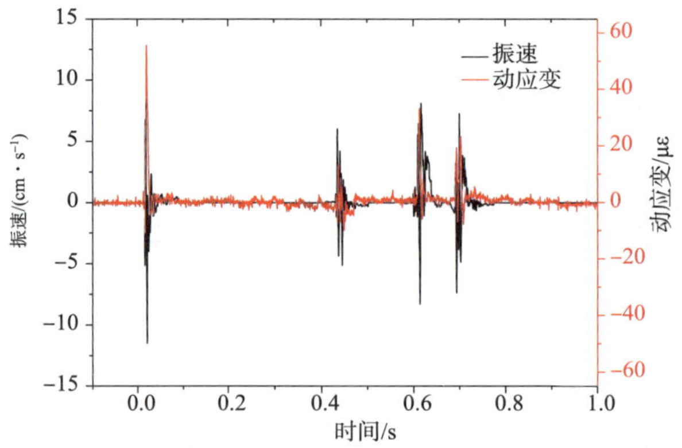

图4-69 爆破振动速度与动应变时程曲线对比

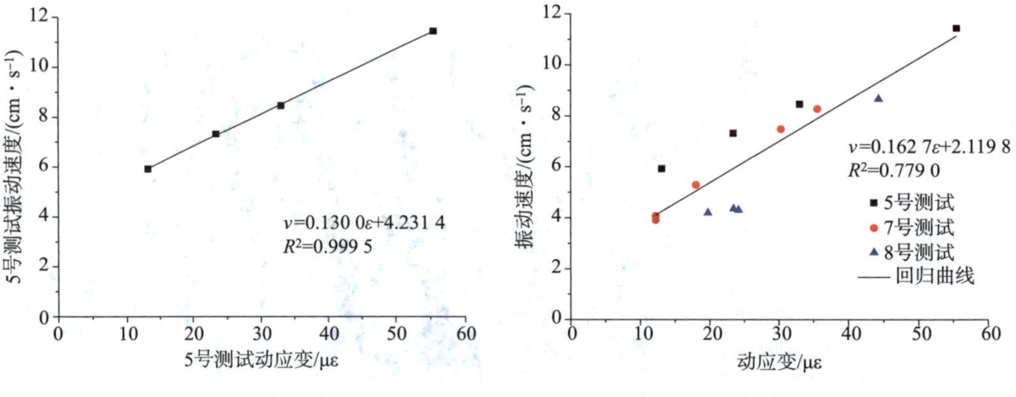

(a)5号测试数据 (b)三次测试数据

图4-70 爆破峰值振速与动应变线性回归关系

4.4.5 基于现场实测的爆破控制标准的确定

随着爆破技术的不断进步，人们对隧道爆破开挖产生的危害越来越关注。在不断的探索中发现，邻近既有隧道爆破施工时，爆破振动对既有隧道产生的破坏影响最大，并以此作为主要依据对爆破进行研究。

八达岭长城站三洞分离段隧道初期支护采用的喷射混凝土为 C30，其抗拉强度标准值为 2.01 MPa，弹性模量为 3.0×104 MPa，故可计算得到 C30 混凝土允许拉应变为 67 με。根据通过测试数据建立的隧道初期支护环向动应变 ε 与径向振速 v 之间关系式为

$$v=0.1627\varepsilon+2.1198 \tag{4-12}$$

式中，振速 v 和应变 ε 所取量纲分别为 $cm\cdot s^{-1}$ 和 με。将允许拉应变 67 με 代入该式，即可得到三洞分离段隧道初期支护的允许振速为 13.02 cm/s。这表明，若爆破振动速度超过上述值，则可能混凝土由于环向应力过大而产生沿隧道纵向的裂缝。

史雅语等在《招宝山超小净距隧道开挖爆破技术》中提出，双线隧道中一隧道开挖爆破时在另一隧道边墙临时支护上引起的振动速度应控制在 15 cm/s 以下。

李云鹏等在《小间距隧道爆破开挖动力效应数值模拟研究》中认为，二次衬砌施作对爆炸波的传递有明显的抑制作用，但这有可能以二次衬砌出现严重破损或安全稳定性降低为代价，所以建议推迟已有洞室的二次衬砌时间。

易长平等利用波函数展开法对不同频率的爆破应力波对锚杆的影响进行了研究，给出砂浆锚杆在不同频率应力波下的安全振速范围，见表 4-23，可以发现对于各个频率锚杆的安全振速标准最大值都在 20 cm/s 左右。

表 4-23　不同频率入射波作用下锚杆的安全质点峰值振速范围

项　目	数　值			
频率/Hz	30	60	100	150
振速范围/($cm\cdot s^{-1}$)	7.0～21.0	7.3～21.9	7.5～22.5	7.6～22.8

根据吴德伦、叶晓明的研究总结，爆破振动效应见表 4-24，其中隧道支护结构的安全振动极限为 10 cm/s，而岩石介质产生裂缝及裂纹扩展的振速为 14 cm/s。

表 4-24　爆破振动效应与质点振速

质点速度/($mm\cdot s^{-1}$)	振动效应
<1	人难以感觉到
1	人可以感觉到微弱振动到
5	使人产生不舒适感
10	使人扰动不安，有明显震感
30	使人有较强的震感
50	一般民用居住建筑的安全振动极限
100	钢筋混凝土结构、隧道支护结构的安全振动极限
140	使岩石介质产生裂缝、旧裂纹扩张
190	一般民用建筑严重开裂、破坏
300	无支护隧道岩石振动脱落
600	岩石形成新的裂缝

国内部分小净距隧道的爆破振速标准见表 4-25，大部分隧道的标准值均在 10～15 cm/s 范围内。

表 4-25　国内部分小净距隧道爆破振速标准

序号	隧道名称	净距/m	长度/m	临界值/($cm \cdot s^{-1}$)
1	招宝山隧道	2.98～4.2	169	12
2	梧桐山隧道	13.5	2 270	Ⅲ级 4.0，Ⅳ级 6.0
3	椒金山隧道	5.0	1 100	10
4	小洋山隧道	9.17～9.34	270	10
5	武隆隧道	4～12	4 884	25
6	董家山隧道	3.75～21.86	2 500	15
7	大帽山隧道	5.89～8.83	600	Ⅱ～Ⅳ级 20，Ⅴ级 15

《高速铁路隧道工程施工技术规程》13.3.13 条规定新浇大体积混凝土安全允许振速见表 4-26。

表 4-26　新浇大体积混凝土爆破振动安全允许标准/($cm \cdot s^{-1}$)

序号	新浇混凝土	安全允许振速
1	龄期：初凝～3 d	2.0～3.0
2	龄期：3～7 d	3.0～7.0
3	龄期：7～28 d	7.0～12

《爆破安全规程》(GB 6722—2014)对不同主频的爆破振动进行了细化，规定新浇大体积混凝土安全允许振速见表 4-27。

表 4-27　《爆破安全规程》中新浇大体积混凝土爆破振动安全允许标准

序号	新浇大体积混凝土(C20)	安全允许振速/($cm \cdot s^{-1}$)		
		$f \leqslant 10$ Hz	10 Hz $< f \leqslant 50$ Hz	$f > 50$ Hz
1	龄期：初凝～3 d	1.5～2.0	2.0～2.5	2.5～3.0
2	龄期：3～7 d	3.0～4.0	4.0～5.0	5.0～7.0
3	龄期：7～28 d	7.0～8.0	8.0～10.0	10.0～12.0

第5章 复杂隧道洞室群施工通风与降尘技术

地下洞室群施工是一个动态变化的过程，在开挖过程中各洞室的长度、断面尺寸以及固定风量分支发生变化；随着洞室的贯通，洞室之间的关系也相应发生改变，以上随施工进度发生的改变均会导致通风网络的变化，从而进一步改变各洞室分支分风状况，因此需要对通风网络进行实时计算和分析，以增加对安全施工的可控性。本章基于图论理论建立洞室群施工期通风网络，对施工进度相适应的通风网络进行计算，根据计算结果对洞室群各施工阶段的通风方案进行改进。

5.1 通风方案数值模拟分析

5.1.1 风速分布特征数值模拟分析

1. 风速分布模型及参数设置

隧道风流可分层流和紊流两种状态。最低风速为0.15 m/s(全断面开挖)、—0.25 m/s(分部开挖)，风流为湍流。隧道内风流流动为三维紊流流场，控制方程包括质量守恒方程、动量守恒方程、能量守恒方程等。根据基本假设，风流在隧道中流动过程满足质量守恒和动量守恒。计算数学模型设定见表5-1。

表5-1 风速分布计算数学模型设定

数学模型	模型设定
求解器	耦合求解
质量守恒	不含源项的连续性方程
动量守恒	N—S方程
能量守恒	关闭能量方程
湍流模型	可实现的 k—ε 方程

(1)物理模型的建立

以第一阶段2号斜井掘进过程为依托，选取掌子面200 m范围内为物理模型建模范围，模型含隧道、两条风筒，不考虑射流风机的影响。风筒距离掌子面50 m，风筒直径1.5 m。

(2)模型的网格化

应用非结构化六面体网格进行划分,网格总数量约 200 万,如图 5-1 所示。正常通风状态下的模拟基本参数见表 5-2。

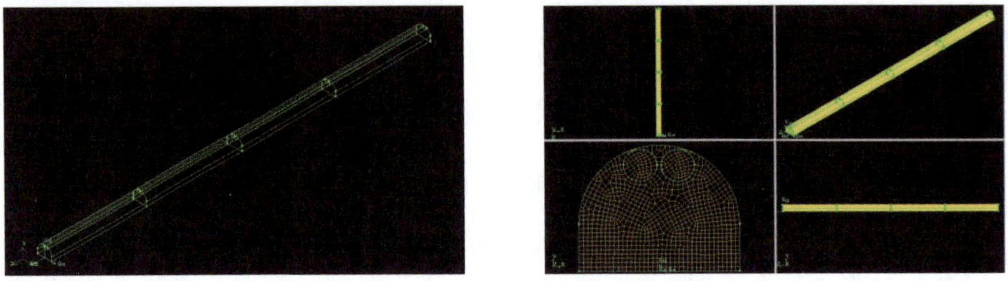

图 5-1　物理模型及网格划分

表 5-2　正常通风下模拟参数设置

项　目	参　　数		
风　筒	风速/($m \cdot s^{-1}$)	水力直径/m	黏性系数/($m^2 \cdot s^{-1}$)
	9.32	1.5	14.4×10^{-6}
隧　道	出口压力/$\times10^5$ Pa	水力直径/m	湍流强度
	1.01	6.37	5%

2. 风速分布模拟结果及分析

正常通风状态下隧道内风流分布情况及流动特征如图 5-2 所示。

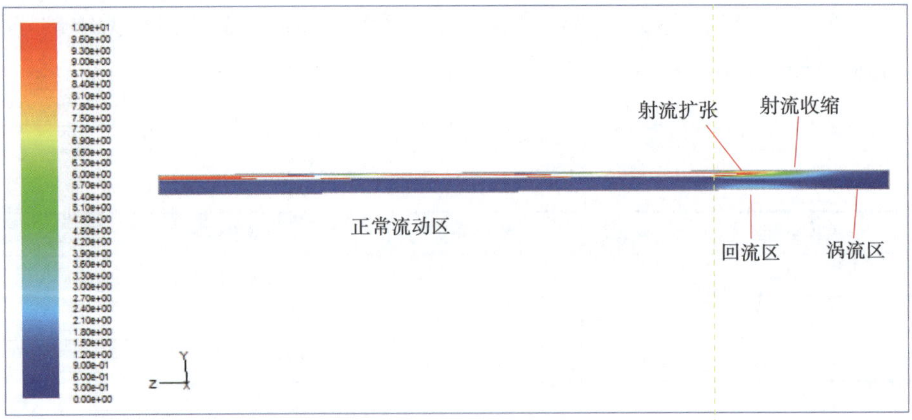

(a)x=0.85 m 断面(风筒中线垂直断面)上隧道内部风速分布云图

图　5-2

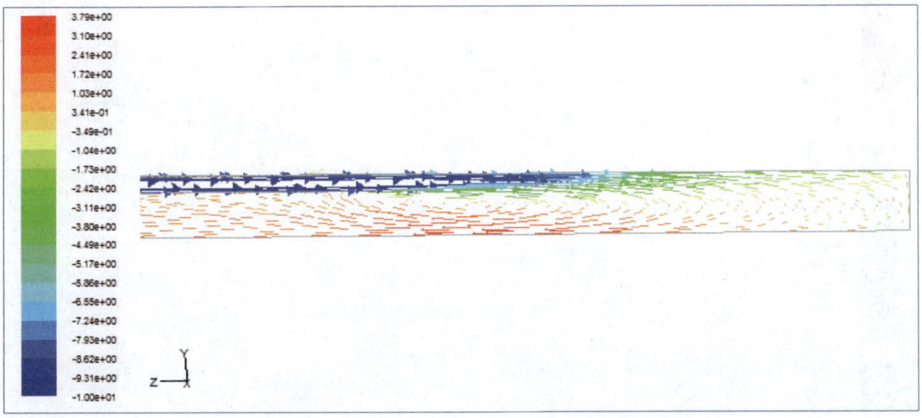

(b)x=0.85 m 断面(风筒中线垂直断面)上风筒出口—隧道掌子面区间风流矢量图

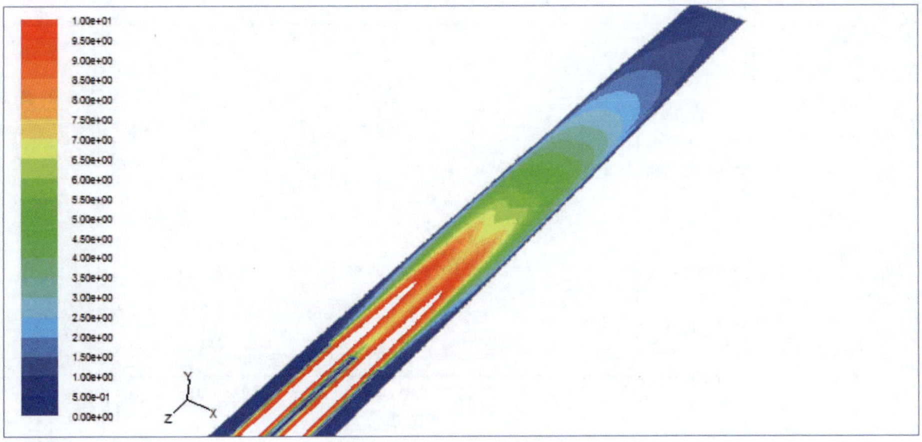

(c)y=4.9 m(风筒中线横截面)水平切面上风筒出口—隧道掌子面区间风速云图

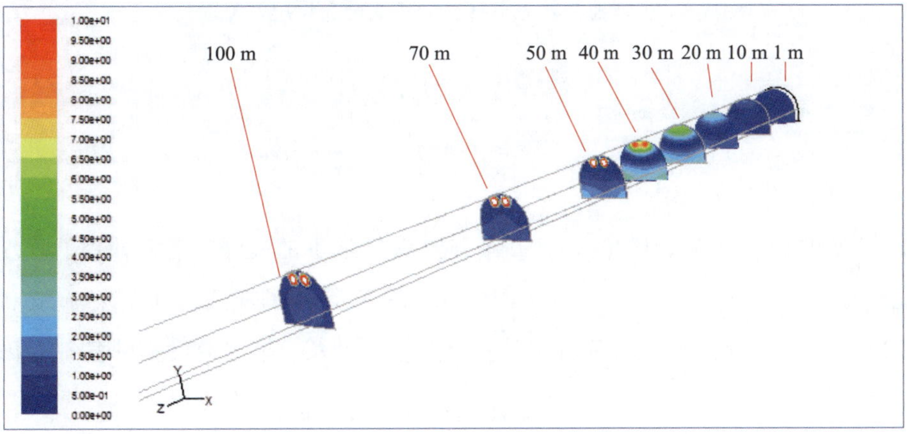

(d)距掌子面不同位置处的断面风速云图

图　5-2

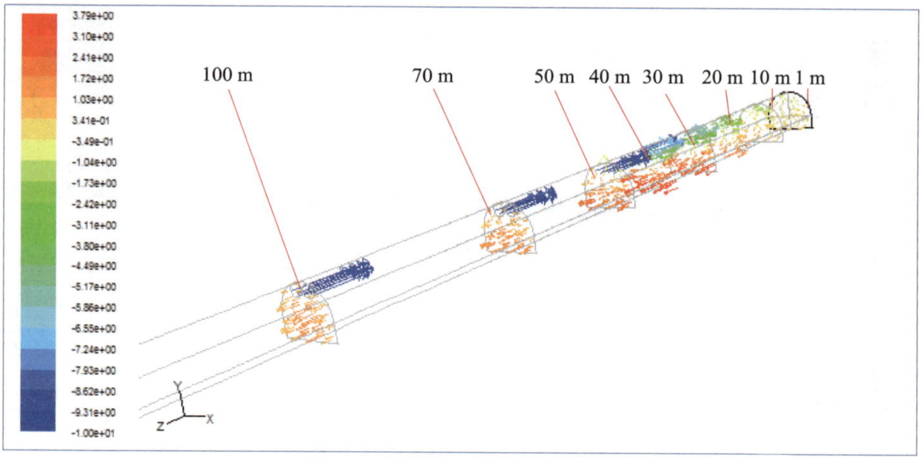

(e)距掌子面不同位置处的断面风速矢量图

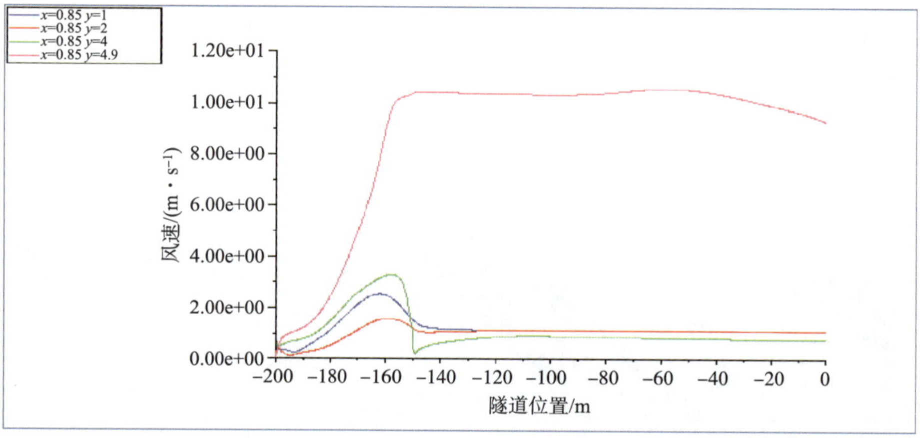

(f)$x=0.85$ m垂直断面上不同高度($y=1,y=2,y=4,y=4.9$)处风速沿隧道走向变化曲线

图 5-2　正常通风状态下隧道内风流分布情况及流动特征

5.1.2　需氧量数值模拟分析

1. 需氧量模型及参数设置

物理模型的建立同前。数学模型中除需要满足基本的能量守恒、动量守恒方程、湍流方程外,还涉及组分输运方程及人体呼吸产生的CO_2源及O_2消耗源。其中,CO_2源和O_2源按50人同时在工作状态下的生成和消耗量计算。数学模型及模拟参数设置见表5-3和表5-4。

表 5-3　需氧量计算数学模型设定

数学模型	模型设定
求解器	耦合求解

续上表

数学模型	模型设定
质量守恒	含源项的连续性方程
动量守恒	N—S 方程
能量守恒	开启能量方程
湍流模型	可实现的 $k—\varepsilon$ 方程
组分方程	组分输运方程

表 5-4　需氧量模拟参数设置

项　目	参　　数			
风　筒	风速/($m \cdot s^{-1}$)	水力直径/m	黏性系数/($m^2 \cdot s^{-1}$)	O_2 浓度
	9.32	1.5	14.4×10^{-6}	21%
隧　道	出口压力($\times10^5$ Pa)	水力直径/m	湍流强度/%	O_2 浓度
	1.01	6.37	5	21%
源　项	CO_2/($g \cdot m^{-3} \cdot s^{-1}$)	O_2/($g \cdot m^{-3} \cdot s^{-1}$)		
	0.017 7	−0.003		

2. 需氧量模拟结果及分析

隧道内人员呼吸作用产生的 CO_2 和 O_2 浓度分布云图如图 5-3 所示。

考虑工作人员呼吸需求时，隧道内 CO_2 和 O_2 浓度分布特征如下：

(1)风筒出口—掌子面区域，隧道下半部区域 CO_2 浓度较高，最高可达 0.104 3%；隧道出口—风筒出口范围的隧道内，CO_2 浓度分布较为均匀，平均约 0.05%；

(2)风筒出口—掌子面区域，靠近掌子面 10 m 范围内，O_2 浓度稍有降低，为 20.90%；随着回风流进入隧道主流区，O_2 浓度接近新鲜风流中 O_2 浓度，约为 20.91%。

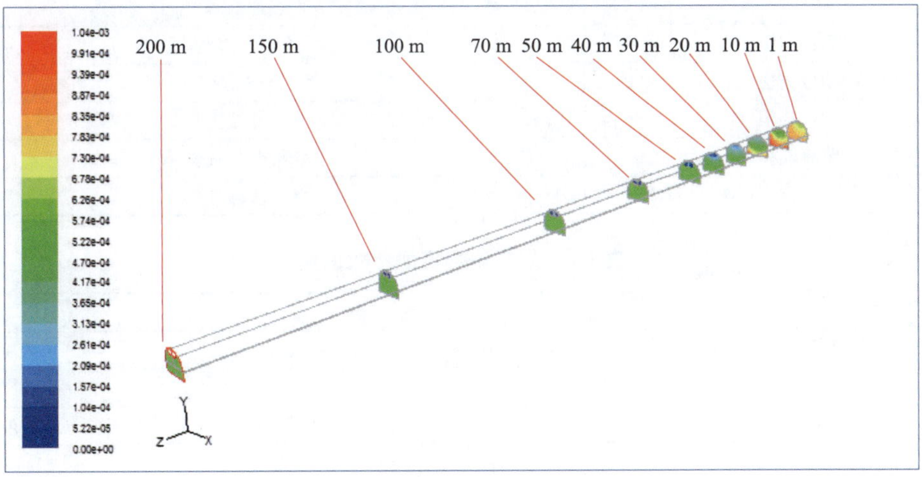

(a)不同断面处 CO_2 浓度分布

图　5-3

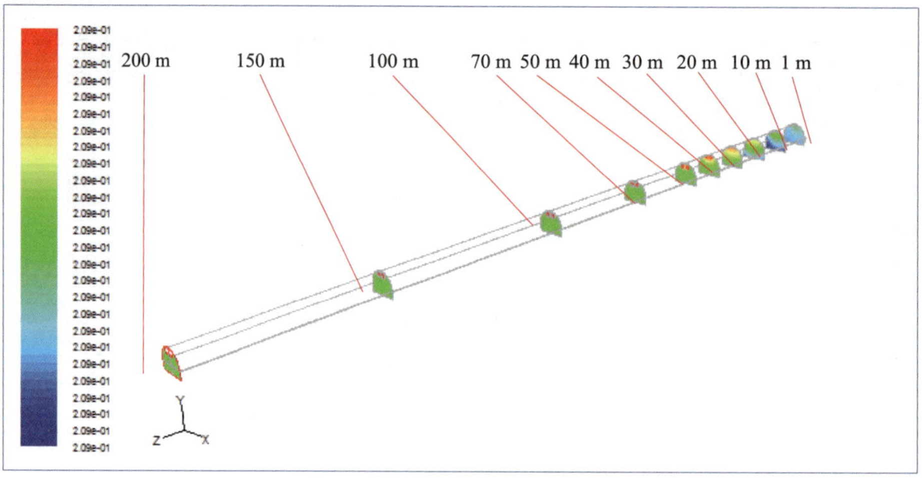

(b)不同断面处 O_2 浓度分布

图 5-3　隧道内人员呼吸作用产生的 CO_2 和 O_2 浓度分布云图

5.1.3　爆破排烟数值模拟分析

1. 爆破排烟模型及参数设置

爆破取全断面爆破时进行模拟计算。断面爆破每次用药 645 kg，岩石乳化炸药，含碳量按 4.12%计算。假设所有的碳全部转化为 CO_2 和 CO，质量比为 9∶1，那么全部炸药量每次爆破共产生 CO_2 87.694 2 kg、CO 6.198 45 kg。模型设定和参数设置见表 5-5 和表 5-6。

表 5-5　爆破排烟计算数学模型设定

数学模型	模型设定
求解器	耦合求解
质量守恒	连续性方程
动量守恒	N—S 方程
能量守恒	开启能量方程
湍流模型	可实现的 k—ε 方程
组分方程	组分输运方程

表 5-6　爆破排烟模拟参数设置

项　目	参　　数			
风　筒	风速/(m·s^{-1})	水力直径/m	黏性系数/(m^2·s^{-1})	O_2 浓度
	9.32	1.5	14.4×10^{-6}	21%
隧　道	出口压力/($\times10^5$ Pa)	水力直径/m	湍流强度	O_2 浓度
	1.01	6.37	5%	21%
1 次爆破废气产生量	CO_2/kg	CO/kg		
	87.694 2	6.198 45		

2. 排烟模拟结果及分析

(1)CO_2 浓度分布

正常通风状态下，爆破完成后，隧道及作业面区域 CO_2 浓度分布情况如图 5-4 所示。CO_2 浓度分布状态如下：

①爆破完成后的 10 s 以内，工作面附近 CO_2 浓度达到 76%，但 10 m 之外的浓度为零，说明爆破产生的 CO_2 主要在工作面附近聚集。

②通风 1 min 后，工作面附近 CO_2 浓度下降至 10% 以下，同时隧道内浓度增加，离工作面 20 m 范围内浓度最高，最大浓度为 13.6%，隧道下部 CO_2 浓度大于上半部分浓度，说明通风后 CO_2 向隧道底部和中部转移。

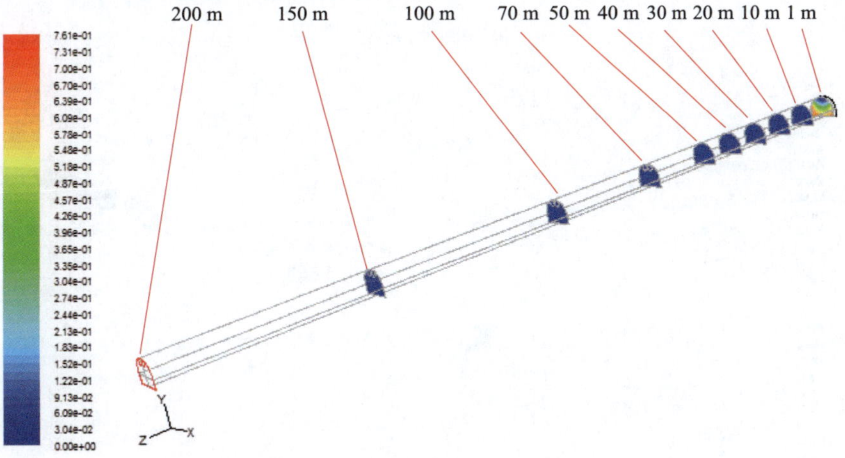

(a)爆破后 10 s

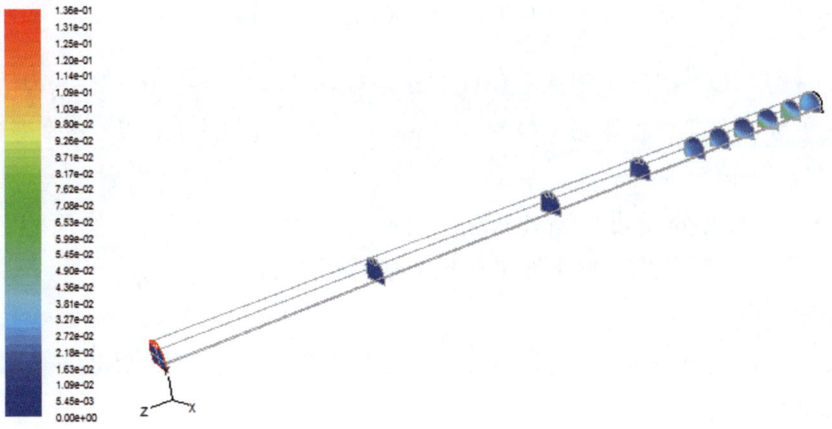

(b)爆破后 1 min

图　5-4

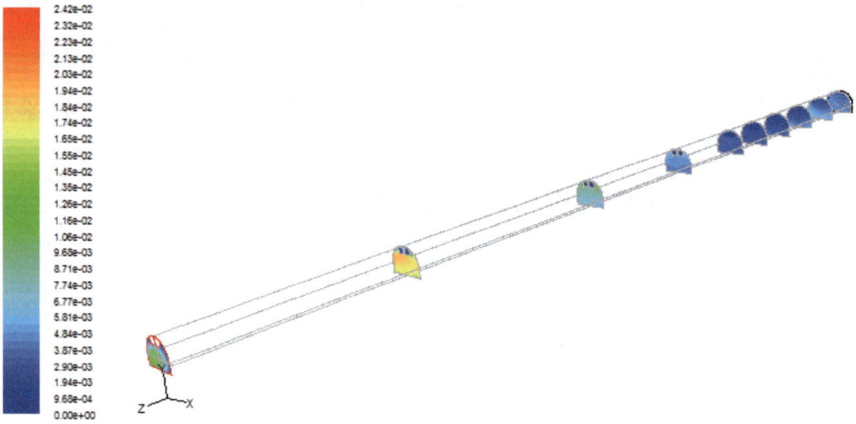

(c)爆破后 3 min

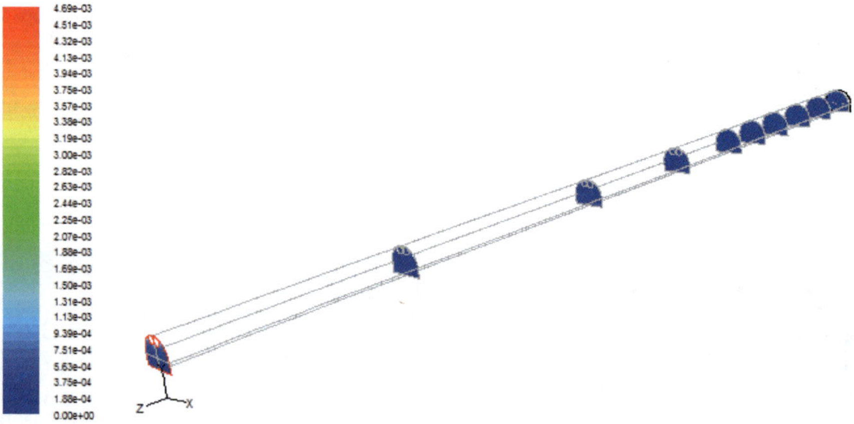

(d)爆破后 8 min

图 5-4 爆破后不同时刻 CO_2 浓度分布云图

③通风 3 min 后，CO_2扩散至距离工作面 150 m 处，此时，100～150 m 范围内浓度最大，隧道内最大浓度为 2%，工作面附近 CO_2浓度下降至 0.5%，通风 8 min 后，整个隧道内 CO_2浓度下降至 0.5%以下。

通过以上 CO_2 浓度分布可以看出，爆破完成后通风效果显著，工作面附近通风约 3 min 后浓度下降至 0.5%以下，整个隧道通风完成需要 8 min。

(2)CO 浓度分布

正常通风状态下，爆破完成后，隧道及作业面区域 CO 浓度分布情况如图 5-5 所示。CO 浓度分布状态如下：

①爆破完成后的 10 s 以内，工作面附近 CO 浓度达到 13.3%，但 10 m 之外的浓度为零，说明此时爆破产生的 CO 主要在工作面附近聚集。

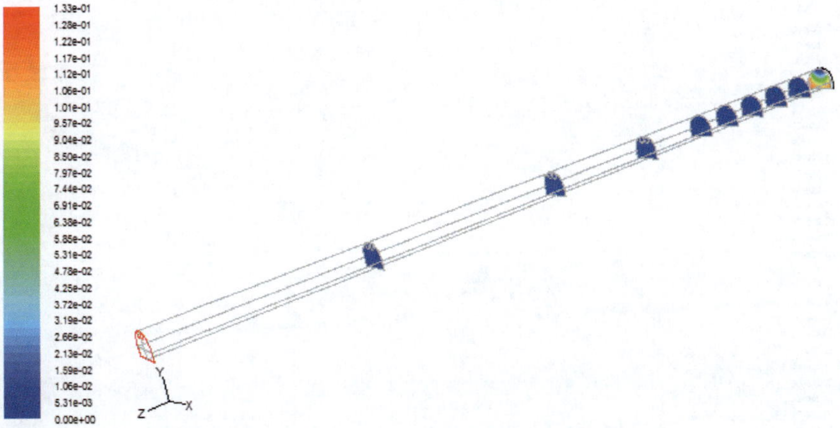

(a)爆破后 10 s

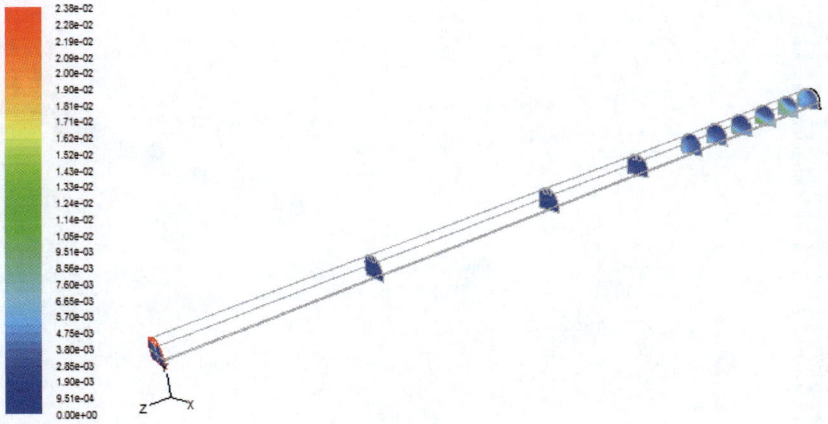

(b)爆破后 1 min

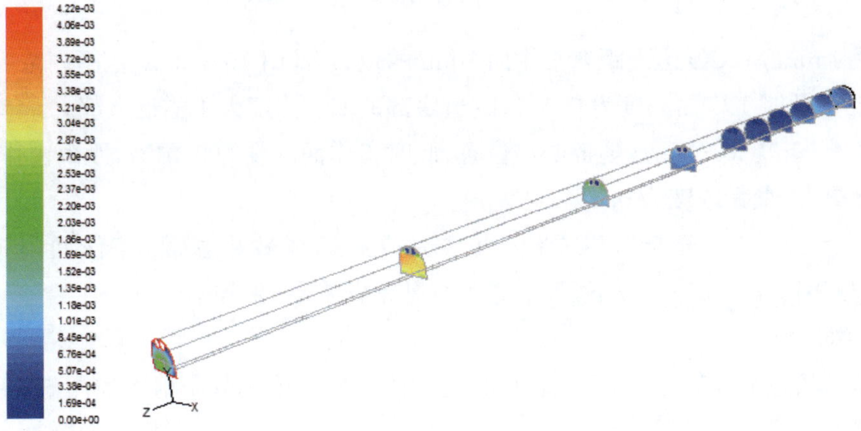

(c)爆破后 3 min

图　5-5

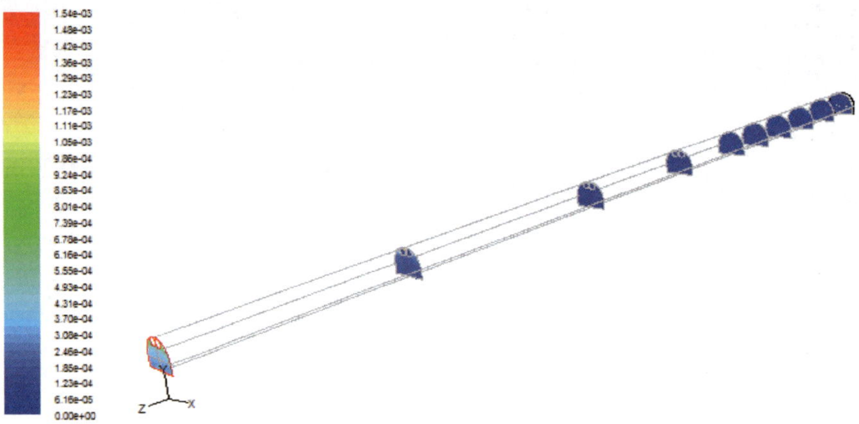

(d)爆破后 6 min

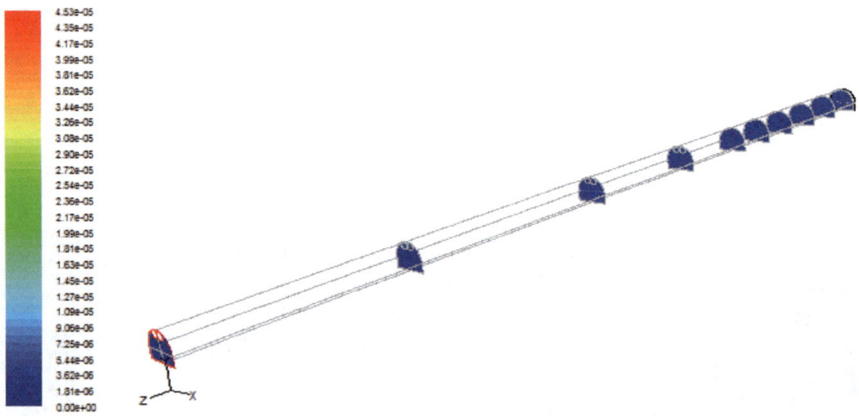

(e)爆破后 12 min

图 5-5　爆破后不同时刻 CO 浓度分布云图

②通风 1 min 后，CO 达到距离工作面 30 m 的位置，此时 10～30 m 范围内浓度最大，最大浓度为 2%，此时工作面浓度为 0.5%，隧道底部的 CO 浓度大于隧道上部。

③通风 3 min 后，CO 到达隧道洞口位置，此时工作面浓度为 0.01%，距离工作面 150 m 左右时浓度最大，最大浓度为 0.4%。

通过以上 CO 浓度分布可以看出，爆破完成后通风效果显著，工作面附近通风约 6 min 后浓度下降至 0.005%以下，整个隧道通风完成需要 12 min。

(3)O_2 浓度分布

正常通风状态下，爆破完成后，隧道及作业面区域 O_2 浓度分布情况如图 5-6 所示。O_2 浓度分布状态如下：

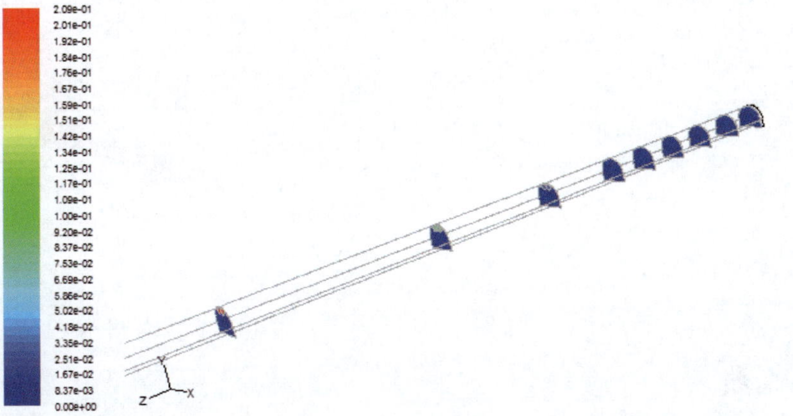

(a)爆破后 10 s

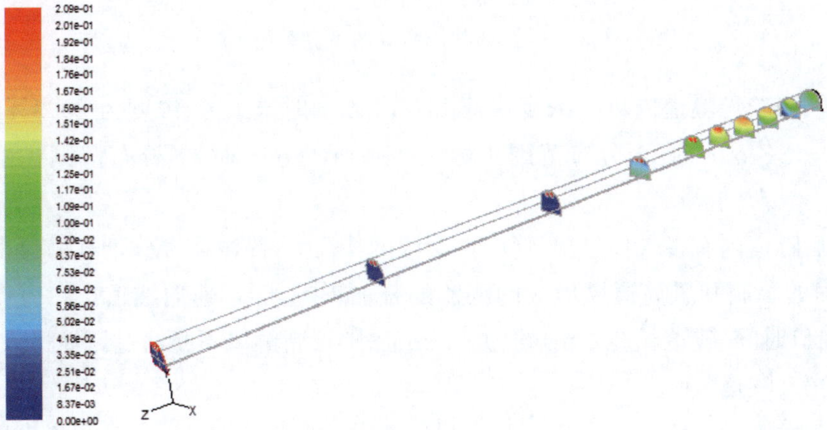

(b)爆破后 1 min

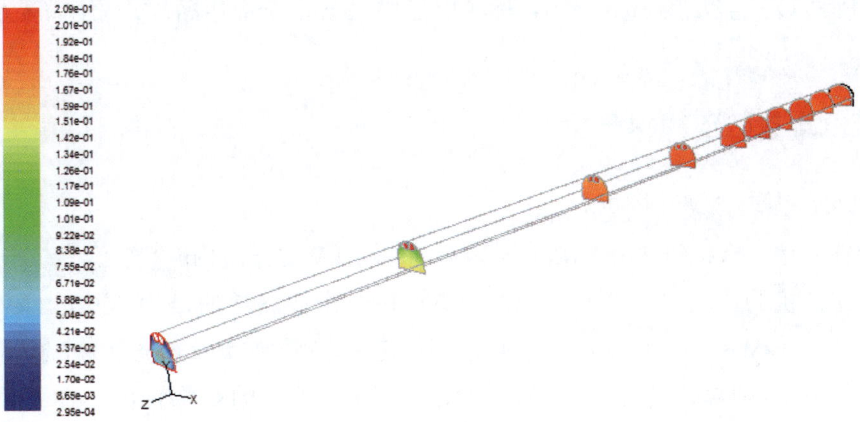

(c)爆破后 3 min

图　5-6

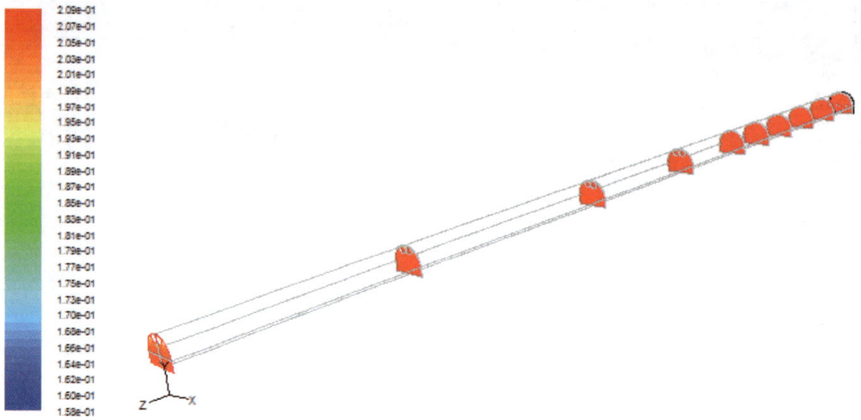

(d)爆破后 7 min

图 5-6　爆破后不同时刻 O_2 浓度分布云图

通风 1～3 min 时，隧道内氧气浓度快速上升，1 min 时最大 O_2 浓度为 20.9%，O_2 分布范围为 0～100 m，3 min 时 O_2 分布范围扩散至 150 m，7 min 时 O_2 分布范围扩散至整个隧道。

综合爆破后隧道内有害气体排出规律和 O_2 浓度特征为：高浓度爆破烟气由爆源点生成后，由于掌子面的限制和风筒通风形成的涡流的叠加影响，会迅速向隧道出口方向蔓延扩散，前锋到达出口时间（隧道长 200 m）约为 3 min；后随着新鲜风不断通过风筒进入掌子面，推动烟气逐渐离开隧道。

由于模拟中设置的隧道长度为 200 m，2 号斜井设计最长为 599 m。在不考虑射流风机增加隧道风速的影响下，根据模拟结果，爆破烟气全部排出，隧道内气体浓度符合规范要求所需要的时间即 CO_2 需要 24 min 全部达标；CO 需要 36 min 全部达标；O_2 浓度需要 30 min 全部达标。

5.1.4　废气排放数值模拟分析

1. 废气排放模型及参数设置

每个作业面按 1 台挖机 110 kW，1 台装载机 194 kW，2 台自卸汽车 2×250＝500 kW 设置。设定柴油机的油耗率为 200 g/(kW·h)，每个作业面耗油量为 200 g/(kW·h)×(110＋194＋500) kW≈0.044 7 kg/s。燃烧效率设定为 80%，则实际燃烧量为 0.035 76 kg/s。柴油以十六烷为主，则含碳量约为 85%，假设正常情况下所有的 C 都转化为 CO_2，那么耗油产生的 CO_2 为 0.111 5 kg/s，耗氧量为 0.081 kg/s。模型设定和参数设置见表 5-7 和表 5-8。

表 5-7　废气排放计算数学模型设定

数学模型	模型设定
求解器	耦合求解
质量守恒	有源项的连续性方程
动量守恒	N—S 方程
能量守恒	开启能量方程
湍流模型	可实现的 $k—\varepsilon$ 方程
组分方程	组分输运方程

表 5-8　废气排放模拟参数设置

项　目	参　　数			
风　筒	风速/($m \cdot s^{-1}$)	水力直径/m	黏性系数/($m^2 \cdot s^{-1}$)	O_2 浓度
	9.32	1.5	14.4×10^{-6}	21%
隧　道	出口压力/$\times 10^5$ Pa	水力直径/m	湍流强度	回流 O_2 浓度
	1.01	6.37	5%	21%
源(汇)量	CO_2/($kg \cdot s^{-1}$)	O_2/($kg \cdot s^{-1}$)		
	0.111 5	−0.081		

2. 废气排放模拟结果及分析

不同断面处 CO_2 和 O_2 浓度云图如图 5-7 所示。

柴油设备主要工作区域为掌子面附近，通过模拟可看出考虑柴油设备工作时，隧道内气体分布状态为：掌子面区域 CO_2 浓度较高，最高值出现在距离掌子面 10 m 范围附近、浓度值可达 0.35%；远离掌子面 50 m 以外的隧道内，CO_2 浓度分布较为均匀，平均浓度约为 0.18%～0.19%之间；紧邻掌子面附近，氧气浓度有所下降，O_2 浓度约为 20.59%；远离掌子面一定距离后，隧道主流区域内，氧气浓度接近新鲜风流 O_2 浓度，最高达 20.91%。

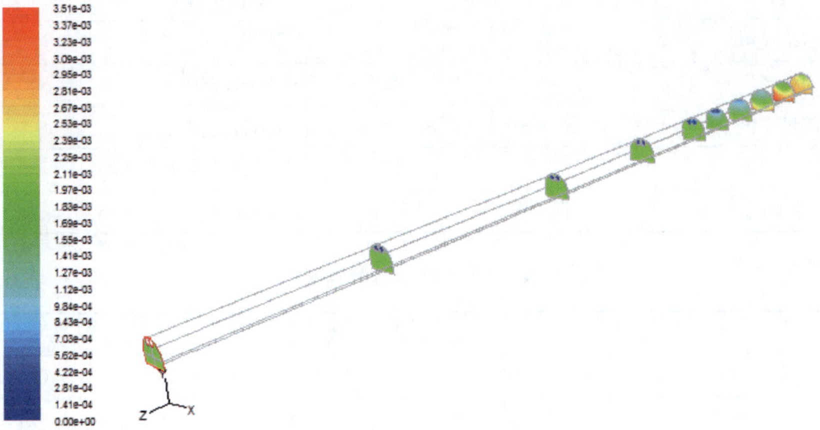

(a)CO_2浓度云图

图　5-7

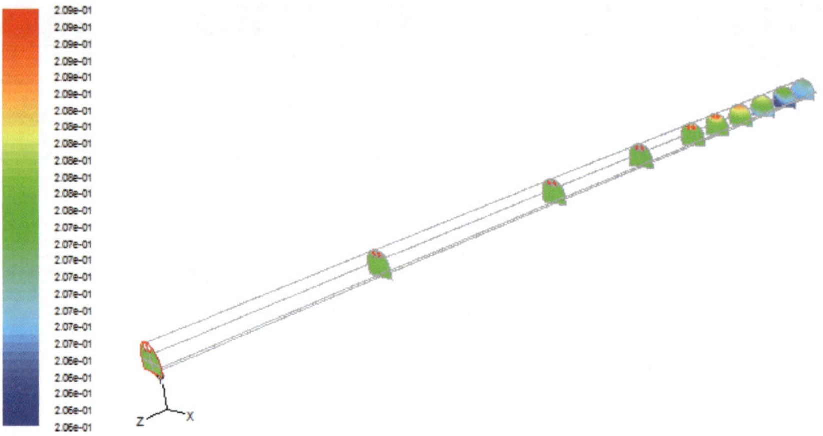

(b)O_2 浓度云图

图 5-7 不同断面处 CO_2 和 O_2 浓度云图

5.1.5 稀释粉尘数值模拟分析

1. 稀释粉尘模型及参数设置

隧道施工过程中，爆破产尘和工艺产尘是粉尘的主要来源。本节仅模拟掌子面钻孔、弃渣装运等过程中受摩擦、碰撞、挤压等作用而产生的工艺粉尘。模拟粉尘来源位于掌子面距离底板 4 m 以下范围。具体参数设定和数学模型设定见表 5-9 和表 5-10。

表 5-9 粉尘计算数学模型设定

数学模型	模型设定
求解器	耦合求解
质量守恒	连续性方程
动量守恒	N—S 方程
能量守恒	开启能量方程
湍流模型	可实现的 k—ε 方程
两相流	DPM 模型

表 5-10 粉尘模拟参数设置

项 目	参 数			
风 筒	风速/($m \cdot s^{-1}$)	水力直径/m	黏性系数/($m^2 \cdot s^{-1}$)	O_2浓度
	9.32	1.5	14.4×10^{-6}	21%
隧 道	出口压力/$\times10^5$ Pa	水力直径/m	湍流强度	O_2浓度
	1.01	6.37	5%	21%

续上表

项　目	参　　数			
粉　尘	喷射源	颗粒流数量	粒径分布	最小粒径
	Group	30	Rosin-Ra mmer	1.9×10^{-6}
	最大粒径	分布指数	初始速度/($m\cdot s^{-1}$)	
	1×10^{-4}	1.93	0.1	
离散项	壁面处	壁面处剪切条件	扩散类型	阻力特征
	捕捉	无滑移	随机轨迹	球形颗粒

2. 粉尘分布状态模拟结果及分析

在掌子面区域进行工艺作业过程中，产生的粉尘运移特征如下：

(1)受风流影响，产生的粉尘迅速向隧道角落移动，同时向隧洞底板沉降，并沿角落向出口方向运移，如图 5-8 所示。

(2)隧道内粉尘浓度变化见表 5-11，粉尘浓度分布如图 5-8 所示，掌子面附近的粉尘经过约 7 min 的时间，部分粉尘运移至风筒出口以外隧道内；风筒出口—掌子面范围的隧道内，粉尘浓度最终稳定在 2×10^{-4} kg/m^3；风筒出口以外隧道内的粉尘，平均浓度从 7 min 的 3.4×10^{-7} kg/m^3 增加至 20 min 的 1.16×10^{-4} kg/m^3，增速大于掌子面附近区域；19 min 后，隧道风筒出口以外区域粉尘浓度数量级接近掌子面区域。

表 5-11　隧道内粉尘浓度变化表/($kg\cdot m^{-3}$)

位　　置	风筒出口—掌子面	风筒出口以外
2 min	1.3033×10^{-4}	0
5 min	1.3033×10^{-4}	0
6 min	1.5604×10^{-4}	0
7 min	1.8154×10^{-4}	3.4441×10^{-7}
10 min	1.9310×10^{-4}	2.4884×10^{-5}
12 min	1.9088×10^{-4}	4.4878×10^{-5}
13 min	1.9541×10^{-4}	5.2809×10^{-5}
14 min	1.9574×10^{-4}	6.2286×10^{-5}
15 min	1.9973×10^{-4}	7.0420×10^{-5}
16 min	1.9869×10^{-4}	8.0396×10^{-5}
17 min	2.0141×10^{-4}	8.8994×10^{-5}
18 min	2.0444×10^{-4}	9.7474×10^{-5}
19 min	2.0495×10^{-4}	1.0688×10^{-4}
20 min	2.0516×10^{-4}	1.1641×10^{-4}

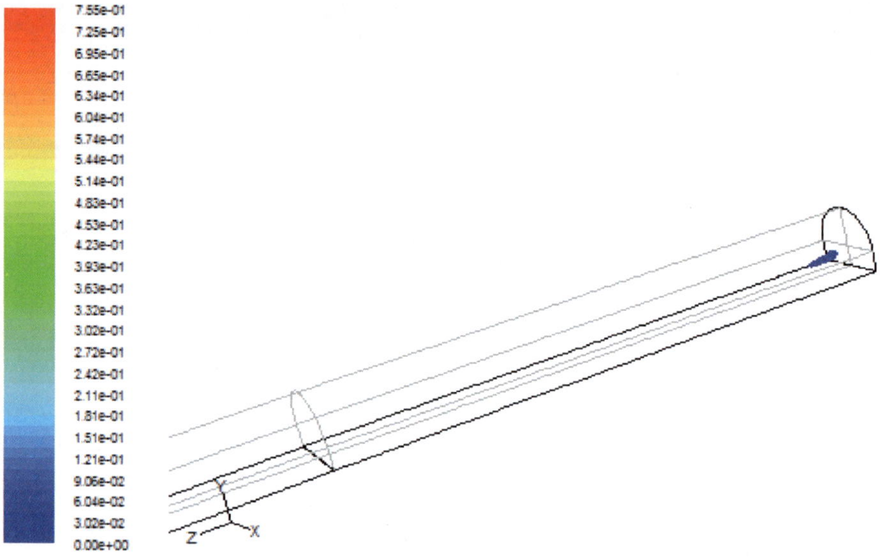

(a)爆破后 2 min

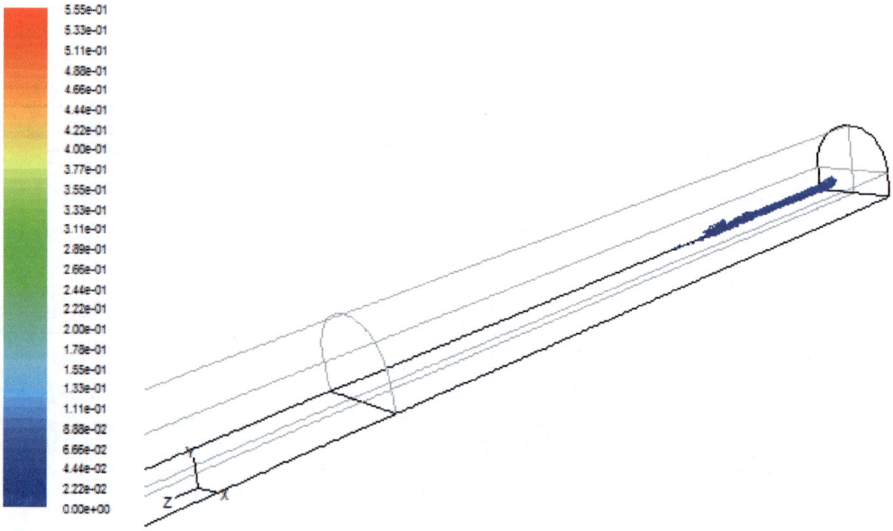

(b)爆破后 5 min

图 5-8　隧道内粉尘浓度分布图/(kg·m^{-3})

根据表 5-11 的数据，可以建立最多人数呼吸需风量、允许最低风速计算工作面供风量、稀释和排出内燃机废气计算供风量、压入式通风工作面有害气体降至允许浓度需风量、稀释粉尘五种情况的数值计算模型。以风速、O_2 含量、CO_2 含量、CO 含量、粉尘含量为主要评价指标，对通风效果进行模拟分析，得到以下成果：

①风筒出口至掌子面区间内，风流流动分为射流扩张阶段、射流收缩阶段、涡流区域、回流区域四部分，射流核心区长度约 9 m，射流与回流存在明显的涡流，涡流区的存在不利于粉尘和有害气体的有效排出。

②风筒出口—掌子面区域，隧道下半部区域 CO_2 浓度较高，O_2 浓度稍有降低，隧道出口—风筒出口范围的隧道内，CO_2 浓度分布较为均匀，O_2 浓度接近新鲜风流中 O_2 浓度。

③爆破后，隧道内气体浓度符合规范要求所需要的时间为：CO_2 需要 24 min 全部达标；CO 需要 36 min 全部达标；O_2 浓度需要 30 min 全部达标。

④受风流的影响，施工工艺产生的粉尘向隧道角落和底板沉降，沿角落向出口方向运移；排尘 19 min 后，隧道风筒出口以外区域粉尘浓度数量级接近掌子面区域。

5.2　复杂地下车站施工中洞内空气质量控制技术

5.2.1　通风网络解算方法

根据通风网络风流流动基本定律，即风网独立回路风压平衡定律和节点质量流量守恒定律，可以建立风网解算的一般数学模型。

$$\boldsymbol{C}\boldsymbol{R}_{\mathrm{diag}}\left|\boldsymbol{C}^{\mathrm{T}}\boldsymbol{Q}_y\right|_{\mathrm{diag}}\boldsymbol{C}^{\mathrm{T}}\boldsymbol{Q}_y-\boldsymbol{C}\boldsymbol{P}_{\mathrm{f}}=0 \tag{5-1}$$

$$\boldsymbol{Q}=\boldsymbol{C}^{\mathrm{T}}\boldsymbol{Q}_y \tag{5-2}$$

其中，$\boldsymbol{C}$ 为独立回路矩阵，$\boldsymbol{P}_{\mathrm{f}}=(p_{\mathrm{f1}},p_{\mathrm{f2}},\cdots,p_{\mathrm{fi}})$ 为风机风压向量，$\boldsymbol{R}$ 为风阻矩阵，$\boldsymbol{Q}_y$ 为分支风量。

$\boldsymbol{P}_{\mathrm{f}}$ 中第 i 个回路中的风机风压特性曲线，一般可用下式拟合：

$$\boldsymbol{P}_{\mathrm{fi}}=a_{i0}+a_{i1}q_{\mathrm{fi}}+a_{i2}q_{\mathrm{fi}}^2 \tag{5-3}$$

其中，a_{i0}，a_{i1}，a_{i2} 为第 i 台风机特性方程的 3 个常系数，可通过最小二乘法或插值多项式拟合而得。

对给定的通风网络，其独立回路矩阵 $\boldsymbol{C}$ 是已知的，若所有分支的风阻、风机特性曲线已知，则式(5-1)中只有独立分支(即余树弦)的风量未知。由于式(5-1)中方程的个数等于独立分支个数 N，$N=n-m+1$，因此式(5-1)有定解。当独立分支风量计算出来后，由式(5-2)可计算出所有分支的风量。这种以自然的风网结构和分支风阻求解风网内风量分配的过程，称为自然分风计算。

在实际通风网络中，用风地点的风量必须按照需要供给。而风量的自然分配一般不可能正好满足全部需风的要求，故必须进行风量调节。假设在风网的每条分支中增加一个待求的风压调节量 h_{ci}。当 $h_{\mathrm{ci}}>0$ 时，表示分支 i 需增阻调节，即减小调节门开度；当 $h_{\mathrm{ci}}\approx0$ 时，不要调节；当 $h_{\mathrm{ci}}<0$ 时，需减阻调节，即增大调节门开度。设调节量的列向量 $\boldsymbol{H}_{\mathrm{c}}=(h_{\mathrm{c1}},h_{\mathrm{c2}},h_{\mathrm{cn}})^{\mathrm{T}}$，则式(5-1)可写成：

$$\boldsymbol{CR}_{\text{diag}}|\boldsymbol{C}^{\mathrm{T}}\boldsymbol{Q}_y|_{\text{diag}}\boldsymbol{C}^{\mathrm{T}}\boldsymbol{Q}_y+\boldsymbol{CH}_{\text{c}}-\boldsymbol{CP}_{\text{f}}=0 \tag{5-4}$$

若风网中所有独立分支的风量都可由用风地点的需风量确定，则式(5-4)中只有调节量待求，式(5-4)为一线性方程组。由于未知量个数为 n，而方程个数为 $N=n-m+1$，即 $n>N$，因此式(5-4)为非定解问题。增加一个目标函数后，可将其转化为线性规划问题。若人为限定调节点位置，使待求的调节量个数正好等于 N，也可将其简化为定解问题。这种风量已知，求解各分支风压调节量的过程，称为按需分风或风量调节计算。

1. 通风网络自然分风求解算法

由式(5-1)，设 $\boldsymbol{F}(\boldsymbol{Q}_y)$：

$$\boldsymbol{F}(\boldsymbol{Q}_y)=\boldsymbol{CR}_{\text{diag}}|\boldsymbol{C}^{\mathrm{T}}\boldsymbol{Q}_y|_{\text{diag}}\boldsymbol{C}^{\mathrm{T}}\boldsymbol{Q}_y-\boldsymbol{CP}_{\text{f}}=0 \tag{5-5}$$

由于上式为非线性方程组，只能采用迭代法进行求解。设第 K 次迭代后的风量近似值向量为 $\boldsymbol{Q}_y^k=(q_{y1},q_{y2},\cdots,q_{yn})$，将式(5-5)用泰勒级数展开，并略去二次以上微分项得：

$$\boldsymbol{F}(\boldsymbol{Q}_y^{k+1})=\boldsymbol{F}(\boldsymbol{Q}_y^k)+\left.\frac{\partial\boldsymbol{F}}{\partial\boldsymbol{Q}_y}\right|_{\boldsymbol{Q}_y=\boldsymbol{Q}_y^k}\Delta\boldsymbol{Q}_y^k=0 \tag{5-6}$$

则

$$\Delta\boldsymbol{Q}_y^k=-\left(\frac{\partial\boldsymbol{F}}{\partial\boldsymbol{Q}_y}\right)^{-1}_{\boldsymbol{Q}_y=\boldsymbol{Q}_y^k}\boldsymbol{F}(\boldsymbol{Q}_y^k) \tag{5-7}$$

其中，$\Delta\boldsymbol{Q}_y^k=\boldsymbol{Q}_y^{k-1}-\boldsymbol{Q}_y^k$，为独立回路风量的修正值列向量；$\frac{\partial\boldsymbol{F}}{\partial\boldsymbol{Q}_y}$为雅可比矩阵，即

$$\frac{\partial\boldsymbol{F}}{\partial\boldsymbol{Q}_y}=\begin{bmatrix}\frac{\partial f_1}{\partial q_{y1}} & \frac{\partial f_1}{\partial q_{y1}} & \cdots & \frac{\partial f_1}{\partial q_{yN}}\\ \frac{\partial f_2}{\partial q_{y1}} & \frac{\partial f_2}{\partial q_{y2}} & \cdots & \frac{\partial f_2}{\partial q_{yN}}\\ \vdots & \vdots & & \vdots\\ \frac{\partial f_N}{\partial q_{y1}} & \frac{\partial f_N}{\partial q_{y2}} & \cdots & \frac{\partial f_N}{\partial q_{yN}}\end{bmatrix} \tag{5-8}$$

$$\frac{\partial\boldsymbol{F}}{\partial\boldsymbol{Q}_y}=2\boldsymbol{CR}_{\text{diag}}|\boldsymbol{C}^{\mathrm{T}}\boldsymbol{Q}_y|_{\text{diag}}\boldsymbol{C}^{\mathrm{T}}-\boldsymbol{C}\frac{\mathrm{d}\boldsymbol{P}_{\text{f}}}{\mathrm{d}\boldsymbol{Q}_y} \tag{5-9}$$

第 $k+1$ 次迭代后的风量可由式(5-10)计算：

$$\boldsymbol{Q}_y^{k+1}=\boldsymbol{Q}_y^k+\Delta\boldsymbol{Q}_y^k \tag{5-10}$$

式(5-7)和式(5-10)即为牛顿法解算通风网络的迭代计算模型。

若雅可比矩阵具有对角线优势，即

$$\frac{\partial f_i}{\partial q_{yi}}>>\sum_{\substack{i=1\\ j\neq i}}^{N}\frac{\partial f_i}{\partial q_{yj}},i=1,2,\cdots,N \tag{5-11}$$

则可略去雅可比矩阵的非对角元素，式(5-7)可简化为

$$\Delta q_{yi}^k=-\frac{f_i(\boldsymbol{Q}_y^k)}{\frac{\partial f_i}{\partial q_{yi}}},i=1,2,\cdots,N \tag{5-12}$$

式(5-12)称为 Scott-Hinsley 法。使用上述迭代算法解算通风网络，一般要经过以下步骤：

(1)输入网络结构及数据，并进行分支风阻排序；

(2)选择余树分支，即选最小生成树，确定独立回路的分支构成；

(3)拟定初始风量。通常，先给余树分支先赋一组初值，再计算各树枝初始风量。拟定的初始风量应接近真实风量，以加速迭代计算的收敛速度。

(4)计算修正风量。使用式(5-12)计算出独立回路的风量修正值，然后用式(5-10)对独立分支的风量进行修正，再用式(5-12)计算所有分支的新风量。当计算出一个回路的风量修正值 ΔQ_i 后，立即对回路所有分支的风量进行修正，以加快收敛速度。

(5)检查精度是否满足要求。每计算完一次所有分支的修正风量，称为迭代一次。每次迭代后应判别计算结果是否已满足给定的精度要求，即检查是否满足：

$$\max\{|\Delta q_{yi}|\}<\varepsilon, 1\leqslant i\leqslant N \tag{5-13}$$

其中，ε 为迭代精度指标，不需要人为给定，一般可取 0.001～0.000 1 m^3/s。若式(5-13)已满足，则迭代计算终止，否则继续迭代。

2. 通风网络按需分风求解算法

(1)调节点的数量与位置

由式(5-2)可见，只要网络中的$(n-m+1)$条独立分支的风量已确定，则其他分支的风量也就被确定。假设在每条独立分支中安设一个调节设施，就可以实现对风网风量的完全控制。因此通风网路中的最多有效调节点数量为$(n-m+1)$。若网络紧靠自然分风就能满足全部风量要求，则网络内部不需调节。但每个通风系统至少应由一台通风机提供通风动力，而通风机可视为一个调解设施，因此通风网络的最少调节点数为 1。

在实际通风网络中，常有些不需调节的自然分风子网络包含 k 个独立回路，则网络中应具有的独立调节点数目为

$$S=n-m-k+1 \tag{5-14}$$

虽然在通风网络中仅需 S 个调节点，且这 S 个调节点必须包括在网络的同一棵树中，但由于通风网络的生成树数目非常之多，网络中任何一条分支都有可能成为调节点。如何在通风网络的全部分支中选取所需的 S 个调节分支，就是确定风量调节方案的重要内容之一。

(2)调节计算方法

当事先确定出需调节的分支，并将它们包含在网络的某一棵余树中时，其调节量大小由回路风压平衡方程即可算出。

设所有余树弦的风量均已确定，且可调节的分支包含在余树中，则

$$\boldsymbol{H}_{cy}=\boldsymbol{C}\boldsymbol{P}_{f}-\boldsymbol{C}\boldsymbol{R}_{diag}|\boldsymbol{C}^{T}\boldsymbol{Q}_{y}|_{diag}\boldsymbol{C}^{T}\boldsymbol{R}_{y} \tag{5-15}$$

这种方法求解出的调节方案的优劣取决于调节分支的选择，适用于调节点位置确定后

计算其调节量的大小。在实际通风网络调节计算中，为计算简便起见，一般将固定风量分支作为当然的余树弦，即为需调节分支。这种简单处理要求除去固定风量分支后的子图必须仍然是包含原图中所有节点的连通图，以保证可选出包含所有节点的一棵最小生成树。

5.2.2 隧道实测风阻值调整方法

在通风网络解算时，隧道风阻值作为首要输入的基础参数，是一项非常重要的技术参数。过去在通风网络解算中选用该参数时，一般是采用经过实验室模拟试验测得的数值，此值往往偏小，而现在则一般通过现场通风阻力实测得到，引用后较为符合实际。然而，长期测量实践证明，无论采用哪一种通风阻力测量方法（气压计法、压差计——胶皮管法），都必将产生或大或小的误差，甚至有时在局部区段出现实测通风压差与实际压差方向相反的情况，显然这是不真实的。因此，测量数据的可靠性又成了直接影响通风系统运行状态仿真模拟系统运行及决策的科学性和合理性之关键。故由本次的隧道通风阻力实测值计算的风阻值，如果直接用于风网的仿真模拟与预测分析，显然，由于基础数据存在误差，其结果可能造成个别角联分支风流反向，甚至风机运行工况异常、局部自然分风与实际情况不符的失真现象。因此，对实测的隧道风阻值进行合理调整是极其必要的。

1. 线性规划法

n 条支路，m 个节点的风网，独立回路数为 $k=n-m+1$，回路风压的平衡方程式为

$$\sum_{j=1}^{n} b_{ij} r_j q_j^2 - p_i - H_{fi} = 0 \tag{5-16}$$

其中，q_j、r_j 为 j 分支的平衡风量和风阻调整值，单位分别为 m^3/s 和 kg/m^7，q_j 为已知，r_j 是未知数；$p_i = \sum_{j=1}^{n} b_{ij} p_j$ 为 i 回路自然风压的代数和，Pa；p_j 为分支 j 的自然风压，Pa；H_{fi} 为 i 回路风机风压代数和，Pa；b_{ij} 为风流方向符号函数，取值规则如下：

$$b_{ij} = \begin{cases} 1 & j\text{ 分支包含在 } i \text{ 回路内并与回路同向} \\ -1 & j\text{ 分支包含在 } i \text{ 回路内并与回路反向} \\ 0 & j\text{ 分支不包含在回路内} \end{cases}$$

如果对 j 路风阻值 R_j 的计算完全根据隧道的设计参数，由于实际隧道变形或隧道内堆砌材料或安装设备，实际的风阻值常常大于按设计资料进行计算的风阻值，所以要求调整后的风阻 $r_j \geqslant R_j$。

式(5-16)是线性方程组，因为 $k<n$，可求出多组解，为了合理地计算 r_j，必须建立目标函数，其目标有如下两种类型：

(1)调整后的风阻改正值的加权和最小，即

$$\sum \frac{1}{R_j} \Delta r_j = \min \tag{5-17}$$

其中，$\Delta r_j = r_j - R_j (j=1,2,\cdots,n)$；$R_j$ 为 j 路风阻值。

(2)风阻调整前后风网自然分风的能耗差最小,即

$$\sum_{j=1}^{n} q_j^3 \Delta r_j = \min \tag{5-18}$$

上述两种目标函数的约束条件相同。因此,两种用于风阻调整的线性规划模型分别为

$$\begin{cases} \min = \sum_{j=1}^{n} \dfrac{1}{R_j} \Delta r_j \\ \operatorname{sgn}(b_i) \sum_{j=1}^{n} b_{ij} q_j^2 \Delta r_j = b_i \operatorname{sgn}(b_i) \\ i = 1,2,\cdots,k \\ \Delta r_j \geqslant 0 (j = 1,2,\cdots,n) \end{cases} \tag{5-19}$$

$$\begin{cases} \min = \sum_{j=1}^{n} q_j^3 \Delta r_j \\ \operatorname{sgn}(b_i) \sum_{j=1}^{n} b_{ij} q_j^2 \Delta r_j = b_i \operatorname{sgn}(b_i) \\ i = 1,2,\cdots,k \\ \Delta r_j \geqslant 0 (j = 1,2,\cdots,n) \end{cases} \tag{5-20}$$

其中,

$$b_i = p_i + H_{\mathrm{f}i} - \sum_{j=1}^{n} b_{ij} R_j q_j^2 \tag{5-21}$$

$$\operatorname{sgn}(b_i) = \begin{cases} 1 & b_i \geqslant 0 \\ -1 & b_i < 0 \end{cases} \tag{5-22}$$

用单纯形法解式(5-19)或式(5-20)的线性规划问题,即可求得计算风阻的改正值 Δr_j。为了便于比较两种模型的计算结果,采用下式:

$$\bar{s} = \sqrt{\frac{\sum_{j=1}^{n} \dfrac{1}{R_j} \Delta r_j^2}{n}} \tag{5-23}$$

一般,$\bar{s}$ 越小,风阻的调整幅度也越小。在实际应用中,可选用 $\bar{s}$ 较小的风阻调整值。

2. 最小二乘法

根据回路风压平衡定律,可写出条件方程组:

$$\sum_{j=1}^{n} b_{ij} q_j^2 \Delta r_j = p_i + H_{\mathrm{f}i} - \sum_{j=1}^{n} b_{ij} R_j q_j^2 \quad (i = 1,2,\cdots,k) \tag{5-24}$$

式(5-24)的矩阵形式为:

$$\boldsymbol{B} \Delta \boldsymbol{r} = \boldsymbol{D} \tag{5-25}$$

其中,$\Delta \boldsymbol{r} = (\Delta r_1, \Delta r_2, \cdots, \Delta r_n)^{\mathrm{T}}$、$D = (b_1, b_2, \cdots, b_k)^{\mathrm{T}}$、$\boldsymbol{B} = (a_{ij} q_j^2)_{k \times n}$ 是系数矩阵。

采用最小二乘法，其准则为

$$\Delta \boldsymbol{r}^{\mathrm{T}} \boldsymbol{W} \Delta \boldsymbol{r} = \sum_{j=1}^{n} \frac{1}{R_j} \Delta r_j^2 = \min \tag{5-26}$$

经过一系列的推导，得到计算 $\Delta\bar{r}$ 的公式如下：

$$\Delta \boldsymbol{r} = \boldsymbol{W}^{-1} \boldsymbol{B}^{\mathrm{T}} (\boldsymbol{B} \boldsymbol{W}^{-1} \boldsymbol{B}^{\mathrm{T}})^{-1} \boldsymbol{D} \tag{5-27}$$

其中，$\boldsymbol{W} = \mathrm{diag}\left(\frac{1}{R_1}, \frac{1}{R_2}, \cdots, \frac{1}{R_n}\right)^{\mathrm{T}}$

风阻调整后的向量为

$$\boldsymbol{r} = \boldsymbol{R} + \Delta \boldsymbol{r} \tag{5-28}$$

风阻值的调整结果表明，调整后的风阻在原计算风阻值的上下波动。因此，最小二乘法适宜于调整按实际隧道参数计算的风阻值。

3. 二次规划法

把最小二乘调整法的准则与线性规划模型中的约束条件进行组合，可得到如下形式的二次规划模型：

$$\begin{cases} \min = \dfrac{1}{2} \displaystyle\sum_{j=1}^{n} \dfrac{2}{R_j} \Delta r_j^2 \\ \mathrm{sgn}(b_i) \displaystyle\sum_{j=1}^{n} b_{ij} q_j^2 \Delta r_j = b_i \mathrm{sgn}(b_i) \\ i = 1, 2, \cdots, k \\ \Delta r_j \geqslant 0 (j = 1, 2, \cdots, n) \end{cases} \tag{5-29}$$

显然，目标函数是严格凸函数，约束条件也是成立的，因此式(5-29)一定存在最优解。

解二次规划问题可用可变容差法，首先把其转化为线性规划问题，然后用单纯形法求解。

一般的二次规划模型的形式为

$$\begin{cases} \min f(x) \\ h_i(x) = 0 \quad (i = 1, 2, \cdots, k) \\ g_j(x) \geqslant 0 \quad (j = 1, 2, \cdots, n) \end{cases} \tag{5-30}$$

根据库恩—塔克条件，若式(5-30)存在最优解，则存在向量 $\Lambda = (\lambda_1, \lambda_2, \cdots, \lambda_k)^{\mathrm{T}}$ 及 $\Gamma = (\beta_1, \beta_2, \cdots, \beta_n)^{\mathrm{T}}$ 使：

$$\begin{cases} \nabla f(x^*) - \displaystyle\sum_{i=1}^{k} \lambda i \, \nabla h_i(x^*) - \sum_{j=1}^{n} \beta_j \, \nabla g_j(x^*) = 0 \\ \beta_j g_j(x^*) = 0 \\ \beta_j \geqslant 0 \quad (j = 1, 2, \cdots, n) \end{cases} \tag{5-31}$$

其中，∇表示函数的梯度。

用式(5-30)和式(5-31)对式(5-29)进行处理，并把 x^* 以 Δr 代替，λ 以 x 代替，β 以 y 代替，得到下列形式的线性规划问题：

$$\begin{cases} \min = \sum_{i=1}^{k}\Delta r_{n+i} + \sum_{j=1}^{n} y_j \\ \sum_{i=1}^{k} b_{ij}q_j^2 x_{n+i} + x_j - \dfrac{2}{R_j}\Delta r_j + y_j = 0 \quad (j=1,2,\cdots,n) \\ \operatorname{sgn}(b_i)\left(\sum_{j=1}^{n} b_{ij}q_j^2\Delta r_j - \Delta r_{n+i}\right) = b_i\operatorname{sgn}(b_i) \quad (i=1,2,\cdots,k) \\ \Delta r_j \geqslant 0 \quad (j=1,2,\cdots,n+k) \\ x_j \geqslant 0 \quad (j=1,2,\cdots,n+k) \\ y_j \geqslant 0 \quad (j=1,2,\cdots,n) \end{cases} \tag{5-32}$$

其中，x_j、y_j、$\Delta r_{n+i}(i=1,2,\cdots,k)$皆为人工变量，其余符号的意义同前。

用单纯形法求解式(5-31)，若得到$(\Delta r_1,\Delta r_2,\cdots,\Delta r_n,\Delta r_{n+1}=0,\Delta r_{n+2}=0,\cdots,\Delta r_{n+k}=0;x_1,x_2,\cdots,x_{n+k},y_1=0,y_2=0,\cdots,y_n=0)$，并且满足 $\Delta r_j x_j=0$，则说明 $\Delta r_1,\Delta r_2,\cdots,\Delta r_n$，即为式(5-29)的最优解。

风阻值的调整结果表明，几乎所有支路调整后风阻在其计算值的基础上都有所改变，并且调整值大于或等于计算值。因此二次规划法兼顾了线性规划和最小二乘的特点。但是，求解一个二次规划问题，需要引进大量的人工变量，给计算带来困难。

5.2.3　通风网络解算程序设计

随着计算机技术的发展和普及，目前国内外出现了不少通风网络仿真模拟的计算模型、算法和相关软件，即系统模拟的数学模型选用回路法或节点法，其求解算法采用斯考德—恒斯雷法或牛顿法，并编制了相应的非通风自动化条件下的计算机软件，并正在逐步向着实用性强、可视化程度高、兼有实时分析和智能控制功能的方向发展。

根据通风网络解算求解算法，采用 Visual C＋＋编制了通风网络解算程序(模块)，其中包括分支风阻排序、统计使用的节点号、节点数和最大节点号，选择独立回路、迭代计算、分支类型识别等功能函数。其模块框图如图 5-9 所示。

1. 输入有关参数

通常需输入分支的始末节点、风阻、风机风压和固定风量等参数。若网络风阻值未知，则需输入隧道断面几何形状特征尺寸、摩擦阻力系数、局部阻力系数、隧道长度等参数，以便计算风阻值。

2. 各分支风阻按降序排列

风网各分支参数的输入先后次序是任意的，程序执行时按其风阻大小以降序排列。

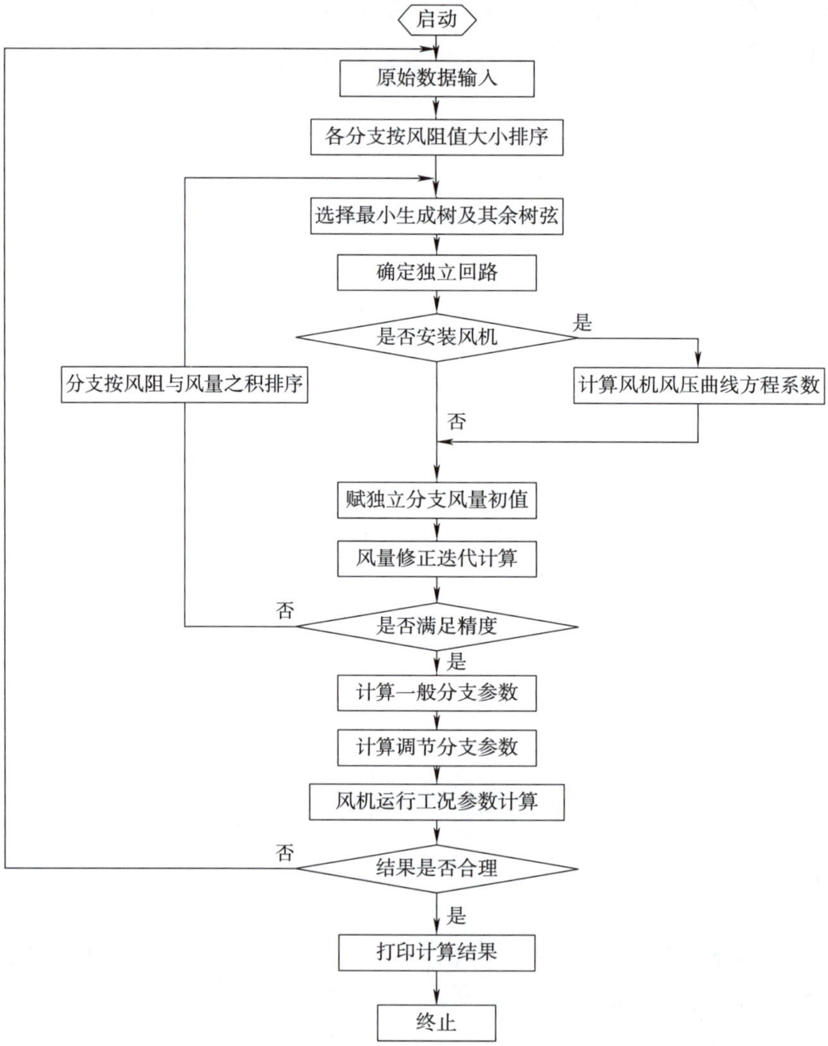

图 5-9　通风网络解算程序设计模块

3. 确定余树弦

余树弦是作为选择回路的基底分支，除固定风量分支和风机分支作为当然的余树弦外，还要从一般分支中选择风阻较大者作为余树弦，使余树弦的总数达到$(n-m+1)$个。这类分支为回路的非公共分支，每个回路只有一个，并且其风阻值在回路的各分支中最大。选余树弦的方法是在网络中形成最小树，而未包含在最小生成树中的分支即为余树弦。

程序中采用“避圈法”寻找最小树。从最小风阻分支开始，按风阻由大到小逐个取出各分支添加到原图位置上，检查该分支，如果与前面添加的分支构成回路，则将其从图中移出，成为余树弦，否则将此填入树中，成为树枝。如此继续下去，直到找出$(m-1)$条分支所构成无回路的连通图为止，此图即为所要求的一棵最小树，同时也找出了$(n-m+1)$个余树弦。

4. 选回路

选回路是以余树弦为基础，从一般分支中风阻最大的分支开始，逐一查找可与余树弦出风节点相连的分支，反复操作直至构成回路为止。程序中规定余树弦的方向为回路的方向，回路中与余树弦方向一致的分支为正向分支，否则为反向分支，并逐一记录。程序中只选择一般分支与当前余树弦相连，从而保证一个回路只含一个余树弦。

5. 风量赋初值

在迭代计算之前应将风网的余树弦赋予风量初值，然后根据风量平衡方程对每一回路中的各分支赋风量初值，作为迭代计算的开始。程序规定：固定风量分支以固定风量值为初值，风机分支以该风机所担负的供风量为初值；其他余树弦以估计值为初值。

6. 迭代计算

迭代计算即在风网各分支风阻和风机性能曲线已知情况下，对风网中每个回路的余树弦风量进行迭代修正计算。为保证各用风地点的固定风量值不变，程序规定有固定风量的回路不参与迭代计算。由于这类回路中除固定风量分支外其余分支也存在于其他回路中，因而实际上都参与了迭代计算。迭代计算以回路为单位，直到所有回路的风量修正值都达到预定精度为止。如在给定的最大迭代次数内未达预定精度，为了加速迭代收敛，程序可将各分支的(r_q)值赋给 r，然后返回，重新排序确定余树弦并重选回路，再作迭代计算。

7. 计算各分支阻力并打印计算结果

按已算出的风量和输入的风阻值计算各风道的阻力，并按风量和风道断面计算风速，最后以表格形式打印分支号、始末节点号、风阻、风量、阻力、断面和风速。

8. 计算固定风量分支的阻力值

由于固定风量分支不参与迭代计算，固定风量分支的阻力按回路风压平衡式计算，然后用阻力定律算出固定风量分支的风阻值。该风阻值是保证固定风量值不变所必须具有的风阻值。当该值小于实际的风阻值时，需进行减阻调节，反之需进行增阻调节。当为增阻进行调节时，可计算调节风阻值和调节风窗面积。

9. 处理风机参数

根据风机曲线拟合系数和风机风量计算风机风压，然后打印风机风量、风压。如果风机工况点落在合理工作范围之外，则打印超限警告，必要时可改变风机转速或更换风机，重新进行通风网络调节计算。

通风网络解算程序最主要的数据输入界面有：网解控制参数、网络分支参数、网络节点参数、风机安装参数四个界面。其中最为重要的是网络分支参数输入界面，如图 5-10 所示。该界面采用了多种控件设计，实现了多种数据输入方式，风道风阻值既可通过输入摩擦阻力系数或百米风阻值来自动计算填入，也可直接输入。风网解算程控数据输入界面中的网络分支数和节点数，定流分支数，风机分支数均为自动统计填入显示。如果进行通风阻力测定，并用该软件处理了测量数据，获得了可靠的测量结果，则通过主菜单中[网络基础数据导入]命令将分支和节点测量结果数据导入网络分支和节点数据表中，以便利用测量数据进行网络解算。

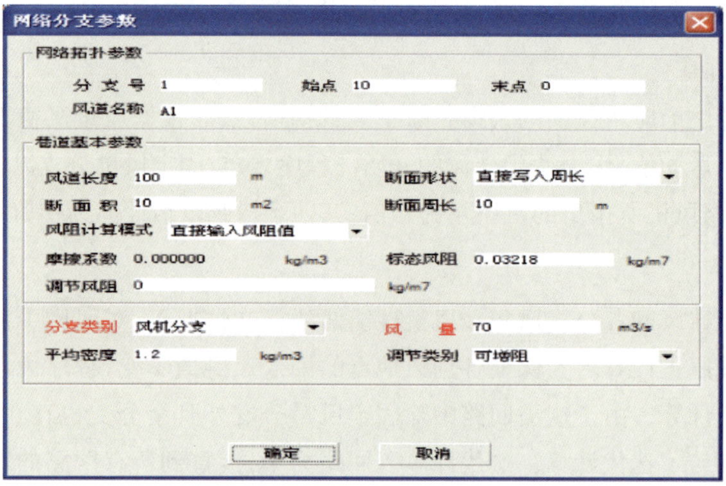

图 5-10　通风网络分支参数输入界面

当通风网络安装风机进行解算时，需要提供风机安装型号，在如图 5-11 所示的风机安装输入界面中选择风机编号并选择[选定风机回代验算]单选按钮，再选择[确定]，写入风机

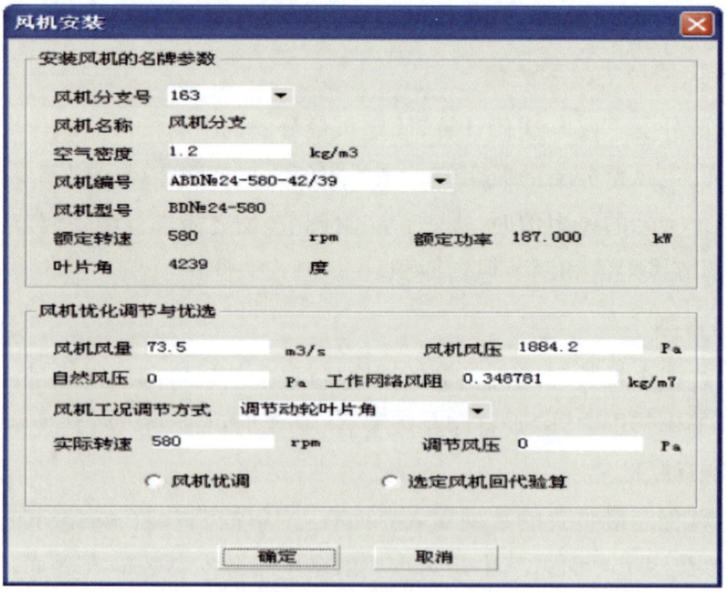

图 5-11　风机安装数据输入界面

安装表中，当代入风网解算时，程序自动按风机编号进入风机特性曲线表中提取该风机的特性系数，参与迭代计算，最终算出风机运行工况点参数，并将结果送入风机运行工况表中，以便查询显示和打印。

当运行主菜单中网络解算程序时，将弹出网络解算对话框，如图 5-12 所示，其中颜色变暗的数据项为自动统计网络分支数据表后产生的。本软件网络解算方式有两种选择：一种是通风设计模拟；另一种是实时通风模拟。两者的区别在于输入的分支风阻值。通风设计是输入分支原始风阻值，而实时通风模拟是输入分支隧道风阻值与调节设施附加风阻值之和的值。网络解算结果输出方式也有两种选择，一种是无回路信息输出的基本输出方式，另一种是有回路信息输出的完全输出方式。

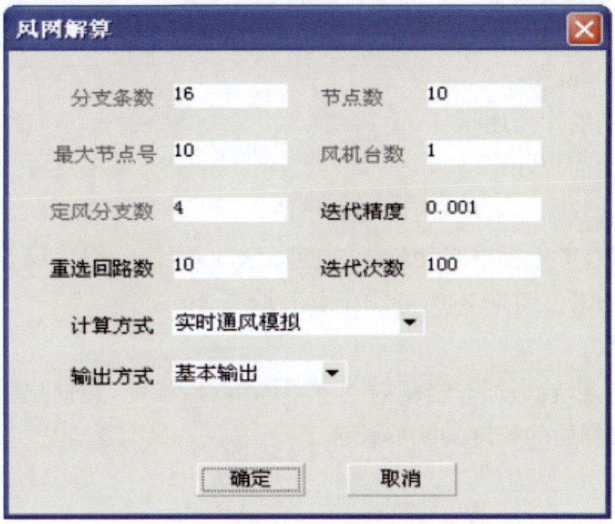

图 5-12　风网解算程控数据输入界面

5.3　复杂地下车站洞室群施工通风方案

5.3.1　洞室群施工通风设计方案

1. 洞内供风量的确定

根据《铁路隧道设计规范》(TB 10003—2016)，隧道施工期风量计算从以下四方面考虑，即风量 Q_1：按满足隧洞内工作人员所需空气量计算；风量 Q_2：按一定时间内，稀释和排出炮烟至允许浓度计算；风量 Q_3：隧洞内允许最小风速所需空气量计算；风量 Q_4：按隧洞内内燃机械废气稀释所需风量计算。综合上述通风要求，取 $Q_{max}=\max(Q_1,Q_2,Q_3,Q_4)$；考虑风流漏风损失等影响，确定隧洞施工供风量 Q，进而确定通风机选型。

(1)按满足隧洞内工作人员所需空气量计算

$$Q_1=kmq \tag{5-33}$$

式中 Q_1——工作面所需风量,m^3/min;

k——风量备用系数,可取 $k=1.1\sim1.2$;

m——最大作业人数;

q——每人每分钟所需新鲜风量,一般按 3 m^3/min 计算。

(2)按稀释和排出炮烟至允许浓度计算

按一次爆破使用炸药量计算稀释排出炮烟的风量,按管道式通风方式考虑。

压入式通风风量计算公式

$$Q_2=\frac{2.25}{t}\sqrt[3]{\frac{G(AL)^2K}{P^2}} \tag{5-34}$$

式中 t——排烟时间,min;

G——一次爆破的炸药用量,kg;

A——隧洞断面面积,m^2;

L——隧洞长度或临界长度,两者取最小值,m;

K——喷淋系数,考虑喷淋水使炮烟浓度降低的系数,一般岩层含水或使用水幕时取0.3,隧道潮湿时取0.6,隧洞干燥时取0.8;

P——漏风系数。

长距离隧洞掘进,爆破炮烟与隧洞内空气不断混合、稀释,并向出口流动。从作业面至炮烟被稀释到允许浓度处的长度为临界长度。

$$L_{临界}=12.5\times\frac{GbK'}{AP^2} \tag{5-35}$$

式中 K'——紊流扩散系数,可通过紊流扩散系数表获得;

b——1 kg 炸药爆破时所生成的一氧化碳体积,L。

(3)隧洞内允许最小风速所需空气量计算

$$Q_3=60Av \tag{5-36}$$

式中 A——开挖断面面积,m^2;

v——隧洞内允许最低风速,m/s。

全断面开挖时洞内允许最小风速 0.15 m/s,辅助坑洞风速取 0.25 m/s,但均不应大于6 m/s。

(4)按稀释和排出内燃机作业废气计算

$$Q_4=q\sum W \tag{5-37}$$

式中 q——内燃机每分钟·千瓦所需通风量(单位功率内燃机械作业供风量),$m^3/(min\cdot kW)$,一般取 3 $m^3/(min\cdot kW)$;

$\sum W$——同时在洞内作业的各种内燃机的功率总和,kW。计算时应考虑设备负荷率

(一般取 0.5～0.85)和同时工作率(一般取 0.9)。

(5)漏风计算

通风机的供风量在风量计算基础上,应考虑漏风损失,一般用漏风系数修正隧洞内实际需风量。

$$Q=PQ_{max} \tag{5-38}$$

式中　Q_{max}——前述计算中工作面需风量最大值,m^3/min;

P——漏风系数,一般取 1.2～1.3。

2. 通风机工作风压及功率

为保证将所需风量送达工作面,要求通风系统克服通风阻力后在风管末端风流仍具有一定的动压。通风系统风管末端仍保持的压力称之为动压,克服阻力所需压力称为静压。动压与静压之和称为全压,即为系统需要通风机提供的风压,亦为通风机工作风压。

(1)动压 $h_{动}$

通风机的动压定义为“通风机出口截面上气体的动能所表征的压力”。它在数值上等于通风机的出口压力。计算公式如下:

$$h_{动}=\frac{1}{2}\rho v^2 \tag{5-39}$$

式中　ρ——空气密度,kg/m^3;

v——通风速度,m/s。

(2)静压 $h_{静}$

通风机静压定义为“通风机的工作风压减去气流动压”。通风机静压只存在于风机的进出口中,并且一定等于管网总阻力。通风系统静压为:

$$h_{静}=h_{总}\approx h_{摩}+h_{局} \tag{5-40}$$

式中　$h_{总}$——总阻力损失,Pa;

$h_{摩}$——摩擦阻力损失之和,Pa;

$h_{局}$——局部阻力损失之和,Pa。

(3)全压 H

动压与静压之和称全压,全压指由通风机提供的风压增加量,即通风机的出口和进口之间的风压差,即为通风机工作风压。

$$H=h_{动}+h_{摩}+h_{局} \tag{5-41}$$

(4)通风机功率

$$N=KQ\frac{H}{\eta} \tag{5-42}$$

式中　N——通风机轴功率,N·m/s;

Q——通风风量,m^3/s;

H——风机工作风压,Pa;

η——风机工作效率,一般取 80%;

K——功率储备系数，取1.05。

式(5-42)为隧洞通风设计和设备选型的依据。

根据施工组织方案的施工阶段，结合本工程特点，以各阶段施工作业通风需要和节能降耗为目的，分六个阶段进行通风方案设计。

各阶段使用风机型号及风机设置部位见表5-12。

表5-12 各阶段使用风机型号及风机设置部位

阶 段	风机型号	电机功率/kW	使用功率/kW	设置部位
第一阶段	西班牙驭创	132×2	59	2号斜井洞口
	西班牙驭创	132×2	43	
	SFD-Ⅲ-No13	132×2	62	
	SFD-Ⅲ-No13	132×2	96	
第二阶段	西班牙驭创	132×2	50	8号分通道竖井
	西班牙驭创	132×2	4	4号竖井
	SFD-Ⅲ-No13	132×2	52	2号斜井洞口
	SFD-Ⅲ-No13	132×2	69	
	SFD-Ⅲ-No13	132×2	91	
第三阶段	西班牙驭创	132×2	55	8号分通道竖井
	西班牙驭创	132×2	14	4号竖井
	SFD-Ⅲ-No13	132×2	74	2号斜井洞口
	SFD-Ⅲ-No13	132×2	94	
	SFD-Ⅲ-No13	132×2	109	
第四阶段	西班牙驭创	132×2	123	8号分通道竖井
	西班牙驭创	132×2	19	4号竖井
	SFD-Ⅲ-No13	132×2	50	2号斜井洞口
	SFD-Ⅲ-No13	132×2	96	
	SFD-Ⅲ-No13	132×2	121	
第五阶段	西班牙驭创	132×2	139	8号分通道竖井
	西班牙驭创	132×2	35	4号竖井
	SFD-Ⅲ-No13	132×2	48	2号斜井洞口
	SFD-Ⅲ-No13	132×2	245	
	SFD-Ⅲ-No13	132×2	249	
第六阶段	西班牙驭创	132×2	255	8号分通道竖井
	西班牙驭创	132×2	67	4号竖井
	SFD-Ⅲ-No13	132×2	20	5号分通道风箱口
	SFD-Ⅲ-No13	132×2	47	2号分通道风箱口
	SFD-Ⅲ-No13	132×2	233	1号分通道风箱口

3. 第一阶段通风设计

第一阶段通风设计如图 5-13 所示。

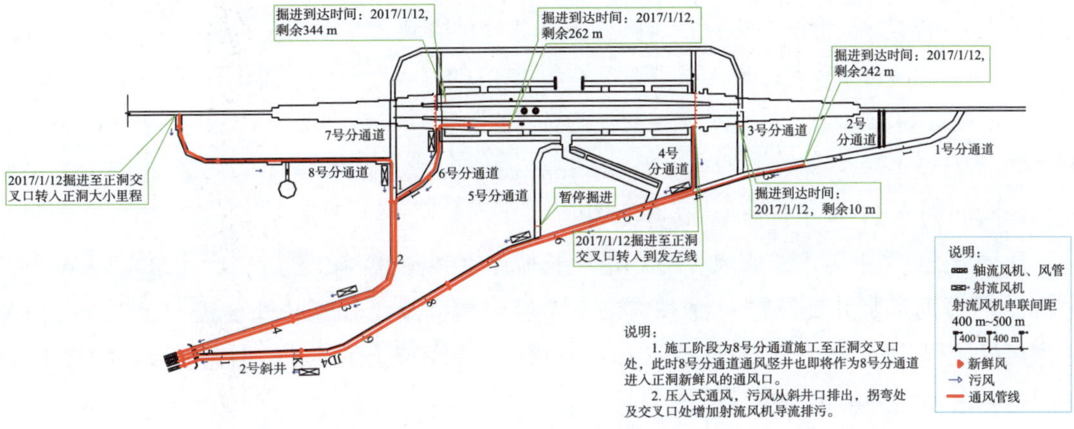

图 5-13　第一阶段通风示意

2 号斜井口设置 4 台轴流风机供应 8 号分通道（Q_G＝1 836 m^3/min，H＝1 416 Pa，W＝59 kW）、到发左线小里程（Q_G＝1 836 m^3/min，H＝1 076 Pa，W＝43 kW）、4 号分通道（Q_G＝1 903 m^3/min，H＝1 497 Pa，W＝62 kW）及 1 号分通道（Q_G＝2 010 m^3/min，H＝2 174 Pa，W＝96 kW）施工通风，此阶段持续时间为 2016 年 11 月至 2017 年 1 月。

通风方案：采用压入式通风，在八达岭长城站 2 号斜井洞口设置 4 台 132×2 kW 轴流风机，接风管至掌子面进行压入式通风。

4. 第二阶段通风设计

第二阶段通风设计如图 5-14 所示。

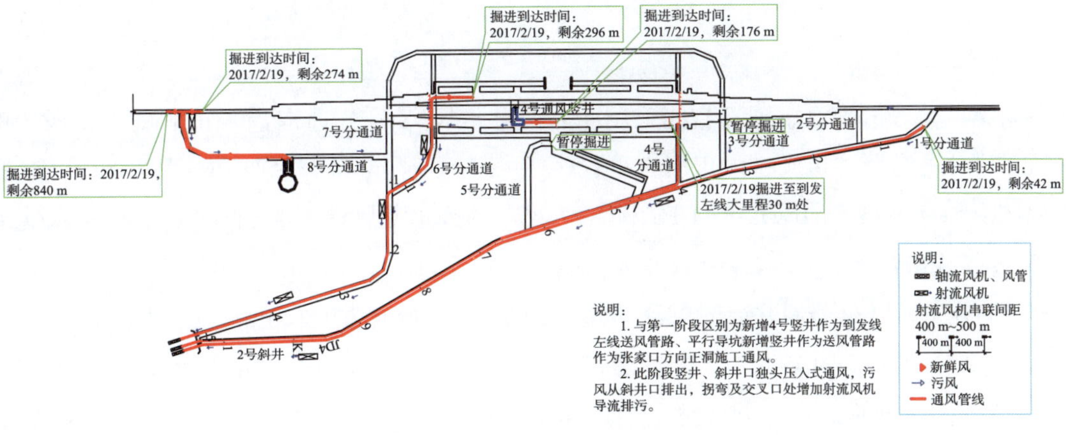

图 5-14　第二阶段通风示意

与第一阶段区别为新增 8 号分通道处竖井及 4 号竖井。此阶段 8 号分通道竖井打通，在竖井设置风箱并安装一台风机供应 8 号分通道进入正洞大里程（Q_G＝2 093 m^3/min，H＝554 Pa，W＝25 kW）、小里程（Q_G＝2 093 m^3/min，H＝554 Pa，W＝25 kW）的施工通风；4 号竖井贯通至到发左线，将洞口的一台风机移至竖井处供应到发左线小里程（Q_G＝1 683 m^3/min，H＝105 Pa，W＝4 kW）的施工通风；2 号斜井口的 3 台风机分别供应到发右线（Q_G＝1 868 m^3/min，H＝1 273 Pa，W＝52 kW）、4 号分通道（Q_G＝1 925 m^3/min，H＝1 636 Pa，W＝69 kW）及 1 号分通道（Q_G＝1 995 m^3/min，H＝2 078 Pa，W＝91 kW）的施工通风，此阶段持续时间为 2017 年 1 月至 2017 年 4 月。

通风方案：采用压入式通风。在八达岭长城站 2 号斜井洞口设置三台 132×2 kW 轴流风机、8 号分通道竖井处设置一台 132×2 kW 轴流风机及 4 号竖井处设置一台 132×2 kW 轴流风机接风管至各掌子面。在交叉口和隧道内设置射流风机引流，加速浊流风的排出，防止隧道内清浊循环影响通风效果。

5. 第三阶段通风设计

第三阶段通风设计如图 5-15 所示。

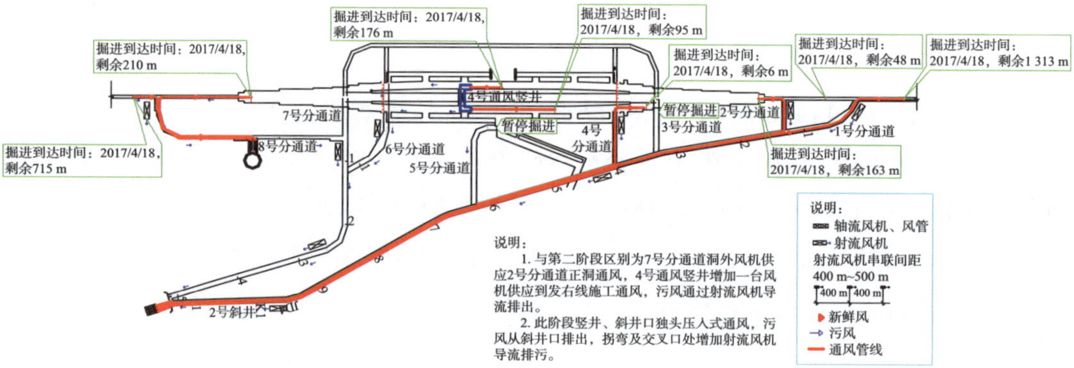

图 5-15　第三阶段通风示意

与第二阶段区别在于到发右线采用 4 号竖井供风、2 号分通道进入正洞施工阶段。此阶段 8 号分通道竖井供应进入正洞大里程（Q_G＝2 114 m^3/min，H＝715 Pa，W＝33 kW）、小里程（Q_G＝1 768 m^3/min，H＝564 Pa，W＝22 kW）的施工通风；4 号竖井供应到发左线（Q_G＝1 706 m^3/min，H＝256 Pa，W＝10 kW）、到发右线（Q_G＝1 683 m^3/min，H＝105 Pa，W＝4 kW）的施工通风；2 号斜井口的 3 台风机分别供应 4 号分通道进入正洞（Q_G＝1 941 m^3/min，H＝1 739 Pa，W＝74 kW）、2 号分通道进入正洞（Q_G＝2 013 m^3/min，H＝2 130 Pa，W＝94 kW）、1 号分通道进入正洞（Q_G＝2 050 m^3/min，H＝2 420 Pa，W＝109 kW）的施工通风，此阶段持续时间为 2017 年 4 月至 2017 年 5 月。

通风方案：采用压入式通风。在八达岭长城站 2 号斜井洞口设置三台 132×2 kW 轴流风机、8 号分通道竖井处设置一台 132×2 kW 轴流风机及 4 号竖井处设置一台 132×2 kW 轴流风机接风管至各掌子面。在交叉口和隧道内设置射流风机引流，加速浊流风的排出，防止隧道内清浊循环影响通风效果。

6. 第四阶段通风设计

第四阶段通风设计如图 5-16 所示。

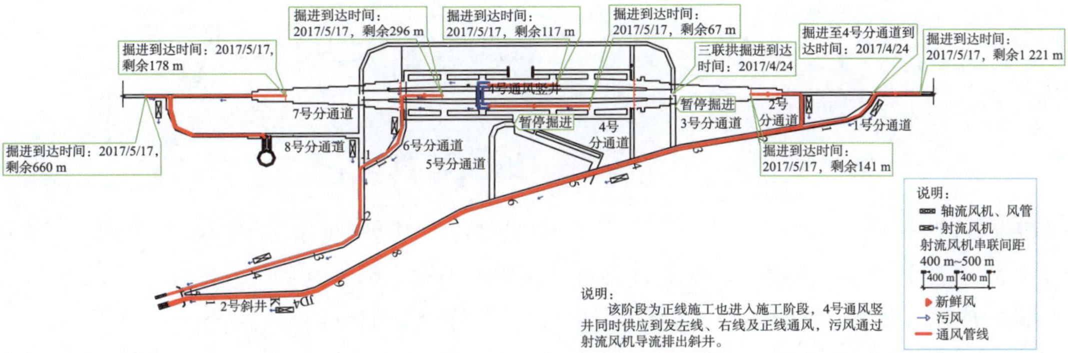

图 5-16　第四阶段通风示意

与第三阶段区别在于正线开展施工，小里程三连拱施工完成。此阶段 8 号分通道竖井供应进入正洞大里程(Q_G=2 132 m³/min，H=855 Pa，W=42 kW)、小里程(Q_G=2 651 m³/min，H=1 397 Pa，W=81 kW)的施工通风；4 号竖井供应到发左线(Q_G=1 701 m³/min，H=220 Pa，W=8 kW)、到发右线(Q_G=1 715 m³/min，H=305 Pa，W=11 kW)的施工通风；2 号斜井口的 3 台风机分别供应正线(Q_G=1 861 m³/min，H=1 231 Pa，W=50 kW)、2 号分通道进入正洞(Q_G=2 021 m³/min，H=2 181 Pa，W=96 kW)、1 号分通道进入正洞(Q_G=2 085 m³/min，H=2 643 Pa，W=121 kW)的施工，此阶段持续时间为 2017 年 5 月至 2017 年 7 月。

通风方案：采用压入式通风。在八达岭长城站 2 号斜井洞口设置三台 132×2 kW 轴流风机、8 号分通道竖井处设置一台 132×2 kW 轴流风机及 4 号竖井处设置一台 132×2 kW 轴流风机接风管至各掌子面。在交叉口和隧道内设置射流风机引流，加速浊流风的排出，防止隧道内清浊循环影响通风效果。

7. 第五阶段通风设计

第五阶段通风设计如图 5-17 所示。

与第四阶段区别在于正线通风由 4 号竖井供应。此阶段 8 号分通道竖井供应进入正洞大里程(Q_G=2 182 m³/min，H=1 238 Pa，W=59 kW)、小里程(Q_G=2 545 m³/min，H=1 437 Pa，W=80 kW)的施工通风；4 号竖井供应到发左线(Q_G=1 731 m³/min，H=415 Pa，W=16 kW)、到发右线(Q_G=1 721 m³/min，H=348 Pa，W=13 kW)及正线(Q_G=1 690 m³/min，H=150 Pa，W=6 kW)的施工通风；2 号斜井口的 3 台风机分别供应 5 号分通道及进出站

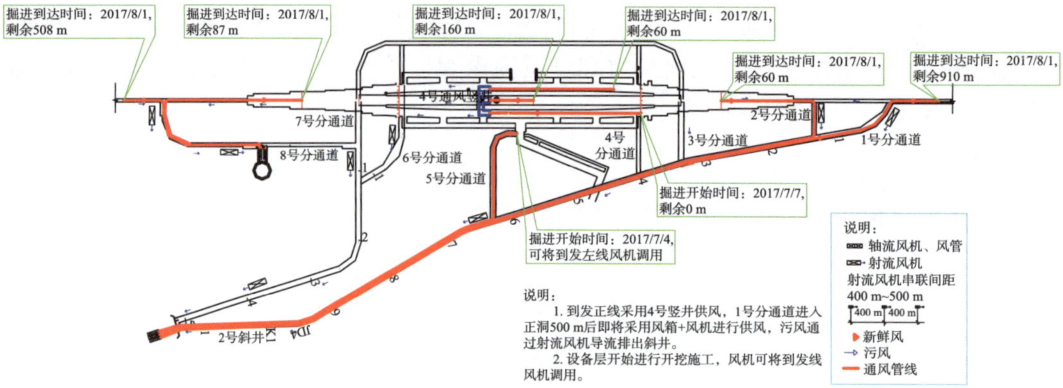

图 5-17　第五阶段通风示意

层通道（Q_G=1 851 m³/min，H=1 176 Pa，W=48 kW）、2 号分通道进入正洞（Q_G=2 600 m³/min，H=4 235 Pa，W=245 kW）、1 号分通道进入正洞（Q_G=2 614 m³/min，H=4 340 Pa，W=249 kW）的施工通风，此阶段持续时间为 2017 年 7 月至 2017 年 8 月。

通风方案：采用压入式通风。在八达岭长城站 2 号斜井洞口设置三台 132×2 kW 轴流风机、8 号分通道竖井处设置一台 132×2 kW 轴流风机及 4 号竖井处设置一台 132×2 kW 轴流风机接风管至各掌子面。在交叉口和隧道内设置射流风机引流，加速浊流风的排出，防止隧道内清浊循环影响通风效果。

8. 第六阶段通风设计

第六阶段通风设计如图 5-18 所示。

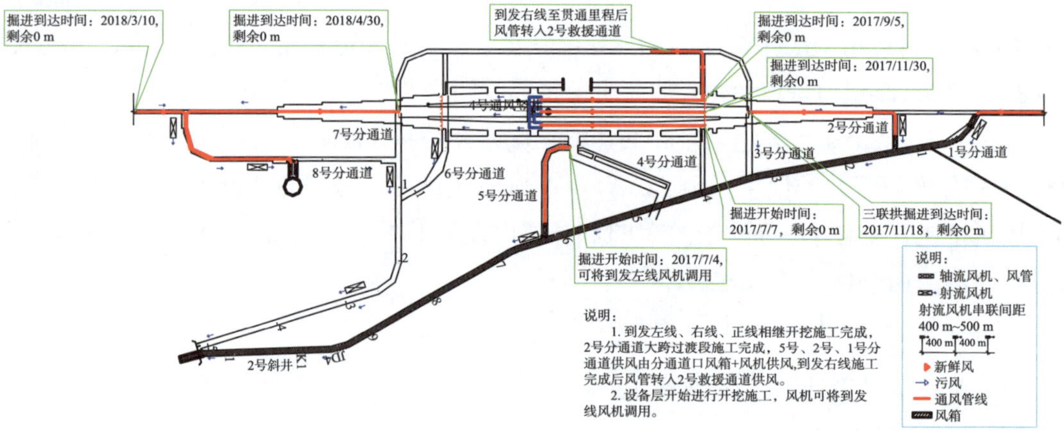

图 5-18　第六阶段通风示意

与第四阶段区别在于，在 2 号斜井主通道增加大风箱作为供应 5 号、2 号、1 号分通道的施工通风口。此阶段 8 号分通道竖井供应进入正洞大里程（Q_G=2 407 m³/min，H=2 953 Pa，W=156 kW）、小里程（Q_G=2 581 m³/min，H=1 761 Pa，W=99 kW）的施工通风；4 号竖井供应到发左线(Q_G=1 731 m^3/min,H=415 Pa,W=16 kW)、到发右线(Q_G=1 808 m^3/min,H=896 Pa,W=35 kW)及正线(Q_G=1 731 m^3/min,H=415 Pa,W=16 kW)的施工通风;2号斜井风箱口的3台风机分别供应5号分通道及进出站层通道(Q_G=1 748 m^3/min,H=517 Pa,W=20 kW)、2号分通道进入正洞(Q_G=2 480 m^3/min,H=870 Pa,W=47 kW)、1号分通道进入正洞(Q_G=2 564 m^3/min,H=4 160 Pa,W=233 kW)的施工通风,此阶段持续时间为2017年8月至2018年4月。

通风方案:采用压入式通风。在八达岭长城站2号斜井主通道设置通长大风箱,并在5号、2号、1号分通道口处设置风箱口,风箱口处设置三台132×2 kW轴流风机、8号分通道竖井处设置一台132×2 kW轴流风机及4号竖井处设置一台132×2 kW轴流风机接风管至各掌子面。在交叉口和隧道内设置射流风机引流,加速浊流风的排出,防止隧道内清浊循环影响通风效果。

9. 风机型号

SFD-Ⅲ-No14型号风机 Q_G=4 200 m^3/min,H=6 900 Pa,W=185×2 kW,均能满足上述各阶段供风要求。

5.3.2 通风方案改进

洞室群通风方案的确定是解决通风问题的关键,本节根据5.2.3节洞室群通风网络计算模型和解算方法,利用解算程序的计算结果,为不同施工阶段制定通风方案。根据通风要求,利用通风系统运行状态预测模拟软件对洞室群内的风量、风压、自然风压和通风功耗进行计算,计算条件分别选择左洞未贯通、左洞已贯通、右洞已贯通三个施工阶段,根据模拟软件计算结果,确定了三个阶段的通风方案。

5.3.2.1 第一阶段通风方案

1. 通风风量计算

2017年6月第一阶段开挖进度及通风如图5-19所示。八达岭长城站隧道施工的2号斜井共有12个掌子面,其中,左斜井有7个掌子面,右斜井有5个掌子面。地面共安装4台风机,分别担负着2号左、右斜井的掌子面供风任务。左、右斜井井口分别安设2台不同型号的风机,其中,SFD(B)№13型风机标称风量1 695～3 300 m^3/min、风压5 920～930 Pa,额定功率2×132 kW、额定电压380 V、额定电流240 A、额定转速1 480 r/min;2×ZVN1-14-132/4型风机标称风量3 000 m^3/min、风压5 600 Pa,额定功率2×132 kW、额定电压380 V、额定转速1 500 r/min。

作业场所空气中粉尘浓度标准为:含有10%以上游离二氧化硅的粉尘不得大于2 mg/m^3;含有10%以下游离二氧化硅的粉尘不得大于4 mg/m^3。故此特别设定以总粉尘最高允许浓度≤2 mg/m^3、通风除尘技术条件下的最优排尘风速0.4～0.7 m/s等作为条件,来计算

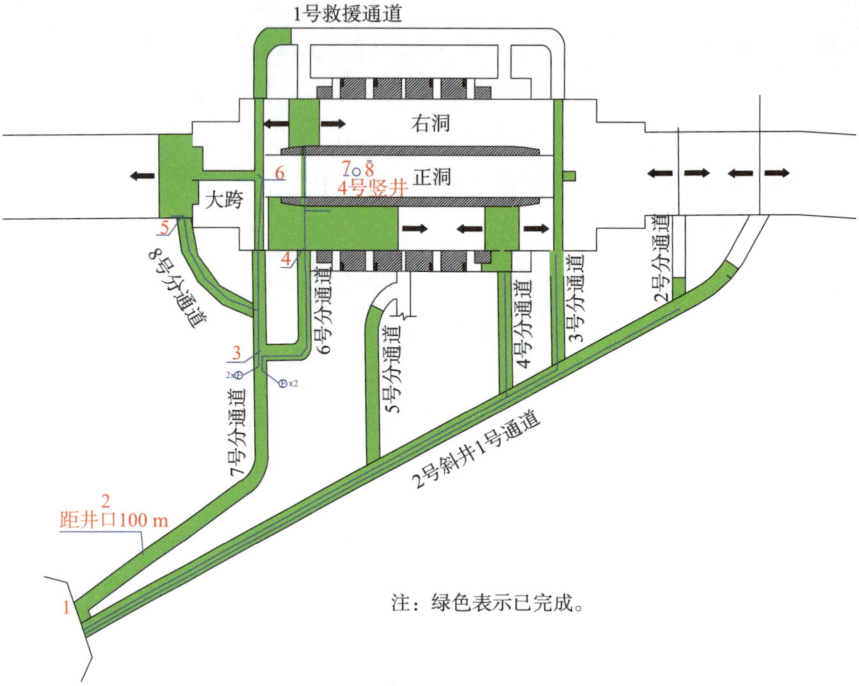

图 5-19　第一阶段开挖进度及通风示意

通风除尘需要风量。

2017 年 3 月 5 日，实测三洞分离左洞掌子面爆破后的掌子面风速为 0.21 m/s，掌子面面积约为 60 m^2，风量约为 756 m^3/min，粉尘浓度为 2.75 mg/m^3。与其对应，将掌子面粉尘浓度降至上述设定范围内，则所需风量约为 1 040 m^3/min；依掌子面最优排尘风速 0.5 m/s 计算，则所需风量约为 1 700 m^3/min。

2017 年 5 月 2 日，实测 4 号分通道掌子面爆破后的掌子面风速为 0.13 m/s，掌子面面积约为 60 m^2，风量约为 470 m^3/min，粉尘浓度为 4.58 mg/m^3。与其对应，将掌子面粉尘浓度降至上述设定范围内，则所需风量约为 1 076 m^3/min；依掌子面最优排尘风速 0.5 m/s 计算，则所需风量约为 1 700 m^3/min。

通过对掌子面诸如凿（钻）岩、爆破、装岩、支护等各道工序期间的粉尘浓度连续监测显示，出现粉尘浓度最高时段的工序为爆破作业。

综上所述，如将掌子面爆破作业时产生的最大粉尘量浓度降至符合相关标准，则每个掌子面的通风除尘需要风量应≥1 700 m^3/min。

2. 通风方案

(1)1、2 号竖井施工建成前的 2 号右斜井通风除尘技术方案

依照 2017 年 4 月 27 日～5 月 2 日现场实测数据，计算 ϕ1 200 风管的平均百米漏风率

K_{100}=3.57%、平均百米风阻 R_{100}=1.054 438 N·s^2/m^8。假定右斜井井口至掌子面最远距离为 1 000 m,掌子面需风量为 1 700 m^3/min。

风管漏风率 K：

$$K=\frac{Q_A-Q_B}{Q_A}\times 100\% \tag{5-43}$$

风管百米漏风率 K_{100}：

$$K_{100}=\frac{Q_A-Q_B}{Q_A\times L_{AB}/100}\times 100\%=\frac{100K}{L_{AB}}\times 100\% \tag{5-44}$$

风管风阻 R：

$$R_{AB}=\frac{h}{Q_A Q_B} \tag{5-45}$$

风管百米风阻 R_{100}：

$$R_{100}=\frac{100R_{AB}}{L_{AB}} \tag{5-46}$$

式中　Q_A——测量断面 A 处的风量($v_A\times S$),m^3/s;

Q_B——测量断面 B 处的风量($v_B\times S$), m^3/s;

其中　S——风管断面积,m^2；

v_A,v_B——测量断面 A、B 处的平均风速, m/s;

L_{AB}——测量断面 A、B 之间的风管长度,m;

h——测量断面 A、B 之间的风管通风阻力,Pa;

R_{AB}——测量断面 A、B 之间的风管风阻,N·s^2/m^8；

R_{100}——风管百米风阻,N·s^2/m^8。

①ϕ1 200 风管的风机风量、风压计算

ϕ1 200 风管的百米漏风率 K_{100}=3.57%,百米风阻 R_{100}=1.054 438 N·s^2/m^8。

风机出口风量 Q_f=1 700/(1−0.035 7×1 000/100)=2 644 m^3/min。

风机风压(静压)$H_f=R\times Q^2$=1.054 438×1 000/100×2 644/60×1 700/60=13 165 Pa。

②ϕ1 500 风管的风机风量、风压计算

ϕ1 500 风管的百米漏风率 K_{100}=3.57%,百米风阻 R_{100}=0.345 518 N·s^2/m^8。

风机出口风量 Q_f=1 700/(1−0.035 7×1 000/100)=2 644 m^3/min。

风机风压(静压)$H_f=R\times Q^2$=0.345 518×1 000/100×2 644/60×1 700/60=4 314 Pa。

③ϕ1 700 风管的风机风量、风压计算

ϕ1 700 风管的百米漏风率 K_{100}=3.57%,百米风阻 R_{100}=0.184 792 N·s^2/m^8。

风机出口风量 Q_f=1 700/(1−0.035 7×1 000/100)=2 644 m^3/min。

风机风压（静压）$H_f=R\times Q^2=0.184\ 792\times1\ 000/100\times2\ 644/60\times1\ 700/60=$ 2 307 Pa。

综合上述计算结果可知，1、2 号竖井施工建成前，2 号右斜井具有送风距离长、风管阻力大、风机风压高、掌子面需要风量（排尘风速）大等特点，因此，建议 1、2 号竖井施工建成前的 2 号右斜井通风除尘技术方案为：当前现有单台风机与单列 ϕ1 700 风管联合作业的压入式通风方式为首选方案；次之，现有 2 台同型号风机与采用单列 ϕ1 500 风管使其间隔（如 500 m/段）串联、联合作业的压入式通风方式为第二方案；最后，现有 3 台甚至 3 台以上同型号风机与采用现有单列 ϕ1 200 风管使其间隔串联、联合作业的压入式通风方式为第三方案。风管末端至掌子面的距离应严格控制在 $L\leqslant(4\sim5)\times S^{1/2}$（$S$ 为掌子面断面积）的范围之内。

(2)3、4 号竖井施工建成时的 2 号左斜井通风除尘技术方案

①总体技术方案

3、4 号竖井施工建成时，将与 8 号分通道、6 号分通道等区域连通。这时，假定 3 号竖井上口（地面）安装主通风机作为抽出式通风，同时将现有（局部）风机移至 2 号左斜井井底隧道内作为压入式通风，共同担负大跨、左到发线、右到发线、救援通道等掌子面的供风任务。

②计算机解网条件

假定左斜井井底隧道内（局部）风机至掌子面最远距离为 300 m，风管百米漏风率为 3.57%，掌子面需风量为 1 700 m^3/min，共 4 个掌子面。于是，（局部）风机出口风量 $Q_f=$ 1 700/(1−0.035 7×300/100)=1 904 m^3/min。

每台（局部）风机安装地点处的隧道风量取为 2 000 m^3/min、共 4 个掌子面，2 号左斜井总需进风量为 8 000 m^3/min，则主通风机风量 $Q_j=8\ 000\times1.03=8\ 240\ m^3/min$。

另外，假定 3 号竖井摩擦阻力系数 $\alpha=0.005\ 581\ N\cdot s^2/m^4$。

③模拟解网结果

当 3 号竖井井筒为 ϕ1 400 时，启动通风系统运行状态预测模拟软件，则 3 号竖井主通风机运行工况模拟解网结果为：风量 137.3 m^3/s(8 240 m^3/min)、风压 9 323.1 Pa、自然风压−12.9 Pa、通风功耗 1 280.4 kW。

当 3 号竖井井筒为 ϕ2 300 时，启动通风系统运行状态预测模拟软件，则 3 号竖井主通风机运行工况的模拟解网结果为：风量 137.3 m^3/s(8 240 m^3/min)、风压 1 097.6 Pa、自然风压−12.9 Pa、通风功耗 150.7 kW。

当 3 号竖井井筒为 ϕ5 800 时，启动通风系统运行状态预测模拟软件，则 3 号竖井主通风机运行工况的模拟解网结果为：风量 137.3 m^3/s(8 240 m^3/min)、风压 375.7 Pa、自然风压−12.9 Pa、通风功耗 51.6 kW。

从模拟结果可以看出，3 号竖井井筒断面面积（$\phi=1.4$ m、$S\approx1.5\ m^2$）过小时，必然导致其中的阻力和风速过高（预测阻力 8 977.2 Pa、占比约 96%；过风量 7 900 m^3/min 时，风

速≥87 m/s)、通风功耗过大(约 1 183 kW),导致这时整个 3 号竖井通风系统阻力过大、主通风机风压过高。

与其相反,当将 3 号竖井井筒扩挖为直径 2.3 m、断面面积约 4.2 m^2或直径 5~8 m、断面面积约 26.4 m^2时,则其中的阻力、风速、通风功耗值等将会急剧降低、变小,而使这时的整个 3 号竖井通风系统阻力不大、主通风机风压不高。

综合上述模拟解网与预测结果,建议 3、4 号竖井施工建成时的通风除尘技术方案为:采用 2 号左斜井进风、3 号竖井回风的主贯穿风流隧道,地面主通风机作为抽出式、现有(局部)风机作为压入式的通风方式。

5.3.2.2　第二阶段通风方案确定

第二阶段开挖进度如图 5-20 所示,4 号、6 号分通道左线隧道贯通时,具备了形成隧道式通风的基本条件。但是,实测与计算表明,由 2 号左斜井、2 号右斜井、4 号分通道、6 号分通道和左洞等形成的自然风压值很小,其压能远远不足以达到通风除尘(排出、稀释)的应有效果。

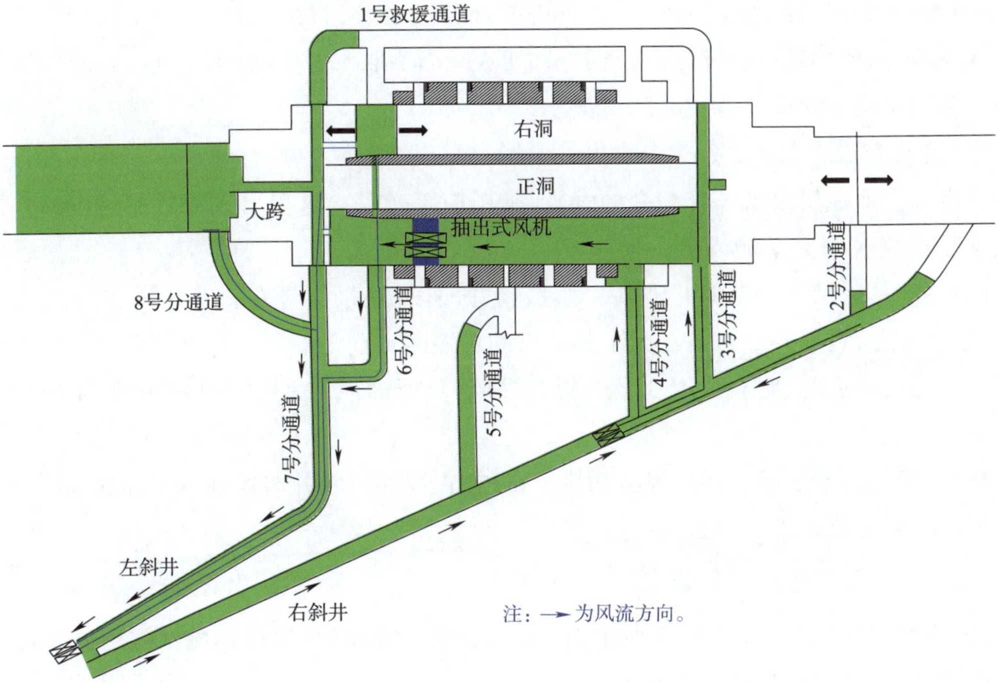

图 5-20　第二阶段开挖进度及通风示意

有鉴于此,假定于左洞适当位置安装主通风机(轴流式)使用抽压式通风,以形成由 2 号左斜井、2 号右斜井、4 号分通道、6 号分通道和左洞等构成主贯穿风流隧道的隧道式全风压通风系统。

与此同时,将负压一侧斜井井口的现有(局部)风机移至其斜井井底隧道内、安设于 4 号分通道或 6 号分通道的外交岔口处，正压一侧斜井井口的现有(局部)风机位置不变，用它们进行压入式通风，一起担负隧道内各个掌子面的供风任务。

综上所述，本附加技术方案，实质上是采用 2 号左斜井进风、2 号右斜井回风或 2 号右斜井进风、2 号左斜井回风的主贯穿风流隧道式通风，左洞内主通风机使用抽压式、现有(局部)风机使用压入式的通风方式。

如图 5-20 所示，假定 2 号右斜井进风、2 号左斜井回风，2 号右斜井为抽压式负压通风、2 号左斜井为抽压式正压通风；2 号右斜井井口的现有(局部)风机(包括新增(局部)风机)被移至其斜井井底隧道内 4 号分通道的外交岔口处。

1. 主通风机风量 Q_j

设定每台(局部)风机安装地点处的隧道风量为 2 000 m^3/min，共 4 个掌子面，则主通风机风量 $Q_j=2\ 000\times4=8\ 000\ m^3/min$。

2. 主通风机风压(全压)H_t

$H_t=R\times Q_{j2}+V_2\times\rho/2=0.002\ 291\times(740+90+355)/100\times(8\ 000/60)2+0.002\ 291\times(160+420)/100\times(12\ 000/60)2+(12\ 000/60/60)2\times1.153/2=1\ 020.6\ Pa$。

相应地，通风功耗 $N_s=H_t\times Q_j=136.1\ kW$。当 η 取 0.6、K 取 1.15 时，计算得到主通风机配套的电动机功率 $N_e=260.8\ kW$。

(1)根据 $H_t=1\ 020.6\ Pa$、$Q_j=133.3\ m^3/s$、$N_e=260.8\ kW$，可确定一套适合于该附加技术方案的主通风机设备及其配套的电机、操作柜等产品。这里可选高效率、低噪声、特性曲线无驼峰的 K 系列节能风机。

(2)关于是采用 2 号左斜井进风、2 号右斜井回风，还是 2 号右斜井进风、2 号左斜井回风，可依 2 号左、右斜井底内掌子面距其井口的长短距离而定。如 2 号右斜井底内的掌子面距其井口相对较远时，则应采用 2 号右斜井进风(负压通风)、2 号左斜井回风(正压通风)，反之亦然。

(3)为了加速掌子面上污浊风流的排出，可在正压通风斜井与通往掌子面独头隧道交叉口处增设引射流风机来加以解决(导流排污)。

5.3.2.3 第三阶段通风方案确定

第三阶段开挖进度如图 5-21 所示，在第三个施工阶段，八达岭长城站隧道施工有 5 个掌子面，其中 2 号左斜井侧有 3 个掌子面、2 号右斜井侧有 2 个掌子面。地面共安装 4 台风机，分别担负着 2 号左、右斜井内隧道施工过程中的各个掌子面的供风任务。2 号左、右斜井井口分别安设 2 台不同型号的风机，其中 SFD(B)№13 型风机标称风量 1 695～3 300 m^3/min、风压 5 920～930 Pa，额定功率 2×132 kW、额定电压 380 V、额定电流 240 A、额定转速 1 480 r/min；2×ZVN1-14-132/4 型风机标称风量 3 000 m^3/min、风压 5 600 Pa，额定功率 2×132 kW、额定电压 380 V、额定转速 1 500 r/min。

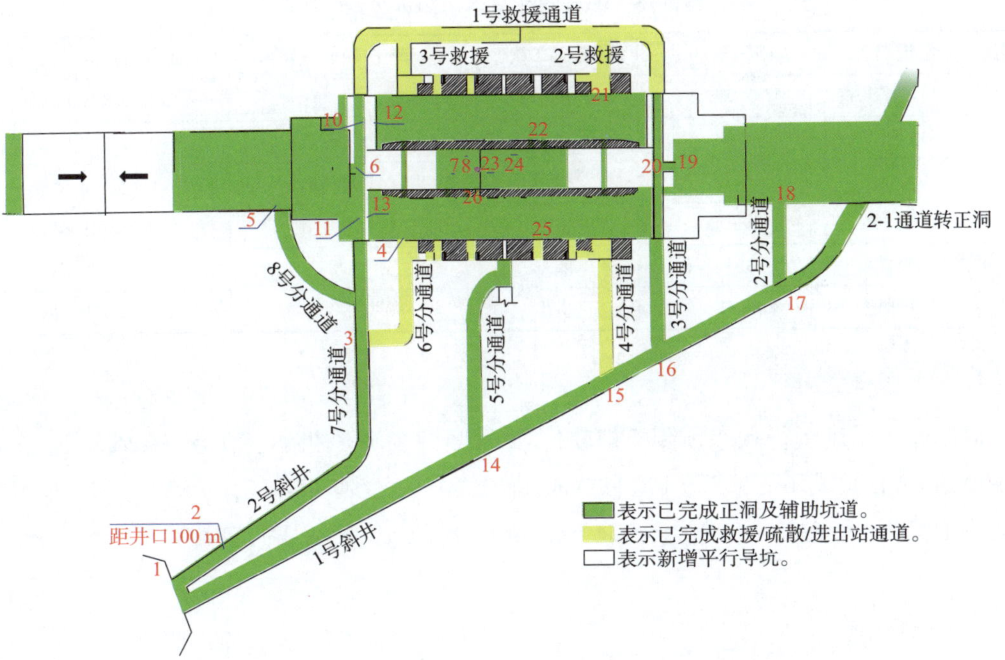

图 5-21　第三阶段开挖进度通风示意

作业场所空气中粉尘浓度标准为：含有 10%以上游离二氧化硅的粉尘不得大于 2 mg/m³；含有 10%以下游离二氧化硅的粉尘不得大于 4 mg/m³。故这里特别设定以总粉尘最高允许浓度≤2 mg/m³、通风除尘技术条件下的最优排尘风速 0.4～0.7 m/s 等作为条件，来计算通风除尘需要风量。

2018 年 5 月中旬，3、4 号竖井施工建成，它分别通过 2～3 个左、右联络坑道使得正洞与左、右洞等区域连通。于是，设定 3、4 号竖井上口(地面)分别安装 1 台同等能力的主通风机作为抽出式通风，同时将现有(局部)风机移至 2 号左、右斜井井底隧道内作为压入式通风，其共同担负着正洞(大、小里程 4 个)、5 号分通道(长城站出站层)、救援通道等隧道施工过程中的各个掌子面的供风任务。

1. 计算条件

假定 2 号左、右斜井井底隧道内(局部)风机至掌子面最远距离为 300 m，风管百米漏风率为 3.57%，掌子面需风量为 1 700 m³/min，共 6 个掌子面。于是，(局部)风机出口风量 $Q_f=1\ 700/(1-0.035\ 7\times300/100)=1\ 904\ \mathrm{m^3/min}$。

由于 2 号左、右斜井总需进风量为 11 400 m³/min，则 2 台主通风机总风量 Q_j 应≥11 400 m³/min。

假定 3、4 号竖井摩擦阻力系数 $\alpha=0.005\ 585\ \mathrm{N\cdot s^2/m^4}$，部分隧道百米风阻 $R100$ 典型值，见表 5-13。

表 5-13　部分隧道百米风阻 *R*100 典型值

序号	隧道名称	断面积/m^2	隧道形状	典型值/($kg \cdot m^{-7}$)	摩擦阻力系数/($kg \cdot m^{-3}$)
1	2号右斜井	56	拱形	0.002 291	0.139 843
2	2号左斜井	56	拱形	0.002 289	0.139 843
3	左洞	105	拱形	0.000 475	0.139 843
4	右洞	105	拱形	0.000 475	0.139 843
5	竖井	26.4、1.5	圆形	—	0.005 585
6	分通道	45	拱形	0.003 953	0.139 843

2. 模拟解网结果

启动通风系统运行状态预测模拟软件，3号竖井主通风机运行工况为：风量 97.5 m^3/s(5 850 m^3/min)、风压 1 352.9 Pa、自然风压−6.4 Pa、通风功耗 131.9 kW；4号竖井主通风机运行工况为：风量 95.4 m^3/s(5 724 m^3/min)、风压 1 352.9 Pa、自然风压−6.5 Pa、通风功耗 129.1 kW。

3. 预测分析

从模拟结果可以看出：

(1)由于3、4号竖井井筒下段(L=19 m)断面面积(ϕ=1.4 m、$S\approx$1.5 m^2)过小，必然导致其中的阻力和风速过高(预测阻力 1 168 Pa、占比约 86%；当过风量 5 800 m^3/min 时，井筒下段风速≥64 m/s)、通风功耗过大(分别为 114 kW、111 kW，总功耗 225 kW)。

(2)部分主要隧道风量分配、阻力大小情况见表 5-14。

表 5-14　主要隧道风量分配、阻力大小情况

分支号	隧道名称	断面/m^2	风量/($m^3 \cdot min^{-1}$)	风速/($m \cdot s^{-1}$)	阻力/Pa
1—14	1号主斜井(上部)	56	5 352	1.6	103.8
16—17	1号主斜井(下部)	56	780	0.23	1.0
1—3	2号主斜井(上部)	56	6 168	1.8	124.6
25—26	左洞	105	3 798	0.6	2.1
12—22	右洞	105	3 930	0.6	4.5
22—23	正洞	78	2 856	0.6	33.9
7—8	4号竖井	26.4	5 724	3.6	1 168.9

(3)改进建议

综合上述模拟解网与预测结果，3、4号竖井施工建成时的通风除尘技术方案建议为：采用2号左、右斜井进风，3、4号竖井回风的主贯穿风流隧道式通风，地面主通风机作为抽出式、现有(局部)风机作为压入式的通风方式。

5.3.2.4 主通风机选型

1. 第一阶段通风机选型

3 号竖井井筒扩挖为直径 2.3 m、断面面积约 4.2 m²后，上口(地面)主通风机工况优选的风机风量 137.3 m³/s(8 240 m³/min)、风压(静压)1 097.6 Pa;使用所确定的主通风机型号、规格，运行工况(风量、风压)能够满足 2 号左斜井(共 4 个掌子面)的需风要求，能够达到 2 号左斜井内通风除尘(排出、稀释)的良好目的。相应地，所适配的电机功率按下列公式计算：

$$N_e = K\frac{N_s}{1\ 000\eta} = K\frac{H_s \cdot Q_j}{1\ 000\eta} \tag{5-47}$$

式中 N_e——电动机功率，kW；

N_s——主通风机装置输出功率(通风功耗)，W；

H_s——风机风压(静压)，Pa；

Q_j——风机风量，m³/s；

η——风机运行效率，无量纲；

K——电机容量备用系数，K=1.1～1.2。

已知 H_s=1 097.6 Pa、Q_j=137.3 m³/s、$N_s=H_s\times Q_j$=150.7 kW、η=0.6、K=1.15，计算得到电动机功率 N_e=288.8 kW。

据此便可确定一套适合于该技术方案的主通风机设备及其配套的电机、操作柜等产品，包括铭牌型号、规格大小及技术参数等。

从地面主通风机场地受限、输配电力困难、最大限度地控制环境污染(噪声、粉尘)等实际情况出发，这里进一步假定上述方案中主通风机安设于 3 号竖井下口，形成 2 号左斜井进风、3 号竖井排风的主贯穿风流隧道，下口主通风机使用长抽短压式、现有(局部)风机使用压入式的通风方式。

3 号竖井出口速压 h_v 按下列公式计算：

$$h_v = v^2 \times \rho/2 \tag{5-48}$$

式中 h_v——速压，Pa；

v——风速，m/s；

ρ——空气密度，kg/m³。

由风机静压 H_s=1 097.6 Pa、风机风量 Q_j=137.3 m³/s、3 号竖井直径 2.3 m 时的断面面积约 4.2 m²，得到 v=137.3/4.2=32.7 m/s、实测 ρ=1.153 kg/m³。进而计算得到 3 号竖井出口速压 h_v=616.1 Pa，这时，主通风机全压 $H_t=H_s+h_v$=1 713.7 Pa、通风功耗 $N_s=H_t\times Q_j\approx$235.3 kW，同理得到电动机功率 $N_e\approx$451.0 kW。

2. 第三阶段风机选择

3、4 号竖井上口(地面)主通风机工况优选的风机风量、风压(静压)值为 Q_{j1}=97.5 m³/s

(5 850 m^3/min)、H_{s1}=1 352.9 Pa；Q_{j2}：95.4 m^3/s(5 724 m^3/min)、H_{s2}=1 352.9 Pa。使用所确定的主通风机型号、规格，运行工况（风量、风压）能够满足 2 号左、右斜井内 6 个掌子面的需风要求，能够达到 2 号左、右斜井内通风除尘（排出、稀释）的良好效果。相应地，所适配的电机功率按下列公式计算：

$$N_e = K\frac{N_s}{1\,000\eta} = K\frac{H_s \cdot Q_j}{1\,000\eta} \tag{5-49}$$

式中 N_e——电动机功率，kW；

N_s——主通风机装置输出功率（通风功耗），W；

H_s——风机风压（静压），Pa；

Q_j——风机风量，m^3/s；

η——风机运行效率，无量纲；

K——电机容量备用系数，K=1.1～1.2。

已知 H_s=1 352.9 Pa、Q_j=97.5 m^3/s、$N_s=H_s\times Q_j$=131.9 kW、η=0.6、K=1.15，计算得到电动机功率 $N_e\approx$250 kW。

5.4 洞室群通风管理

5.4.1 洞室群喷雾降尘

1. 喷雾降尘原理

喷雾降尘是将雾滴喷向含尘气流空间，使之与随风流运动的尘粒碰撞或截留，实现降尘的目的。雾滴沉降空气中飘浮的粉尘，是惯性碰撞、截留、扩散、重力、静电力等多种机理的综合作用的结果。喷雾降尘机理如图 5-22 所示。

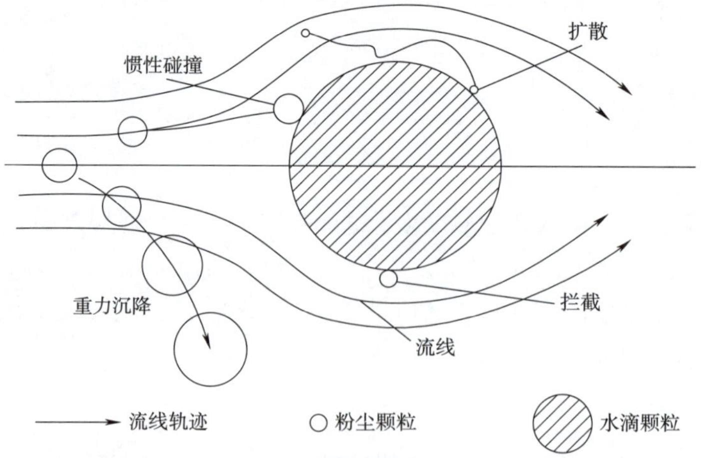

图 5-22 喷雾降尘机理

(1)惯性碰撞原理

当含尘气流中存在雾滴时,气流将绕过雾滴继续流动,其中小的粉尘随气流一起流动,而惯性较大的尘粒,仍按其开始方向继续运动与雾滴发生碰撞,最后被雾滴捕集。惯性碰撞效率随着粉尘粒径的增大和雾滴粒径的减小而升高,所以惯性碰撞主要适应于大颗粒粉尘。

(2)截留作用

在不考虑粉尘质量的前提下,当粉尘沿流线向雾滴运动,且流线与雾滴表面之间的距离小于粉尘半径时,粉尘与雾滴接触最终捕集。用无因次参数 K_R 表示截留作用,其定义为粉尘粒径与雾滴粒径之比。

截留效率随粉尘粒径的增大以及雾滴粒径的变小而提高。由于假设粉尘只有一定的尺寸没有质量,截留捕尘效率只考虑粉尘的大小,并不考虑粉尘的惯性,所以与气流速度无关。

(3)重力捕集

在含尘气流运动过程中,重量大的粉尘会因自身重力作用而沉降下来。重力捕集作用与粉尘的密度、大小和气体流速有关。重力沉降捕尘,主要适用于粉尘粒径较大,密度大,气流速度小的情况,重力沉降还与重力方向与气流运动方向的夹角有关。对于呼吸性粉尘,重力沉降的效率很低。

(4)静电效应

高压喷雾时,高速水射流与喷嘴摩擦,有使雾滴荷电的可能,或外部电场以及感应效应使粉尘荷电,或粉尘与雾滴荷电极性相反,这些会提高粉尘与雾滴碰撞的概率,即静电效应。粉尘不带电荷时,雾滴荷电会使粉尘产生符号与其相反的镜像电荷,因而在雾滴与粉尘间将产生静电效应,捕尘效率为:如果雾滴和粉尘都荷电,此时两者之间存在库仑力,若符号相反则为吸引力,反之为排斥力。静电捕集一般是利用雾滴和粉尘间的吸引力。

(5)扩散效应

对于粒径小于 0.1 μm 的粉尘,受气体紊流的影响,不会一直沿流线运动,而是在介质中作布朗运动。因为粉尘的布朗运动,在雾滴周围,小粉尘存在与雾滴接触而被捕集的概率,称为扩散效应。扩散效应随着粉尘粒径变小,气流流速变慢,温度的升高而增强。

2. 喷雾降尘现场应用

在 8 号分通道安装水幕墙喷雾除尘,基本能达到水幕墙喷雾除尘的效果,空气质量明显改善,水幕墙现场应用如图 5-23 所示。

对水幕墙使用前后对现场通风进行监测。水幕墙使用前,8 号分通道掌子面处、8 号分通道与正洞交叉口处以及 8 号分通道的粉尘浓度分别为 2.94 mg/m^3、1.49 mg/m^3 和 1.27 mg/m^3;水幕墙使用后,三个监测点处的粉尘浓度分别为 2.55 mg/m^3、1.19 mg/m^3 和 1.17 mg/m^3,粉尘浓度均有所下降。

通风监测结果说明,水幕墙确实能有效降低洞内的粉尘浓度,但单道水幕墙的降尘效果有限，建议在距掌子面一定距离施加 2 道或 3 道水幕墙，能达到较好的降尘效果，并建议在各个掌子面推广使用。

图 5-23　水幕墙应用现场

5.4.2　通风管理系统

隧道内粉尘、风速、风压、有害气体含量等通风监测数据，随着开挖工序、时间等一直发生改变。利用人工测量各个时刻的数据，既不现实也不全面，因此有必要采用自动监测系统监测各个时刻关键位置的通风数据变化并进行分析。监控系统工作如图 5-24 所示。

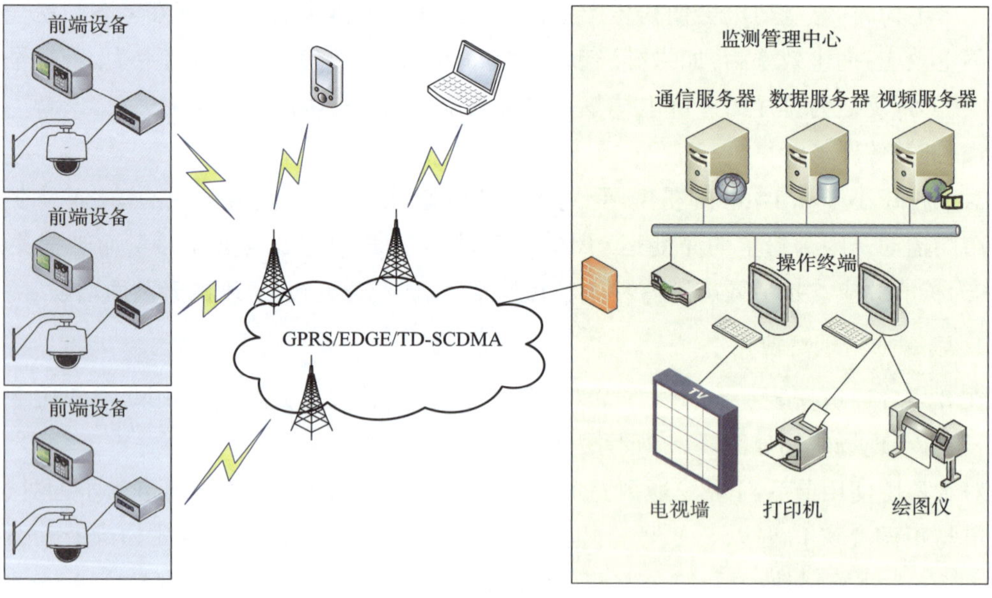

图 5-24　监控系统工作示意

环境监测系统引述的相关主要参考标准如下：

GB/T 15432《环境空气　总悬浮颗粒物的测定　重量法》；

HJ 212《污染物在线监控(监测)系统数据传输标准》；

HJ 479《环境空气　氮化物(一氧化氮和二氧化氮)的测定　盐酸萘乙二胺分光光度法》；

HJ 482《环境空气　二氧化硫的测定　甲醛吸收—副玫瑰苯胺分光光度法》；

HJ 618《环境空气 PM10 和 PM2.5 的测定　重量法》；

HJ 193《环境空气气态污染物(SO_2、NO_2、O_3、CO)连续自动监测系统安装验收技术规范》。

自动监测系统由颗粒物在线监测仪、数据采集和传输系统、视频监控系统、后台数据处理系统及信息监控管理平台共四部分组成。系统集成了物联网、大数据和云计算技术，通过光散射在线监测仪、360 球形摄像头、气象五参数采集设备和采集传输等设备，实现了实时、远程、自动监控颗粒物浓度；数据通过采用 4G 网络传输，可以在智能移动平台、桌面 PC 机等多终端访问；监控平台还具有多种统计和高浓度报警功能。自动监控系统如图 5-25 所示。

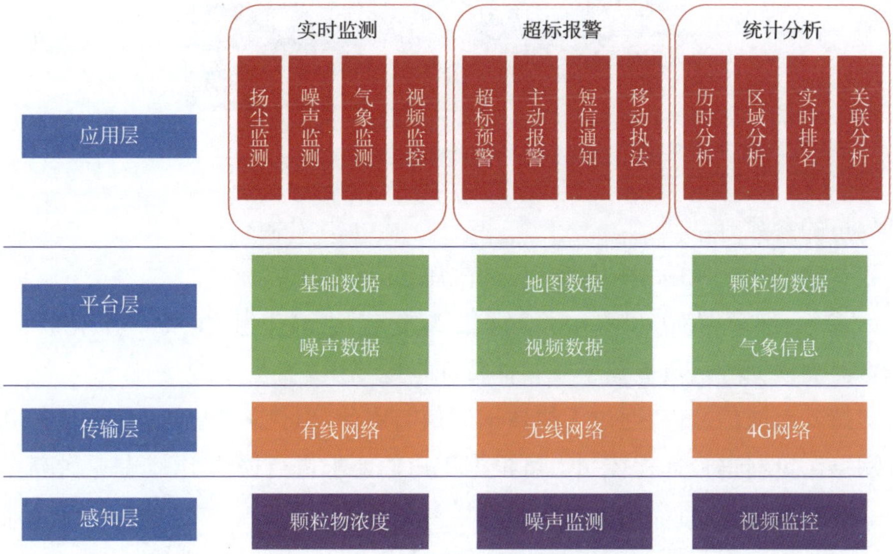

图 5-25　自动监测系统构成

(1)感知层：污染源在线监测仪，包括颗粒物浓度监测仪、气象五参数监测仪、噪声监测仪和视频监控摄像机，对颗粒物浓度、气象参数、噪声和现场视频进行连续自动在线监测；

(2)传输层：采用有线、无线、4G 等方式传输各种监测数据；

(3)平台层：数据服务云平台，依托在建工地扬尘与噪声监测平台的数据，进行系统分析、提供跨区域、全时间、多层次的数据挖掘和对比，为科学治理雾霾提供数据支撑；

(4)应用层：面向不同环保局、建筑工地的客户端系统，实现各种管理和统计分析等应用。

U-SKY 系列产品是一种模块化设计、可对大气污染进行高精度、多参数测量的空气质量监测系统，如图 5-26 所示，即感知层，采用气体高敏度半导体技术(GSS 技术)，具有体积小、重量轻、设计简洁、安装方便等特点。

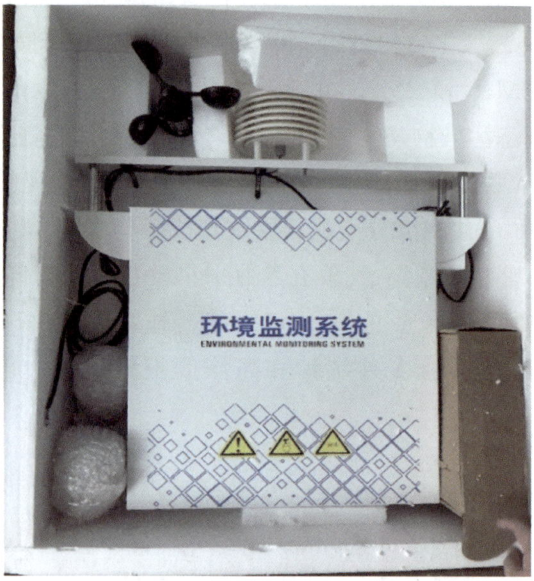

图 5-26　自动监测系统实物

可以测量的参数有：

气象五参数：风力、风向、温度、湿度、大气压；

AQI 六参数：细颗粒物、可吸入颗粒物、二氧化硫、二氧化氮、臭氧、一氧化碳；

其他可监测项：噪声、负氧离子或其他特殊指定物质。

产品支持外部通信接口，通过无线数据通信节点单元可实时将测量数据传送到中心站，并能通过网络浏览器进行远程控制。可根据用户的要求进行模块组配，是一种新型的、低成本的、智能型测量设备。自动监测系统的测量参数见表 5-15。

表 5-15　自动监测系统测量参数

传感类型	规格标准
$PM_{2.5}/PM_{10}$	量程：0～1 000 μg/m³；精度：读取值+(+3%FS)；分辨率：0.1 μg/m³
温度	量程：−20～100 ℃；精度：读取值+0.5 ℃；分辨率：0.1 ℃
湿度	量程：0～100%；精度：±0.2%读取值；分辨率：0.1%
噪声	量程：20～130 dB；精度：读取值+(±5%FS)；分辨率：0.1 dB
二氧化硫	量程：0～20 ppm；精度：读取值+(±5%FS)；分辨率：0.1 ppm
风力	量程：0～70 m/s；精度：读取值+(±3%FS)；分辨率：0.1 m/s
风向	量程：0～360°；精度：±0.1°；分辨率：0.5°

续上表

传感类型	规 格 标 准
一氧化碳	量程：0～2 ppm；精度：读取值+(±5%FS)；分辨率：0.02 ppm
二氧化碳	量程：0～2 ppm；精度：读取值+(±5%FS)；分辨率：0.02 ppm
臭　氧	量程：0～2 ppm；精度：读取值+(±5%FS)；分辨率：0.02 ppm

U-EMIS 综合环境监测信息管理系统用于存储和管理来自下属监测节点的检测数据，并为管理人员提供互联网化的简单易用的信息数据管理平台。该系统负责对实时数据的显示，让用户了解到实时的监测状态；对历史数据的查询和验证以及对 U 系列环境监测后台系统的业务处理。该系统的操作界面如图 5-27 和图 5-28 所示。

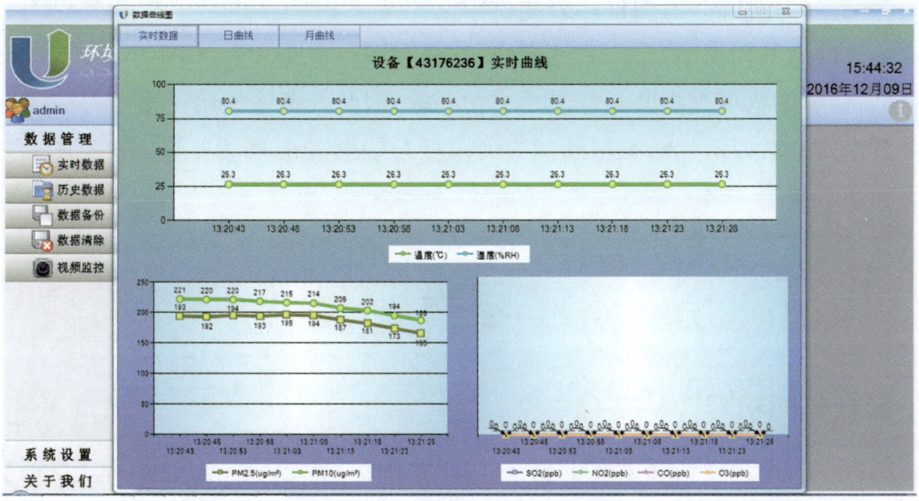

图 5-27　U-EMIS 系统主功能界面

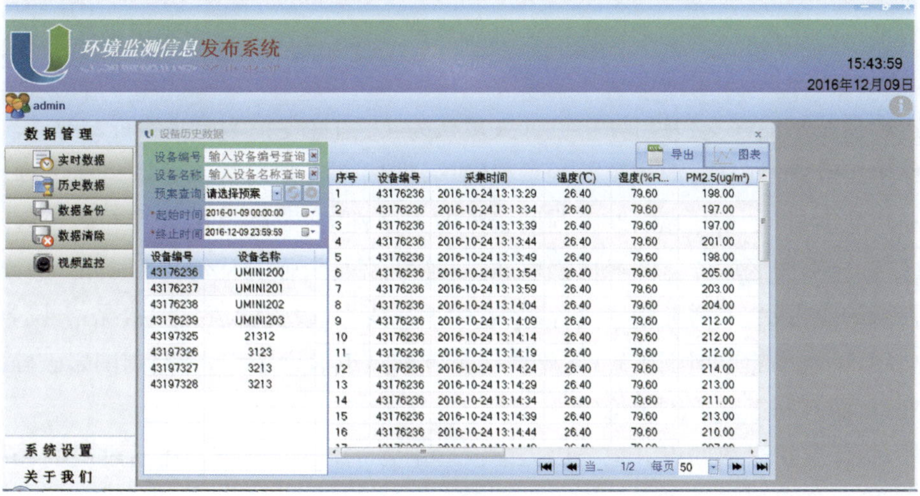

图 5-28　历史数据查看和管理

第6章 预应力锚固技术在深埋地下车站中的应用

近年来，预应力锚固技术已成为岩土工程学科的重要分支。预应力锚杆、锚索的使用，不仅提高了围岩强度，还能改变围岩的受力状态。该技术充分发挥围岩自身的承载能力，将锚固体与深部岩体连接起来，保证围岩的稳定性。

八达岭长城站结构类型众多，岩性多变，部分洞室存在跨度大、间距小的特点，对洞室的支护要求高，传统的锚杆支护并不能满足支护要求，因此大范围使用了预应力锚杆与锚索的组合支护技术。本章以八达岭长城站预应力锚杆与锚索的应用为基础，介绍锚杆与锚索的设计参数和施工技术。

6.1 锚固机理

6.1.1 锚杆锚固机理

随着锚杆支护工程实践的不断发展，其应用范围也随之不断扩大，与之对应的支护理论与技术得到了深入研究。其中，锚杆支护理论是锚杆支护设计及工程实践的基础，其本质在于掌握锚杆与隧道围岩的相互作用关系。自锚杆支护出现以来，其支护作用机理一直是人们研究的重点和热点，形成的理论也由传统的悬吊理论、组合梁理论和压缩拱理论，发展至围岩松动圈支护理论、围岩强度强化理论等。

八达岭长城站锚杆支护设计时，设计人员认为：①锚杆支护实质是锚杆与锚固区域的岩体相互作用后组成锚固体，形成统一的承载结构；②锚杆支护可提高锚固岩体的弹性模量、黏聚力和内摩擦角等力学参数，改善锚固岩体的力学性能；③隧道围岩存在破碎区、塑性区和弹性区，锚杆锚固区域岩体的峰值强度、峰后强度及残余强度均能得到强化；④锚杆支护可改变围岩的应力状态，增加围压，提高围岩的承载能力，改善隧道支护状况；⑤围岩锚固体强度提高后，可减小隧道周围破碎区、塑性区范围和隧道表面位移，并控制围岩破碎区、塑性区的扩展，从而有利于隧道围岩稳定。

此外，锚杆支护参数的设计主要以压缩拱理论为主，即锚杆与岩体通过锚固作用，形成一种承载结构，如果锚杆间排距足够小、锚杆密度足够大，成组锚杆产生的压应力区则会相互叠加，形成均匀压缩带，如图 6-1 所示。图中阴影部分代表了锚杆压力形成的压缩区，压缩区内块体之间会相互锁定，形成自承载拱结构。锚杆自由端的高强预紧力和内锚固端的可靠锚固是锚杆与围岩相互作用后形成组合拱的前提。组合拱内部围岩在锚杆径向和切向约束作用下，提高了其自承载能力。

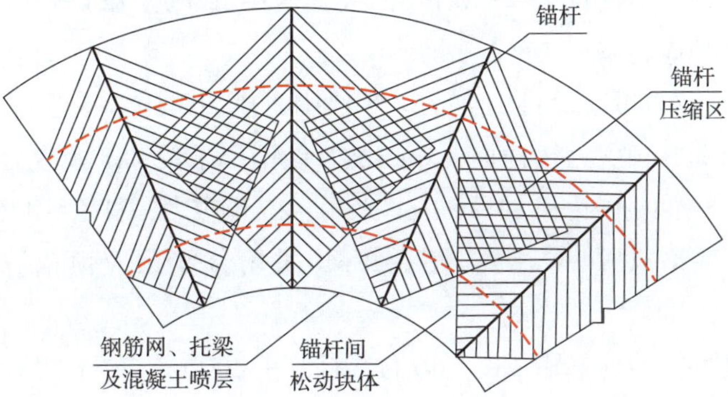

图 6-1　锚杆压缩带示意

针对新八达岭隧道埋深大、部分断面跨度大的特点，提出高预应力、强力支护理论，强调保持围岩完整性的重要性，以及锚杆预应力及其扩散对支护效果的决定性作用。

6.1.2　锚索锚固机理

预应力锚索的作用主要体现在以下三个方面：

1. 锚索的悬吊作用

隧道开挖过程中，承载拱封闭成环之前，为承载拱各个分块提供拉力，保持各个分块的稳定。类似于盾构隧道管片安装过程中，对管片进行吊装。

2. 锚索的减跨作用

锚索锚固力可以理解为一个支座反力，一系列的锚索可以看作一系列的支座，将大跨度隧道的受力体系转化为多支座连续梁。

3. 锚索的围压作用

锚索的预应力作用在洞壁上，增大了承载拱的围压，从而增强了承载拱内围岩的抗压强度，提高了围岩的安全系数。

6.2　预应力锚杆施工技术

6.2.1　预应力锚杆设计

新八达岭隧道及八达岭长城站主要采用了组合式和涨壳式预应力锚杆，Ⅳ级、Ⅴ级围岩及局部围岩比较破碎地段采用组合式预应力锚杆，Ⅱ级、Ⅲ级围岩及围岩较完整地段采用涨壳式预应力锚杆，其主要设计参数如下：

(1)2 号斜井辅助坑道：长 1 894 m，Ⅱ级围岩拱部采用 ϕ25 预应力锚杆 L=2.5 m，Ⅲ级围岩拱墙采用 ϕ25 预应力锚杆 L=3.0 m，Ⅳ级围岩拱墙采用 ϕ25 预应力锚杆 L=3.5 m，Ⅴ级围岩采用 ϕ25 预应力锚杆 L=4.0 m。

(2)八达岭长城站救援通道：长 976 m，Ⅲ级围岩拱墙采用 ϕ25 预应力锚杆 L=3.0 m，Ⅳ级围岩拱墙采用 ϕ25 预应力锚杆 L=3.5 m，Ⅴ级围岩采用 ϕ25 预应力锚杆 L=4.0 m。

(3)八达岭长城站主通道：长 215.73 m，采用 ϕ25 预应力锚杆 L=4.5 m。

(4)八达岭长城站风井、电梯井、设备井：均采用 ϕ25 预应力锚杆支护，长度 2.0～4.0 m。

(5)大跨过渡段：拱墙均采用 ϕ32 预应力锚杆，L=4.0 m、8.0 m 交错布置和 L=4.5 m、9.0 m 交错布置，锚固段长度为 2.0～3.0 m。

6.2.2 预应力锚杆施工工艺

1. 施工流程

(1)涨壳式预应力锚杆工艺流程

施工准备→测量放样→钻孔→清孔→组装涨壳头、中空锚杆体→安装锚杆、涨开涨壳头→孔口找平、安装垫板螺母→施加预应力→连接注浆管、注浆→注浆完成(杆体或排气管回浆)→质量检验。

(2)组合式预应力锚杆工艺流程

施工准备→测量放样→钻孔→清孔→填塞锚固剂、组装锚杆体→安装锚杆→孔口找平、安装垫板螺母→施加预应力→连接注浆管、注浆→注浆完成(杆体或排气管回浆)→质量检验。

2. 施工步骤

(1)测量

测量人员根据施工部位锚杆环纵向设计参数进行布眼，并用红油漆标记，同时放出隧道中线，作为施钻角度的控制依据。

(2)钻孔

采用三臂液压台车或锚杆钻机钻孔，如图 6-2 所示，直径 25 mm 预应力锚杆采用 42 mm 钻头钻孔，直径 32 mm 预应力锚杆采用 52 mm 钻头钻孔。钻孔孔深比锚杆杆体有效长度深 50～100 mm，孔位偏差不大于 100 mm。

钻孔技术作业要求：

①钻孔机具应根据锚杆类型、规格、孔深及围岩情况选择；

图 6-2　锚杆钻孔

②按设计要求定出孔位，其允许偏差为±100 mm；

③钻孔应尽量与围岩壁或其所在部位岩层的主要结构面垂直；

④钻孔应采用十字或纽扣钻头确保钻孔圆直，钻孔孔径应符合现行铁道行业标准《预应力中空锚杆》(TB/T 3356—2014)规定，涨壳式预应力中空锚杆孔径允许偏差为±2 mm，钻孔倾斜度小于 2%钻孔长；

⑤锚杆钻孔深度应大于设计长度 5～10 cm。

(3)清孔

钻孔完毕后，应将孔内的残渣岩粉清除干净，宜采取高压空气风(风压 0.2～0.4 MPa)或高压水循环清孔两遍，以免降低水泥砂浆和孔壁的黏结强度。经检验合格后，临时封堵孔口。

(4)锚杆安装

①为保证锚杆与垫板垂直，使锚杆轴向受力，对孔口范围内局部参差不平的岩面，使用快速水泥砂浆找平，待找平层强度达到 20 MPa 后，安装锚杆。锚杆插入深度不小于设计长度的 95%。

②组合式预应力锚杆锚固段采用高强水泥锚固剂或树脂锚固剂锚固，锚固端长度 2 m，树脂锚固剂为 3 条；锚固段为 3 m，树脂锚固剂为 4 条。高强水泥锚固剂必须将锚固段填塞满为止，一般不小于 3 m。

③采用三臂台车或锚杆钻机配合人工将锚杆体送入孔内，再采用风动扳手通过两个螺母带动锚杆体旋转，以保证钢质锚头胀开，与岩壁紧密接触，以达到锚固目的。采用组合加长预应力锚杆时，将锚固段锚杆插入已填塞好的锚固剂内，自由段锚杆通过连接套与锚固段锚杆相连。

④放入止浆塞和锚垫板，并安装排气管，旋上螺母，并使锚杆杆体位于锚杆孔的中部，使用扳手预紧。

⑤根据设计要求，并采用行业规范许可的锚杆拉力仪施加预应力。锚杆拉力仪使用前应取得有标定资质单位的标定证书。由三臂台车或装载机加作业台架配合，两人协作，共同施加预应力。

⑥直径 25 mm 预应力锚杆设计预应力为 60 kN，直径 32 mm 预应力锚杆设计预应力为 120 kN。

⑦预应力超张拉按设计要求超张拉 10%以上，必要时现场测定预应力损失，24 小时内损失不超过 10%确定超拉值。

(5)锚杆张拉

①取下预紧螺母。

②将测力计套进预留段锚杆，紧贴平台垫板，再将工装方垫板、螺母依次安装预紧。

③连接工装加长杆，套进槽型钢工装(槽型钢口朝平台方向，调整工装小套，使槽型钢内孔居中)，套进锚杆拉拨仪的千斤顶部分，使千斤顶居中，再依次安装工装小垫片、螺母，并将螺母旋紧。

④将锚杆拉拨仪手压泵上的卸荷阀顺时针方向拧紧，然后手持液压杆，上下反复驱动液压千斤顶进行张拉，同时用扳手旋紧螺母。

⑤观察拉拨仪数显器数字变化，直至达到超张拉值(超张拉值大于预应力设计值的 10%)。

⑥观察测力计器数字变化。张拉过程中锚杆拉拨仪张拉值大于设计值的 10%时，锁紧测力计外边螺母，松开拉拨仪泄压，以至测力计显示数值达到张拉数值。

⑦依次取下螺母、小垫片、千斤顶、加长杆、槽型钢，即完成张拉。

⑧24 小时后观察测力计预应力值变化。如果预应力数值衰减小于设计量的 10%，则视为合格。

(6)注浆

注浆材料宜选用水灰比为 0.5～0.55 的纯水泥浆或灰砂比为 1∶0.5～1∶1 的水泥砂浆，水泥砂浆中砂子直径不应大于 2 mm。

注浆时采用注浆压力为 1～1.5 MPa 的螺杆型注浆机，该注浆泵采用极浓浆($W/C=0.35:1$)，以提高注浆体与孔壁之间的饱满度，减少浆体的收缩率，当 W/C 值小于 0.4 时，可控制浆体固结后收缩率小于 1%。

注浆时采用中空锚杆体注浆，通过浆液体本身的黏合性，浆液自上而下地充满钻孔和杆体空隙，可使锚杆注浆饱满，如图 6-3 所示。为了保证施工质量及施工安全，常规情况下不建议反向注浆(即通过排气孔注浆)。

调整水灰比即可满足常规情况下的锚杆注浆：常规推荐的水灰比注浆液固结后的强度比水灰比较小的注浆液固结后的强度低；水灰比较大的注浆液凝固后的收缩率大，注浆体与钻孔壁间易产生缝隙，注浆体柱本身在收缩时又会因拉应力产生裂纹，这样既会降低锚杆安

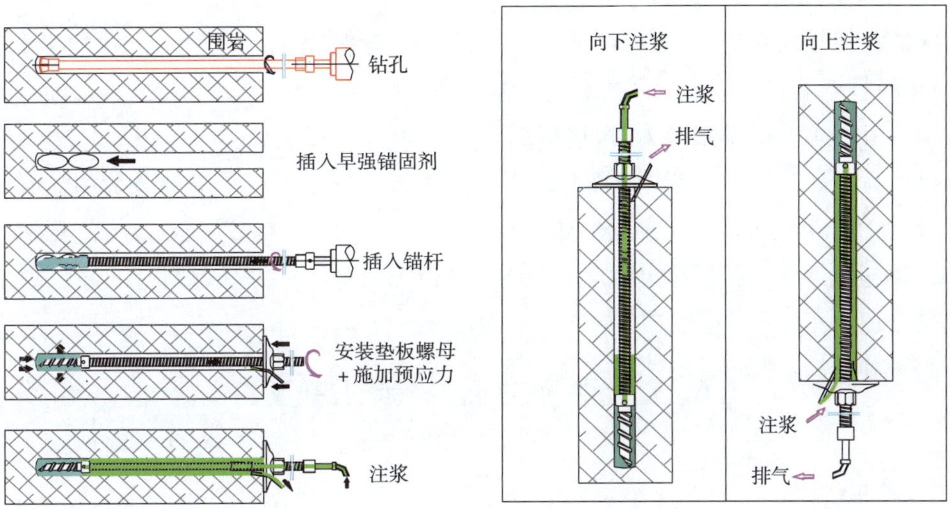

图 6-3　预应力锚杆注浆示意

装后的抗拔力，又会因缝隙或裂纹存在积水，加快锚杆锈蚀。在向上安装锚杆作业中，注浆后卸下注浆接头时，所注的浆液难免会从注浆孔和排气孔中漏掉一些，这样锚杆孔中的下部就会因漏浆而有一段空腔，致使锚杆体上没有被注浆体包裹的部位过早锈蚀。

3. 施工控制要点

(1)注浆材料采用水泥浆。在配浆时，严格按照试验室配合比进行，并由试验工程师全程监控，所有注浆原材料均送检，检验合格后方可使用。

(2)张拉所用的千斤顶、压力表用前必须标定或检验。荷载时间、级数、锁定值要有详细的记录。

(3)锚杆安装后孔口不规则较大时应采用早强水泥找平，达到 80%强度后再进行预应力施加。

(4)锚杆锁定后，若发现有明显预应力损失，应进行补偿张拉。

(5)在钻进过程中，应精心操作，合理掌握钻进参数和钻进速度，防止埋钻、卡钻等各种孔内事故。一旦发生孔内事故，应争取一切时间尽快处理，并备齐必要的事故应急工具。

(6)涨壳锚固头的检测

涨壳锚固头是预应力锚杆的锚固端，在锚杆安装后锚杆开始受力，未注浆及注浆未固结时的一段时间内起关键性的作用，因此要求有一定的预留量，根据相关预应力锚杆标准，涨壳锚固头不小于 1.4 倍设计预应力值。

(7)螺母极限拉脱力检测

螺母是预应力锚杆锁定预应力的关键配件，螺母自身的强度及与预应力锚杆的锁紧力为预应力锚杆重点检测的指标，其拉脱力应等于锚杆杆体极限拉力。

(8)球形垫圈要求

为保证锚杆轴向受力，半球形垫圈应满足锚杆体任意方向转动不小于 10°的要求。

(9)垫板技术要求

被测垫板在 1.3 倍预张拉力时，垫板高度方向永久变形量 $\Delta_{1.3}=(h-h_1)/h\times100\%$($h$ 为初始垫板高度，h_1 为 1.3 倍预张拉力卸压后垫板高度)；当垫板承受的载荷值达到杆体极限拉力时，垫板高度方向永久变形量 $\Delta R=(h-h_2)/h\times100\%$($h_2$ 为极限拉力卸压后垫板高度)。$\Delta_{1.3}$不超过 5%、ΔR 不超过 30%且球垫、垫板无肉眼可见的开裂判为试件合格。

6.3 预应力锚索施工技术

6.3.1 施工流程

预应力锚索施工流程如图 6-4 所示。

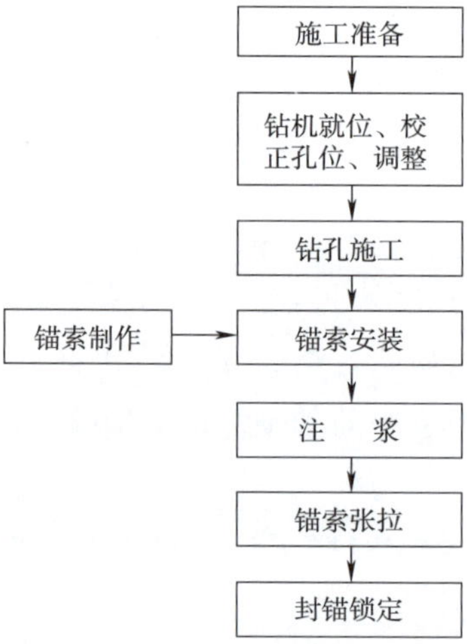

图 6-4 预应力锚索施工流程

6.3.2 施工工艺

1. 钻孔

(1)采用锚索钻机，钻机定位准确，水平孔须用 2 mm/m 精度的水平尺校核钻机钻杆水平，测量仪测定钻进方向角，如图 6-5 所示。

(2)开孔钻进要低转速，低压推进，当成孔约 50 cm，需再次校核孔向，及时调整钻机。在钻进过程中若孔深已达到预定施工图所示的深度，而仍处于破碎带或断层等软弱岩层时，应延长孔深，继续钻进。

图 6-5　锚索钻孔施工

(3)钻进过程中认真记录每一钻孔的尺寸、回水颜色、钻进速度和岩芯记录等数据。造孔过程中应做好锚固段始末两处的岩粉采集,以确保锚固段位于稳定的岩层中。钻孔完毕时,应连续不断地用压力风水彻底冲洗钻孔,钻孔冲洗干净后才能安装锚索。在安装锚索前,应将钻孔孔口堵塞保护。

(4)倾斜孔在钻进时采用导向仪控制斜度,及时测斜、纠偏。钻孔结束后,应测量孔斜、方位角及孔深,不符合设计要求的孔作废孔处理,并全孔灌注 M40 水泥砂浆回填后重钻。

(5)锚索钻孔严格按设计要求的孔位及孔深钻孔,开孔偏差不大 20 cm;孔深实际长度应不小于设计长度且不大于设计长度的 1%;钻孔方向应与设计方向相一致,孔向偏差不大于 1.5°。

(6)钻孔直径为 130 mm。

(7)钻孔施工过程中,应按孔深对返水量情况及岩石破碎情况等做好记录,并应按钻孔进尺每 5 m 进行一次孔向测量,若发现孔向发生偏差且不大于 1.5°,应及时纠正并进行调整。

(8)锚索孔质量缺陷处理:

①锚固段(一次注浆段)应确保设在较新鲜完整的岩体中,当根据取芯检查不能认定锚固段的岩体完整性时,应采用预注砂浆方式进行处理;当砂浆凝结并有一定的强度时,然后扫孔取砂浆芯样检查,当取出的完整砂浆芯样长度大于或等于 7.5 m 时,即可认为锚固段裂隙已被封堵。预注砂浆的配比与一次注浆段的砂浆配比相同,预注砂浆量的大小,可根据锚固段岩体节理裂隙发育情况分析确定,一般情况下,可取 1.2～1.5 倍的锚固段理论注浆量。

②当锚固段遇不良地质条件(如溶洞、较发育的节理裂隙等)时,一般情况下,采用加深锚索孔深度予以避开,如不具备加深孔深的条件或不适宜继续加深孔深时,可适当减小孔深

避开。经加深或减小孔深的锚索孔锚固段岩体质量应按①进行认定和处理。

③当锚索孔锚固段节理裂隙发育，按①和②均不能有效处理时，锚固段可采用高压固结灌浆加固处理，以提高锚固段岩体的完整性和强度。固结灌浆压力和浆液配比可根据实际情况确定。

④锚索孔自由段（二次注浆段）如遇不良地质条件（如溶洞、较发育的节理裂隙），须进行有效妥善的处理，以保证自由段的二次注浆饱满、密实。一般情况下，可采用下套管的方法跨越不良地质段。下套管的方式可根据施工实际情况选用直接下套管法或扩孔下套管法。

直接下套管法是采用外径略小于锚索孔径的钢管，从孔表一直下到跨越该孔自由段内所有不良地质段为止。

扩孔下套管法是在锚索孔的基础上，进行适当的扩大钻孔后，下套管跨越不良地质段。扩大钻孔的范围，从孔表一直扩钻到跨越该孔自由段内所有的不良地质段为止。套管可从孔表一直下到扩钻范围，也可仅在不良地质段设套管。

锚索孔自由段下套管施工应在锚固段岩体质量认定或处理合格之后进行。下套管跨越不良地质段时，应考虑 1.0～2.0 m 的安全搭接长度。

2. 预应力锚索制作

(1)1 000 kN 级预应力锚索由 7 根 ϕ15.2 钢绞线组装而成，700 kN 级预应力锚索由 5 根 ϕ15.2 钢绞线组装而成，组装前应对钢绞线进行检查、下料及隔离处理。钢绞线的外观不得有死弯、明显刻痕、松丝散丝等缺陷，若有上述情况应截去不用，对存在局部锈蚀的钢绞线也不得使用。

(2)将钢绞线按设计长度进行截取，截断时使用冷切割。

(3)锚固段除油施工步骤：锚固段去皮→锯粉末、木屑、钢刷打磨除油（图 6-6）→高压水枪除油（图 6-7）→锚索分散除油（图 6-8）→破棉布除油→检查除油效果（图 6-9）。

图 6-6　锯粉末、木屑、钢刷打磨除油

图 6-7　高压水枪对锚固段清洗除油

图 6-8　锚索分散后除油

图 6-9　锚索除油后效果

(4)把钢绞线理顺放齐,准备好聚乙烯注浆管,组装过程中应检查注浆管是否破裂,如破裂及时进行更换,钢绞线围着注浆管捆扎。安装两根注浆管、两根排气管,其位置如图 6-10 所示。注浆管 1 顶部位于锚固段与自由段交接处,排气管 1 比注浆管 1 高约 1 m,注浆管 2 顶部低于锚固段顶部约 1 m,排气管 2 顶部与锚固段顶部平齐;注浆管和排气管孔口外边部分采用长约 1.5 m 的镀锌钢管,并安装球阀,方便控制注浆施工。

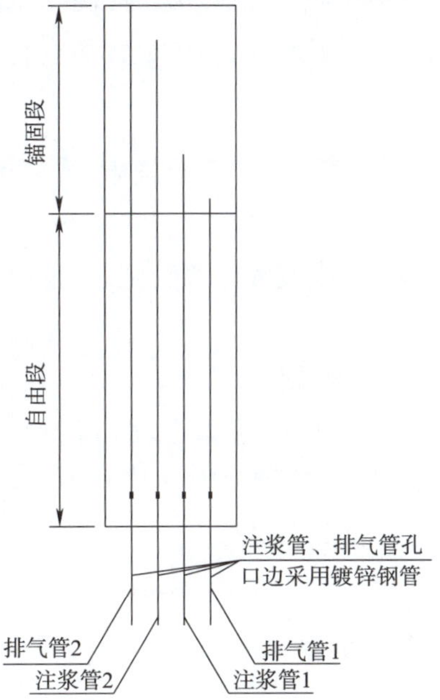

图 6-10　锚索注浆管、排气管布置示意

(5)在锚固段每隔 1.0 m 放置一隔离架,两隔离架之间扎紧箍环一道,并在锚固段端头安装上导向帽,使整个锚固段呈枣核状,如图 6-11 所示。

图 6-11　锚固段设置锚固结

(6)组装好的锚索应大体上成一直线,为此要求在固定隔离架和紧箍环时应扭直钢绞线。所有钢绞线不得互相交叉。

(7)锚固段每隔 1.0 m 在每根钢绞线上均安装锚固结,增加锚索与混凝土浆液的握裹力。锚索制作时,需安装一根穿插的钢丝绳,用于锚索的安装。

3. 预应力锚索的安装

(1)为防止塌孔,于钻孔施工结束后立即安装锚索,安装前孔内碎石和岩粉须认真清理干净。

(2)为防止机械起吊而损坏钢绞线或致注浆管破裂,采用人工运输和安装。

(3)锚索安装步骤:

①卷扬机在锚索施工的简易台架就位;

②在锚索孔口初期支护面上打两颗膨胀螺栓,安装滑轮;

③把锚索制作的钢丝绳与卷扬机的钢丝绳连接起来,通过卷扬机、滑轮和工人向内推送,直至锚索推送就位,如图 6-12 和图 6-13 所示;

④锚索就位后,用铁丝把锚索固定在膨胀螺栓上,卸除滑轮和卷扬机。

(4)锚索按设计孔深推送就位,若推送受阻,应拉出已推送入孔的锚索并进行扫孔后,再行就位。

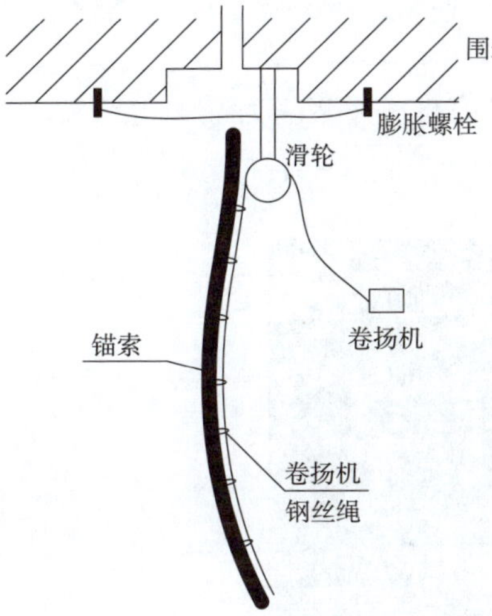

图 6-12　锚索安装原理

图 6-13　锚索现场安装

4. 注浆

(1)锚索注浆在锚索孔质量缺陷处理完毕、锚索推送就位后施作，水泥浆强度等级 M40，采用硫铝酸盐水泥，水灰比为 0.33，水泥浆通过制浆桶现场进行拌制。

(2)注浆施工顺序如图 6-14 所示。

①先从注浆管 1 进行自由段封孔注浆，排气管 1 出浆后暂停注浆；

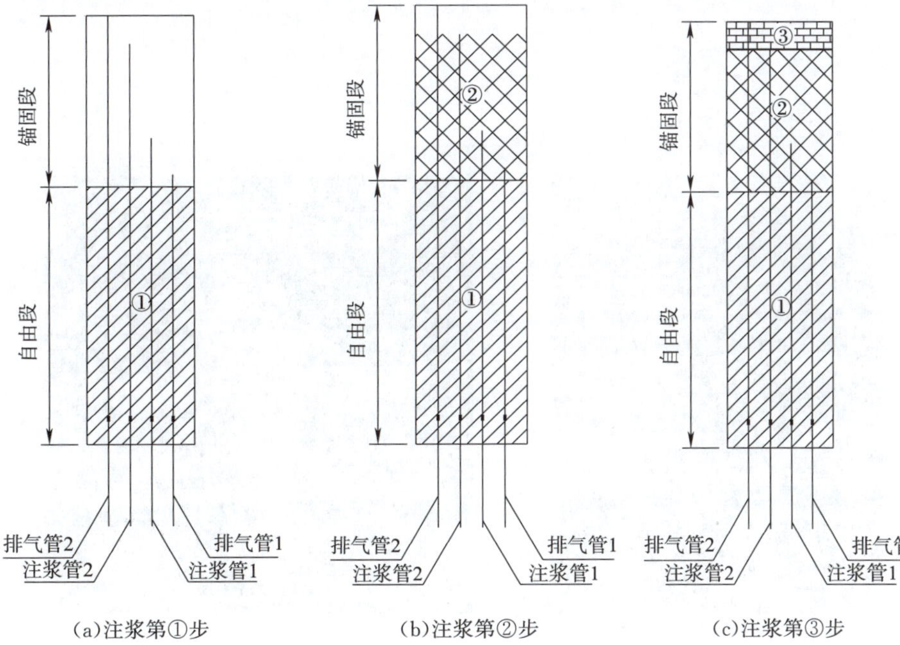

图 6-14　锚索注浆示意

②等待 1.5～2.0 h(自由段封孔注浆料终凝)后，再从注浆管 1 注浆，直到不能注浆为止；

③从注浆管 2 进行补充注浆，直至排气管 2 出浓浆。注浆压力最大达到 8.0 MPa。

锚索注浆现场作业如图 6-15 所示。

图 6-15　锚索注浆现场作业

5. 张拉

锚索张拉如图 6-16 所示。

图 6-16　锚索张拉

(1)当锚固段水泥浆达到设计强度后,方可进行锚索张拉。张拉千斤顶的轴线必须与锚索轴线一致,锚环、夹片和锚索体张拉部分不得有泥沙、锈蚀层或其他污物。

(2)锚具选用 OVM 型锚具。锚具底座顶面与钻孔轴线应垂直,确保锚索张拉时千斤顶出力与锚索在同一轴线上。

(3)锚索整体张拉前,应进行单股钢绞线的预紧,单股钢绞线的最大预紧张拉力取 100 kN。

(4)锚索张拉时,加载速率平缓,速率宜控制在设计预应力的 0.1/min 左右。卸荷载速率宜控制在设计预应力的 0.2/min。

(5)锚索整体张拉共分二级进行,第一级张拉力为控制张拉力的 20%,第二级张拉力为控制张拉力的 100%。当达到各级张拉力时,均应持荷 10 min。当第二级张拉力稳定后,可锁定锚索。

(6)锚索张拉前,锚索测力计和千斤顶油泵压力表应送有资质的单位进行校验和率定,并绘制两者的关系曲线,以校正后的油泵压力表读数控制各级张拉荷载。

(7)按第(5)条要求控制的锚索,一般不必进行补偿张拉,如在张拉过程中发生意外或有迹象表明预应力损失较大时,则必须进行补偿张拉,此时应一次张拉到超张拉荷载。

(8)锚索张拉过程中,对相邻锚索孔预应力的影响可以不考虑;张拉段的封堵孔灌浆应待相邻锚索张拉完毕,确定是否需要进行补偿张拉之后进行。

6. 封孔注浆

补偿张拉后,立即进行封孔注浆。对于下倾锚索,注浆管从预留孔插入,直至管口进到锚固段顶面约 50 cm;对于上倾和水平锚索,通过预留注浆管注浆。孔中的空气经由设在定位止浆环处的排气管排出。

7. 外部保护

(1)封孔注浆后,从锚具量起留 50 mm 钢绞线,其余的部分截去。

(2)锚索施工完成后,复喷 11.8 cm 厚的 C30 素喷射混凝土,覆盖锚索头、钢垫墩,保证下一步的防水施工质量。

6.4　预应力锚索快速高强度张拉

八达岭长城站大跨过渡段隧道初期支护的核心是预应力锚杆及预应力锚索充分发挥作用。对于大跨度隧道,锚杆的作用是在隧道周边形成承载拱,承担围岩荷载。

八达岭长城站大跨度隧道预应力锚索极为重要,如果不能达到预期的拉拔力,那么结构安全将难以保证。因此,必须通过研究提高预应力锚索的拉拔力。同时,按照《岩土锚杆与喷射混凝土支护工程技术规范》(GB 50086—2015)有关规定，预应力锚索注浆通常采用M40水泥砂浆，一般达到张拉强度要求时需要30 d左右，这对隧道控制变形和施工工期极为不利，因此，必须解决快速张拉问题。

6.4.1 预应力锚索张拉试验

为检查预应力锚索实施效果，2017年6月13日至14日对已完成的锚索选取3根进行拉拔力检测。检测结果见表6-1。

表6-1 八达岭长城站大跨过渡段预应力锚索拉拔试验结果

序号	锚索编号	设计抗拔力/kN	受拉极限荷载/kN	检测结果	备　注
1	2-32-1	700	840	合格	
2	2-35-1	700	504	不合格	施加最大荷载640 kN时伸长量大于103 mm，位移不收敛，锚索破坏
3	2-37-1	700	672	不合格	施加最大荷载760 kN时伸长量大于76 mm，位移不收敛，锚索破坏

通过拉拔力检测，3根预应力锚索中2根不合格，主要表现为检测时预应力锚索单根或整体位移不收敛，而此时锚索并没有破坏。因此，常规的锚索施工工艺不能满足该工程要求。

6.4.2 预应力锚索快速张拉技术

1. 增加"倒刺"提高握裹力

为了提高锚索与注浆体之间的握裹力，研发了"倒刺"新产品，如图6-17所示。在锚索钢丝上每间隔1 m增加一处"倒刺"，通过加大断面提高锚索与注浆体之间的握裹力，如图6-18所示。

图6-17 "倒刺"新产品

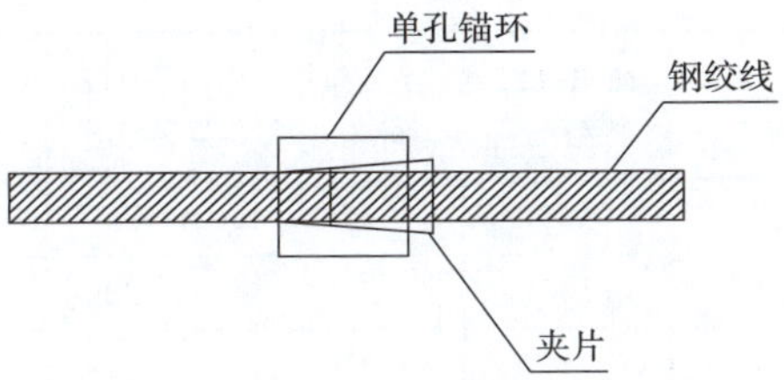

图 6-18　预应力锚索“倒刺”安装示意

锚索增加“倒刺”后与注浆体之间的握裹力采用下式计算：

$$F_2 = f'_{mc} \cdot n \cdot \pi \cdot d_m \cdot L_m \cdot \xi \tag{6-1}$$

式中　f'_{ms}——锚固段注浆体与锚索之间黏结强度设计值，MPa；

n——锚索内钢绞线数量（束）；

d_m——“倒刺”直径，mm；

L_m——“倒刺”埋设纵向深度，m；

ξ——界面黏结强度降低系数，当采用 2 根或 2 根以上钢绞线时取 0.7～0.85。

增加“倒刺”后，八达岭长城站大跨段锚索与注浆体之间握裹力计算结果见表 6-2。

表 6-2　增加“倒刺”后锚索与注浆体之间的握裹力计算结果

锚索类型	注浆体与锚索钢绞线之间黏结强度/MPa	钢绞线数量/束	“倒刺”直径/mm	“倒刺”埋设纵向深度/m	黏结强度降低系数	锚索与注浆体之间握裹力/kN
5 束钢绞线	0.9	5	30.0	6	0.7	1 780.4
7 束钢绞线	0.9	7	30.0	6	0.7	2 492.5

2. 高压注浆提高黏聚力

为了提高注浆体与围岩之间的黏聚力，通过采用高压注浆工艺，使锚索钻孔周边围岩得到一定的改良，同时，提升锚索孔注浆体的质量。

现场进行了 8 个锚索试验孔注浆，采用高压注浆工艺，注浆终压为 6～7 MPa，注浆情况见表 6-3。

表 6-3　锚索试验孔注浆情况

孔号	孔径/mm	孔深/m	锚固段长度/m	锚索孔注浆量/m³	注浆时间/min	实际总注浆量/m³	地层注浆量/m³	地层延米注浆量/m³	注浆终压/MPa
1	150	27.0	12	0.443	45	0.950	0.507	0.042	7
2	150	26.5	12	0.433	40	1.060	0.627	0.052	7
3	150	22.0	6	0.362	13	0.550	0.188	0.031	6
4	150	22.0	6	0.362	25	0.550	0.188	0.031	6
5	150	24.0	9	0.397	17	0.450	0.053	0.006	6

续上表

孔号	孔径/mm	孔深/m	锚固段长度/m	锚索孔注浆量/m^3	注浆时间/min	实际总注浆量/m^3	地层注浆量/m^3	地层延米注浆量/m^3	注浆终压/MPa
6	150	24.0	9	0.397	40	0.950	0.553	0.061	6
7	150	27.0	12	0.452	51	0.720	0.268	0.022	6
8	150	27.0	12	0.452	20	0.820	0.368	0.031	6

根据注浆情况绘制锚索孔注浆量和实际总注浆量对比图，如图 6-19 所示。

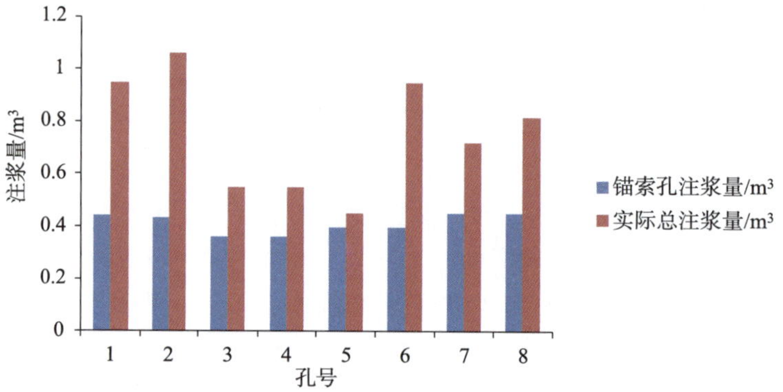

图 6-19　锚索孔注浆量与实际总注浆量对比

由图 6-19 可以看出，锚索孔浆液填满后，在注浆压力下，浆液填充锚索孔周边的岩层裂隙，从而提高地层整体锚固力。

采用式(6-2)可计算出浆液扩散半径或范围：

$$Q=\pi R^2 \cdot H \cdot n \cdot \alpha \cdot (1+\beta) \tag{6-2}$$

式中　Q——地层注浆量，m^3；

R——浆液扩散半径或范围，m；

H——注浆段长，m；

n——地层孔隙率；

α——地层孔隙填充率；

β——浆液损失率。

根据表 6-3 取 $H=1$ m，平均地层延米注浆量 Q 为 0.034 5，$\alpha=5\%$，$\beta=10\%$，计算得 $R=0.5$。

因此，通过高压注浆，锚索钻孔周边约 0.5 m 范围内岩层裂隙得到了有效填充，地层得到了改良。

高压注浆后锚索注浆体与围岩之间的黏聚力计算结果见表 6-4。

表 6-4　高压注浆后锚索注浆体与围岩之间的黏聚力

注浆体与围岩黏结强度标准值/MPa	安全系数	钻孔直径/mm	锚固段长度/m	锚固段长度影响系数	注浆体与围岩之间的黏聚力/kN
1.5	2	130	6	1.0	1 836.9

3. 预应力锚索快速张拉

经过研究，采用硫铝酸盐为主要材料，通过掺加外加剂形成改性硫铝酸盐水泥。通过试验，采用水泥水灰比为 0.33∶1，外加剂掺加量为水泥重量的 3%～5%，测试浆液凝胶时间为 30～40 min。浆液不同龄期强度见表 6-5。

表 6-5　改性硫铝酸盐水泥浆液强度试验结果

项　目	试验结果						
龄　期	2 h	4 h	8 h	16 h	1 d	3 d	7 d
抗压强度/MPa	11.3	26.5	29.7	33.5	40.0	43.0	45.0

根据试验结果绘制改性硫铝酸盐水泥浆液强度增长曲线，如图 6-20 所示。

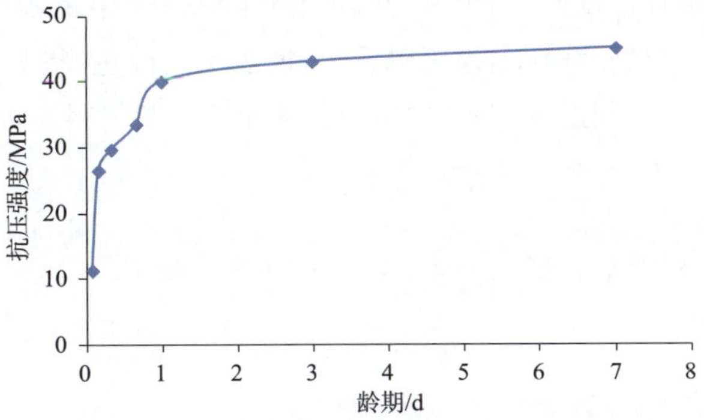

图 6-20　改性硫铝酸盐水泥浆液强度增长曲线

由图 6-20 可以看出，改性硫铝酸盐水泥浆液 1 d 强度可以达到 30 MPa 以上，因此，现场可以在注浆完成后 1 d 内实现锚索的快速张拉，从而控制大跨段隧道围岩变形，提高施工工效。

6.4.3　张拉效果评定

根据计算结果可得出工艺改进后单根锚索拉力，见表 6-6。

表 6-6　工艺改进后单根锚索拉力

锚索类型	锚索钢绞线拉力/kN	锚索与注浆体之间的握裹力/kN	注浆体与围岩之间的黏聚力/kN	锚索拉力/kN
5 芯锚索	1 302.0	1 780.4	1 836.9	1 302.0
7 芯锚索	1 822.8	2 492.5	1 836.9	1 822.8

由表 6-6 可以看出，通过工艺改进，锚索与注浆体之间的握裹力、注浆体与围岩之间的黏聚力均大于锚索钢绞线拉力，因此，锚索拉力主要受锚索钢绞线拉力控制，即受材料影响最大，可见，通过工艺改进，锚索拉力完全能满足设计要求。

2017 年 7 月 22 日，现场对 5 个试验孔进行了工艺改进后锚索拉力测试，测试结果见表 6-7。

表 6-7　工艺改进后锚索拉力测试结果

孔号	位　　置	锚索芯数/根	锚索拉力设计值/kN	锚索拉力试验测试值/kN	理论伸张量/mm	实际伸张量/mm	拉力比值（测试值:设计值）
1	DK67＋734 左侧拱部	7	1 000	1 200	80.8	—	1.2
2	DK67＋732 左侧拱部	7	1 000	1 400	80.8	75.0	1.4
3	DK67＋724 左侧拱部	7	1 000	1 200	80.8	83.0	1.2
4	DK67＋722 左侧拱部	7	1 000	1 488	80.8	77.8	1.488
5	DK68＋315.6 右起拱线	5	700	1 120	79.2	85.5	1.6

通过测试，工艺改进后锚索拉力均达到了设计要求。同时，为测试锚索拉力极限值，现场对 4 号锚索进行了破坏性试验，当拉力达到 1 488 kN 时，1 束钢绞线断束，另 2 束钢绞线断丝，因此停止试验。由试验测试结果可以看出，通过工艺改进，提高了锚索与注浆体之间的握裹力、注浆体与围岩之间的黏聚力，锚索拉力完全受自身材料所控制。

参考文献

[1] 王洪雨，张振义，刘建友. 京张高速铁路八达岭长城站客流特征及流线设计[J]. 高速铁路技术，2020，11(3)：37-41.

[2] 赵勇，俞祖法，蔡珏，等. 京张高铁八达岭长城地下站设计理念及实现路径[J]. 隧道建设(中英文)，2020，40(7)：929-940，中插1-中插12.

[3] 中国铁道学会. 中国高铁：速度背后的科技力量[M]. 北京：中国科学技术出版社，2020.

[4] 李然，张顶立，房倩，等. 深埋3孔小净距隧道围岩压力计算方法及其工程应用[J]. 中国铁道科学，2020，41(2)：81-90.

[5] 赵琳，张轩，陈鹏飞，等. 京张高铁八达岭地下车站BIM设计应用[J]. 铁道勘察，2020，46(1)：111-116，122.

[6] 褚冠男. 从站房角度谈京张高铁文化的表达[J]. 铁道勘察，2020，46(1)：12-18，102.

[7] 孙嵘. 京张高铁八达岭长城站防灾疏散救援强化设计[J]. 铁道标准设计，2020，64(1)：209-214.

[8] 王婷，赵继，魏盼. 京张高铁八达岭长城站大跨深埋三连拱围岩压力计算方法研究[J]. 铁道标准设计，2020，64(1)：57-62.

[9] 刘树红，王婷，吕刚，等. 京张高铁八达岭长城站大跨度深埋三连拱隧道设计及施工方法研究[J]. 铁道标准设计，2020，64(1)：63-68.

[10] 祝安龙，答子虔，刘建友，等. 京张高铁八达岭长城站结构安全智能监测技术[J]. 铁道标准设计，2020，64(1)：94-98.

[11] 蒋小锐，刘建友，高宇宇. 京张高铁八达岭长城站智能建造技术[J]. 铁道标准设计，2020，64(1)：28-33.

[12] 王婷，付博文，冯春晖，等. 京张高铁八达岭长城站清污排水分离系统设计[J]. 铁道标准设计，2020，64(1)：80-86.

[13] 陈学峰，刘建友，吕刚，等. 京张高铁八达岭长城站建造关键技术及创新[J]. 铁道标准设计，2020，64(1)：21-28.

[14] 赵琳，孙行，吕刚，等. 京张高铁八达岭长城站站台宽度计算及舒适度分析[J]. 铁道标准设计，2020，64(1)：87-94.

[15] 刘建友，吕刚，赵勇，等. 京张高铁八达岭长城站耐久性设计方法及措施[J]. 铁道标准设计，2020，64(1)：69-74，103.

[16] 耿建仪，梁志辉，杨新安，等. 八达岭长城站小净距三洞隧道中岩柱受力特性与支护优化研究[J]. 隧道建设(中英文)，2019，39(12)：2000-2010.

[17] 刘建友，吕刚，张民庆，等. 京张高铁八达岭长城站超大跨隧道开挖工法研究[J]. 现代隧道技术，2019，56(S2)：578-584.

[18] 本刊综合. 新技术保障八达岭长城高铁站顺利推进[J]. 发明与创新(大科技)，2019(10)：55.

[19] 罗驰，杨新安，罗都颢，等. 一种改进型隧道爆破模拟方法及其验证分析[J]. 振动与冲击，2019，38(17)：260-267.
[20] 陈学峰，刘建友，吕刚，等. 京张高铁八达岭长城站建造关键技术及创新[J]. 铁道标准设，2020，64(1)：21-28.
[21] 周晓磊. BIM 技术在新八达岭隧道及长城站的应用[J]. 工程建设与设计，2019(13)：179-183.
[22] 陈彬. 八达岭长城站超大断面过渡段暗挖施工新技术[J]. 隧道建设(中英文)，2018，38(S2)：261-267.
[23] 肖承倚. 八达岭长城站三洞分离小间距隧道施工技术[J]. 企业技术开发，2019，38(1)：13-17.
[24] 陈彬，肖承倚. 八达岭长城站预应力锚索施工关键技术[J]. 企业技术开发，2019，38(1)：8-12.
[25] 熊春勇，贾友文，谢崇志. 劳动竞赛创佳绩　百年京张谱新篇[J]. 企业文明，2018(7)：86-87.
[26] 李霞，友文，崇志."三融入"助推党建在施工一线落地[J]. 企业文明，2018(5)：82-83.
[27] 邢文典. 八达岭长城站列车火灾危险性及人员安全疏散研究[D]. 成都：西南交通大学，2018.
[28] 张民庆，吕刚，何志军，等. 八达岭长城站超大跨度隧道设计施工技术研究[J]. 隧道建设(中英文)，2018，38(3)：372-381.
[29] 罗驰，杨新安，李坤，等. 隧道近区爆破振动动应变测试及其应用[J]. 振动与冲击，2020，39(2)：262-268.
[30] 王浩，杨新安，王斌，等. 3 洞小净距隧道围岩压力计算方法[J]. 中国铁道科学，2020，41(3)：68-75.
[31] 李路恒，杨新安，王浩，等. 八达岭长城站大型地下洞室群施工期通风技术探究[J]. 隧道建设(中英文)，2021，41(7)：1234-1243.

高速铁路基础研究与技术创新丛书

第一期(16 册)

(一)基础理论与基础技术系列

高速铁路散体道床宏细观力学行为 赵春发 翟婉明 张 徐 著

ISBN 978-7-113-28857-0

高速铁路线路系统动力学 龙许友 时 瑾 王英杰 编著

ISBN 978-7-113-28997-3

高速铁路弓网关系研究 韩通新 著

ISBN 978-7-113-28941-6

(二)动车组系列

高速列车轻量化设计 李 明 伊召锋 米莉艳 等编著

ISBN 978-7-113-28972-0

(三)供电系列

高速铁路受电弓 韩通新 编著

ISBN 978-7-113-28975-1

高速铁路接触网检测技术 韩通新 著

ISBN 978-7-113-28961-4

(四)工程设计系列

高速铁路桥梁抗震设计 陈兴冲 张永亮 编著

ISBN 978-7-113-28964-5

高速铁路轨道工程 BIM 正向设计软件开发及实践 姚 力 刘大园 董凤翔 等编著

ISBN 978-7-113-28934-8

(五)工程施工与组织系列

高速铁路桥梁 BIM 技术研究与实践 盛黎明 苏 伟 刘延宏 宋树峰 编著

ISBN 978-7-113-28938-6

高速铁路岩溶路基边坡变形与稳定 白明洲 师 海 田 岗 等编著

ISBN 978-7-113-28880-8

高速铁路工程地质灾害超前预报图形判别和解译　李　忠　郝娜娜　等编著

ISBN 978-7-113-28935-5

(六)通信与列控系列

高速铁路宽带无线信道测量与建模技术　周　涛　何睿斯　艾　渤　编著

ISBN 978-7-113-28930-0

(七)测量与检测系列

(八)高铁运营与经济系列

高速铁路社会效益研究——基于时空经济分析　李红昌　夏璇璇　著

ISBN 978-7-113-28942-3

(九)现代信息技术系列

高速铁路物联网技术　史天运　孙　鹏　张惟皎　陈瑞凤　编著

ISBN 978-7-113-29029-0

(十)安全·健康·维护系列

高速铁路道砟飞溅机理及防治　高　亮　石顺伟　殷　浩　著

ISBN 978-7-113-28906-5

高速列车多目标均衡综合节能技术　张　雷　李　明　司志强　等编著

ISBN 978-7-113-28976-8

第二期(23 册)

(一)基础理论与基础技术系列

高速列车空气动力学数值模拟——基于 STAR-CCM+软件

李　明　李　田　戴志远　等编著

ISBN 978-7-113-30059-3

高速铁路沿线地面沉降研究与防治　李国和　黄大中　尚海敏　王少林　编著

ISBN 978-7-113-30176-7

高速铁路路基智能填筑技术　王同军　闫宏业　杨　斌　尧俊凯　等著

ISBN 978-7-113-30047-0

季冻区高速铁路路基服役性能与孕灾风险研究

叶阳升　蔡德钩　毕宗琦　李善珍　等著

ISBN 978-7-113-29934-7

高速铁路隧道内附属设施气动效应及安全性研究

彭立敏　杨伟超　施成华　雷明锋　著

ISBN 978-7-113-30104-0

高速铁路钢轨打磨理论与技术　王文健　郭　俊　周　坤　著

ISBN 978-7-113-30061-6

高速列车动态性能正向设计　周劲松　宫　岛　孙文静　著

ISBN 978-7-113-30050-0

高速列车自动驾驶控制理论　宿　帅　李开成　唐　涛　袁　磊　等编著

ISBN 978-7-113-30147-7

高速铁路行车调度与控制一体化　唐　涛　宿　帅　孟令云　阴佳腾　编著

ISBN 978-7-113-30112-5

高速铁路无砟轨道结构水泥基材料理论与技术

龙广成　曾晓辉　马昆林　谢友均　著

ISBN 978-7-113-30056-2

(二)动车组系列

高速列车空气动力学设计技术　丁叁叁　著

ISBN 978-7-113-30055-5

(三)供电系列

高速铁路电力牵引供电工程智能建造技术

胡志华　陈建明　奚金柱　吴命利　等编著

ISBN 978-7-113-30205-4

(四)工程设计系列

现代铁路枢纽规划设计　许佑顶　高丰农　吴学全　李传勇　等编著

ISBN 978-7-113-27468-9

高速铁路隧道底部结构动力响应特性及设计方法

彭立敏　施成华　黄　娟　丁祖德　著

ISBN 978-7-113-30133-0

(五)工程施工与组织系列

高速铁路工程勘察技术创新与实践　陈则连　著

ISBN 978-7-113-30189-7

高速铁路工程质量系统管理(第 2 版) 卢春房 等著

ISBN 978-7-113-30108-8

高速铁路路基沉降分析与控制技术 宋绪国 郭帅杰 编著

ISBN 978-7-113-30154-5

深埋高速铁路地下车站施工关键技术 杨新安 马明杰 李路恒 罗 驰 编著

ISBN 978-7-113-30001-2

高速铁路施工组织创新与实践 魏 强 编著

ISBN 978-7-113-30136-1

高速铁路路基沥青混凝土防水封闭结构 蔡德钩 闫宏业 楼梁伟 石越峰 等著

ISBN 978-7-113-30033-3

(六)通信与列控系列

高速铁路信号系统雷电防护技术研究 向念文 徐宗奇 阳 晋 编著

ISBN 978-7-113-30135-4

(七)测量与检测系列

(八)高铁运营与经济系列

(九)现代信息技术系列

智能高速铁路图像大数据分析技术及应用 李 平 李 瑞 赵 冰 编著

ISBN 978-7-113-30134-7

(十)安全·健康·维护系列

高速列车横风效应及气动安全控制动力学 毛 军 柳润东 郗艳红 著

ISBN 978-7-113-30028-9